KB128825

포스트휴머니즘과 교육학

Posthumanism and Education

우정길 편저 ㅣ 박은주 · 이은경 · 정윤경 · 최승현 · 추병완 · 한기철 공저

학지사

머리말

오늘날 인류는 참으로 특별한 시대를 살아가고 있다. 예기치 못했던 변화의 풍경들이 지구 곳곳에서 펼쳐지고 있고, 거리두기와 비대면의 긴 터널을 우리 모두가 함께 지나고 있다. 교육 역시 전례 없던 큰 변혁의 세월을 맞고 있다. 대면성이 주를 이루던 교육적 만남의 전통적 문법은 새로운 가능성들을 찾아 나서고 있고, 교육의 장도 물리적 공간으로부터 벗어나 다양한 개념의 온라인 공간으로 이동하고 있다. 인류는 과연 어떤 정체성의 존재인지, 인류가 서 있는 이곳은 어디인지, 그리고 인류는 지금 어디로 향하고 있는지에 대해 반추해 볼 여유를 가져 보지 못한 채, 우리는 이미 인류에게로 성큼 다가와 있는 미래를 맞게 되었다.

한국교육철학학회가 2020연차학술대회를 통해 함께 성찰하고 지혜를 모으고자 하였던 주제 역시 유사한 성격의 사안이다. 어쩌면 유발 하라리(Yuval Noah Harari)의 표현처럼, 한때 세계를 정복하고 세계에 의미를 부여하였던 호모 사피엔스가 부지불식간에 지배력을 잃어 가는 과정이 오늘날 인류의 좌표일 수도 있다. 이른바 NBIC(Nano-Bio-Info Technology, Cognitive Science)로 대변되는 현대 과학기술 문명의 현란한 물결이 출렁이고, 이에 따라 영구적일 것으로만 여겨졌던 호모 사피엔스의 정체성도 전혀 새로운 창조의 대상이 될 수 있다는 담론의 물결들이 만연하고 있다. 교육학에서는 비교적 생소하였던 이 물결은 때로 트랜스휴머니즘이라는 이름으로 또는 포스트휴머니즘이라는 이름으로 부지불식간에 우리 곁에 다가와 있었다. 그리고 이 새로운 담론은 아주 오랫동안 휴머니즘과 친숙하였던 교육학에게 말을 걸어 오고 있다. 이들은 우리에게 그 익숙한 휴머니즘과 결별하고 새로운 교육을 찾아 나서라고, 그리고 휴머니즘을 넘어선 교육을 새롭게 디자인하라고 요청하고 있다.

이 책에 담긴 연구들은 위와 같은 시대적 요청의 진의를 파악하고, 새롭게 다가올 미래를 마주한 교육이 어떤 인간적 가치를 지향하고 구현해 나갈 것인가에 대해 교육철학자들이 머리를 맞대고 논의한 결과들이다. '인간·기계·교육−휴머니즘과 포스트휴머니즘의 임계점에서 교육을 사유하다'라는 학술대회의 주제는 총 여덟 개의 글로 이루어진 이 책의 주제임과 동시에 이 책의 저자들이 감행하고 있는 논의의 울타리이기도 하다.

2020년 가을에 비대면으로 진행되었던 학술대회의 기조강연문 '인간을 넘어선 인간−휴머니즘과 포스트휴머니즘의 경계에서 인간 본성을 사유하다'는 강연자의 요청에 따라 아쉽게도 이 책에 함께 담지 못하였다. 이를 대신하여 2021년 봄 시점에서 편저자가 집필한 서문이 추가되었다. 이 서문에서 편저자는 지난 20년 동안 포스트휴머니즘이라는 새로운 담론이 한국의 교육학계와 어떤 인연을 맺어 왔는지에 대해 개괄하고, 이로부터 향후 교육학이 어떤 유의미한 진보를 이루어 낼 수 있을지에 대한 가능성과 과제를 간략하게나마 진단하여 제시하고 있다. 아울러 이 책에 수록된 논의들이 각각 주장하고 제안하는 바를 서문의 마지막 장에 간략하게 소개하여 두었다는 말씀도 삼가 드린다.

경험과 사유에 생기를 불어넣고, 치열한 연구를 통해 체계를 부여하고 정련한 뒤, 그 위에 소통의 옷을 입혀 옥고로 세상에 내어놓기까지 각고의 노력을 아끼지 않으신 저자들께 지면을 빌려 감사의 말씀을 드린다. 또한 랜선 너머의 토론으로, 그리고 익명의 심사로 이 연구들이 고른 날개를 갖추도록 지혜를 모아 주신 동료 학자들께도 깊은 존경과 감사의 마음을 전한다. 아울러 이 공적 기획의 실현을 위해 크고 작은 수고를 마다하지 않았던 한국교육철학학회의 전현직 임원들께도 회원의 일인으로서 고개 숙여 사의를 표한다. 마지막으로, 한국교육철학학회 총서의 출판을 맡아 주신 학지사 관계자들께도 감사와 신뢰의 마음을 전한다.

2021년 11월
편저자 우정길

차례

서문: 포스트휴머니즘과 교육학 –논의의 지형과 의미에 관하여

우정길

1. 포스트휴머니즘에 대한 관심의 고조
2. 교육학계의 포스트휴머니즘 수용
3. 휴머니즘과 포스트휴머니즘의 임계점에서 교육을
   사유하다: 이 책의 기획 의도와 구성에 관하여

1. 포스트휴머니즘에 대한 관심의 고조

한국학술지인용색인(이하 KCI로 표기)에 따르면, 포스트휴머니즘과 관련하여 국내에서 최초로 보고된 연구의 시점은 2002년이다. 미술사학자 신채기의 이 연구(2002)는 1990년대에 수행된 바디 아트 프로젝트 '성 올랑의 환생(Reincarnation of Saint Orlan)'의 분석을 토대로, 미의 기준에 대한 여성주의적 관점의 비판을 공유함과 동시에 몸의 자연성과 인간의 자연적 정체성에 대한 근본적인 질문을 소개하였다. 즉, 인간의 몸과 정체성은 "레디메이드(ready made)되어 재현되기만 할 뿐인 성격의 것인가 또는 리메이드(remade), 즉 새롭게 만들어지는 성격의 것인가"라는 질문이 바로 그것이다. 이를 통해 그녀는 올랑의 목소리를 빌어 "자연 그대로의 몸(unmarked body)"이라는 환상을 벗어나 "기입된 몸(inscribed body)"이라는 관점으로 이동하여야 할 것, 그리고 "새로이 써지는 몸(body in the process of writing)"이라는 은유를 통해 인간의 분열적 정체성을 규정하기를 제안하였다(신채기, 2020: 76f). 그리고 그녀는 이 "기입되는 몸, 작성 중인 몸"을 "포스트휴먼 바디"로 개념화하였다. 이렇게 포스트휴먼은 20년 전 국내 학계에 처음으로 그 이름을 알렸다.

　　앞의 연구에서 포스트휴먼은 페미니즘과 예술 그리고 성형의학
이 수렴되는 교차점의 의미를 지닌다. 동시에 이것은 인간 정체성
에 대한 전통적 이해와 인식을 재조명하여 인간을 새로운 이름으
로 재탄생시키는 요람의 의미도 갖는다. 이 요람의 구성 요소 중
성형의학은 오늘날 신경과학, 인지과학, 유전공학, 생명과학 등의
현대적 요소로 대체되어도 무방하다. 이제 인간 외형의 성형은 더
이상 낯섦과 놀라움의 대상이 아니게 되었으며, 여기서 한 걸음 더
나아가 신체적 능력과 인지적 기능의 성형, 심지어 도덕성과 시민
성과 사회성의 성형으로까지 관심은 이어지고 있다. 트랜스휴머니
스트 또는 포스트휴머니즘 담론가로 불리기도 하는 일군의 학자와
운동가들은 인간의 종적(種的) 차원의 성형을 향상(enhancement)
이라고 부른다. 전통적으로 인간의 개선을 고민하고 수행해 온 것
이 교육이었다면, 이제 인간의 개선은 향상을 통해서 이루어질 수
있고 또 그렇게 되어야 한다는 주장들이 공적 담론의 장에 심심
찮게 등장하고 있다(Bostrom, 2003: 500; 2005: 211; Savulescu, 2005;
Bostrom & Savulescu, 2009: 1).

　　이렇게 포스트휴머니즘 담론은 인간 자신에 대한 성찰적 담론이
기도 하고, 지역·인종·성별의 관점에서 보자면 일정 부분 왜곡되
어 온 휴머니즘의 속살에 대한 비판적 담론이기도 하면서, 동시에
인간 이후의 존재에 대한 전망과 욕망을 담은 미래적 담론이기도
하다. 휴머니즘에 대한 성찰과 비판 그리고 이른바 NBIC(Nano-
Bio-Info Technology, Cognitive Science)로 대변되는 현대 과학기술
의 가능성 그리고 이에 근거한 미래적 상상력과 전망 등이 토양이
되어 포스트휴머니즘이라는 이름의 담론은 지난 20여 년 동안 국

내 학계에서 큰 공명을 이루어 왔다. 〈표 1-1〉에서 확인할 수 있
듯이, 2020년까지 총 520건이 보고된 포스트휴먼·포스트휴머니
즘 관련 연구의 시작은 2002년이었다. 이후 약 10년 동안 담론의
명맥이 유지되는 정도의 반향을 유지하던 관련 연구들은 2010년
대 중반 이후 비약적 증가의 추세를 보이고 있다. 이들 520건 연구
의 분야별 분포는 〈표 1-2〉와 같다.

〈표 1-1〉 KCI 키워드 검색 '포스트휴먼' ¬ 연구논문 빈도

기간 (2000년대)	'01 ~'02	'03 ~'04	'05 ~'06	'07 ~'08	'09 ~'10	'11 ~'12	'13 ~'14	'15 ~'16	'17 ~'18	'19 ~'20	계
논문 수	1	2	2	7	6	14	29	60	172	227	520

〈표 1-2〉 KCI 키워드 검색 '포스트휴먼' – 학문 분야별 분류

분야	인문학	사회과학	자연과학	공학	예술체육	복합학	계
논문 수	310	88	3	4	69	46	520

〈표 1-1〉과 〈표 1-2〉의 내용과 관련하여 다음 네 가지 사항을
언급하고자 한다. 첫째, 포스트휴머니즘 관련 연구는 대부분 인
문·사회과학계를 중심으로 이루어졌다. KCI에 따르면, 2001~
2010년 동안 이루어진 포스트휴먼·포스트휴머니즘 연구(18건)
는 대부분 인문학 분야(10건)와 예술 분야(6건)에서 이루어졌으며,
2010년대 들어 이들 연구의 주제는 사회과학의 제 분야들로도 전
이되었다. 2010년대에도 여전히 인문학계는 포스트휴먼·포스트
휴머니즘에 대해 가장 적극적인 관심을 보였으며, 이러한 경향은
예술체육계에서도 동일하게 확인된다. 분명 인문학과 예술은 포스

트휴머니즘 및 이와 관련된 문명사회의 현상에 가장 민감하고 선제적으로 그리고 광범위하게 반응하였다.

둘째, 추가적으로 눈에 띄는 것은 '복합학'으로 표기되는 분야이다. KCI는 복합학의 내용을 과학기술학, 뇌과학·인지과학, 감성과학, 문헌정보학 등이 포함된 학제간 연구들을 포괄적으로 표기하노라고 밝히고 있다. 실제로 '복합학' 분야의 연구들은 포스트휴먼·포스트휴머니즘과 직간접적으로 관련된 주제들, 즉 과학기술문명 관련 문학·예술작품 및 영상콘텐츠 분석, 인공지능의 사회적 구현에 따른 윤리성과 규범성의 문제, 대학교양교육의 성격과 전망 등에 관한 연구들이 주종을 이루고 있다. 참고로, 〈표 1-2〉의 '복합학'으로 분류된 46건의 연구에는 교육학 관련 연구가 8건 포함되어 있으며, '예술체육' 범주의 연구(69건) 중 17건 역시 교과교육(예술교육) 분야의 연구이다.

셋째, 2010년대 들어 생겨난 포스트휴머니즘 관련 논의의 확산은 이화인문과학원 및 한국포스트휴먼학회의 학술활동과 관련이 깊다. 우선 이화인문과학원은 2007년부터 수행한 인문한국(HK) 사업 제2단계의 주제를 '탈경계인문학의 구축과 확산'으로 설정하고, 그 주요 주제로 포스트휴머니즘을 지목하여 관련 연구와 학술대회를 이어감으로써, 인문학 전반의 포스트휴머니즘 관련 연구들에 중요한 방향과 동력을 제공하였다. 아울러 그 결과들을 '포스트휴먼 총서'라는 이름으로 출판함으로써 학계와 학문대중 사이의 가교 역할을 수행하였던 것으로 보인다. 이들 총서는 『디지털 시대의 컨버전스』(이화인문과학원, 2011)와 『인간과 포스트휴머니즘』(이화인문과학원, 2013)을 필두로 하여, 2020년 말 기준 총 9권의 저·역서 시리즈를 '포스트휴먼 총서'라는 제하에 출판한 바 있다.[1] 이 기관과 아울러 2010년대 포스트휴머니즘 논의의 확산에 기여한 두 번째 학자군은 국내 철학자들이 중심이 되어 공학계와 법학계를 포함한 다양한 분야의 학자와 전문가들이 함께 설립한 한국포스트휴먼학회(2015)이다. 이 학회의 경우 학회의 공식 명칭에 '포스트휴먼'이 포함되어 있다는 점이 상징적이며, 그 취지는 이 학회의 설립 목적에도 명기되어 있다.[2] 이 학회 역시 정기적인 학술활동을 이어오고 있으며, 이를 '포스트휴먼사이언스 총서'로 출판해 오고 있다.[3] 〈표 1-2〉에서 확인할 수 있듯이, 2010년대 내에서도 전반부와 후반부의 포스트휴먼·포스트휴머니즘 관련 연구량은 확연한 차이를 보인다. 2010년대 후반부에 이루어진 관련 연구의 비

---

1) [1권] 『호모 사피엔스의 미래: 포스트휴먼과 트랜스휴머니즘』(신상규, 2014). [2권] 『포스트휴먼의 무대』(이화인문과학원, 프랑스 LABEX Arts-H2H 연구소, 2015). [3권] 『포스트휴먼』(Braidotti, 2013/이경란, 2015). [4권] 『포스트휴먼 시대의 미술』(전혜숙, 2015). [5권] 『내추럴-본 사이보그』(Clark, 2003/신상규, 2015). [6권] 『나의 어머니는 컴퓨터였다』(Hayles, 2005/이경란·송은주, 2016). [7권] 『시몽동의 기술철학-포스트휴먼 사회를 위한 청사진』(김재희, 2017). [8권] 『포스트휴먼의 조건-뇌를 넘어선 의식』(Pepperell, 2003/이선주, 2017). [9권] 『분열된 신체와 텍스트』(이화인문과학원, 2017)

2) "바야흐로 과학기술과 더불어 도래하는 자연인, 로봇, 사이보그 그리고 또 다른 유사 인간 종이 공존하는 포스트휴먼(posthuman) 사회를 앞에 두고, 우리는 과학기술의 진보가 인류 문명에 위협이 되는 대신에 더욱 더 휴머니즘(humanism)을 증진 발전시키는 동력이 되도록 각 분야 전문가들의 지혜를 모으고자 합니다."(http://www.krposthuman.com/sub01/01.php. 2021.04.05열람)

3) 이 시리즈는 2020년 10월 현재 제6권까지 출판된 상태이다. 이들 시리즈는 휴머니즘/포스트휴머니즘 담론을 직접적으로 다루거나(특히 제1권 『포스트휴먼 시대의 휴먼』(한국포스트휴먼학회 편, 2015), 제5권 『포스트휴먼 사회와 새로운 규범』(한국포스트휴먼학회 편, 2019), 혹은 이로부터 파생되는 현대사회의 현안들(제4차 산업혁명, 자율주행, 인공지능, 생명윤리 등)을 다각도에서 논의의 대상으로 삼고 있다.

약적 증가는 학계의 이러한 동향과도 무관하지 않은 것으로 판단된다.

넷째, 2010년대 후반부에 나타난 포스트휴먼·포스트휴머니즘 관련 연구의 비약적 증가는 사회적 맥락 또는 사회담론의 맥락과도 무관하지 않다. 대표적인 예가 알파고 對 이세돌 대국 그리고 제4차 산업혁명(K. Schwab) 담론이다. 전자는 2000년대 들어 사회적 관심의 대상으로 꾸준히 부각되어 왔던 인공지능과 뇌과학이 대중의 뇌리에 구체적으로 인식되는 계기를 제공하였다. 후자를 통해서는 역사 속에서만 존재하는 것으로 여겨졌던 산업혁명이라는 은유가 미래와 결합되면서 더욱 친숙하고 구체적인 미래상에 대한 사회적 화두가 제시되었고, 이를 통해 미래교육에 대한 논의가 활성화되는 계기가 제공되었다. 이들은 공통적으로 2016년의 일이었으며, 2010년대 후반부의 학계 동향의 변화에 지대한 영향을 미쳤다. 〈표 1-3〉과 〈표 1-4〉에서 볼 수 있듯이, 실제로 2016년 이후 이 두 가지 화두와 관련된 연구는 급증하였다.

〈표 1-3〉 KCI 키워드 검색 '인공지능' – 기간별 연구 빈도

기간 (2000년대)	'01 ~'02	'03 ~'04	'05 ~'06	'07 ~'08	'09 ~'10	'11 ~'12	'13 ~'14	'15 ~'16	'17 ~'18	'19 ~'20	계
논문 수	1	28	52	49	61	61	65	214	1187	1943	3,661

〈표 1-4〉 KCI 키워드 검색 '제4차산업혁명' – 연도별 연구 빈도

분야	2015	2016	2017	2018	2019	2020	계
논문 수	3	18	181	221	190	133	746

인공지능과 디지털 정체성에 대한 관심, 이에 따른 사회구조와 직업구조의 변화에 대한 전망은 인간의 본질과 교육의 역할에 대한 전통적 사유 역시 근본적 성찰의 대상이 될 필요가 있다는 판단으로 연결되었고, 이것은 곧 전통적 휴머니즘 전반에 대한 재고로 이어지게 된 것이다. 포스트휴먼과 포스트휴머니즘에 대한 관심의 고조는 동시에 인간과 휴머니즘에 대한 탐구의 추가적 명분이기도 하다.

2. 교육학계의 포스트휴머니즘 수용[4]

국내의 현황에 한정하자면, 교육학의 경우 인문사회과학의 여타 분야에 비해 포스트휴머니즘에 대하여 비교적 지연된 반응을 보여 왔다고 볼 수 있다. 2018년 2월 현재, 전체 연구의 3.3%(10/304건)에 불과하였던 포스트휴머니즘 관련 교육학 연구(강승지 외, 2018)는 그 후로 3년 동안 급증하였다. 연구의 빈도로 보자면, 2020년 2월 현재, 포스트휴먼·포스트휴머니즘 관련 전체 연구의 약 1/6(92/520편)은 교육학계에서 이루어지고 있으며(〈표 1-1〉, 〈표 1-5〉 참조), 이러한 경향은 당분간 지속될 것으로 보인다. 교육학계 내 연구현황은 〈표 1-5〉와 같다.

---

4) 이 장은 우정길(2021: 4-24)의 내용을 부분적으로 수정한 것임을 밝혀둔다.

〈표 1-5〉 포스트휴머니즘 관련 교육학계 연구 현황 (KCI: 2021. 02. 28. 기준)

주제년도	교육학일반	인문교양교육	글쓰기교육	통역교육	교과교육									유아교육	계
					국어문학	한국어	영어	미술	음악	체육무용	지리	사회	도덕인성		
2013	1														1
2014	2														2
2015	4														4
2016	1	1													2
2017	1	1	2			1	1	2	1			1	1		11
2018	7	1			4			3	1					2	18
2019	8	1	1					6		1			1	3	21
2020	12	7		1	2	1		5	1			1			30
2021		1			1			1							3
계	36	12	3	1	7	2	1	17	3	1	1	1	2	5	92[5]

포스트휴머니즘에 대한 교육학계의 지연된 그러나 적극적인 반응은 기본적으로 교육학 고유의 학문적 성격과 관련이 있을 것이다. 교육학은 본질적으로 보수적인 성격을 띠기 때문이다. 교육이 미래지향적인 활동이기는 하지만, 철저히 현재적 행위 속에서 그

---

5) 총 92건에 달하는 이 현황은 한국학술지인용색인(KCI)의 키워드('포스트휴먼_교육')의 결과(총 92건)에서 교육과 직접적 관련성이 없는 사례(8건) 및 학회발표문(3건)을 제외한 총 81건의 연구에 추병완의 연구들을 포함하여 계수한 결과이다. 2013년 이래 포스트휴머니즘과 관련하여 총 11편의 연구를 발표한 추병완은 '포스트휴머니즘'이라는 용어 대신 '초인본주의'라는 용어를 사용하고 있기에(추병완, 2013-2019), 한국학술지인용색인의 해당 검색어 지표에는 포함되지 않는다. 그러나 이 연구들이 갖는 내용의 적합성과 연구사적 의미를 고려하자면, 포스트휴머니즘에 관한 국내 교육학계의 연구 현황에 포함될 필요가 있다.

미래성을 구현하기를 추구한다는 점에서 교육학은 미래지향적 현재학이라 할 수 있다. 그리고 이러한 교육의 목적은 언제나 과거와 현재에서 구해진다. 아직 이루어지지 않은 미래는 예측과 기대의 대상이기는 하지만, 교육적 실천의 토대가 될 수는 없기 때문이다. 즉, 교육이 미래를 지향하는 활동이기는 하지만, 동시에 교육은 과거를 토대로 기획되고, 현재 속에서 실천되기 때문이다. 본질적으로 휴머니즘을 토대로 기획되고 실천되어 온 교육학이 포스트휴머니즘이라는 새로운 담론에 대하여 신중한 기조를 유지하여 온 것은 이런 맥락에서 보자면 당연한 현상이다. 아울러 보다 개방적인 내용과 의의를 담아 새롭게 등장한 포스트휴머니즘에 대하여 시차를 두고서라도 적극적 반응을 보이게 된 것 역시 자연스러운 현상이라고 볼 수 있다. 포스트휴머니즘이 '휴머니즘'이라는 이름을 달고 있는 동안은, 교육학의 탐구영역에 속할 수밖에 없기 때문이다.

〈표 1-5〉에서 확인된 바와 같이, 현재 국내 교육학계의 포스트휴머니즘 연구는 크게 교과교육(예술교육)과 교육학 일반(교육철학, 교육과정, 교사교육, 종교교육 등) 영역에서 이루어지고 있다. 미술교육을 중심으로 한 예술교육계는 2018~2019년 동안 포스트휴먼·포스트휴머니즘을 표제로 하여 네 차례의 학술대회[6]를 개최할 정도로 이 새로운 담론에 대하여 적극적 관심을 표하였으며, 교육철학·교육과정 분야를 중심으로 한 일군의 교육학자들 역시

---

6) "포스트휴먼 시대 문·예·체 교육의 가치와 비전"(서울교육대학교 초등교육연구원, 2018) "포스트휴먼 시대의 인간을 위한 미술교육"(공주교육대학교미술교육연구소 & 한국국제미술교육학회, 2018) "포스트휴먼 시대와 인간을 위한 미술교육"(한국국제미술교육학회, 2018) "포스트휴먼 시대의 미술교육"(한국초등미술교육학회 & 한국미술교육학회, 2019)

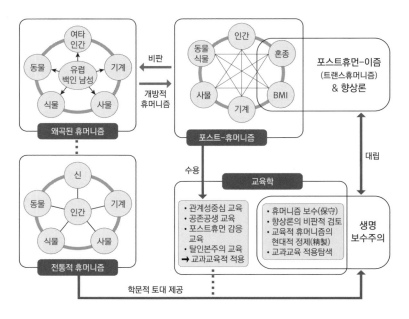

[그림 1-1] 포스트휴머니즘의 교육학적 수용의 지형도

적극적으로 관련 연구를 수행해 오고 있다. 이들 두 분야의 연구
는 각각 '시론적 수용과 교과교육적 적용'(p. 23) 그리고 '담론분석
을 통한 교육학적 수용의 가능성과 한계의 탐색'으로 정리될 수 있
다. 그리고 후자는 다시 포스트휴머니즘의 두 가지 갈래(포스트–
휴머니즘 & 포스트휴먼–이즘; Callus & Herbrechter, 2013)에 따라 두
가지 상이한 양상의 교육학적 수용, 즉 '관계성의 존중과 공존·공
생의 교육학'(p. 28) 및 '휴머니즘의 보수(保守)와 향상론의 비판적
검토'(p. 36)로 이어지고 있다. 그 현황을 압축하여 나타내면 [그림
1-1]과 같다. 다음에서는 이들 세 가지 갈래의 교육학적 수용의 양
상과 특징에 대하여 기술하고자 한다.

1) 시론적 수용과 교과교육 적용의 탐색

국내 교육학계에서 포스트휴머니즘 담론을 학회 차원에서 가장 선제적이고 적극적으로 수용한 분야는 예술교육(음악·미술·체육교육)이다. 특히 미술교육계를 중심으로 진행된 이러한 수용은 2018~2019년 사이 네 차례의 학술대회의 개최로 이어지면서, 학술적 공유와 연구의 저변이 확대되었다고 볼 수 있다.

이들 학술대회를 중심으로 한 포스트휴머니즘 수용의 가장 두드러진 특징은, '각주 6'에서 나타난 바와 같이, 이들 모두가 현(現)시대를 "포스트휴먼 시대"로 규정하는 데서 논의를 시작한다는 점이다. "포스트휴먼 시대"라는 시대 규정에 대해서는 교육학 이외의 분야에서는 논의가 진행 중이거니와, 교육학계 내부라 하더라도 현대를 "포스트휴먼 시대"로 규정하는 것이 아직은 낯선 상황이기에, 예술교육계의 이러한 사례는 주목해 볼 필요가 있다. 더욱이 개별 연구자의 연구가 아니라 학회의 공적 활동인 학술대회의 표제에 특정 시대 규정이 담긴 것이기에, 이것은 특정 학술분야의 학문 동향을 특징짓는 지표로 이해되어도 무방하다고 할 수 있다.[7] 그리고 이러한 경향은 개별연구의 동향에서도 일정 부분 확인되고 있다. 〈표 1-5〉의 예술교육 분야의 논문 21편 중 15편이 제목에 "포스트휴먼 시대, 포스트휴먼 교육"이라는 표현을 명시하고 있는

---

7) 참고로, 한국교육철학학회는 2020년 연차학술대회의 주제로 "인간·기계·교육―휴머니즘과 포스트휴머니즘의 임계점에서 교육을 사유하다."를 채택하였다. 이 경우 포스트휴머니즘 담론은 문자 그대로 '경계적' 성격을 띠는 것으로 이해된다. 즉, 이 경계의 저편에는 포스트휴머니즘이, 그러나 이 경계의 이편에는 여전히 휴머니즘이 자리하고 있다는 판단이 전제되어 있다는 점을 확인할 수 있다.

데,[8] 이것은 이러한 시대 규정 또는 이에 기반을 둔 교육인간학적 명명이 해당 학계 내부에서는 일정 정도 공감대에 이르고 있다는 사실을 방증한다.

둘째, 현대가 "포스트휴먼 시대"로 규정되었다는 사실이 곧 현대의 인간과 사회와 교육이 포스트휴머니즘이라는 특정한 담론으로 대변되거나 결정되는 것은 아니라는 점 역시 분명하다. 여기서 시대 규정과 특정 담론은 서로 분리하여 이해하여야 할 필요가 발생한다. 즉, 이들 학회가 표면적으로는 현대를 "포스트휴먼 시대"로 규정하였지만, 이것이 곧 포스트휴머니즘이라는 특정 담론에 대한 체계적 검토나 전면적 수용을 의미하는 것은 아니라는 점이다. 오히려 학술대회의 주안점은, 어쩌면 포스트휴머니즘이라는 담론의 형성과 전개 및 학문적 지향점과 무관하게, "포스트휴먼 시대"라는 포괄적 시대 규정이 담고 있는 미래적 전망에 근거하여, 현재의 예술교육의 성격을 재규정하고 그 역할을 시대적 맥락에 맞추어 조율해 나가자는 제안을 하는 데 있다고 볼 수 있다.

셋째, "포스트휴먼 시대"라는 시대 규정이 포스트휴머니즘이라는 특정 담론의 체계적·본격적 고찰에 기인한 것은 아니지만, 이러한 동향의 배경에는 역시 포스트휴머니즘 담론에 대한 지적 관심과 탐구가 중심적 동기를 부여한 것으로 보인다. '각주 6'에서 언급된 미술교육계 학술대회들의 프로그램은 분야의 특성상 현대 미

---

8) 박유신·조미라(2017), 신혜승(2017, 2020), 안혜리(2018), 박유신 외(2018), 최은영·이주연(2018), 최은식(2018b), 이은적(2019), 박수정 외(2019), 강병직(2019), 이예슬·허윤정(2020), 정선희·김인설(2020), 이하림(2020), 안인기(2020), 신승환(2021)

술교육의 다양한 사례 연구들이 주종을 이루지만, 기조강연·주제강연에서만큼은 포스트휴머니즘이라는 특정 담론에 대한 소개 및 이에 근거한 예술교육의 방향 제시가 이루어졌으며(전혜숙, 2018, 2019a), 비중의 차이가 있기는 하지만 개별주제발표들에서도 '포스트휴머니즘'이 독립된 장(章)으로 다루어진 경우도 전체의 약 14%(6/43편)[9]에 이른다. 아울러 일반적으로 학술대회 발제문보다 더 체계적인 논의의 형식을 갖추는 학술지 논문의 경우, 〈표 1-5〉의 예술교육 범주의 21편 중 절반에 가까운 10편[10]이 포스트휴먼·포스트휴머니즘의 소개와 논의에 별도의 장을 할애하고 있다.

그리고 포스트휴머니즘 담론에 대한 학회 차원의 연구 기조는 2020년에도 지속되는 것을 확인할 수 있다. 그 예로, 2020년 한국국제미술교육학회의 정기학술대회의 주제는 "인간 이해의 새로운 지평과 미술과 교육과정"으로서, 표면적으로는 포스트휴머니즘이 등장하지 않는다. 그러나 이 "인간 이해의 새로운 지평"으로 지목된 담론 중에 후기구조주의와 더불어 포스트휴머니즘이 포함되어 있고, 이것이 해당 학술대회의 두 개의 기조 강연 중 하나(신승환, 2020)였다는 점에서, 포스트휴머니즘 담론에 대한 예술교육계의 관심은 최근까지도 지속되고 있다는 사실을 확인할 수 있다.

넷째, 예술교육계가 수용하고 있는 포스트휴머니즘 담론은 크게 두 갈래, 즉 "포스트-휴머니즘과 포스트휴먼-이즘"(Callus &

---

9) 박혜자(2018), 이은적(2018), 최은식(2018a), 서재철(2018), 김미남(2018), 강병직(2018)

10) 박유신·조미라(2017), 신혜승(2017), 윤경희 외(2017), 이은적(2019), 류지영(2019), 전혜숙(2019b), 이예슬·허윤정(2020), 이하림(2020), 안인기(2020), 신승환(2021)

Herbrechter, 2013)으로 구분하여 표기되기도 하는 두 가지로 나뉜다. 전자는 근대적 휴머니즘의 인간우월주의와 인간예외주의의 근간을 이루는 '인간 대 비인간'의 이분법적 관점에 대한 비판적 성찰을 중심 화두로 삼는 반면, 후자는 과학기술의 발달이 야기하게 될 미래적 변화에 주목하는 경향이 있다. 이 두 갈래의 포스트휴머니즘들은 미미하게나마 공유점을 갖기도 하지만([그림 1-1] 참조), 그 문제의식과 사회문화적 맥락에 있어서 차이를 보이기에, 예술교육으로의 수용의 양상도 달리 나타난다.

우선 특정 인종(유럽·백인·남성)을 중심으로 한 인간중심주의에 대한 반성과 반동에서 비롯되어 다양한 양상의 탈중심주의를 지향하는 포스트−휴머니즘 계열의 담론에 공감하는 학자들의 경우, 인간중심성의 탈피 및 관계성과 공존·공생의 지향에 방점을 두고 예술교육이 이루어져야 한다고 제안한다. 관계적 주체성, 공감적 상상력 함양을 위한 예술교육 및 공감교육(신혜승, 2017, 2020), 인간과 기계의 공존, 인간과 미생물의 공생·협업, 인간−자연−미술의 연결 속의 생태윤리(전혜숙, 2019a: 10f), 연결·확장적 주체성의 모색과 협력적 음악교육의 지향(최은식, 2018b: 97), 인간과 비인간 사이 관계성 고양을 위한 미술교육(류지영, 2019), 동물−되기, 지구−되기, 기계−되기 등으로 개념화되는 포스트휴먼 감수성 함양을 위한 미술교육(이예슬·허윤정, 2020), 생명과 생태 감수성을 바탕으로 한 심미적 감수성의 고양(신승환, 2021) 등은 포스트−휴머니즘이 예술교육의 관점에서 어떻게 수용되고 있는지의 현황과 미래적 전망을 동시에 드러내는 연구 주제들이다.

두 번째 갈래인 포스트휴먼−이즘에 공감하는 연구자들의 기본

적 문제의식은 바로 인간본성에 대한 전통적 이해의 변화가능성
과 관련하여 예술교육의 의미와 역할이 어떻게 재개념화되어야 하
는가에 있다. 즉, 급변하는 과학기술의 시대 속에서 인간의 기계화
또는 인간과 기계의 공존은 예술교육에 어떠한 변화를 요구하는
지, 그리고 나아가 인간과 기계의 섞임의 현상이 가속화하거나 혹
은 현존 인류와 전혀 다른 종(種)의 존재, 즉 포스트휴먼이 등장한
다면, 이러한 인간학적 또는 존재론적 변화에 대비하여 예술교육
은 어떻게 변모해 나가야 할 것인가에 대한 시론적 탐구들이 주종
을 이룬다. 인간본성의 존재론적 재개념화를 바탕으로 한 인간과
기계의 공존과 미술교육(안혜리, 2018), 두려움을 넘어 인간과 기계
의 평화적 공존을 위한 교육텍스트 분석(박유신 외, 2018), 포스트휴
먼 시대로의 변화를 위한 미술교육 콘텐츠 탐색(이은적, 2019), 포
스트휴먼 시대를 대비하여 디지털 감성의 고양을 위한 미술교육
(박수정 외, 2019), 인간 본성의 재고 및 진리 인식의 경험을 위한 미
술교육(강병직, 2019), 인공지능과 구별되는 인간의 신체성의 탐구
및 무용교육을 통한 미적 체험과 창의적 역량과 협업능력의 고양
(김설리, 2019), 인간의 존재성 재검토 및 기술적 상상력 함양(안인
기, 2020) 등의 주제들은 이들 연구가 천착하고자 한 문제가 어떤
성격과 지향점의 것인지를 보여 준다. 특히 인간의 존재론적 변화
가능성에 대한 비판적 우려와 동시에 예술교육의 문명사적 책무성
에 대한 진지한 제안들도 담겨 있음을 확인할 수 있다.

2) 담론분석을 통한 교육학적 수용의 가능성과 한계의 탐색(I): 관계성의 존중과 공존·공생의 교육학

포스트휴머니즘 관련 연구는 대부분 인간관의 변화 또는 휴머니즘의 수정이 필요하다는 인식에서 출발한다. 그 첫째 배경은 역시 전통적 휴머니즘의 과도한 인간중심성에 대한 반성적 성찰이다. 이것은 전통적 휴머니즘이 특정 지역·인종·성별의 인간만을 존중하여 왔다는 비판, 그리고 전통적 휴머니즘이 생태계에 존재하는 모든 유기체·비유기체 중 하나에 불과한 인간에게만 예외적 특권을 부여하여 왔다는 성찰 등에 근거하여, 전통적 휴머니즘이 보다 개방적인 개념으로 수정될 필요가 있다는 문제의식에서 비롯된 일련의 담론이다. 때로 폐쇄적 휴머니즘 이후의 "개방적 휴머니즘"(Snaza et al., 2014)이라는 의미를 담아 포스트-휴머니즘으로 표기되기도 하는 이 담론은, 포스트모더니즘을 거치면서 각종 중심주의(의식중심주의, 자아중심주의, 자문화중심주의, 자민족중심주의)가 비판적 성찰의 도마에 올랐었던 그 인간의 개념이 더욱 개방적인 개념으로 변모하여야 한다고 주장한다. 이에 더하여 이들은 인간만을 위한 휴머니즘, 즉 인간우월주의와 인간예외주의로부터 탈피하여 인간을 포함한 모든 존재하는 것들 사이의 관계성 담론, 공존·공생의 담론으로 개방해 나가야 한다고 주장한다.

포스트-휴머니즘의 이러한 문제인식에 공감하는 교육학자들은 최근 관계중심성의 교육, 공존·공생의 교육을 제안하고 있다. 즉, 포스트-휴머니즘 담론의 이론적 기반이 곧 소위 포스트휴머니즘적 교육 또는 포스트휴먼을 위한 교육의 이론적 기반이라 할 수 있다. 이 둘 사이에서 공유되고 있는 이론은 크게 네 가지, 즉 신물질주의, 객체지향존재론, 행위자네트워크 이론, 포스트현상학 등이다(정윤경, 2019; 박휴용, 2019a, 2019b). 이들 이론들의 공통된 주장인 관계성 또는 공존·공생의 강조는 교육적 행위주체성에 대한 전통적 이해에 대한 새로운 이해의 요청이다. 이 요청에 대해 부연하자면, 다음과 같다. 즉, 인간을 포함하여 우주 안에 존재하는 모든 물질은 그리고 나아가 정보와 환경과 관계성은 나름의 능동성(agency)을 가지고 있으며, 이들은 상호연관의 관계망 속에서 교호적 방식의 행위를 통해 의미를 생성한다. 이러한 발상에 따르면, 존재한다는 것은 곧 행위함을 의미한다. 따라서 행위의 주체는 고전적 인식론의 모형에서와 같이 의식주체일 필요가 없으며, 아울러 꼭 인간일 필요도 없다. 오히려 고전적 현상학이 표방하였던 의식-대상의 일원적 연결성은 세계의 실재와 교육 현상의 이해를 위한 인간중심적이고 폐쇄적인 틀로서, 이것은 사태적합적이지도 않으며 현대적 맥락에도 어울리지 않는다(박휴용, 2019b: 253).[11] 그러므로 인간을 존재의 전부로 그리고 행위의 출발점으로 여겼던 기

---

11) '노에시스-노에마'라는 용어로 설명되고 있는 고전적 현상학의 관계성은 일반적으로 '지향성(Intentionalität)'이라는 개념으로 설명된다. 인간과 인간, 인간과 세계의 관계성을 설명하는 이 지향성이라는 틀에 대한 비평 및 현대적 논의들에 대한 대략적 소개는 국내 교육학계의 경우 우정길(2007a: 151ff)의 연구를 통해 이루어진 바 있다. 이른바 포스트현상학을 포스트휴머니즘의 이론적 기반의 하나로 지목하고 있는 학자들의 주장은 고전적 현상학의 일원적 관계 규정의 형식에 대한 문제 제기라는 점에서는 현대 교육현상학자들의 문제의식과 궤를 같이 하지만, 새로운 양상으로 전개되어 온 현대 현상학에 대한 검토·제안에 대한 고려 없이 곧바로 고전적 현상학에서 포스트현상학과 포스트휴머니즘으로 도약한다는 것이 특징적이다(박휴용, 2019b: 253; 2020a: 29).

존의 모든 사유 방식은 전복될 필요가 있으며, 우주의 여느 공간에서 발생하는 모든 행위는 유기체적·비유기체적, 사물적·기계적, 미래가상의 혼종적 존재들 사이의 관계와 상호성의 결과이다. 학교를 비롯한 교육의 공간 역시 예외는 아니며, 이에 따라 학생의 개념도, 교사와 학생의 상호작용의 개념도 그리고 지식의 범주도 재고되고 재구성될 필요가 있다는 주장이다.

앞에서와 같은 발상에 공감하는 학자들을 중심으로 교육학계에 진행되고 있는 수용의 양상은 이른바 '패러다임의 변화에 대한 요청' 정도로 표현될 수 있다. 그리고 이것은 현재 "주체교육(학)에서 상호의존 관계성 교육으로"(정윤경, 2019)라는 표제 아래 "관계적·혼종적 주체로서 포스트휴먼들의 관계와 공생을 위한 교육"(이은경, 2018, 2020a, 2020b) "포스트휴먼 감응교육"(정윤경, 2020) "포스트휴먼 리터러시, 범주 확장 교육(exoeducation), 탈인본주의 교육"(박휴용, 2020a, 2020b) 등의 제안으로 나타나고 있다.[12]

앞에서와 같은 교육학적 수용의 가장 큰 기여는 교육학의 역사에서 주변적 위치에 놓여있었던 '관계성'에 대한 환기가 다시 이루어지고 있다는 점이다. 여기서 '다시'라 함은 이러한 시도들이 이전에도 있었다는 것을 의미한다. 앞서도 언급하였거니와 포스트휴머니즘이 대두되기 이전, 포스트모더니즘을 통해서도 교육학에서는 주체중심성이 해체되어야 한다는 제안과 도전이 있었다. 아울러

---

12) 해외의 경우 동일한 맥락에서 "복합종 교육학(multi-species pdeagogy)과 공통세계 교육학(common world pedagogy)"(Taylor & Pacini-Ketchabaw, 2019: 128-144) "되기의 교육학과 내부적 상호작용 교육학"(Barad, 2007; Ceder, 2019) 등이 제안되고 있다.

대화의 교육학(Buber, 1964; 1979), 의사소통의 교육학(Masschelein, 1991), 상호작용의 교육학(Kron, 1986), 상호주관성의 교육학(Biesta, 1999), 몸적 상호-주관성의 교육학(Meyer-Drawe, 2001), 응답성의 교육학(Lippitz, 2003; Woo, 2007; Lippitz & Woo, 2019) 등의 현대적 시도들 모두 전통적 교육학의 일원적·일방향적 주체성으로부터 탈피하고, 인간의 존재론적·행위론적 관계성에 방점을 두고 교육의 현상을 이해하고자 하였던 시도들이라 할 수 있다. 물론 이러한 시도들이 이룬 이론적 기여에 대해서는 별도의 장을 통하여 평가가 이루어질 필요가 있을 것이다. 이 장의 맥락에서 중요한 점은, 이와 같은 현대적 교육이론의 흐름 속에서 포스트-휴머니즘 역시 다시 한번 관계중심성의 의미에 대해 환기해 볼 수 있는 계기를 제공하고 있다는 사실이다. 교육은 관계 속에서 관계를 통하여 이루어지며, 극단적으로는 관계 그 자체가 교육이라고까지 말할 수도 있기에, 관계성에 대한 주목은 의미하는 바가 크다.

그럼에도 불구하고 관계성과 공존·공생에 철학적 최우선성을 부여하는 포스트-휴머니즘의 교육학적 수용에 있어서 해결이 어려운 문제가 있다는 사실도 부인하기 어렵다. 즉, 교육적 주체성의 증발 또는 주체없음의 상황이다. 이것은 이 장에서 언급된 대부분의 교육학 연구들에서 공통적으로 언급되는 이론적 난제이기도 하다(정윤경, 2019: 141; 박휴용, 2020b: 71). 인간이든 비인간이든, 유기체든 비유기체든, 사물이든 기계든, 존재하는 모든 것이 서로의 존재와 행위를 위한 조건이 되어 주며, 또한 우주 속에 존재하는 모든 것이 나름의 행위성을 갖는다는 만물행위론적 발상은 본질적으로 따뜻하고 민주적이기에, 정서적 차원에서는 별다른 문제가 발

생하지 않으며, 이러한 기조를 수용하지 않는 것이 오히려 부자연
스러워 보이기까지 하는 것이 사실이다.

그러나 다른 한편, 이 '모든'은 대단히 전체주의적이다. 즉, 이
'모든'을 거부하는 것이 선택사항이기 어렵다는 것이다. 아울러 이
'모든'으로 상징되는 '관계와 공존과 공생'의 내부가 어떠한 역학으
로 작동되는지에 대해서도 더욱 구체적인 이론적 해명이 이루어
질 필요가 있다. 특히 교육은 그 행위의 특수성으로 인하여 만물행
위론의 관점에서는 해명해 내기가 어려운 부분이 분명히 있다. 교
육적 상황을 이루는 모든 구성요소가 행위의 주체들이라는 발상
은, 역설적이게도, 교육적 행위의 주체가 없다는 사유와도 상통한
다. 그리고 교육학은 이러한 주체 없음의 상황과 친화되기 어렵다.
이러한 진단은 한때 주체의 죽음과 주체성의 해체가 화두였던 포
스트모더니즘에 대한 이론적 저항의 형태로 나타난 바도 있었거니
와(Heitger, 1991: 411; Ludwig, 2000), 관계성에 철학적 최우선성을
부여하였던 대화철학이 대화교육학으로 전환되는 과정 중에 이론
적 실패를 자인하는 결과로 나타나기도 하였다(우정길, 2007b: 152f;
Buber, 1979: 154f). 적어도 현대교육학의 역사에서 관계성과 주체
성은 제로섬의 역학 구도 속에 있는 것으로 파악되어 왔으며, 관계
성의 극단적 강조는 이른바 "교육행위론적 무정부상태"로 귀결된
사례들이 보고되었다는 사실을 적극적으로 참조할 필요가 있다(우
정길, 2007b: 145; Game & Metcalf, 2008; Woo, 2012: 575).

이런 의미에서, 포스트−휴머니즘에 기반을 둔 관계성의 존중과
공존·공생의 교육이 교육학의 이론과 실천에 최종적으로 어떤 유
의미한 계기를 제공해 줄 수 있는가에 대한 회의는 포스트−휴머니

즘을 수용하려는 교육학 연구가 해명해 나가야 할 가장 큰 난제라 할 수 있다.[13] 이러한 난제와 관련하여 우리는 "포스트휴먼 감응교육"을 제안한 정윤경의 조심스럽고도 냉철한 제안에 주목할 필요가 있다.

　"인간을 당사자로 인간의 인간다움을 고민하는 교육학에서 '인간 없는 세계'와 연결하고자 하는 방법은 없을 것이다. …… 비인간적인 것들이 인간의 관심에 대한 영향 또는 관련성 때문에 연구된다는 점을 인정하는 포스트휴머니즘의 수용이 현실적일 것이다"(정윤경, 2019: 141).

　아울러 라투르(B. Latour)의 행위자네트워크(actor-network theory) 이론의 교육학적 수용을 검토한 박은주의 연구 결과도 위와 같은 맥락에서 주목할 필요가 있다. 그녀는, 행위자네트워크 이론이 인간/물질이라는 근대적 이분법의 경계를 허무는 기여를 하였음에도 불구하고, 이것을 교육학 속으로 수용한다는 것이 가능

---

13) 이런 맥락에서 '인간 교육' 대신 '포스트휴먼 리터러시'의 개념을 사용하여 교육을 재개념화하려는 시도 역시 주목해 볼 필요가 있다. 박휴용은 "학습자(사고)-학습 내용(지식)-학습도구(기술)가 인위적으로 구별되지 않고 혼성화된 상태에서 이루어지기 때문에 이에 대한 학습원리에 대한 새로운 개념화가 필요하다."라는 취지에서 '교육'을 '리터러시'로 치환하고, 이를 다시 "범주 확장 교육(exoeducation)"으로 명명한다. 요컨대, "포스트휴먼 리터러시"와 "범주 확장 교육"의 핵심은, "다양한 존재들(인간과 동물, 기계들을 모두 포괄한)을 리터러시 행위의 주요 참여자로 포섭하면서 그들과 상호작용하고 소통하는 것'을 강조하려는 것이다"(박휴용, 2020a). 이러한 시도 역시 특정 주체의 주도적 행위성을 전제하지 않는 '관계성의 존중과 공존·공생의 교육'의 일종이라 할 수 있다.

한가라는 물음에 대해 다음과 같이 답한다.

> "인간–물질의 하이브리드로서의 포스트휴먼을 이름붙이지
> 만, 포스트휴먼의 준거 역할을 하는 것도 결국은 휴머니즘이다.
> …… 이 때문에 우리가 진정으로 '인간'을 벗어나는 것이 가능할
> 까 하는 의문이 생기는 것이다"(박은주, 2020: 22).

　이것은, 교육학은 인간이라는 전통적 주체가 삭제된 바로 그 지
점을 향해 어쩔 수 없이 다시 인간이라는 주체의 흔적을 찾아 회귀
할 수밖에 없지 않은가라는 의구심의 표현이기도 하다. 이렇듯, 교
육의 장에서 모든 존재자에게 행위성을 부여하는 시도의 이면은
곧 행위자없음의 상황으로 귀결될 수도 있기에, 포스트–휴머니즘
의 네 가지 이론적 기반, 즉 신물질주의, 객체지향존재론, 행위자
네트워크 이론, 포스트현상학이 공통적으로 제안하는 탈주체적 행
위성 또는 관계중심적 만물행위론이 교육학에 유의미한 이론으로
수용될 가능성에 대한 전망은 현재로서는 그리 밝지 않다고 볼 수
있다.[14)]
　또 한 가지 난제는 바로 휴머니즘의 개념에 관한 것이다. 더 구

---

14) 포스트–휴머니즘의 교육학적 수용의 사례들이 공통적으로 그리고 반복적으로 휴
　머니즘으로 회귀하려는 경향을 보이고 있는 현상으로 인하여 [그림 1-1]에서는 '포
　스트–휴머니즘: 교육학적 수용'의 아래에 다시 '휴머니즘'과의 불안정한 연결(점선)
　을 표기하게 되었다. 그러나 왜곡된 휴머니즘을 극복하고자 제안된 포스트–휴머
　니즘이 전통적 휴머니즘과 어떠한 친화를 보이게 될 것인가에 대해서는 판단을 보
　류하고자 한다. 이 특정한 교육학(적 수용)이 포스트–휴머니즘과 전통적 휴머니즘
　사이에서 어떤 이론적 출구를 찾을 수 있을지는 향후 계속적으로 주목해 볼 필요가
　있을 것이다.

2. 교육학계의 포스트휴머니즘 수용 **35**

체적으로는 포스트-휴머니즘이 비판과 극복의 대상으로 삼고자
하는 그 휴머니즘이 전통적 휴머니즘 전체를 의미하는 것인지 혹
은 휴머니즘의 역사적 전개 과정에서 나타난 왜곡된 휴머니즘인지
가 분명하지 않다는 것이다. 인류 역사의 도처에서 모습을 드러내
었던 그 왜곡된 휴머니즘 모두를 휴머니즘 일반과 등치시킬 경우,
이것은 휴머니즘에 대한 균형 있는 관점도 아닐 뿐 아니라 교육학
적 수용에 있어서는 아주 근본적인 오해의 소지가 될 것이기 때문
이다. 이 문제를 지적한 한기철의 다음과 같은 논평에 귀를 기울일
필요가 있다.

> "포스트휴머니즘이 포스트-휴머니즘으로서, 고대 헬라스 시
> 대 이래 교육이라 불리는 인간 활동의 기본적인 이념이 되어 온
> 휴머니즘을 그 근원에서 비판하는 논의를 전개하는 것이라면,
> 교육철학적 논의들은 결코 그것을 피해 갈 수 없을 것으로 생
> 각된다. 왜냐하면 휴머니즘은 교육학에 고유한 개념이고, 따라
> 서 휴머니즘을 극복하거나 초월하고자 하는 시도는 그것 자체
> 로 교육에 대한 우리 인간 집단의 포괄적인 전제를 뒤흔드는 시
> 도가 될 수도 있기 때문이다. …… 인간성이 위협받고 훼손되
> 고 있을 때에 제기되는 이념이므로 휴머니즘은 그 자체로 절박
> 함을 표현하고 있는 이념이다. 거꾸로 말하면 휴머니즘이 주장
> 되는 시공간에는 늘 인간성이 훼손될 위험이 존재한다는 것이
> 다"(한기철, 2020: 342-347).

요컨대, 교육학적 관점에서 필요한 포스트-휴머니즘 수용의 자

세는 다양한 양상으로 전개되어 온 휴머니즘에 대한 더욱 구체적
인 구분과 분별, 그리고 이들 각각에 대한 균형감 있는 비판과 대
안의 제시가 요청된다고 할 수 있다.

3) 담론분석을 통한 교육학적 수용의 가능성과 한계의 탐색(II): 휴머니즘의 보수(保守)와 향상론의 비판적 검토

포스트휴머니즘 담론의 또 한 가지 배경은 과학기술의 발달로
인하여 전통적 개념의 인간이 현재의 그것에 머무르지 않고 날
로 진화해 나갈 것이라는 미래적 전망이다. 즉, 포스트모더니즘
을 통해 의식주체로서 인간(cogito)에 대한 기존의 절대적 신뢰가
무너진 그 지점에서 한 걸음 더 나아가, 이제는 의식과 의지와 지
능과 몸의 분리가 가능해질 것이라는 미래적 전망이 더해져서, 기
존과는 다른 개념의 새로운 존재, 즉 포스트휴먼이 출현할 것이
라는 인식에 이르게 된 것이다. 인간(휴먼)에 대한 제 담론이 휴머
니즘이라면, 이제는 '인간+기계'의 혼종적 존재 또는 BMI(Brain-
Machine-Interface) 등과 같은 의식과 의지와 지능과 몸이 분리된
형태로 존재하게 될 새로운 종(種), 즉 포스트휴먼에 대한 담론이
생겨나야 하며, 이러한 의미를 담아 포스트휴먼-이즘으로 표기되
기도 하는 포스트휴머니즘이 필요하다는 주장이다. 아울러 휴먼에
서 포스트휴먼으로 진화해 나가는 과정에서 이른바 NBIC(Nano-
Bio-Info Technology, Cognitive Science)의 공학적 기술, 즉 향상
(enhancement)의 도구들을 적극적으로 활용하여 전통적으로 교

육이 해 오던 인간의 개선을 이루자는 제안들이 등장하고 있다
(Bostrom, 2003: 500; 2005: 211; Savulescu, 2005; Bostrom & Savulescu,
2009: 1).

포스트휴먼-이즘을 연구의 주제로 삼고 있는 교육학자들의 경
우 이론 확장의 가능성보다는 한계와 위험성에 더욱 주목하고 있
다. 전통적으로 교육학은 인간을 대상으로 하며, 각종 휴머니즘에
기대어 교육의 이론과 실천을 전개해 오고 있기 때문이다. 오히려
이들은 포스트휴먼-이즘의 대척점에 서서 전통적 휴머니즘의 가
치와 의미를 보존하기를 주장하거나 또는 전통적 휴머니즘의 가
치와 체계와 의의를 현대사회의 문화적 맥락에 맞추어 비판적·점
진적으로 정제해 나가자는 제안을 하는 생명보수주의자들의 논의
와 궤를 같이 한다. 이들에게 있어서 인간이 포스트휴먼으로, 휴
머니즘이 포스트휴먼-이즘으로 변경되어야 한다는 미래적 당위
는 현재적 관점에서는 가정과 희망에 근거한 요청일 뿐 학술적 타
당성에 대한 공감에 이르기가 쉽지 않아 보인다. 그러므로 이들
은 '포스트휴먼 시대, 포스트휴먼 사회, 포스트휴먼 교육' 등의 인
간 규정, 시대·사회 규정, 교육 규정에 대하여 섣부른 동의를 표하
지 않으며, 해당 표현들의 사용의 예도 무척 드물다(추병완, 2014a,
2015a, 2015b, 2015c, 2016; 우정길, 2018a, 2018b, 2018c, 2019a, 2020).
그리고 이것은 앞서 기술하였던 교과교육 분야의 시대 규정 동향
과는 뚜렷하게 구별되는 기조라 할 수 있다.

과학기술의 비약적 발달이 인간 본질의 변화를 초래하게 될 것
이라는 전망에 근거하여, 또는 다소 은유적 차원에서이기는 하지
만, 현존 인간이 이미 다양한 양상으로 초(超)인간이 되어 가고 있

다는 진단에 근거하여 전통적 휴머니즘이 근본적으로 확장될 필요가 있다는 주장에 긍정하고 이를 수용하는 경우, 이것은 전통적 휴머니즘의 단순한 수정이나 확장 이상의 것에 이르게 될 가능성이 높다. 이것은 관계성과 공존·공생의 문제이기 이전에, 인간(휴먼)인가 포스트휴먼인가라는 인간 존재의 규정의 문제임과 동시에 휴머니즘인가 포스트휴먼–이즘인가라는 담론의 경계 설정의 문제이기도 하다. 포스트휴먼–이즘에 대한 교육학계 연구들에서 모종의 긴장감이 감지되는 것도 바로 이러한 경계설정의 문제 또는 휴머니즘과 포스트휴먼–이즘의 비연속성의 문제 때문이다. 그리고 이러한 긴장감은 포스트휴먼–이즘이 제안하는 인간 개선의 수단인 향상(enhancement)[15]에 관한 논의에서 집중적으로 나타난다.

국내에서 향상론이 처음 비판적 고찰의 대상이 된 것은 2013년 도덕교육학자 추병완에 의해서이다. 오늘날 뇌과학이라는 명명으로 친숙해진 신경과학의 연구 결과들이 인간의 도덕성 향상을 위해서도 유용한 지식과 수단을 제공해 줄 수 있을 것이라는 전망이 등장하던 시점에, 그는 이른바 비자연적·비전통적·비인습적 방법을 동원하여 인간의 도덕성을 향상한다는 것의 가능성과 윤리성을 지적하는 차원에서 도덕교육에 한정하여 연구결과들을 내어놓기 시작하였다(추병완, 2013, 2014a, 2014b). 신경과학적 맥락의 향

---

15) "본래 향상이라는 말은 우리의 육체와 정신 또는 능력을 개선하려는 모종의 활동을 의미한다. …… 그러나 과학기술의 눈부신 발전은 비자연적·비전통적·비인습적인 인간 향상의 가능성을 크게 열어 놓았다. 이에 따라 향상 논쟁에서의 향상이라는 용어는 한 개인의 기능 수행을 종 전형적인 수준이나 통계적으로 정상적인 범주 이상으로 끌어올리는 것을 의미한다"(Allhoff & Lin, 2008: 253; 추병완, 2014a: 48에서 재인용).

상론이 포스트휴머니즘이라는 특정한 담론의 맥락에서 조명되기
시작한 것은 2015년에 들어서이다. 당시 추병완이 채택하였던 용
어인 "초인본주의"는 transhumanism의 번역어였지만, 그가 초인
본주의의 개념에 posthumanity도 포함시키고 있을 뿐만 아니라
초인본주의의 대척점으로 생명보수주의(bioconservativism)를 지목
한 것(추병완, 2015a: 38f)으로 보아, 그가 "초인본주의"로 표기한 것
은 본고에서 포스트휴먼-이즘으로 표기된 것과 유사한 것을 의미
한다고 볼 수 있다. 향상론의 도덕교육적 수용과 관련된 그의 기본
관점은 그가 번역한 향상론자들의 저서(Persson & Savulescu, 2012)
의 역자후기에 집약적으로 드러나 있다.

> "인류의 도덕적 향상 필요성에 대해 깊이 공감하고 있음에
> 도, 개인적으로 나는 저자들(Persson & Savulescu)의 주장에 전
> 적으로 동의하지는 않는다. 왜냐하면 그들의 진단은 상당한 설
> 득력과 짙은 호소력을 지니고 있지만, 막상 처방은 지나치게 혁
> 신적이고 낯설기 때문이다. 또한 나는 도덕교육 전공자로서 도
> 덕적 훈육이나 명상과 같은 전통적인 형태의 도덕적 향상 수단
> 들이 생명의학적 기술에 의한 도덕적 향상 수단보다 더욱 중시
> 되어야 한다고 믿기 때문이며, 더 근본적으로는 생명의학적 향
> 상 기술에 대한 거부감이 강하기 때문이다"(Persson & Savulescu,
> 2012/추병완, 2015: 208 역자후기).

도덕교육 분야에 국한되었던 향상론의 검토가 교육학 일반의 논
의로 연결된 것은 2018년에 이르러서이다. 추병완의 경우와 마찬

가지로, 이른바 뇌기반학습과학의 뇌−환원주의적 접근에 대한 비판적 검토로부터 시작된 우정길의 연구(2018a: 103f)는 포스트휴머니즘의 인간관 및 이에 근거한 향상론에 대한 비판적 검토 그리고 이른바 자유주의 우생학이라는 현대적 담론을 포용한 포스트휴먼−이즘의 우생학적 발상에 대한 비판적 검토로 이어졌다. 향상론을 "인간의 기계화와 교육의 도구화"라는 관점에서 비판하는 우정길의 기본 입장은 다음 인용문을 통해 드러난다.

> "우리는 교육에 대한 도구주의적 관점의 만연, 즉 교육이 개선과 진보를 위한 수단이며 종국에는 유토피아의 실현을 위한 수단으로 여기는 낙관적 도구주의가 팽배하는 상황에 대해 경계를 표할 필요가 있다. 교육에 대한 낙관적 도구주의가 극도로 고조된 지점에서 인간향상론이라는 유전공학적·기계공학적 아이디어가 새어 나오기 때문이다. …… 인간교육은 도구적 차원이 아니라 심미적 차원에서 이해되고 기억될 필요가 있다. 개선과 진보는 교육의 최종적 목적이 아니다. 교육의 최종적 목적은 인간이다. 이 인간은 동물과 비교되거나 포스트휴먼을 동경할 필요가 없는, 있는 그대로의 인간이다. 교육이 유토피아를 과도하게 지향하고 도구주의에 지나치게 경도될 때, 교육은 자신도 모르게 …… 인간향상론을 닮아가고 있게 될 것이다"(우정길, 2018c: 19f; 2019a: 45).

앞의 두 학자의 포스트휴먼−이즘의 교육학적 수용은 신경과학과 향상론에 대한 비판적 검토라는 점에서 유사성을 보인다. 추

가적인 유사성이 한 가지 더 있는데, 그것은 이른바 생명보수주의
에 대한 관심과 탐구이다. 추병완의 경우 「인간 향상 논쟁에서 생
명보수주의에 대한 비판적 평가」(추병완, 2015b)에서 그리고 우정
길의 경우 「포스트휴머니즘과 인간 교육: 샌델(M. Sandel)의 선물
론을 중심으로」(우정길, 2019b)에서 생명보수주의의 논리와 주장을
집중적으로 검토하고 있다. 이들이 생명보수주의에 관심을 기울이
는 이유는, 생명보수주의와 교육학이 공히 전통적 휴머니즘과 깊
은 연관을 맺고 있기에, 생명보수주의자들의 논의로부터 현대 교
육학이 필요로 하는 논거와 논리를 제공받기 용이하다는 판단에
서이다. 물론 추병완의 지적처럼, 생명보수주의자들의 논의가 언
어적으로 명쾌하지 않거나 도덕적 직관의 울타리 속에 안주하는
경향이 있기에 대중적 전달력이 부족한 경우가 있기는 하지만(추
병완, 2015b: 186f), 그럴수록 휴머니즘 친화적인 교육학이 더욱 폭
넓고 심화된 연구를 통해 이를 보완하고 정련하여 연대할 필요가
있다.

이런 맥락에서 한기철(2020)의 「기술-미래 담론의 성격과 교육
철학적 사유 방향」이라는 최근 연구는 포스트휴먼-이즘을 마주한
교육학이 진행하여야 할 방향을 더욱 선명하게 제안한 것으로 보
인다. 그는 향상론을 중심으로 한 포스트휴먼-이즘은 교육학적 논
의에 수용되기 어렵다는 의견을 개진하며, 다음과 같은 견해를 표
명한다.

　"'인간다움을 추구하는 일'이 바로 '휴머니즘'이 의미하는 바
　이므로, 교육은 결국 휴머니즘 담론을 초월하거나 극복할 수 없

다. 아니 그럴 수 없는 것이 아니라, 그래서는 안 된다. 그러니까 포스트휴머니즘을 교육학적 담론의 한 갈래로 간주하려면 …… 그것이 추구하는 목적과 그 목적을 실현하는 과정─'향상'─을 우리 교육학적 논의에 적극적으로 포섭하려 한다면, '포스트휴먼'이란 존재를 인간의 한 유형으로 삼을 수 있어야 한다. 포스트휴먼 또는 '초인류'는 인간의 한 종류인가? 포스트휴머니즘이 추구하는 것도 '인간다움'이라 할 수 있는가? 그러나 '포스트휴머니즘'이 그 용어의 형태가 보여주는 것처럼 휴머니즘을 극복하거나 초월하는 것이라면, …… 우리는 '교육'의 의미를 지금까지와는 완전히 다른 방식으로 규정하지 않으면 안 된다. '실천 활동'─프락시스─으로서의 교육이 아니라 이제는 '생산 활동' 또는 '기술 활동'─포이에씨스─로서의 교육을 말해야 할지도 모른다"(한기철, 2020: 340).

이 논문의 결론에서 한기철은 "다시 휴머니즘으로"라는 구호를 통해 다시 한번 교육학과 휴머니즘의 역사적·철학적 관련성을 강조함과 동시에 포스트휴먼−이즘을 마주한 교육학이 어떤 자세를 견지하여야 할지를 제안하고 있다. 그의 이러한 제안은 "포스트휴머니즘이 범람하는 오늘날 교육학은 역설적이게도, 그러나 참으로 당연하게도, 다시 휴머니즘을 고민하여야 한다."(우정길, 2020: 84)는 진단과도 일치한다.

3. 휴머니즘과 포스트휴머니즘의 임계점에서 교육을 사유하다: 이 책의 기획 의도와 구성에 관하여

이 책은 지난 2020 한국교육철학학회 연차학술대회에서 발표되었거나 이후 관련 학술지에 게재된 여덟 편의 논문을 담고 있다. 이 학술대회의 주제는 '인간·기계·교육 – 휴머니즘과 포스트휴머니즘의 임계점에서 교육을 사유하다'였으며, 그 취지는 해당 학술대회의 기획의도를 담고 있는 개회사의 일부에 잘 드러나 있다.

> "총체적으로 우리는 호모 사피엔스의 정체성과 지속가능성에 대한 도전의 물결이 거세게 밀려오는 시대에 서 있는지 모릅니다. 아주 오랫동안 휴머니즘과 친숙하였던 교육학에게 비교적 생소한 이 물결은 트랜스휴머니즘 또는 포스트휴머니즘이라는 이름으로 다가와 말을 걸어오고 있습니다. 이들은 우리에게 고전적 휴머니즘과 결별하고 새로운 교육을 찾아 나서라고, 그리고 휴머니즘을 초월한 교육을 새롭게 디자인하라고 요구하고 있습니다"(우정길·양은주, 2020: i).

오늘날 교육학은 휴머니즘과 포스트휴머니즘 사이에 위치하고 있다. 이 책의 저자들은 이 '사이의 임계점'이 의미하는 바를 다양한 관점에서 조명함으로써, 교육학이 진행하여야 할 방향에 대해 공적인 논의를 진행하였다.

우선 박은주는 기술기반 사회에서 교육적 행위성이 어떻게 재규

명될 필요가 있는가의 문제를 라투르(B. Latour)의 "비인간행위자
성(nonhuman agency)" 개념을 통해 조명하고 있다. 기술과 인간의
분리불가능성을 현대인의 실존적 조건으로 수용하라고 조언하는
라투르의 비인간행위자성 개념에 따르면, 우리는 인간만을 행위의
주체로 상정하고 인간에게만 존엄성을 부여하였던 인간중심적 사
고에서 벗어나, 기계나 물질과 같은 비인간도 행위의 주체일 수 있
으며, 나아가 이들이 도덕적 존엄성도 지닌다는 견해를 고려의 대
상으로 삼을 필요가 있다. 이러한 견해의 가장 큰 특징이자 기여점
은, 이것이 전통적 인식론의 인간중심적 환원론을 논박하고 "어떤
것도 다른 무엇으로 환원될 수 없고, 아무것도 무언가 다른 것에서
비롯될 수 없으며, 모든 것은 여타의 것과 동맹을 맺을 수 있다는
비환원의 원리"를 제안하였다는 사실이다. 즉, 비환원적이고 대등
한 행위소들로 이루어진 "일반화된 대칭성(generalized symmetry)"
이 곧 세계의 실상임과 동시에 교육학 연구의 출발점이기도 하다
는 발상이다. 달리 표현하자면, 인간이라는 행위자, 의식적 주체
라는 행위자, 교사라는 행위자라는 단일적 개념으로는 교육의 생
태적 상황성이 모두 그리고 제대로 파악될 수 없기에, 교사와 학생
그리고 비인간적 물질과 생태적 공간 등의 다원적 행위자 개념을
도입하여야 교육도 인간도 그리고 존재하는 모든 행위소들 사이의
교육적 상호작용도 그 본래의 의미를 획득할 수 있을 것이라는 주
장이다. 이른바 행위자네트워크 이론(actor-network theory)에 근거
한 이러한 발상이 전통적 교육이론의 변화로 어떻게 이어질 수 있
을지, 혹은 어떤 새로운 교육이론을 배태시킬 수 있을지에 대해서
는 더욱 심화된 논의가 필요할 것으로 보인다. 이 연구를 통해 박

은주는 "우리가 진정으로 '인간'을 벗어나는 것이 가능할까? 우리에게 인간의 개념이 있기 때문에, '인간 아닌 것' '비-인간행위자' '포스트-휴먼' '트랜스-휴먼' 등의 다양한 어휘를 창조해 낼 수 있는 것이 아닐까? '포스트'를 붙인 포스트-휴머니즘의 의미가 가능하려면 이미 휴머니즘에 대한 이해가 전제되어야 하기 때문이다."라는 문장을 통해 추가적 논의를 위한 대화를 독자들에게 청하고 있다.

　"포스트휴먼 감응교육의 탐색"을 제안하는 정윤경의 문제의식도 박은주의 그것과 궤를 같이한다. 즉, 그동안 당연한 것으로 여겨져 온 인간/비인간의 이분법이 현대사회와 인간의 현실에 부합하지 않으며 교육의 이해와 기획을 위하여도 적절하기 않기에, 포스트휴머니즘이 제안하는 인간-자연-기술 사이의 관계에 대한 근본적 재규정의 필요를 진지한 성찰의 대상으로 삼아야 한다는 것이다. 그녀에 따르면, 인간/비인간, 정신/물질이라는 인간중심적 휴머니즘의 이분법적 가정으로는 과학기술이 일으킨 변화를 설명하기 힘들며, 전통적 휴머니즘에 토대를 두고 있는 교육은 개별화된 주체 개념, 이분법에 기초한 재현의 교육학, 특정 주체의 의도와 계획에 의해 일방향적으로 상대를 도구화하는 문제로부터 자유롭지 않기에, 그 해결을 위하여 포스트휴머니즘의 제안을 적극적으로 경청하여야 한다는 것이다. 이를 위해 그녀가 제안하는 "포스트휴먼 감응교육"은 "차이와 다양성, 이질성과 상호교차성 등의 변화에 섬세하게 반응하며 교육을 새롭게 바라보고, 아직 현실화되지 않은 잠재적 교육 가능성을 조망하는 것"으로 개념화될 수 있다. 그리고 이것은 구체적으로 "지속적 되기와 상호관계성 교육,

사물(장치)의 능동적 행위성을 고려한 교육, 사물(장치)의 능동성과 잠재적 위험성을 동시에 고려하는 교육, 비의도적 우연성의 교육 가능성의 수용, 낯섦과 이질성과의 조우를 통한 새로움의 창안" 등 으로 구성된다. 이러한 포스트휴먼 감응교육이 최종적으로 지향하는 바는 물질의 행위성까지 포함된 다양한 항들의 관계성의 존중, 그리고 이에 기반을 둔 공존·공생의 교육에 대한 민감성의 제고라 할 수 있다. 물론 이러한 시도는 기존 관점의 전복, 또는 적어도 근본적 확장을 전제로 하기에 전통적 교육학의 입장에서 전면적으로 수용하기까지는 해결되어야 할 이론적 과제들이 없지 않다. 그러나 "예외 없이 창조의 과정은 이질적이고 낯선 것들이 섞이면서 생기지 않던가?"라는 물음과 함께 "포스트휴먼 감응교육을 통해 포스트휴먼화에 따른 도전에 교육의 새로운 가능성을 모색해 갈 수 있어야 할 것이다."라고 강조하는 저자의 목소리는 현대 교육학이 열린 마음으로 경청할 필요가 있을 것이다.

인간중심의 근대적 이원론의 극복 및 타자와의 상호 연계에 기반을 둔 관계적 주체성을 추구하려는 기조는 "공생을 위한 교육"을 제안하는 이은경의 연구에서도 포착된다. 그녀는 인간적 혹은 비인간적 존재들과 공존의 관계를 통해서만 존재가 가능한 인간, 나아가 기계나 사이보그 또는 인공지능과의 혼종적 존재이기도 한 인간, 즉 포스트휴먼은 포스트휴머니즘이라는 새로운 담론을 통해 조명될 필요가 있다는 견해를 표명한다. 즉, 확장된 인간관을 바탕으로 공생의 관계성을 재발견하되, 이것이 "느슨한 연대"라는 개념의 사회적 자본의 구축으로 이어지도록 교육의 역할을 새롭게 규정하여야 한다는 주장이다. 교육의 이러한 역할을 재설정하기 위한 방편으로 그녀는 일리치(I. Illich)의 "동사형 교육"의 의미를 재음미해 보기를 권고한다. 이것은 "몸이라고 하는 물적 토대에 기반을 두고, 타자와 더불어 서로의 주변 세계를 '적소(niche)'로 만드는 교육"으로서, 오늘날 교육현장에서는 공동학습, 협동학습, 체험학습, 프로젝트 학습 등의 형태로 실천되고 있는 교육이다. 이러한 교육적 실천의 확대와 심화를 통해 구축되는 탈자기중심성의 사회적 인프라 및 신뢰와 격려의 관계성은 이른바 "공생을 위한 교육"의 이론적·실천적 기반이라 할 수 있으며, 이것이 곧 포스트휴머니즘 시대에 교육이 추구해 나가야 할 방향과 가치라 할 수 있을 것이다.

이상의 논의들이 이른바 포스트-휴머니즘을 교육적으로 수용하여 그 의미와 구조를 교육학의 언어로 재해석해 낸 시도들이라면, 추병완의 연구는 포스트휴먼-이즘의 교육학적 수용의 핵심적 사안이라 할 수 있는 향상(enhancement)의 문제를 집중적으로 다루고 있다. 기존의 인지 향상론이 안전성과 공정성의 문제로부터 자유롭지 않았기에 논의의 진척이 지연되고 있다면, 이제 포스트휴먼-이즘 담론가들은 이러한 비판을 피하여 개인보다 사회를 이롭게 한다는 명분하에 도덕성 향상을 위한 공학적 수단의 활용을 제안하기에 이르렀다. 2013년 이래로 약리학적·유전공학적 기술을 활용한 도덕성 향상의 이론적 배경과 실현가능성 및 윤리적 문제 등을 다루어 온 추병완은 이번 연구에서는 "시민성 향상을 위한 포스트휴먼-이즘 담론가들의 제안"에 초점을 맞추어 관련 논의를 소개하며 그들의 논리를 논박하고 있다. 즉, 이 연구에서 그는, 생의학(biomedical science) 기술을 개발·활용하여 낮은 시민 참여와 정치 참여의 문제점을 해결하고 사회의 응집성을 제고하자는 포스트휴먼−이즘 담론가들의 프레이밍 전략과 방법론을 비판적으로 검토하고, 시민의 덕(civil virtue) 향상 프로젝트가 갖는 잠재적 위험과 오류를 체계적으로 반박한다. 그는 교육을 통해서보다 생의학적 향상을 통해 시민성의 고양을 더욱 손쉽게 이룰 수 있다는 향상론자들의 제안이 간과한 문제들, 즉 시민의 덕에 대한 몰이해의 가능성, 시민교육과의 모호한 겹침, 시민적 참여의 다양성에 대한 확증편향의 문제, 정치사회적 구조와 개인적 자유 사이에서 정치의 역할에 대한 고민의 부족 등을 다각적으로 검토하고 있다. 이를 통해 그가 도달한 결론은 다음과 같다. 즉, "아직 확실한 미래를 보장하지 못하고 유토피아적인 사변 수준의 생의학적 향상에 의한 시민의 덕 향상에 매달리기보다는 전통적인 향상 수단인 시민교육의 문제점을 보완하고 개선하는 것이 지금 우리에게는 더 현명한 선택일 수 있다." 이러한 결론과 더불어 이 연구 속에서 주목해 볼 부분은 향상론과 생명보수주의의 논리적 대치상황이다. 교육학은 이러한 논쟁의 상황을 통해 교육적 논의를 위한 시사를 얻을 수 있을 것으로 기대된다. 추병완의 연구는 포스트휴먼−이즘과 생명보수주의, 향상론과 교육학, 시민성 향상과 시민교육 사이의 임계점이 어떤 성격의 것인지를 잘 드러내는 사례라 할 수 있다.

추병완의 연구가 "시민성 향상론"이라는 구체적인 사례를 교육의 관점에서 비판적으로 다루고 있다면, 우정길의 연구는 이 사안을 포스트휴먼−이즘 대 교육학의 문제로 확장하여 그 논리와 논거의 상이성을 교육학의 관점에서 체계적으로 제시하였다. 그의 기본 입장은 다음 다섯 가지로 요약될 수 있다. 첫째, 교육론과 향상론은 표면논리상 유사하지만 그 목적과 방법론에 있어서 상이하므로, 이 둘을 개념적으로 혼동·혼용하거나 위계화하려는 시도를 경계하여야 한다. 둘째, 인간, 즉 인간의 의식과 의지와 지능과 신체를 기능주의적 관점에서 분절화·부품화하려는 일련의 시도가 인간의 사물화와 자기소외 그리고 교육의 도구화로 귀결될 가능성이 높다는 사실에 대한 인식을 고양하는 일은 포스트휴먼-이즘을 마주한 현대 교육학의 중요한 과제이다. 셋째, 자유주의 우생학을 포용한 포스트휴먼-이즘으로 인해 더욱 심화되고 있는 "완벽해지고자 하는 무절제한 욕망"(Sandel, 2007)을 성찰할 수 있는 개인적·사회적 공간을 창출하는 일 역시 교육의 과제이다. 넷째, 교육학은 전통적 교육학이 때로 집착하였던 정상성과 완벽에 대한 환상으로부터 거리를 둠과 동시에 현대사회의 현실에 부합하는 보다 개방적이고 유연한 교육학을 기획해 나가야 한다. 다섯째, 이러한 현대 교육학의 재기획을 위하여 생명보수주의와의 연대 및 교육적 휴머니즘의 현대적 정제(整齊)가 필요하다.

이전과 같은 휴머니즘의 재탐색과 재음미는 한기철의 연구에서 더욱 강조되고 있다. 그는 포스트휴머니즘을 중심으로 현대의 기술-미래 담론을 검토한 후 다음과 같은 문제들을 지적한다. 즉, 기술-미래 담론들에서 제시하는 미래사회에 대한 예측들이 그리 정확하지 못하다는 점, 이러한 예측들에는 이데올로기적인 편견이 깊게 반영되어 있다는 점, 그리고 포스트휴먼 기술이 추구하는 인간 능력의 향상은 결코 교육과 동일한 차원에서 다룰 수 있는 활동이 아니라는 점 등이다. 특히 향상과 교육의 구별과 관련하여 한기철은 "교육은 인간다움을 추구하는 활동"이라는 점을 특별히 강조한다. 즉, 향상의 기획이 인간다움의 추구라는 휴머니즘과 교육의 고유한 목적을 벗어난다면, 이것은 포스트휴머니즘이라는 용어가 비록 '휴머니즘'이라는 단어를 함께 사용은 하고 있다 하더라도 이것을 휴머니즘의 일종이나 계승으로 보기 어렵다는 것이다. 휴머니즘에 대한 그의 확고한 견해는 비단 포스트휴먼−이즘의 비판적 고찰에 그치지 않고 포스트−휴머니즘의 제안에 대한 비판적 검토로까지 이어진다. 그는 "포스트휴머니즘이 '포스트−휴머니즘'으로서, 고대 헬라스 시대 이래 교육이라 불리는 인간 활동의 기본적인 이념이 되어 온 휴머니즘을 그 근원에서 비판하는 논의를 전개하는 것이라면, 교육철학적 논의들은 결코 그것을 피해갈 수 없을 것"이라고 말한다. 왜냐하면 "휴머니즘은 교육학에 고유한 개념이고, 따라서 휴머니즘을 극복하거나 초월하고자 하는 시도는 그것 자체로 교육에 대한 우리 인간 집단의 포괄적인 전제를 뒤흔드는 시도가 될 수도 있기 때문이다." 이런 맥락에서 그가 교육학 논의를 위하여 제안하는 것은, 포스트−휴머니즘이 비판과 극복의 대상으로 삼고자 하는 그 휴머니즘이 어떤 종류의 휴머니즘인지 혹은 어떤 종류의 왜곡된 휴머니즘인지를 구체적으로 지목하여야 한다는 것이다. 그가 이해하는 휴머니즘은, 비록 그것이 시대적·문화적 맥락에 따라 다양한 양상으로 나타나기는 하지만, 그 본질에 있어서 인간의 존엄성을 추구하는 일련의 사상이며, 이것은 동시에 인간 이외의 존재를 배척하여도 된다는 인간중심주의 또는 인간우월주의를 의미하는 것은 아니다. "휴머니즘은 인간성 또는 인간다움을 추구하는 이념이므로, 그것 자체로 교육이 추구하는 이념이다." 이런 맥락에서 그가 주장하는 것은, 교육학은 인간성 또는 인간다움을 추구하는 이념인 휴머니즘을 추구하여야 한다는 것, 특히 기술-미래담론이 성행하는 오늘날 더더욱 민감한 경각심을 가지고 휴머니즘과 교육학의 논의에 임하여야 한다는 것이다. 즉, "다시 휴머니즘으로!"이다.

마지막으로, 이 책 제8장의 저자 최승현의 연구는 앞서 소개한 모든 연구의 시작점으로 돌아가 '포스트휴먼'이라는 개념이 어떤 맥락에서 비롯되었는지 그리고 이렇게 시작된 포스트휴머니즘이 교육학 속으로 수용되는 과정에서 연구자들이 어떤 관점을 염두에 두고 미래를 전망하여야 할지에 대해 제안하고 있다. 그는 '포스트휴먼'이라는 개념이 스피노자(B. Spinoza)와 들뢰즈(G. Deleuze) 그리고 브라이도티(R. Braidotti)와 페미니즘 진영의 학자들로 이어지는 일련의 흐름에서 비롯되었다는 견해, 그리고 단순히 초기 들뢰즈의 인간 규정으로부터 비롯된 것이라고 주장하는 안셀-피어슨(K. Ansell-Pearson)의 주장을 소개한 후, 이 둘의 화해안이라 할 수 있는 윌리암스(J. Williams)의 견해를 채택한다. 즉, "인간은, 시간의 과정이 필연적으로 만들어내는 프리휴먼(prehuman)과 포스트휴먼(posthuman)이라는 다중적 과정에 의해 만들어진다."는 견해이다. 최승현이 이렇게 포스트휴먼 개념의 계보를 살피는 것은 현재 진행되고 있는 포스트휴머니즘 논쟁이 결국은 인간 본성의 규정 또는 포스트휴먼의 개념 규정이라는 간단치 않은 사안과 직결되어 있으며, 이러한 난제는 기술정보사회의 발달이 가속화할수록 더욱 치열한 논쟁점이 될 것이라는 전망 때문이다. 그에 따르면, 교육학 역시 이러한 논쟁에 불가분 참여되어 있기에, 포스트휴먼의 계보학적 연구는 교육학으로서도 주목해야 할 필요가 있다는 것이다. 여기서 한 걸음 더 나아가 그는 향후 교육학이 포스트휴먼 개념의 정립, 포스트휴먼의 규범성, 그리고 포스트휴먼이 남기게 될 유산이라는 세 가지 관점에서 사유를 감행할 필요가 있다고 제안한다.

앞서 연구 현황에 대한 소묘에서도 제시되었거니와, 교육학이 포스트휴머니즘을 정면으로 마주한 것은 이제 몇 해 되지 않았다. 그리고 이 새로운 담론이 기존의 교육학에 얼마나 그리고 어떻게 어울릴 수 있는지에 대해서도 아직은 탐색의 단계에 있다고 말할 수 있다. 이 책의 저자들이 속한 한국교육철학학회는 이러한 상황을 '휴머니즘과 포스트휴머니즘 사이'의 문제로 인식하였고, 이 책의 저자들은 공통적으로 그 '사이의 임계점'에서 미래를 향한 교육학적 사유를 감행하고 있다. 이 '사이의 임계점'의 양측이 얼마나 서로 가깝거나 혹은 동떨어진 것인지에 대한 진단도 아직은 불명확하고, 아울러 향후 그 경계와 지형이 어떤 양상으로 변모하게 될 것인지에 대한 전망 역시 불투명하다. 다만 저자들이 함께 바라기는, 이제 막 물꼬가 트이기 시작한 이 교육학의 논의가 이 책의 논의들을 통해 더욱 다각적으로 검토되고 심도 있게 번져나가는 것이다. 그것이 현대사회의 맥락에 걸맞은 새로운 교육적 휴머니즘의 모색으로 이어지거나 혹은 전통적 휴머니즘의 보수(保守)와 정제(整齊)를 통한 교육적 휴머니즘의 재구성으로 귀결되어도 무방하다. 그것이 생명의 존엄 그리고 공존의 생태를 위해 복무하는 한, 교육학이 내딛는 모든 발걸음들은 인간의 개선과 문명의 진보에 기여하게 될 것이기 때문이다. 인간과 우주가 멈추어 있지 않듯, 휴머니즘도 그리고 인간과 교육도 쉼 없이 새로운 담론을 통해 재조명되는 것은 자연스러운 현상임과 동시에 교육학의 영구적 과제일 것이다.

참고문헌

강병직(2018). 포스트휴먼 시대, 미술교육은 진리성찰의 한 방법이 될 수 있는
　　가? 2018 한국국제미술교육학회 추계 국제학술대회 자료집, 63-76.

강병직(2019). 포스트 휴먼 시대, 진리 인식의 경험으로서 미술교육의 의미와
　　수업 실천의 방법에 관한 고찰. 미술교육연구논총, 56, 25-46.

강승지·이조은·정혜영·이연선(2018). 포스트휴먼 연구동향 분석을 통한 교
　　육적 함의 탐색: 키워드 네트워크 분석을 중심으로. 어린이문학교육연구,
　　19(3), 399-421.

김미남(2018). 포스트휴먼 시대 '낯섦의 환대'로서 미술 그리고 미술교육.
　　2018 한국국제미술교육학회 추계국제학술대회 자료집, 53-62.

김설리(2019). 인공지능시대의 인재양성과 무용교육. 한국무용과학회지, 36(4),
　　81-93.

류지영(2019). 인류세 시대의 미술교육: 인간과 비인간 사이 관계성으로서의
　　예술. 조형교육, 71, 61-81.

박수정·이미희·전수현·이하림·송명길·이주연(2019). 포스트휴먼 시대 디
　　지털 감성으로 접근하는 미술교육. 미술교육연구논총, 59, 1-36.

박유신·조미라(2017). 미래사회를 위한 포스트휴먼 교육. 미술교육논총,
　　31(2), 179-216.

박유신·최지지·조미화(2018). 포스트휴먼 교육 텍스트로서의 SF 애니메이션
　　읽기-애니메이션 〈Wall-E〉를 중심으로. 만화애니메이션연구, 53, 59-84.

박은주(2020). 기계도 행위할 수 있는가?: 브루노 라투르의 행위자네트워크 이
　　론(actor-network theory)을 중심으로. 교육철학연구, 42(4), 1-26.

박휴용(2019a). 포스트휴먼 시대의 학교교육의 변화와 교사전문성의 방향. 교
　　육철학연구, 41(2), 47-80.

박휴용(2019b). 포스트휴머니즘과 교육의 미래. 전북대학교출판부.

박휴용(2020a). 포스트휴먼 리터러시-개념 및 범주, 이론적 기반, 그리고 교
　　육의 방향. 리터러시 연구, 11(1), 11-55.

박휴용(2020b). 인본주의적 교육과정 인식론에 대한 열린 고찰: 포스트휴머니즘적 비판을 중심으로. 열린교육연구, 28(5), 49-78.

서재철(2018). 포스트휴먼 시대 체육·스포츠교육(학)의 인문적 미래. 서울교육대학교 초등교육원 2018 국내학술대회 자료집, 71-86.

신승환(2020). 포스트휴먼 시대 인간 이해와 예술 교육. 2020 한국국제미술교육학회 정기학술대회 자료집, 7-18.

신승환(2021). 포스트휴먼 시대의 인간 이해와 예술 교육. 미술과 교육, 22(1), 1-16.

신채기(2002). 올랑의 카널 아트: 포스트휴먼 바디 아트로서의 몸. 현대미술사연구, 14, 57-84.

신혜승(2017). 음악에서의 포스트휴먼 담론과 음악교양교육에의 적용. 音·樂·學, 25(1), 153-176.

신혜승(2020). 포스트휴먼의 상상력과 공감교육으로서의 음악: 음악으로 배운다, '프루이트 아이고(Pruitt-Igoe)와 모더니즘의 종말'. 이화음악논집, 24(3), 147-185.

안인기(2020). 포스트휴먼 주체와 기술적 상상력에 대한 연구: 낯선 아름다움의 초대. 미술교육연구논총, 63, 179-203.

안혜리(2018). 인공지능(AI) 시대에 왜 영성(spirituality) 탐구를 위한 미술교육이 필요한가?: 포스트휴먼 신학에 기초한 이론적 고찰. 조형교육, 66, 217-243.

우정길(2007a). 부자유를 통한 자유와 교육행위의 지향성, 탈주체성 또는 상호주관성의 교육이론을 위한 일 고찰. 교육철학, 38, 139-164.

우정길(2007b). 마틴부버: 대화철학과 대화교육학의 임계점에 관하여. 교육철학, 40, 139-161.

우정길(2018a). 교육적 인간의 기계적 환원에 관한 소고. 교육철학연구, 40(1), 91-110.

우정길(2018b). 포스트휴머니즘 인간관에 대한 비판적 성찰−기능과 욕망의 관점에서. 교육철학연구, 40(2), 75-99.

우정길(2018c). 보스트롬(N. Bostrom)의 인간향상론에 대한 비판적 고찰. 교육문화연구, 24(6), 5-23.

우정길(2019a). 교육(education)과 향상(enhancement)의 차이에 관하여. 교육문화연구, 25(3), 29-48.

우정길(2019b). 포스트휴머니즘과 인간 교육─샌델(M. Sandel)의 선물론(Theory of Giftedness)을 중심으로. 교육철학연구, 41(3), 91-116.

우정길(2020). 교육학과 포스트휴머니즘 담론의 임계점에 관한 고찰. 교육철학연구, 42(4), 55-92.

우정길(2021). 포스트휴머니즘 담론의 교육학적 수용─연구의 현황과 전망. 교육문제연구, 34(4), 1-37.

우정길・양은주(2020). 모시는 글. 2020한국교육철학학회 연차학술대회 자료집, I.

윤경희・최정윤・박유신(2017). 애니메이션 감상을 통한 근대 과학기술 문명 탐구─미셸 오슬로의 〈세 명의 발명가〉를 중심으로. 만화애니메이션연구, 49, 267-297.

이예슬・허윤정(2020). 포스트휴먼 감수성 함양 교육을 위한 미술작품 사례분석. 융합정보논문지, 10(11), 185-194.

이은경(2018). 디지털 데이터 사회의 포스트휴먼을 위한 교육. 신학사상, 183, 137-163.

이은경(2020a). 공생을 위한 학교종교교육의 패러다임 연구: 공생의 눈으로 종교적 이야기 다시 읽기. 신학과 실천, 71, 553-578.

이은경(2020b). 포스트휴머니즘 시대 공생을 위한 교육. 교육철학연구, 42(4), 117-136.

이은적(2018). 포스트휴먼 시대의 미술교육. 서울교육대학교 초등교육연구원 2018 국내학술대회 자료집, 37-57.

이은적(2019). 4차 산업혁명과 포스트휴먼 시대로의 변화에 따른 미술교육 콘텐츠 탐색. 문화예술교육연구, 14(1), 1-24.

이하림(2020). 포스트휴먼 시대 핵심 인성 역량 강화를 위한 초등 미술과 중심 교과 통합 프로그램 개발 및 적용. 미술교육연구논총, 60, 35-78.

전혜숙(2018). 인간의 미래와 미술─포스트휴먼시대 미술의 현황. 한국국제미술교육학회 추계학술대회 자료집, 3-16.

전혜숙(2019a). 인류세 시대의 미술-기술, 생태, 인간의 관계와 변화 중심으로. 2019 한국초등미술교육학회 · 한국미술교육학회 공동학술대회 자료집, 7-12.

전혜숙(2019b). 인간 및 생명개념의 변화를 중심으로 본 인류세 시대 미술의 특징. 미술교육논총, 33(3), 1-25.

정선희 · 김인설(2020). 포스트휴먼 세대를 위한 동시대예술교육 실행연구 - "ACC 어린이 예술실험실"을 중심으로. 한국예술연구, 30, 75-101.

정윤경(2019). 포스트휴머니즘과 휴머니즘에 기반한 교육 재고. 교육철학연구, 41(3), 117-147.

정윤경(2020). 교육학의 포스트휴머니즘 수용과 포스트휴먼 감응교육 탐색. 교육철학연구, 42(4), 187-216.

최은식(2018a). 심미적 음악교육에서 협력적 음악교육으로 - 포스트휴먼 시대를 대비한 음악교육의 전망. 서울교육대학교 초등교육연구원 2018 국내학술대회 자료집, 59-68.

최은식(2018b). 심미적 음악교육에서 협력적 음악교육으로 - 포스트휴먼 시대를 대비한 음악교육의 방향 탐색. 미래음악교육연구, 3(2), 97-109.

최은영 · 이주연(2018). 포스트휴먼 시대 미술적 상상력 신장을 위한 아이디어 창출 및 시각화 방안. 조형교육, 67, 235-262.

추병완(2013). 신경과학 시대에서 도덕교육의 새 패러다임. 윤리연구, 93, 231-264.

추병완(2014a). 약리학적 신경 향상 시대에서 도덕교육의 정당성. 도덕윤리교육, 43, 47-71.

추병완(2014b). 뉴로마케팅(Neuromarketing)의 윤리적 문제. 윤리연구, 97, 195-220.

추병완(2015a). 초인본주의의 도덕적 향상에 관한 신경윤리학적 성찰과 도덕교육적 함의. 윤리연구, 100, 33-62.

추병완(2015b). 인간향상논쟁에서 생명보수주의에 대한 비판적 평가. 윤리교육연구, 36, 171-194.

추병완(2015c). 인간 향상의 도덕교육적 함의. 도덕윤리과교육, 47, 55-82.

추병완(2015d). 도덕성 알약 프로젝트에 대한 비판적 평가. 초등도덕교육, 48, 23-45.

추병완(2016). 도덕적 향상에 관한 신경윤리학적 성찰. 윤리연구, 106, 63-87.

추병완(2017). 도덕적 인공지능에 관한 비판적 고찰. 윤리교육연구, 44, 1-24.

추병완(2018). 약리학적 인지 향상의 찬반양론. 도덕윤리과교육, 59, 105-127.

추병완(2019). 약리학적 기분 향상에 관한 신경윤리학적 고찰. 도덕윤리과교육, 62, 43-62.

한기철(2020). 기술-미래 담론의 성격과 교육철학적 사유의 방향. 교육철학연구, 42(4), 329-350.

Barad, K. (2007). *Meeting the universe halfway*. Duke Univ. Press

Biesta, G. (1999). Radical Intersubjectivity: Reflections on the "Different" Foundation of Education. *Studies in Philosophy and Education, 18*, 203-220.

Bostrom, N. (2003). Human Genetic Enhancements: A Transhumanist Perspective. *The Journal of Value Inquiry, 37*, 493-506.

Bostrom, N. (2005). In defense of posthuman dignity. *Bioethics, 19*(3), 202-214.

Bostrom, N., & Savulescu, J. (2009). Human Enhancement Ethics: The State of the Debate. In J. Savulescu, & N. Bostrom (Eds.), *Human Enhancement* (pp. 1-22). Oxford Univ. Press.

Buber, M. (1964). *Reden über Erziehung*. Lambert Schneider.

Buber, M. (1979). *Ich und Du*. Lambert.

Callus, I., & Herbrechter, S. (2013). Posthumanism. In S. Malpas, & P. Wake (Eds.), *The Routledge Companion to Critical and Cultural Theory* (2nd ed., pp. 144-153). Routledge.

Ceder, S. (2019). *Towards a posthuman theory of educational relationality*. Routledge.

Game, A., & Metcalfe, A. (2008). The teacher's vocation: Ontology of response. *Studies in Philosophy and Education, 27,* 461−473.

Heitger, M. (1991). Das Ende des Subjekts? Zur pädagogischen Konzeption von Subjektivität. Pädagogik ohne Subjekt; einige Überlegungen zu seiner Unverzichtbarkeit. *Vierteljahrschrift für wissenschaftliche Pädagogik, 61,* 401−419.

Kron, F. W. (1986). Vom pädagogischen Bezug zur pädagogischen Interaktion. *Pädagogische Rundschau, 40,* 545−558.

Lippitz, W. (2003). *Differenz und Fremdheit.* Peter Lang GmbH.

Lippitz, W., & Woo, J.−G. (2019). Pädagogischer Bezug Erzieherisches Verhältnis. In M. Brinkmann (Ed.), *Phänomene der Bildung und Erziehung* (pp. 83−102). Springer.

Ludwig, P. H. (2000). Einwirkung als unverzichtbares Konzept jeglichen erzieherischen Handelns. *Zeitschrift für Pädagogik, 46,* 585−600.

Masschelein, J. (1991). *Kommunikatives Handeln und Pädagogisches Handeln.* Academia.

Meyer−Drawe, K. (2001). *Leiblichkeit und Sozialität. Phänomenologische Beiträge zu einer phänomenologischen Theorie der Inter−Subjektivität.* W. Fink.

Persson, I., & Savulescu, J. (2012). *Unfit for the Future. The Need for Moral Enhancement.* 추병완 역(2015). 미래 사회를 위한 준비. 서울: 하우.

Sandel, M. (2007). *The Case against Perfection.* Harvard Univ. Press

Savulescu, J. (2005). New Breeds of Humans: the Moral Obligation to Enhance. *Reproductive BioMedicine Online 10* (Supp. 1), 36−39.

Snaza, N., Appelbaum, P., Bayne, S., Carlsm, D., Morris, M., Rotas, N., Sandlin, J., Wallin, J., & Weaver, J. A. (2014). Toward a Posthumanist Education. *Journal of Curriculum Theorizing, 30*(2), 39−55.

Taylor, A., & Pacini−Ketchabaw, V. (2019). Learning with children, ants, and worms in the Anthropocene: Towards a common world pedagogy of multispecies vulnerability. In J. Ringrose et al. (Eds.), *Feminist Posthumanism New Materialism and Education* (pp. 125-147). Routledge.

Woo, J.-G. (2007). *Responsivität und Pädagogik*. Dr. Kovac.

Woo, J.-G. (2012). Buber from the Cartesian Perspective? A Critical Review of Reading Buber's Pedagogy. *Studies in Philosophy and Education*, *31*, 569-585.

Waldenfels, B. (1994). *Antwortregister*. Suhrkamp.

02

기계도 행위할 수 있는가: 브루노 라투르의 행위자네트워크 이론을 중심으로*

박은주

---

* 이 글은 '박은주(2020). 기계도 행위할 수 있는가?: 브루노 라투르의 행위자네트워크 이론(actor-network theory)을 중심으로. 교육철학연구, 42(4), 1-26'을 이 책의 취지에 맞추어 부분적으로 수정한 것임을 밝혀 둔다.

1. 서론: 기술시대의 인간성에 대한 물음

코로나19는 원하든 원하지 않든 우리가 기술시대의 한가운데에 내던져졌다는 사실을 일깨워 주었다. 모든 가게와 기관들이 문을 닫아야 했던 팬데믹 상황에서도, 다행히 교육은 발달된 신기술 덕분에 온라인 수업의 형태로 지속될 수 있었다. 온라인 기술 덕분에 중단 없이 수업을 지속할 수 있었던 것은 다행이었지만, 온라인상에서 비대면으로 진행되는 교육방식은 전에는 알지 못했던, 혹은 고려하지 않아도 되었던 기술의 새로운 문제를 노출시켰다. 동영상 수업은 시간과 장소의 구속으로부터 상대적으로 자유로운 반면, 쌍방향의 소통은 허락하지 않았다. 일방향적 소통의 문제를 해결하기 위해 실시간 쌍방향의 소통이 되는 프로그램을 쓰고자 하면, 그에 따른 문제점들이 뒤따랐다. 정해진 시간을 초과하면 소통이 끊겼고, 동시에 여러 사람이 말하면 소리가 엉켜서 소통이 되지 않았을 뿐 아니라, 무엇보다 인터넷 연결이 불안정하면 프로그램 자체가 작동되지 않았다. 우리는 팬데믹 상황에서도 수업의 자유를 누렸지만, 어디까지나 기술이 허용한 한도 내에서의 자유만 누릴 수 있을 뿐이었다. 그러나 그 제한된 자유를 누리기 위해서 우리는 기술에 적응해야만 했다.

하지만 이런 것은 사소한 기술상의 문제들이다. 분명 기술이 진보하면, 지금 느끼는 불편함들은 개선되고 우리가 일상에서 이루는 것과 유사한 정도의 자연스러운 소통이 이루어질 것이다. 그러나 필자에게 기술과 관련하여 감출 수 없는 모종의 불안은, 이 기술적 전환이 우리에게 적응을 강요한다는 것이다. 그리고 한번 적응하면 더 이상 기술의 낯설음을 인식하지 않게 된다는 것이다. 마치 기술이 내 몸의 일부분인 것처럼 되어서 한번 기술에 익숙해지면 이전의 방식으로는 돌아가기 어렵다. 왜냐하면 기술에 적응한다는 것은 우리가 세계를 느끼고, 인식하고, 행동하는 방식에 모종의 질적인 변화를 초래하기 때문이다. 노트북에서 한글 프로그램으로 글을 쓰는 나는, 만년필로 원고지에 글을 쓰는 방식으로 돌아갈 수 없다. 이제는 그렇게 글을 쓰려고 하면 글의 내용이 떠오르지 않는다. 벼루에 먹을 갈아 붓으로 글을 쓰는 방식은 더더욱 어렵다. 나는 이미 지금의 기술이 제공한 방식에 익숙해졌기 때문이고, 그것이 내가 이 세계를 인식하고 살아가는 하나의 삶의 방식이 되었기 때문이다. 이와 마찬가지로, 교실에서 면대면 소통을 경험한 세대와 처음부터 온라인 가상공간에서의 소통방식으로 자란 세대, 혹은 종이책에 연필로 밑줄을 그으면서 텍스트를 읽은 세대와 핸드폰 화면으로 텍스트를 읽은 세대, 심지어 처음부터 영상으로 세계를 만나고 온라인 관계를 더 익숙하게 여기는 세대는 분명히 이 세계를 지각하고 사고하는 방식에서 이전 세대와는 질적인 차이를 보일 것이다. 이 때문에 우리는 새로운 기술이 가지고 오는 질적인 변화가 교육적인지 아닌지 고민하지 않을 수 없다.

그러나 이전과는 전혀 다른 환경 속에서 자라나는 지금의 디지털네이티브들에게 '교육적'이라는 이유로 어른세대에게 익숙한 방식만을 강요할 수도 없다. 그야말로 변화된 비대면 수업환경에서 여전히 대면 수업의 방식을 고집하는 것은 소통의 어려움을 더욱 가중시키는 처사인 것이다. 실시간 화상수업 환경에서 칠판에 판서하듯이 일방적 설명방식으로 하는 수업은 수업의 질을 더욱 떨어뜨리는 결과를 낳는다. 아렌트도 지적하였듯이, "우리가 희망을 오직 이것(새로운 세대의 새로움; 필자 추가)에만 두고 있다는 이유로 새로운 것을 통제하고 헌 것(the old)이 새 것(the new)은 어떠해야 한다고 규정한다면 우리는 모든 것을 파괴하게 된다"(Arendt, 1968/ 서유경, 2005: 259)는 사실을 기억할 필요가 있다. 새로운 기술기반의 환경 속에서 우리 어른세대는 우리가 가진 낡은 방식을 부과하는 것이 아니라, 이 아이들이 놓인 새로운 기술환경 속에서의 삶의 방식이 교육적인 것이 되도록 고민할 필요가 있다. 이 때문에 교육에서 기술의 문제는 중요한 화두가 될 수밖에 없다.

기술기반사회에서 교육한다는 것은 무엇을 의미하는가? 이 질문은 기술과 인간의 관계에 대한 면밀한 검토를 요청한다. 특히 인공지능의 비약적 진보발전으로 인해 인간 삶의 전 영역에서 기술이 강요하는 변화에 적응해야 하는 우리는, 기술을 빼놓고 오롯이 인간만의 인간다움을 논의하는 것이 별 의미가 없는 시대를 살고 있다. 그렇다면 이와 같은 기술기반 사회 속에서 기술과 인간의 관계는 어떻게 이해되어야 하는가?

이에 대하여 라투르(Bruno Latour)는 인간만을 행위의 주체로 상정하고 인간에게만 존엄성을 부여하였던 인간중심적 사고에서 벗어나 기계, 물질과 같은 비인간도 행위할 수 있고, 도덕적 존엄성을 가진다는 다소 도발적인 주장을 제기한다(Latour, 2002). 라투르는, 기술과 인간을 분리해서 살아갈 수 없는 것이 우리 삶의 조건이 되었다면, 이 조건 위에서 우리는 기술과 함께 어떻게 살아갈 수 있는지를 고민해야 한다고 조언한다. 이와 같은 라투르의 문제의식은 기계나 물질도 행위할 수 있다는 비인간행위자 개념으로 드러난다. 이 장에서는 인간만의 전유물이었던 행위자 개념을 물질, 기계, 기술의 차원에까지 확장함으로써 기술시대의 인간다움에 대한 근본적 사고의 전환을 제기하는 라투르의 도전이 교육에 주는 시사점과 한계를 비판적으로 살펴보고자 한다. 이를 위하여 2절에서는 근대적 기술관에 대한 라투르의 문제의식을 살펴보고, 3절에서는 행위자네트워크 이론(actor-network theory)을 중심으로 비인간행위자개념을 살펴본다. 이어지는 4절에서는 라투르의 도전이 교육에 주는 시사점과 한계점을 논의하고자 한다.

2. 근대적 기술관에 대한 라투르의 문제의식

오늘날 우리는 인간이 기술을 사용한 결과로 초래된 각종 오염과 기후문제, 쓰레기, 전염병 등으로 그 어느 때보다 심각한 전 지구적 생태위기의 시기를 살고 있다. 이 위기를 초래한 원인은 무엇일까? 혹시 이 같은 전례 없는 위기는, 그동안 우리가 견지해 온 기술에 대한 인간의 태도에서 비롯된 것은 아닌가?

오늘날 발생하는 전 지구적 생태위기의 특징은 그것이 자연재해인지, 인재인지 구분이 가지 않는다는 것이다. 예를 들어, 이상고 온, 태풍, 미세먼지 등의 기후위기는 자연재해처럼 보이지만, 선뜻 자연재해라고 답할 수가 없는 것은 기후위기를 초래한 주범이 바로 인간들이기 때문이다. 인간들의 무분별한 개발로 인한 생태환경파괴는 우리에게 전례 없는 환경위기와 팬데믹 상황으로 되돌아오고 있다. 이에 대하여 인간은 더욱 기술개발에 박차를 가하여 발달된 과학기술로 각종 재난에 대응하려고 한다. 그러나 인간이 기술을 지배하려 하면 할수록 오히려 더 악화되는 환경위기 속에서 인간은 더 불안해지고 비자율적으로 되어 간다.

이와 같은 악순환 속에서, 라투르는 우리가 기술에 대하여 오랫동안 견지해 왔던 '인간은 목적, 기술은 수단'이라는 기존의 기술관을 재고할 것을 요청한다. 전례 없는 생태적 위기의 상황에서, 우리는 다시 기술에 족쇄를 묶어서 그것을 수단의 영역에 '더 엄격하게' 제한시키고, 인간은 다시 무소불능의 '더 강한 주체'로 되돌아가야 할까? 라투르는 이 시도를 그만 멈추어야 한다고 주장한다 (Latour, 2002: 248). 더 나아가 라투르는 기술에 대한 이와 같은 도구적 태도는 그동안 근대가 고수해 왔던 인간주체/사물객체의 이분법에 근간하고 있음을 폭로한다. 인간은 목적에, 기술은 수단에 할당하는 태도는, 따지고 보면 인간과 물질을 이분법적으로 분리하여 사고하는 것에 기인한다는 것이다. 인간과 물질을 엄격히 분리하는 이분법적 사고가 오늘날의 각종 하이브리드를 증식시켜 온 원인이라는 라투르의 문제의식은 다음과 같은 **근대성**에 대한 비판적 분석으로 이어진다.

"'근대성'이라는 말은 두 가지 완전히 다른 실천을 지시하고 있다. 이 두 가지 실천은 그 효과가 유지되기 위해서는 구분되어야 하지만 최근에는 이것들이 혼동되기 시작했다. 실천의 첫 번째 집합은 '번역(translation)'인데, 이는 완전히 새로운 유형의 존재들 간의 혼합, 즉 자연과 문화의 하이브리드들(hybrids)을 만들어낸다. 두 번째는 '정화(purication)'로서, 전적으로 구분되는 존재론적 지대를 창출하는데, 그것은 한편으로는 인간 존재들의 존재론이며, 다른 한편으로는 비–인간 존재들의 존재론적 지대이다. 첫 번째 집합이 없다면 정화의 실천은 헛되고 무의미해질 것이다. 두 번째 실천이 없으면 번역의 작업은 느려지고 제한되거나 심지어 불가능해질 것이다. 첫 번째 집합은 내가 연결망이라고 부르는 것에 대응하며, 두 번째는 근대적인 비판적 입장이라고 부르는 것에 상응한다"(Latour, 1991/홍철기, 2009: 41-42).

　라투르는 그의 저작 『우리는 결코 근대인이었던 적이 없다(Nous N'avons Jamais Été Modernes)』에서 근대성의 상반된(혹은 모순된) 두 가지 활동을 언급한다. 한편으로, 근대성은 자연으로 대표되는 비인간(물질)과 문화로 대표되는 인간(사회) 간의 혼합물인 하이브리드(hybrids)를 증식시키는 **번역활동**에 골몰해 왔다. 다른 한편으로 근대성은 인간과 비인간의 구획을 고수하는 **정화활동**에 몰두해 왔다. 이 이분법적 구획에 따라 인간/비인간, 사회/자연, 주체/객체 등은 엄격하게 구분되는 두 가지 존재론적 지대에 놓이게 된다. 그런데 조금만 들여다보아도 이 두 가지 활동은 서로 모순된다. 한편으로 인간과 물질을 연결 짓는 하이브리드를 증식시키는 번역활동은, 인간과 비인간을 엄격하게 구분하는 이분법적 구도를 무너뜨린다.

　그러나 다른 한편으로, 인간과 비인간이 애초에 구분되어 있지 않다면 두 가지를 연결 짓는 번역활동도 불필요할 것이다. 라투르에 의하면, 이와 같은 엄격하게 분리된 구획으로서의 근대적 세계는 사실은 한 번도 존재한 적이 없다. 결과적으로 근대인들은 "말하는 것을 허용되지 않는 바로서 그것들을 실천하게 될 뿐이다"(Latour, 1991/홍철기, 2009: 112). 이와 같은 모순된 근대적 헌법 때문에 우리가 봉착한 것은, "스스로 그 존재와 가능성 자체를 부정하는 하이브리드들의 확장된 증식을 허용"해 왔을 뿐인 것이다 (Latour, 1991/홍철기, 2009: 99). 즉, 근대적 주체와 대상으로서의 객체라는 이분법적으로 구분 짓는 인간의 습관을 틈타, 한편으로 우리는 인간(사회)과 자연(물질)을 엄격하게 구획하면서도, 다른 한편으로는 그와 모순되게도, 인간과 자연의 하이브리드를 무한증식시켜 왔다는 것이다. 이는 인간과 물질의 영역을 엄격하게 구분 짓는 경계 속에 그 중간지대에 대한 아무런 책임도 제재도 없었기에 가능한 일들이다. 크게 보면 이 하이브리드의 무한증식도, 첫 번째와 두 번째 실천인 번역과 정화의 이분법적 구도하에 가능하였다는 것이 라투르의 근대성에 대한 문제의식이다.

　라투르가 보기에 오늘날 인류의 존속을 위태롭게 하는 핵무기나 핵폐기물, 기후문제, 지구온난화, 환경오염 등 과학기술의 발전이 가지고 온 생태문제나 생명공학의 문제, 생물학적 돌연변이의 속출 등 전례 없는 위기는 근대이후의 인간들이 증식시켜 온 하이브리드의 대표적 예들이다. 그러나 이 문제는 누구의 책임인가? 기술을 발전시켜 온 과학자들의 책임인가? 아니면 정치의 문제인가? 아무도 오롯이 우리자신의 문제로 여기지 않는다. 여기에는 우리가 열심히 구획해 온 인간과 물질의 구분을 따른, 사회와 자연, 정치와 과학의 경계가 큰 몫을 차지하고 있다. 라투르에 따르면, 문과대, 법대, 인문대, 사회과학대 출신의 (교양깨나 있다는 사람들은) 과학기술에는 전혀 관심이 없고(Latour, 2010: 21), 다른 한편으로 과학자들은 정치영역에 무관심한 것을 자랑으로 여기며 다음과 같이 말한다. "다행스럽게도 과학은 정치의 관심사, 분쟁, 이데올로기, 종교와 완전히 분리되어 있습니다. 과학의 권위는 다른 것들에 휘둘리지 않고 자율적입니다. 바로 여기에 과학의 가장 중요한 미덕이 있습니다. 과학기술은 자율적이기 때문에 참이거나 효과적입니다"라는 것이다(Latour, 2010: 22). 그러나 이와 같은 이분법적 토대 위에서는 하이브리드의 무한증식 속에 가속화되는 현대문명의 위기를 막을 길이 없다.

그렇다면 오늘날 우리가 겪고 있는 이 곤경을 벗어나기 위한 라투르의 제안은 무엇인가?

"전근대인들에 대해 인류학자들이 우리에게 말하는 내용을 살펴본다면 그 역설에 대한 해법은 그렇게 찾기 어려운 것은 아닐 것이다. 혼성화를 수행하기 위해서는 언제나 그것이 헌법에 어떤 심각한 결과도 초래하지 않는다는 믿음이 필요하다. 이와 같은 예방책은 두 가지 방식으로 받아들일 수 있다. 첫째로는 사회 질서와 자연 질서의 긴밀한 연결점을 통해서만 전적으로 사고함으로써 부주의하게 위험한 하이브리드가 도입되지 않도록 하는 방법이다. 두 번째로는 한편으로는 혼성화작용 전체를 괄호로 묶고 다른 한편으로는 사회와 자연 질서의 이중 구조를 괄호 안에 집어넣는 것이다. …… 조야하게 말한다면 하이브리드에 대해 가장 많이 생각하는 사람들은 하이브리드들을 최대한 제한하는 반면, 어떤 위험한 결과로부터도 차단함으로써 하이브리드들을 무시하고자 하는 사람들은 그것들을 최대한 발전시키는 것이다"(Latour, 1991/홍철기, 2009: 115-116).

근대인이 봉착한 이 곤경을 벗어나기 위한 라투르의 제안은 첫째, 사회(인간)와 자연(물질)을 연결 지어 사고할 수 있는 사고의 전환이 요청된다. 라투르의 이러한 제안은 다소 놀라운데, 왜냐하면 인간과 물질 간의 연결망을 무질서하게 확장시킴으로써 온갖 하이브리드의 증식을 가지고 온 것이 근대성의 오류라면, 그 연결을 전면중단하는 것이 아니라 오히려 그 연결지점에 대하여 보다 세밀하고 의식적으로 됨으로써 이 증식의 속도를 늦출 수 있다고 보기 때문이다. 연결의 지점에 대한 보다 공개적이고 면밀하고 의식적인 연구는 온갖 하이브리드의 무분별한 증식의 속도를 늦추고, 그 연결망의 충실한 기술(description)은 인간-비인간 연결지점에 대한 감각을 키워서 우리에게 꼭 필요한 하이브리드를 만들어 낼 수 있는 기반이 될 수 있다.

근대인이 봉착한 곤경을 벗어나기 위한 라투르의 두 번째 제안은, 근대인들이 분리시켜 진행해 왔던, 그리하여 결과적으로 하이브리드의 증식을 가능하게 했던 번역과 정화의 두 실천을 괄호에 묶자는 것이다. 이것은 인간과 물질, 사회와 자연, 인문학과 과학

등 우리 세계를 구획해 왔던 이분법에 기초해서 사고하던 방식을 괄호에 묶고 새로운 존재론적 기반에서 사고해 보자는 의미로 해석할 수 있다. 사실 라투르도 지적하고 있듯이 하이브리드를 가장 증식시켜 왔던 사람들은 인간과 비인간의 이분법적 구도를 고수함으로써 인간의 존엄성을 고수하고자 했던 근대인들이었다. 그들은 경계짓기를 통해 어떤 위험한 결과로부터도 차단함으로써 하이브리드들을 무시하고자 하였는데, 역설적으로 그들의 이러한 태도가 하이브리드의 무차별적인 증식을 최대한 발전시켜 왔다. 반면에 인간과 자연을 분리하지 않고 유기적으로 연결된 체제에서 사고하였던 전근대인들은 하이브리드들을 최소한으로 억제할 수 있었다. 따라서 기술기반사회에서 인간과 기술의 공존을 위해 라투르는 기존의 인간과 물질, 사회와 자연, 인문학과 과학 등 우리 세계를 구획해 왔던 이분법적 경계를 넘어서는 새로운 존재론적 기반을 요청하고 있는 것이다.

이상과 같은 근대성에 대한 문제의식을 참조할 때, 기술과 인간의 관계를 새롭게 설정하고자 하는 라투르의 기획은 크게 두 가지 방향성을 가진다고 볼 수 있다. 하나는 인간과 비인간의 연결에 대한 새로운 관점을 노정하는 것이고, 다른 하나는 인간과 물질의 이분법적 경계를 넘어 양자를 어디에도 환원시키지 않고 동등한 존재론적 지위를 부여하는 새로운 존재론적 토대를 개척하는 것이다. 이 두 작업의 핵심에 있는 것이 바로 '**비인간행위자**' 개념이라고 할 수 있다. 즉, 전자는 인간행위자와 비인간행위자의 연결방안을 모색한 '**번역작업**'으로, 후자는 인간과 비인간행위자에 동등한 존재론적 지위를 부여하는 '**관계적 존재론**'으로 연결된다고 할 수 있다.

이 두 가지 토대 위에 제시된 이론이 다음 절에서 살펴볼 행위자네
트워크 이론이다.

3. 기계도 행위할 수 있는가: 라투르의 행위자네트 워크 이론

1) 행위자네트워크 이론과 비인간행위자 개념

행위자네트워크 이론(Actor-Network Theory: 이하 ANT)은 최근 인
문학과 사회과학, 과학기술학 등 여러 학문 분야에서 새롭게 주목
받고 있는 이론이다. 브루노 라투르(Bruno Latour)는 1980년대 초
기(1982~1983)부터 동료인 미셸 칼롱(Michel Callon), 존 로(John
Law)와 함께 **ANT**에 대한 작업에 착수하였으며, 이후 지속적인 논
의와 협의를 거친 끝에 1986년 무렵부터 ANT는 골격을 갖추어 이
론의 모습을 드러내게 되었다. ANT는 행위자네트워크 이론이라
는 그 이름에서도 알 수 있듯이 다양한 행위자들의 연결망인 네트
워크의 형성에 관심이 있다. 즉, 지식이나 조직, 사물, 기술 등 우
리가 경험하는 대상들을 인간과 비인간 사이에 형성되는 다양하고
복잡한 연합체로서의 네트워크 관계로 파악하는 것이 특징이다.

어떤 현상을 **네트워크**로 파악한다는 것은 무슨 의미일까? ANT의
관점에서 보면, 우리가 사용하는 개념이나 기술, 제품, 지식 등의
'본질'보다는 그것이 누가 누구와 만나서 이러한 실체를 형성하게
되었고, 그 과정에서 어떤 네트워크는 소멸되었고, 다른 네트워크

는 힘을 얻게 되었는가 하는 네트워크의 생성, 성장, 소멸 등의 '과정'과 '효과'가 더 중요하게 부각된다. 네트워크는 늘 이동하고, 움직이며, 강해지기도 하고, 세력을 잃고 약해지기도 한다. 이와 같은 역동적인 성격 때문에 ANT는 완결된 하나의 이론체계라기보다는 우리 삶의 다양한 현상을 파악하는 하나의 관점에 가깝다.[1] ANT가 지닌 이와 같은 '동사적' 성격 때문인지, ANT에 대한 설명에는 생생한 전쟁의 비유가 자주 등장한다. 예를 들어, 하나의 네트워크를 구축한다는 것은 마치 전쟁터에서 많은 동맹을 끌어들여 나의 전지를 구축하는 것에 비유할 수 있다. 한 행위자가 다른 행위자를 만나 자신의 동맹으로 포섭하기 위해 다양한 전략을 구사하고, 그 행위자가 원하는 것과 내가 원하는 것 사이의 타협과 협상을 위해 때로는 협박과 어르기가 오가기도 한다. 이 과정에서 처음 내가 세웠던 목표는 수정되기도 하고, 고지가 눈앞에 있어도 우회로를 택해서 돌아가기도 한다. 또한 자신이 동맹으로 맺고 싶은 행위자를 다른 네트워크에서 뺏어와야 하기 때문에, 네트워크 간의 다양한 힘겨루기(trials of strenth)가 작동할 수밖에 없다. 다양한 행위자를 포섭하여 동맹을 많이 포섭하였을 때 그 네트워크는 강한 네트워크가 되고, 반대로 행위자를 뺏겼을 때 그 네트워크는 힘을 잃고 소멸되기도 한다.

---

[1] 박성우·신동희(2015: 107)는 이와 같은 동적인 성격에 주목하여, ANT는 완성된 하나의 이론체계라기보다는 '연구 접근' 혹은 '기풍'에 더 가깝다고 지적한 바 있다. 또한 교육연구에 ANT를 적극적으로 소개해온 펜윅(T. Fenwick)도 동료 Edwards와의 작업에서 ANT는 어디에 응용할 수 있는 완벽한 이론체계가 아니라, 하나의 현상을 바라보고 느끼는 방식으로서의 '감수성(sensibility)'에 더 가깝다고 밝힌 바 있다 (Fenwick & Edwards, 2011: 1).

ANT에서 다양한 행위자들 간에 구축된 네트워크가 안정화되어 하나의 대상물로 된 것을 **블랙박스**(black-box)라고 부른다. 원래 블랙박스는 내용물에 상관없이 입력-출력에만 관심을 가질 때 쓰는 공학용어인데, ANT는 이 용어를 차용하여, 네트워크가 더 이상의 확장이나 소멸 등의 운동성을 가지지 않고 닫힌 상태가 되어 사용 자체에만 관심을 가지게 되었을 때 이를 블랙박스화되었다고 한다. 우리가 하나의 물건처럼 사용하는 자동차, 컴퓨터, 핸드폰 등 기술제품들은 블랙박스화된 사물들의 좋은 예들이다. 이 사물들은 마치 하나의 대상처럼 보이지만 사실은 그것을 열어 보면 복잡한 네트워크로 구성되어 있다는 것을 알 수 있다. 예를 들어, 자동차가 고장이 나서 뚜껑을 열게 되면, 자동차는 전선, 배관, 엔진, 기름, 연료통 등 수많은 이종적인 부품들의 네트워크로 구성된 것임을 보여 준다. 즉, 하나의 대상처럼 보이는 블랙박스도 사실은 각각의 고유한 역사를 지닌 인간과 비인간들이 지닌 수많은 이야기들로 이루어진 네트워크라는 것이다. 기술은 블랙박스화될수록 내적인 연결로서의 네트워크는 점점 닫히고 투입산출만 남기 때문에, 기술에 익숙해질수록 기술의 네트워크는 우리 눈에서 점점 사라지고 그 사용만 남게 된다. 기술에 적응이 될수록 그 기술이 우리 삶의 일부로 들어오면서 기술 자체를 의식하지 못하게 되는 것도 이같은 기술의 블랙박스적 성격에 기인한다. 우리가 '사회관계'를 생각할 때도 더 이상 그것을 구성하는 블랙박스화된 과학기술을 고려하지 못하기 때문에 마치 기술은 없고 인간만 있는 것처럼 느낀다. 그러나 ANT에서는 '사회'란 인간들만의 관계로 이루어져 있는 것이 아니라, 블랙박스화된 수많은 과학기술을 그 안에 포함하고 있으며, 이 점에서 비인간 행위자들도 '사회'의 구성요소가 된다는 점을 강조한다(김환석, 2001: 210).

블랙박스화된 네트워크의 대표적인 예는 '지식' 혹은 '사실'이라 할 수 있다. 우리가 객관적인 사실(fact)로 알고 있는 것들도, 바깥에 객관적으로 존재하고 있는 자연을 탐구하여 그 속에서 발견해 낸 진리들이 아니다. 오히려 하나의 과학적 사실이나 법칙이 나오기까지 그것을 수차례 실험해 보는 실험실, 그 실험을 구현해 낼 실험기구와 장비들, 수많은 연구원들, 그리고 그 실험결과에 직간접적으로 관여해 있는 수많은 기관과 기업과 사람들이 복잡하게 뒤얽혀 상호작용을 한 결과이다. 따라서 ANT에서는 지식을 시험관, 시약, 유기체, 과학기술자의 숙련된 손, 현미경, 컴퓨터 같은 이종적인 요소들이 중첩되면서 일종의 네트워크로 발전한 최종결과로 정의한다(Law, 1992). 지식뿐만 아니라 ANT에서는 권력관계 및 사회의 제반 현상까지도 인간과 비인간이 함께 상호작용한 결과물로서의 네트워크로 이해한다. 이 네트워크가 강하게 결집되어 안정화된 블랙박스가 되었을 때 그것을 사회적 실재 혹은 권력이라 부르게 되는 것이다(박성우·신동희, 2015: 112).

그런데 원래 인류학자였던 라투르가 과학실험실을 대상으로 민속지적 과학기술연구를 했던 특이한 이력에서도 짐작할 수 있겠지만, 사회과학과 자연과학을 넘나드는 성격의 ANT가 본격적인 이론의 형태로 모습을 나타내자 ANT는 흥미롭게도, 객관적 실재를 인정하지 않는 사회구성주의자들이나 객관적 사실을 주장하는 과학자들 양 진영 모두에게서 공격을 받았다. 여기에는 ANT가 다루는 주제들이 하나같이 논쟁적이었다는 것이 일조를 하였는데, 아

3. 기계도 행위할 수 있는가: 라투르의 행위자네트워크 이론 **77**

마도 그중에서 가장 논쟁적인 개념이, 물질과 같은 비인간도 행위할 수 있다는 비인간행위자성(nonhuman agency) 개념일 것이다. 이 개념은 전통적으로 고유한 의도와 행위능력을 가진 인간만을 행위자로 간주하였던 인문사회학자들의 맹렬한 비판을 받았으며, 동시에 의도성이나 행위능력을 결여하고 있는 객관적 물질로 이루어진 자연을 연구대상으로 삼던 과학자들의 공격을 받기도 하였다. 따지고 보면 이 두 진영의 비판은 인간/비인간의 행위능력을 중심으로 구분해 왔던 기존의 경계를 무너뜨리는 것에 대한 반감을 드러낸 것이라고 볼 수 있다.

그렇다면 ANT에서 행위자란 무엇을 가리키는가? 우리가 살아가는 이 세계는 인간만으로 이루어진 것도 혹은 물질만으로 이루어진 것도 아니다. 인류의 역사 이래 이 세계에는 인간과 물질이 공존하고 있다. 그런데 가만히 보면 이 세계라는 것은 인간이 물질을 변형시켜 인공물을 만들기도 하고, 그렇게 만들어진 인공물이 인간에게 영향을 주기도 하면서 서로가 서로를 구성해 왔다고 볼 수 있다. 이것을 어떤 행위를 실행할 수 있다는 **행위능력**(agency)의 관점에서 기술해 보자면, 인간이 다른 인간이나 물질에 영향을 미쳐서 어떤 변화를 가져오기도 하고, 물질이나 기술이 인간에게 영향을 미쳐서 모종의 변화를 가지고 오기도 한 역사였다고 볼 수 있다. 다시 말하여, 이 행위능력의 관점에서 볼 때 어떤 것이든지 다른 존재에 어떤 영향을 미쳐서 모종의 변화를 가지고 온다면, 인간이 행위하듯이 기술도 행위한다고 할 수 있다. ANT에서 **행위자**(actor)는 "어떤 행위를 하는 실체들(entities that do things)"로서, 여기에는 인간뿐만 아니라 비인간도 포함된다. ANT는 물질과 기계,

미생물과 세균, 기술과 같은 비인간(nonhuman)도 마치 인간처럼 행위능력(agency)을 가진 행위자로 보아야 한다고 주장한다[2](홍성욱, 2010: 127). 고유한 의지와 의도를 가지고 행위할 수 있는 행위능력을 인간에게 제한시켜 왔던 전통적인 철학이나 사회학과 달리, ANT에서는 인간과 비인간을 차별하지 않고 동등하게 행위능력을 부여하는 것이 가장 큰 특징이다(홍성욱, 2010: 22).

　라투르가 **비인간행위자**를 설명하기 위해 자주 드는 유명한 예시가 과속방지턱이다. 라투르는 이를 '잠자는 경찰'이라고 부르기도 하며, 행위자의 대표적인 예시로 든다. 왜 그럴까? 지금까지 과속으로 인한 교통사고를 방지하기 위해 주요 도로마다 경찰이 감시를 하였다. 운전자들은 빨리 달리다가도 경찰이 있으면 속도를 줄인다. 이 점에서 경찰은 운전자의 과속을 억제하는 행위자이다. 그런데 경찰이 모든 도로에 다 서 있을 수는 없다. 그래서 과속방지턱을 만들었는데, 이 과속방지턱은 차들의 속도를 낮추는 동일한 효과가 있다. 운전자들은 과속방지턱이 무서워서 속도를 늦추는 것이 아니라 과속방지턱에서 속도를 낮추지 않으면 차가 손상되기 때문에 속도를 낮춘다. 그러나 차의 속도를 낮추는 효과 면에서는 과속방지턱이 경찰과 같은 역할을 하며, 이 점에서 과속방지턱도 행위자인 것이다. 차가 손상되기를 싫어하는 운전자의 심리에 영향을 미쳐 그들의 행동을 변화시켰기 때문이다.

---

2) ANT에서는 그동안 행위자를 인간에 특정해서 지칭했던 것과 구분하기 위해 **행위소**(actant)라는 중립적인 기호학 용어를 쓰기도 한다. 학자에 따라서는 행위소와 행위자를 같이 섞어 쓰기도 하지만, 일반적으로 행위소는 행위를 수행하는 가장 기본적인 존재자 단위라고 할 수 있다.

그렇다면 이와 같은 행위자네트워크 이론은 근대성에 대한 라투르의 기획을 어떻게 성취하고 있는가? 2절에서 살펴본 바와 같이, 라투르는 인간과 비인간의 하이브리드를 증식시켜 온 것에 대한 문제제기로 인간과 비인간 간의 연결지점에 보다 면밀하고 의식적으로 될 필요가 있음을 역설하였다. 또한 이를 위해 기존의 인간(사회)/물질(과학)이라는 주체/객체의 근대적인 이분법을 벗어난 새로운 존재론을 요청하였다. 필자가 보기에 라투르의 ANT는 바로 이 문제의식에 대한 응답으로 구체화되었다고 할 수 있으며, 그것의 구체적인 작업이 '번역'과 '관계적 존재론'이라 할 수 있다. 다음에서는 ANT의 꽃이라 할 수 있는 '번역(translation)'과, 라투르가 ANT를 통해 그리고 있는 새로운 '관계적 존재론'에 대하여 살펴보도록 하겠다.

2) 번역: 비인간행위자는 어떻게 출현하는가

"ANT에서 이종적인 행위자들을 연결하여 네트워크를 건설하는 과정을 번역(translation)이라고 한다. ANT가 곧 이종적인 행위자들 간의 네트워크 운동이기 때문에 이 네트워크를 어떻게 형성할 것인가 하는 문제는 곧 ANT의 핵심적 문제라 할 수 있다. 이 때문에 어떤 이들은 ANT를 번역의 사회학이라고도 하고, 또 번역을 ANT의 꽃이라고도 한다"(홍성욱, 2010: 25).

번역에서 중요한 것은 무엇일까? 바로 인간행위자와 비인간행위자들을 연결하는 것이다. 서로 다른 관심과 이해관계를 가진 이종적인 존재자들을 어떻게 연결할 수 있을까? 관련된 존재자들에게 각각의 이해관계(관심사)를 충족시켜 주어야 한다. 그러나 각각의 이해관계는 상충할 수밖에 없기 때문에 이해관계를 조율하는 과정에서 다양한 타협과 협박, 전략이 동원된다. 다른 행위자들을 만나서 다양한 이해관계를 조율한다는 것은 나의 원래의 목표를 조정한다는 말과도 같다. 즉, 새로운 행위자를 포섭할 때마다 나의 원래 목표는 수정되고, 우회되며, 새롭게 구성된다고 할 수 있다. 서로 다른 이해관계를 가진 이종적인 행위자들을 공동의 목표 아래 하나의 네트워크 안으로 포섭하여 성공적인 연결이 이루어질 때, 번역이 이루어졌다고 한다. 이 점에서 볼 때 네트워크를 구축한다는 말과 번역은 동의어라 할 수 있다. 번역을 잘할수록 더 많은 요소가 연결된 더 큰 네트워크로 확장되며, 성공적인 번역은 더 많은 요소를 연결함으로써 더 큰 권력을 가지게 된다. 번역이 성공적으로 되어 네트워크가 매우 안정화될 때, 그것은 하나의 실재, 혹은 견고한 사실, 법칙, 필수품 등, 그 내부를 신경쓰지 않고 하나의 개체로 받아들이는 블랙박스가 된다.

하나의 기술이 만들어지는 과정, 혹은 지식이 생산되는 과정은, 다르게 표현하면 번역이 이루어지는 과정이라고 할 수 있다. 예를 들어, '가리비조개 유생'을 연구하여 논문을 쓰고자 하는 과학자의 번역을 생각해 보자. 이 경우, 이 과학자의 목표는 '어떻게 가리비가 수집기에 잘 부착하는가'가 될 것이고, 이 공통의 목표 아래 관계된 주요 행위자는 연구에 참여하는 과학자들, 어부들, 가리비조개가 될 것이다. 이들 간의 네트워크를 형성하려면 무엇보다 각 행위자들의 이해관계를 면밀히 파악하여서, 하나의 목표 아래 단단한 동맹으로 결속시키는 것이 중요하게 된다. 가리비조개가 수집기에 잘 부착하여 어부들이 가리비조개 양식에 성공하고, 이에 대한 연구결과를 논문으로 완성하여 학문공동체로부터 새로운 지식을 인정받을 때 이 네트워크는 안정화된다. 이 지식이 더 널리 알려지고 더 많은 어부들이 가리비조개 양식에 참여하여 가리비조개가 생산된다면 이 네트워크는 더 강력하게 확장될 것이다. 이와 같은 네트워크의 형성 및 확장이 이루어지기 위해서는 네트워크 형성의 과정에서 번역이 성공적으로 이루어져야 한다. 미셸 칼롱은 네트워크 형성과정을 번역의 과정으로 제시하고, 이 번역의 과정은 문제제기-관심끌기-등록하기-동원하기의 4단계로 이루어진다고 보았다[3](Callon, 1986/홍성욱, 2010: 26).

그런데 번역이 이종적인 행위자들을 연결 짓는 작업이라고 할 때, 여기서의 행위자는 인간행위자뿐만 아니라 비인간행위자도 포함된다. 앞서 번역의 예시에서 가리비도 중요한 행위자가 된다는 것을 유념할 필요가 있다. 사실 앞서 제시한 연구는 실패로 돌아갔는데, 샘플로 실험했을 때는 가리비유생들이 수집기에 잘 부착하였지만, 이후에 실지로 생브리외만에서 가리비양식을 시도했을 때는 그것이 실패로 돌아갔기 때문이다. 왜 그런가? 그 이유는 "가리비들이 수집기에 부착하기를 거부하였기 때문이다." 실험자들은 수집기에 가리비가 잘 부착할 수 있도록 그들이 잘 부착할 수 있는 조건을 알아보고, 다른 천적들이나 해충 같은 방해하는 조건들을

---

3) 그러나 이 번역의 단계는 고정적인 것은 아니고, 학자마다 그 단계에 대한 설명이 조금씩 상이하게 제시되었다. 라투르도 『젊은 과학의 전선』에서 생브리외만의 가리비유생 연구를 번역의 예시로 설명하고 있다.

제거하였으며, 가리비를 "어르고, 달래고, 협박하고, 협상하였다." 그러나 끝내 가리비들은 이 네트워크에 결합하기를 거부하였고, 따라서 이 네트워크는 힘을 잃고 급격히 소멸되었다. 이렇게 볼 때, 비인간행위자를 네트워크에 어떻게 등록할 것인가하는 문제는 번역의 과정에서 매우 중요하게 보인다. 이를 다르게 표현하면, 비인간행위자를 네트워크에 등록하는 번역이 ANT에서 매우 중요한 위치를 차지한다고 할 수 있다. 왜냐하면 비인간행위자를 성공적으로 번역하였을 때 그 존재자는 마침내 이 세계 속에 하나의 행위자로 '출현'하게 되기 때문이고, 그때 하나의 네트워크가 형성되기 때문이다.[4]

그렇다면 이와 같은 번역을 통한 비인간행위자의 출현은 어떻게 가능한가? 라투르가 『판도라의 희망(Pandora's Hope)』에서 예로 들고 있는 '젖산발효효모'라는 비인간행위자의 출현과정을 따라가 보자(Latour, 1999/장하원·홍성욱, 2018: 194). 지금은 치즈나 요구르트 등의 유제품이나 발효식품에 광범위하게 사용되는 물질인 젖산발효효모는 파스퇴르가 발견한 것으로 알려져 있다. 파스퇴르 이전에는 이 세계에 그러한 존재자는 존재하지 않았다. 그렇다면 젖산발효효모라는 행위자는 어떻게 이 세계에 존재하게 되었는가? x라는 존재자가 그것의 존재를 드러내기 위해서는 "x에게 본질을 부여하고 x를 행위자로 만들기 위한 연속된 실험실의 시험"이 필

---

4) ANT에서는 '행위자가 무엇인가'보다는 '어떠한 과정을 거쳐서 행위자로 출현하게 되는가'에 초점을 맞춘다. 즉, ANT에서는 세계의 구성 요소로 이미 존재하는 존재자들에 대한 탐구에서 출발하는 대신, 미래에 존재하게 될 행위자의 복잡하고 논쟁적인 본성에 더 관심이 있다(Latour, 1999/장하원·홍성욱, 2018: 482). 이러한 의미에서 보면 행위자는 '발견'되는 것이라기보다 '출현'하는 것에 가깝다.

요하다(Latour, 1999/장하원·홍성욱, 2018: 195). 이 다양한 시험을 통해 x라는 존재자는 다양한 **수행**(performance)으로 자신을 변화시키면서 행위의 목록을 드러내 보인다. 이 단계에서 우리는 '그것이 무엇인지'는 모르지만, '그것이 무엇을 하는지'는 안다. 즉, 우리는 아직 그것이 무엇인지는 모르지만, "그것이 뿌려질 수 있고, 발효를 촉진하고, 용액을 탁하게 하며, 석회 가루를 사라지게 할 수 있고, 침전물을 형성하며, 점성을 가지게 된다는 것" 등등, 그것이 행하는 다양한 '수행'을 안다(Latour, 1999/장하원·홍성욱, 2018: 196). 그러나 이 단계에서 그것은 여전히 수행의 목록으로 존재하며, 물질의 속성들일 뿐, 아직 하나의 존재와 연결되지는 않는다. 이를 하나의 행위자로 변화시키려면 무언가가 더 필요하다. 즉, 이 속성의 물질을 출현시키고, 실험실의 시험들 속에서 다양한 수행을 통해서 '표현'되거나 '나타나게' 해 줄 또 다른 행동이 필요한 것이다. 그것이 두 번째 단계이다(Latour, 1999/장하원·홍성욱, 2018: 197).

두 번째 단계에서는 앞서 보인 이 존재자의 일련의 수행들을 통해서 그것의 분명한 **능력**(competence)을 추출할 수 있다. 즉, 일련의 수행들을 초래하는 분명한 능력을 추출해 내는 데 성공함으로써, 이제는 어떠한 조건에서도 우리가 찾는 그 수행을 보일 수 있는 존재자를 만나게 된 것이다. 파스퇴르는 추출된 능력을 근간으로 이 행위자에게 '젖산발효효모'라는 이름을 부여하고 그 행위를 정의하였다. 이로써 이전의 존재자 x는 자신만의 고유한 행위목록을 가지고 행위할 수 있는 '**독립적인 행위자**'로 출현하게 된다. 이 행위자는 이제 '젖산발효효모'라는 독자적인 자신의 이름을 가지고 있다. 즉, 자신의 고유한 행위능력을 가지고 독립적으로 행동할 수 있는 행위자가 된 것이다. 이제 이 행위자는 잘 구축된 행위자의 분류체계 안으로 등록된다. 라투르(2014)는 그의 다른 강연논문에서 하나의 행위자를 이 세계에 등록하기 위한 두 가지 단계를 다음과 같이 행위자로 출현하기 이전과 이후로 구분하여 설명하고 있다.

〈표 2-1〉 행위자로 출현하기 이전과 이후

행위자로 출현 이전	행위자로 출현 이후
행위소(actants)	행위자(actors)
수행(performances)	능력(competences)
행위의 이름(name of actions)	사물의 이름(name of objects)
속성들(attributes)	실체(substance)
불안정(unstable)	안정화(stabilized)

출처: Latour(2014).

이름 없는 존재자에서 독립된 행위자로 출현하기까지, 연구자는 다양한 시험의 단계를 고안하고 실험을 거쳐야 한다. 라투르는 이 시험들(trials)을 수행들의 목록을 관찰할 수 있는 시험단계, 독립적인 새로운 행위자를 시험할 새로운 인공적 세계의 단계, 다른 학문공동체에 입증하는 시험단계의 세 가지로 생각할 수 있다고 설명한다(Latour, 1999/장하원·홍성욱, 2018: 201).[5] 이 일련의 시험단계

─────────

5) 각 시험의 단계들은 다음과 같다.
　① 수행들의 목록: 행위자로 정의되기 전에 x라는 존재자는 다양한 수행들(performances)을 보이고, 이로부터 그들의 능력(competences)이 추출될 수 있다. 이 과정을 통해 처음에는 아무도 주목하지 않던 쓸모없는 부산물이었던 것이 이제는 젖산발효의 본질적 원인이 된다.
　② 새로운 행위자를 시험할 새로운 인공적인 세계: 보통은 과학자들의 실험실에서 하나의 행위소는 독립적 행위자로 출현하기 위한 다양한 준비과정을 거친다. 이 준비과

를 통과하면 하나의 독립된 행위자가 우리 세계에 출현하게 된다.

이상과 같은 비인간행위자를 하나의 행위자로 번역하는 과정은 우리에게 무엇을 말해 주는가? 하나의 비인간행위자가 출현하는 과정은 인간과 비인간의 긴밀한 협력 속에 이루어진다는 것이다. 여기에는 모종의 변형의 과정이 수반된다는 것이 중요하다. 이 변형의 과정에는 더 이상 인간만이 아니고, 간신히 존재하는 속성에서 온전한 실체로 변화하는 비인간 역시 관여한다(Latour, 1999/장하원·홍성욱, 2018: 200). 이 과정은 인간도 변화되고 비인간행위자도 변화되는 상호침투의 과정이라 할 수 있다. 실험의 과정에서 파스퇴르와 발효균은 그들의 특성을 상호적으로 교환하고 증폭시킨다. 파스퇴르는 발효균이 그 기질을 보이는 것을 돕고, 발효균은 파스퇴르가 그의 명성을 획득하는 것을 돕는다. 이 과정이 성공한다면, 우리는 새로운 효모와 새로운 파스퇴르라는 두 행위자를 발견하게 된다(Latour, 1999/장하원·홍성욱, 2018: 203). 이 과정이 실패한다면, 약간의 형체없는 효모와 함께 파스퇴르도 대수롭지 않은 이전의 인물로 남게 된다. 여기에서 하나의 비인간행위자가 출현하는 과정은 비인간행위자도 변형시키지만, 동시에 인간행위자도 변형시킨다는 것을 알 수 있다. 즉, 이 번역과정을 통해 우리는 인간행위자와

정에서 과학자의 창의성이 요구된다. 이 새로운 존재자 후보는 무엇을 할 수 있는지 다양한 세팅에서 다양한 연출이 이루어져야 한다. 이 과정에서 과학자는 "행위소를 활발하게 정의할 새롭고 예상치 못했던 상황에 참여하게 하는 정교한 줄거리 설계와 세심한 연출가"와 유사하며, 과학자가 연출하는 상황은 유리 기구들, 효모, 파스퇴르, 실험실 조수와 같은 언어로 표현되지 않는 다양한 요소와 연관된다.
③ 발효균의 능력이 그것의 능력임을 다른 학문공동체(아카데미)에 입증: 새로운 행위자의 능력이 이제 문헌에서, 동료들 간의 논쟁에서 입증되어야 한다. 이 단계를 통과하면 파스퇴르는 새로운 행위자를 발견한 영웅으로 등극할 것이다.

비인간행위자의 새로운 하이브리드를 목격하는 것이다.

ANT에서는 세상의 실재가 고정된 본질을 가진다는 생각을 거부한다. 정신과 세계는 처음부터 따로 분리되어 있는 것이 아니라 연결된 네트워크로 존재한다. 한 행위자가 다른 행위자와 연결될 때 그 자신이 또한 변화하는 것이다. 이것은 독립적인 주체가 거리두기를 통해 대상을 객관적으로 관찰할 수 있다는 근대적 가정을 부정한다. 여기에서 인간행위자와 비인간행위자의 동맹은 일종의 "자기 구성적인 형질변환의 과정"이라 할 수 있다(박성우·신동희, 2015: 107). 이것이 의미하는 바는 무엇인가?

라투르의 유명한 예시 중에 '총을 든 사람'이 있다. 미국에서는 총기사고가 날 때마다 총이 사람을 죽인다는 점을 강조하는 기술결정론이나, 범인이 사람을 죽인다는 사회문화결정론이 대립하여 왔다. 전자는 총이 사람을 죽인 주범이므로 총기를 규제하여야 한다는 주장으로 연결되며, 후자는 범인이 사람을 죽인 주범이므로 범인을 처벌해야지 총기를 규제할 필요는 없다는 주장으로 연결된다. 이에 대하여 라투르는 두 입장 모두와 일정한 거리를 둔다. 두 입장 모두 중요한 지점을 놓치고 있다는 것이다. 라투르에 의하면, 범인이 총을 든 순간, 그 사람은 이전의 사람과는 다른 사람이 된다. 즉, 손에 총을 잡은 순간 그 사람은, 손에 호미를 들었을 때나 장난감총을 들었을 때와는 다른 종류의 가능성과 의도를 품게 된다는 것이다. 마찬가지로 범인의 손에 들린 순간, 그 총은 집에 장식품으로 걸려 있을 때나 가게에 전시되어 있을 때와는 다른 종류의 총이 된다. 즉, 언제든지 발사됨으로써 많은 사람을 살인할 수 있는 큰 무기로 변모되는 것이다. 이 때문에 기술과 같은 비인간도 인간과 같은 수준의 행위자로 해석해야 한다. 이것의 함의는 우리 인간행위자는 다른 기술이나 비인간행위자들과 분리되어 진공상태로 존재하는 것이 아니라는 것이다. 우리의 존재형성에 이미 기술과 같은 비인간행위자가 미치는 영향이 작용하고 있다는 것, 그리고 그것이 우리를 어떻게 형질변화시키는지를 주목할 필요가 있다는 것이다. 이는 고정된 주체가 객관적 대상을 관찰하는 주체/객체의 관계로서가 아니라, 기술과 연결됨으로써 이미 새로운 존재로 변화되고 생성되어 가는(becoming) 존재로서 인간과 비인간의 관계를 새롭게 생각해보자는 제안으로 해석된다.

3) 새로운 관계적 존재론 제안

인간과 비인간에게 동일한 행위자의 지위를 부여하고자 하는 라투르의 도전은 기존의 주체/객체, 정신/물질, 사회/자연, 목적/수단 등 근대가 고수해 온 이분법적 존재론에 대한 문제의식을 담고 있다. 이 이분법적 구도에서 파악할 때 이 세계의 물질, 기술 같은 비인간은 언제나 주체가 설정한 목적을 이루기 위한 수단으로, 혹은 연구의 대상이나 사용의 도구로 설정된다. 이와 같은 이분법적 구도에서는 환원식의 설명이 필수적이다. 즉, 자연대상에 대한 연구결과는 객관적 사실이 되며, 그러한 과학적 사실은 이 세계를 설명하기 위한 전지전능한 법칙으로 사회영역까지 환원된다. 반면에 인간들의 정신 안에서 언어로 구성되는 사회적 실재는 객관적 실재의 존재를 부정하며, 과학적 사실의 영역까지 구성의 언어로 환원시키고자 한다. 그러나 라투르에 의하면, 인간행위자와 비인간

행위자의 긴밀한 상호침투의 과정 속에서 등장하는 비인간행위자의 출현은 기존의 주체/객체의 이분법적 구도에서 보이는 '사실'의 발견이나, 혹은 '구성'되는 것과는 다른 과정으로 이해된다. 이 형질변환의 과정은 단순하게 객관적 사실의 발견으로도, 혹은 인간언어에 의한 구성으로도 환원될 수 없다. 파스퇴르가 아무리 인위적인 설정의 시험단계를 정교하게 만들었더라도 비인간행위자가자신의 존재를 드러내지 않으면 모든 것은 수포로 돌아간다. 즉, 파스퇴르의 인위적인 설정과는 무관한 '새로운 무엇인가'가 출현해야만 하는 것이다(Latour, 1999/장하원·홍성욱, 2018: 204). 그러나그 '새로운 무엇'은 파스퇴르의 인위적 시험들의 단계가 아니었으면 결코 출현할 수 없다. 그 단계가 없었다면 그것은 이 세계에 존재하지 않는 것이다. 파스퇴르의 시험들로 인해서 새로운 행위자는 하나의 사실로 출현하게 된다. 사실과 인공물 간의 이러한 변증법은 라투르가 실재론자들과 구성주의자들의 시각 모두와 일정한거리를 두는 이유이기도 하다. 라투르에 의하면, 한편으로는 사실이 실험적으로 '구성'되고 결코 인위적인 조건에서 빠져나올 수 없으면서, 다른 한편으로는 '사실'이 구성되는 것이 아니며 인위적이지 않은 무언가가 출현한다는 것은 피할 수 없다(Latour, 1999/장하원·홍성욱, 2018: 204). 라투르는 '모든 것을 사회적 구성물'이라고주장하는 사회환원론적 입장이, 사회를 우위에 두는 '근대적 상상'에 갇혀 있는 것임을 분명히 한다(Latour, 1991/홍철기, 2009).

　이상과 같은 라투르의 독특한 시각은 인간과 비인간을 어느 것으로도 환원시키지 않고 동등한 존재론적 지위를 부여하는 것에서출발한다. 여기에서 라투르의 철학적 방법론의 가장 큰 특징이라

할 수 있는 '비환원'의 원리가 발견된다. 인간/물질을 구분 짓는 근
대적인 이분법이 문제가 되는 이유는, 언제나 하나를 다른 것으로
환원시켜 설명하기 때문이다. 인간사회를 중시하는 사람은 사회학
의 용어로 모든 것을 다 설명하고자 하고, 자연세계를 연구하는 사
람은 과학의 용어로 모든 것을 다 설명하고자 한다. 라투르는 "아
무것도 무언가 다른 것으로 환원될 수 없고, 아무것도 무언가 다른
것에서 비롯될 수 없으며, 모든 것은 여타의 것과 동맹을 맺을 수
있다"는 비환원의 원리를 자신의 철학적 토대로 노정한다(Latour,
1988: 158). 라투르의 비환원에 대한 신념에는 인간주체와 비인간
객체의 구도가 아닌, 인간 객체와 비인간 객체가 동등하게 고려되
어야 할 힘으로 홀로 서 있다[6](Harman, 2009/김효진, 2019: 26). 라

---

6) 라투르의 철학을 심도깊게 연구해 온 하먼(Graham Harman)에 의하면, 라투르의 비
   환원주의는 객체지향 철학(object-oriented philosophy)의 성격으로 규정될 수 있으
   며, 그 핵심 관념을 네 가지로 정리할 수 있다(Harman, 2009/김효진, 2019: 27-33).
   첫째, 세계는 행위자(또는 행위소)로 구성되어 있으며, 모든 존재자들은 정확히 같
   은 존재론적 자격을 갖추고 있다. 둘째, 비환원으로서, 어떤 객체도 생래적으로 무언
   가 다른 것으로 환원 가능하지도 않고 환원 불가능하지도 않다. 셋째, 번역으로서,
   한 행위자를 다른 행위자와 연결하는 수단이다. 기술이나 지식의 형성과정은 방대
   한 매개작업을 수반한다. 세계의 어떤 층위도 투명한 중개자(intermediary)가 아니
   며, 각 층위가 매개자(mediator)로서 한 시점에서 다음 지점으로 힘을 번역한다. 여
   기서 라투르의 격률은 티끌만한 하찮은 실재에도 존엄성을 부여하는 것으로서 동등
   한 존재론적 기반 위에서의 연결하는 힘에 주목하며 생성과 소멸을 추적한다. 넷째,
   동맹(alliance)으로서, 행위자는 어떤 내재적 강점이나 약점 때문에 강하거나 약한 것
   이 아니라 오직 동맹관계를 맺음으로써 강해지고 행위자가 저항하거나 다른 행위자
   로부터 단절될 때 약해진다. 하먼이 주목하는 라투르의 객체지향 철학에서는 크든
   작든 인간이든 비인간이든 간에 행위자들이 모두 같은 자격을 갖추고 있으며, 다른
   객체에게 어떤 종류의 영향을 미치는 것은 그것이 자연적 사물이든 인공적 사물이든
   간에 행위자로 간주되어야 한다는 '편평한 존재론'을 출발점으로 한다. 이 존재론의
   핵심개념은 인간이나 비인간이나 다른 객체에게 영향을 비치는 것이면 모두 행위자
   의 관점에서 파악하는 것이다.

투르의 비환원철학에서는 인간이나 물질이나 모두 동등한 존재론
적 지위를 가지며, 이 세계는 다양한 존재자들이 동맹하기도 하고
이탈하기도 하면서 서로 관계 맺는 네트워크의 운동으로 파악된
다. 이러한 운동성은 자연과 사회라는 이미 존재하던 양 진영으로
매끈하게 분리될 수 없다. 이와 같은 비환원의 원리는 ANT에서 인
간이나 비인간이나 동등하게 행위자성을 가진다는 '**일반화된 대칭
성**(generalized symmetry)' 명제로 연결된다.

　ANT의 일반화된 대칭성 명제는 인간과 비인간을 차별하지 않
는 ANT의 특징을 명제로 진술한 것이라 할 수 있다. 실지로, ANT
연구자들은 연구에서 비인간행위자의 목소리를 드러내는 것을 주
저하지 않으며(홍성욱, 2010: 22), 오히려 비인간행위자들을 연구해
서 이 세계 속에 새로운 행위자로 등록하는 것을 학자의 중요한 과
업으로 여긴다(Latour, 2014). 뿐만 아니라 이는 인간행위자들을 관
찰하고 서술하는 방법과, 비인간행위자들을 관찰하고 서술하는 방
법을 차별하지 않고 동등하게 접근한다는 ANT의 방법론적 원칙이
기도 하다. 예를 들어, 문제제기, 관심끌기, 등록하기, 동원하기와
같은 번역의 용어들은 어부나 과학자들을 네트워크에 끌어들일 때
뿐만 아니라 가리비조개에 대해서도 동일하게 적용되어 설명된다.
이 용어들을 차별 없이 모든 행위자들에게 적용함으로써, 논쟁의
발달과 종결의 설명을 위해 사회로 환원시키거나 혹은 반대로 과
학으로 환원시키는 식의 기존의 이분법적 환원의 설명방식을 피할
수 있다(Callon, 1986/ 홍성욱, 2010: 91).

　여기서 ANT의 인식론과 존재론이 연결되는 지점을 확인할 수
있다. 사실 ANT는 '(과학적) 지식이 어떻게 만들어지는가'라는 인식

론에서 출발하였으나 그 관심은 '그러한 지식을 만드는 존재들은 누구인가'라는 존재론적 관심으로 발전하였다(김환석, 2009: 321). 그들이 내린 결론은, 자연과 사회라는 실재가 세계 안에 따로 존재하지 않는다는 사실이었다. 즉, 자연이 비인간들로만 이루어지지 않고 사회도 인간들로만 이루어지지 않으며, 모든 실재는 다양한 인간과 비인간행위자들이 함께 구축한 네트워크라는 것이다. 보다 정확히는 사물 자체에는 고정된 본질이 있는 것이 아니라, 모든 것은 '관계 속에서' 출현하는 것이다. 이 때문에 사물의 속성은 창발성(emergence)이며, 이와 같은 창발성은 물질세계 전체에 스며들어 있다(김환석, 2009: 327). 이와 같은 라투르의 새로운 존재론은 '**관계적 존재론**(relational ontology)'으로 불린다. 관계적 존재론이란 모든 실재가 행위자들 사이의 관계적 실천들로부터 창발되는 것으로 보는 관점으로서, 이 입장에 따르면 실재는 원래부터 세계에 존재하는 것이 아니라 관계들 속에서 창발된다. 따라서 실재는 생성 중인 과정의 측면이 강조되고 항상 복합적 성격을 가지고 불확실성과 가변성을 지니는 다중체로 파악된다(김환석, 2009: 323).

이 때문에 라투르는 하나의 행위자가 출현하게 되는 것을 하나의 '**사건**(event)'으로 이해하자고 제안한다(Latour, 1999/장하원·홍성욱, 2018: 206). 이 '사건'은 고정된 주체와 객체라는 제로섬 게임과는 다르다. 즉, 주체를 강조하면 주체에 의해 그 객체는 구성되는 것으로 되고, 본래부터 존재하던 객체를 강조하면 객체는 발견되는 것으로 된다. 그러나 하나의 사건 속에서는 이러한 순수한 대자연(Nature)이나 대실재(Reality)는 존재하지 않는다. 그렇다고 하여 그것은 허구도 아니다. 인간행위자/비인간행위자의 '마주침' 속에서 인간행위자와 비인간행위자는 서로가 부분적으로 변형이 불가피하다. 이 사건 속에서 이전과는 다른 '부분적으로 새로운 파스퇴르' '부분적으로 새로운 효모' '부분적으로 새로운 아카데미'로 변형되며, 이 변형과 함께 새로운 행위자가 출현하게 된다. 하나의 비인간행위자는 이러한 사건을 통해서만, 그리고 실험의 시험들을 통해서만 그들의 정의(definition)를 새롭게 획득하기 때문이다. 이 사건을 통해 파스퇴르 또한 수정되고 성장한다는 것이며, 그것은 학문아카데미나 효모도 마찬가지이다(Latour, 1999/장하원·홍성욱, 2018: 207). 그들은 모두 처음 그들이 들어왔던 것과 다른 상태에서 흩어진다. 그래서 집과 차와 바구니와 머그컵은, 만들어진 동시에 실재하는 것이다(Latour, 1999/장하원·홍성욱, 2018: 208).

이와 같은 관계적 존재론의 핵심 주장은, 단적으로 말하여, 이제까지의 인간중심적 사고에서 벗어나 보자는 것이라 할 수 있다. 모든 것을 인간중심적으로 사고할 때 인간은 주체, 그 외의 것은 대상으로서의 객체로 설정된다. 그 다음 단계에서는 그 객체들을 수단으로 하여 어떻게 잘 사용할까로 된다. 이와 같은 사고에서 벗어나 보면 이 세계는 어떻게 구성될까? ANT의 관계적 존재론의 의도는 출발점부터 인간과 비인간의 관계자체로부터 시작해 보자는 것이다. 그렇다면 그 '관계로부터 이해되는 인간' 혹은 '그 관계로부터 이해되는 물질'은 지금과 같은 '고립된 인간주체'와 '사용대상으로서의 물질객체'와는 다른 시각으로 해석될 것이다. 그러한 새로운 시각에 직면해서 인간과 물질의 관계를 새롭게 생각해 보자는 것이 관계적 존재론의 도전이라 할 수 있다.

4. 결론: ANT의 비인간행위자 개념이 교육에 던지는 도전과 한계

　라투르의 ANT에서 제시된 비인간행위자 개념은 근대적 기반 위에서 이루어져 온 우리 교육에 대한 근본적 도전을 담고 있다. 이 도전은 휴머니즘 전통 위에 서 있는 교육학적 토대에 대한 위협이 되기도 한다. 이 때문에 라투르의 비인간행위자 개념이 가지는 한계에 대한 비판작업이 필수적으로 요청된다. 이 비판작업은 그것의 단점이나 수용불가를 선언하는 것이 아니라, 교육학의 토대 위에서 라투르의 주장을 어디까지 수용할 수 있고 어디부터는 수용할 수 없는가 하는, 그것의 가능성과 한계에 대한 비판의 성격을 지닌다. 이 절에서는 라투르의 비인간행위자 개념이 교육에 주는 가능성과 한계를 살펴봄으로써 이 작업에 부분적으로 응답하고자 한다.

1) 기술기반시대의 교육에 주는 가능성

　라투르의 ANT 이론이 기술기반시대의 교육에 주는 가능성을 몇 가지로 생각해 볼 수 있다. 먼저, 인간과 기술의 관계에 대한 새로운 접근방식을 들 수 있다. 기술기반시대의 세계에 대하여 인간과 기술간의 네트워크로 이해하는 관점은 기술에 대한 도구적 관점을 극복할 수 있는 하나의 대안적 시각을 제시해 준다. 전통적으로 인간은 목적에, 기술은 수단에 할당하는 기술적 합리성의 태도는 근대이후로 우리 인간이 기술과 맺는 지배적 관계를 형성해 왔다. 이와 같은 태도는 주체/객체라는 근대적 이분법에 기반하여 기술을 사용하고 지배하는 인간의 지위를 제시하였다. 그러나 이와 같은 태도의 한계는 이미 증대되고 있는 생태적 위기 속에 우리가 목격하고 있는 바이다. 사물을 도구화하여 '사용'의 대상으로만 보고 그것을 지배하려는 인간의 태도는 인간과 사물의 관계도 왜곡하였을 뿐만 아니라, 인간과 인간의 관계까지 왜곡함으로써 인간소외를 낳게 되었다. 이에 라투르는 더 이상 인간과 기술을 이분법적 지배 구도로 볼 것이 아니라 근본적으로 동등한 관계에서 새롭게 바라보자고 제안한다.

라투르는 기술에 대하여 사용의 대상이 아닌 새로운 존재의 양식으로 바라보자고 주장한다. 기술을 하나의 존재의 양식으로 고려할 때, 기술에 대한 태도는 수단-목적이라는 직선의 방식이 아니라 '**접기**(folding)'와 '**우회**(detour)'라는 곡선의 방식으로 이해될 수 있다(Latour, 2002: 248). '접기'는 기술이 수많은 네트워크로 연결이 되었다가 안정화되면 하나의 블랙박스로 접히는 것을 말한다. 네트워크가 블랙박스로 접히게 되면, 우리에게 기술을 구성하는 수많은 네트워크는 사라지고 그것의 사용만이 남게 된다. 사용대상으로서의 기술에서 중요한 것은 누가 그것을 발명하였고, 그 한 사람의 천재적인 발명가의 공로로 우리에게 주어진 기술대상만을 목격하게 된다. 그러나 라투르는 우리 앞에 접혀진 블랙박스를 다시 열어볼 것(unfolding)을 제안한다. 접혀진 블랙박스를 다시 열어볼 때, 우리는 기술을 하나의 사용대상의 관점에서 그것이 무수한 인간과 비인간의 네트워크로 이루어진 장구한 이야기라는 것을 발견하게 된다. 그리고 우리 앞에 있는 이 블랙박스로서의 사용물로 구성되기까지 누가 무엇을 만나서 그 연결이 실패하였고, 그 결과로 우회하여 다른 사람과 장비의 도움으로 새로운 물질을 개발하였고, 그것이 또 어떠한 예기치 않았던 효과를 발생시켜서 또 다른 행위자들을 출현시켰는지, 다양한 층위를 가진 장구한 물질의 역사를 직면하게 된다. 이 다양한 층위들을 면밀히 관찰하고 기술함으로써 네트워크의 연결지점에 좀 더 의식적으로 되는 것은 우리에게 기술에 대한 인문학적 태도를 가지도록 하는 것이라 할 수 있다. 다시 말하여, 이와 같은 태도는 기술의 무한증식의 속도를 낮추는 데(slowing down) 기여할 수 있고, 더 나아가 점증하는 하이브리드들의 증식을 억제하는 데 기여할 뿐만 아니라, 궁극적으로 이 세계에 우리가 출현시켜야 할 존재자들이 어떤 것이 되어야 하는지에 대한 감각을 길러줄 수 있다는 것이다(Kwak & Park, 2021: 416).

기술을 접기와 우회의 곡선으로 이해하는 것은 기술에 대한 하나의 인문학적 접근방식으로서 교육적 의미를 지닌다. 라투르는 인간행위자와 비인간행위자들의 연합으로 이루어진 새로운 학문 영역으로서 '**과학인문학**(Scientific Humanities)'을 제안한다. 과학인문학의 의도는 과학을 인문학적 태도로 접근해 보자는 것이다. 우리가 살아가는 이 세계의 블랙박스를 다시 열어서 그것을 구성하는 네트워크의 다양한 층위들을 하나씩 추적해서 서술하는 방식으로, 우리는 과학적 대상도, 인문학적 대상도 모두 인문학적인 태도로 자유롭게 연구할 수 있다. 이로 인해 과학적 대상에 대해서도 쉽고 세밀하고 논리적인 서술방식으로 글쓰기와 사유를 할 수 있고, 인문학에서도 과학적 내용에 대한 철학적 사유가 개진되도록 할 수 있다. 이와 같은 과학인문학의 아이디어는 학제간 융합의 좋은 사례가 될 뿐만 아니라, 과학과 인문학 모두를 위협하고 있는 평가와 책무성 중심의 학문적 위기로부터 학문공동체를 지킬 수 있는 방안이 될 것으로 보인다(Latour, 2014).

또한 이상과 같은 기술에 대한 인문적 접근방식은 '학습'에 대한 새로운 이해의 가능성을 열어 준다. 라투르는 **학습**을 정의하기를, 우리에게 블랙박스로 주어진 지식을 다시 원래의 네트워크로 되돌리는 일이라고 한다(Latour, 2014: 88). 이것은 그 물질의 객관적인 이름에서 그 물질이 보인 행위의 이름들로, 또한 그것의 본질에서 그것이 수행하는 것으로 되돌아가 보는 것을 말한다. 다시 말하여 학습이란 그 물질을 하나의 실체로 만들었던 운동으로 되돌아가 보는 일이라 할 수 있다. 이것은 과학적 사실뿐만 아니라 '자본주의' '성' '대한민국' 같은 사회적 실재들에 대해서도 마찬가지이다. 그것을 이루는 수많은 네트워크의 층위들, 번역의 과정들을 하나씩 기술해 봄으로써 닫혀진 블랙박스를 열어 보도록 하는 것이다. 이것은 그 내용을 이루는 네트워크의 다양한 연결과 역사도 모른 채로 하나의 블랙박스로 수용하고 사용하는 방식에서 벗어나, 그것을 열어서 그것을 구성하는 수많은 층위들, 연결된 행위자들을 기술해 봄으로써 그것의 역사와 의미에 대해 보다 면밀하게 설명할 수 있게 되는 것이다. 이 과정이 과학기술 발전의 급격한 가속화를 조금은 늦출 수 있고, 일반인들에게 그 불투명한 과정을 투명하게 공개하여서 과학기술을 '공적인 것'으로 만들어 줄 수 있다(Latour, 2014).

ANT의 관점에서 학습을 생각해 보는 것의 이점은 학습의 역동적인 과정을 더 풍부하게 설명할 수 있다는 것이다. 전통적으로 학습은 개인의 지식획득과 개인의 자아발달에 초점을 두고 설명되어 왔다. 그러나 개인적 지식획득과정으로만 보게 되면, 학습은 개인이 기존의 보유하고 있는 지식에 새로운 지식을 추가하는 과정이 되고, 지식 그 자체는 학습하는 개인이 수용하기만 하면 되는, 미리 존재하는 실체로 가정된다(배을규, 2007: 191). 그러나 ANT에서의 학습은 단지 학생의 의식 안에서 이루어지는 지적 계산이나 지식의 누적활동이 아니라, 다른 행위자들, 인간행위자 못지않게 비인간행위자들과의 연합을 통해서 생성되는 새로운 아이디어나 혁신, 변화와 같은 **관계적 효과**로 설명된다(Fenwick & Edwards, 2011: 10). ANT의 관점에서 학습을 바라보면 지식은 특정 행위자에게 머물러 있지 않고 연결망을 형성하는 행위자들의 관계를 통하여 이동하고 변화하며, 그 가운데 행위자들 간의 학습이 이루어지는 역동적 과정을 드러내 줄 수 있다(배을규, 2007: 200). 즉, 학습에 영향을 미치는 다양한 요소들 간의 동맹과 이탈, 변화 등의 역동적 운동을 통해 학습이 이루어지는 과정을 더 생생하게 드러내어 줄 수 있다는 것이다.

이와 같은 학습의 의미는 자아형성의 과정을 다르게 생각해 볼 수 있는 관점을 제공해 준다. 기존의 교육에서 상정되는 자아개념이 고정된 하나의 실체로서 동일성의 관점에서 정의되었다면, 번역의 관점에서 자아의 형성은 인간, 사물, 환경의 상호 구성적 '되기(becoming)'로서의 역동적 운동성을 드러내어 줄 수 있다. 전자에서는 동일한 자아 안에서의 성장을 중요하게 다룬다면, 후자에서는 자아의 구성에 작용하는 사물이나 장치, 기계와 같은 물질들의 영향을 중요하게 다루며, 이들과 연결됨으로써 자아가 이질적으로 변화함으로써 발휘하는 관계적 효과에 주목한다.

이것은 그동안 자아의 형성에서 크게 주목받지 못했던 사물이나 장치, 기계, 물질과 같은 비인간행위자들의 영향을 중요한 교육적 요인으로 고려하는 것이기도 하다. 도덕은 순전히 인간의 고유한 영역이라고 여겨져 왔지만, 라투르가 보기에 우리의 일상적인 도덕의 상당한 부분을 기술장치에 의존하고 있다(Latour, 2002: 253). 앞서 예로 들었던 과속을 막아 주는 과속방지턱이나, 서랍에 손가락이 끼이는 것을 막아 주는 서랍잠금장치, 자동차의 안전벨트를 매도록 강제하는 경고음 등은 나의 의지가 강요하지 못하는 부분까지 강제적으로 법을 지키도록 만들어 주는 도덕적 장치들의 예시들이다. 라투르가 보기에 도덕법칙은 우리 마음 속에 있지만 우리의 장치들 속에 있는 것이기도 하다(Latour, 2002). 이와 같은 비인간행위자의 도덕성은 전통적인 초자아(super-ego) 대신에 물질의 무의식자아(under-ego) 차원의 도덕성을 말한다고까지 볼 수 있다(Latour, 2002: 253). 그렇다면 도덕성을 가진 장치나 물질의 영향이 인간의 자아형성에 기여하는 부분을 정당하게 인정하고, 이를 교육의 차원으로 적극 고려할 필요가 있는 것이다.

라투르는 기술기반시대에서 우리 인간을 형성하는 차원이 과연 무엇인지를 질문한다. 이는 전통적인 도덕과 형이상학이 인간의 형성에 기여해 왔던 그 상당부분의 역할을, 기술기반사회에서는 기술과 장치들이 떠맡고 있다는 것을 보여 준다. 하나의 도구와 연결되었을 때 우리는 그 이전과는 전혀 다른 종류의 존재로 변화된다는 것을 받아들인다면, 우리 인간을 형성하는 보다 폭넓고 깊은 차원의 물질성을 주목해야 한다고 말하는 것이다. 그리하여 라투르는 이제는 우리를 형성하는 기술이나 물질의 차원에 정당한 관심과 대우를 할 때라고 말하고 있다. 이것이 라투르가 물질의 존엄성을 주장하는 이유이기도 하다.

2) 한계: 인간/물질의 경계, 어디까지 받아들일 것인가

라투르의 도전 중 아마도 가장 곤혹스러운 것은 인간/물질, 사회/자연, 인문학(정치)/과학 등 **근대적 이분법**의 경계를 가차 없이 무너뜨리는 것일 것이다. 이것은 기본적으로 인간 아닌 것으로서의 물질에 대한 경계를 유지함으로써 인간됨을 확보하고자 하였던 근대적 기획에 대한 도전으로 보인다.

라투르가 제안한 바와 같이, 영역 중심으로 구획 짓는 우리의 사고의 틀에서 벗어나 행위자와 행위자 간의 연결이라는 네트워크의 관점으로 사유했을 때 얻는 이점이 있다. 그중 하나가 우리의 학문체계에 대한 반성적 지점이다. 우리의 학문체계는 기본적으로 인간/자연이라는 근대적 구분 위에 형성되어 왔다. 즉, 인간들이 사는 사회에 대한 탐색은 사회과학이나 인문학에서, 또 자연세계의 물질에 대한 탐색은 자연과학에서 추구해 왔다. 그래서 우리는 문과와 이과를 엄격하게 나누는 학제 속에서 문과반과 이과반으로 나누어서 교육을 받아 온 것이다. 이 구획은 형식적인 문과/이과의 구분이 없어진 오늘날에도 여전히 위력을 행사하고 있다. 왜냐하면 선택과목을 중심으로 반을 구성하는데 이과생들이 선택하는 과목과 문과생들이 선택하는 과목이 따로 정해져 있어 문과/이과의 이름만 없을 뿐 그 내용은 여전히 문과반과 이과반으로 나누어져서 운영되고 있는 것이다. 라투르는 이 이분법적 구도를 비판한다. 이 구획으로 인해 정치나 인문학에는 관심 없는 과학도들과, 과학에는 너무나 무지한 인문학도를 양분해서 길러내기 때문이다. 이 구획의 사이를 틈타 아무도 기후문제나 환경오염, 생명의 돌연변이 등을 자신의 문제로 여기지 않는 방임적 태도 속에서, 과학기술문명의 온갖 하이브리드들이 우리의 생존을 위협하는 전지구적 생태위기를 초래했다고 라투르는 비판한다.

그러나 일체의 경계를 없애는 시도는 어디까지 수용할 수 있을까? 인간과 인간 아닌 것의 경계를 없애는 도전적 시도는 성공할 수 있을까? 아이러니한 것은, 포스트휴머니즘의 선봉에 서 있는 라투르의 주장 속에서 휴머니즘의 흔적이 강하게 발견된다는 사실이다. ANT에 대한 주된 비판들 중의 하나가 ANT의 비인간행위자에 대한 설명이 단지 '은유' 혹은 '수사'에 불과하다는 것이다(김환석, 2001: 224). 김환석(2001)은 이 반대주장들이 이미 근대주의의 재현(representation) 이데올로기에 물들어 있기 때문에 제기된 지극히 인간중심적인 반론일 뿐이라고 일축하지만, 필자가 보기에, 이 논쟁의 핵심은 포스트휴머니즘이 기반하고 있는 휴머니즘적 토대를 지적한 것에 있다고 생각한다. 라투르의 비인간행위자에 대한 묘사를 보자. "자신의 존재를 가지고, 적극적으로 행위하고, 움직이며, 실험의 과정에서 모종의 흔적을 남기면서 자신을 알리고자 하며, 때로 저항하기도 하면서, 결국 자신의 이름을 얻어 내는" 비인간행위자는 너무나 인간행위자를 닮아있지 않은가? 비인간행위자

의 인간다움을 묘사하는 언어들은 바로 인간행위자의 인간다움에
서 차용된 것이다. 또 다른 예로, 우리가 비대면 수업을 통해 소통
을 하고자 할 때 우리가 온라인상의 '좋은 소통'의 준거로 삼는 것
은 무엇인가? 화상으로 소통을 할 때 화면이 끊어지지 않고, 일방
향이 아닌 실시간으로 소통을 할 수 있고, 동시에 말을 해도 에코
가 생기지 않는 방식으로 자연스러운 소통이 이루어질 때까지 기
술이 계속 개선되고자 하는 것은 무엇을 말하는가? 바로 '기술의
좋은 소통'은 '인간의 좋은 소통'을 준거로 하여 진보한다는 것이
다. 마찬가지로 인간-물질의 하이브리드로서의 포스트휴먼을 이
름 붙이지만, 포스트휴먼의 준거 역할을 하는 것도 결국은 휴머니
즘이다. 휴머니즘에 대한 이해가 없다면 포스트휴머니즘의 논의
자체가 불가능한 것이다. '포스트'를 붙인 포스트-휴머니즘의 의
미가 가능하려면 이미 휴머니즘에 대한 이해가 전제되어야 하기
때문이다. 이 때문에 우리가 진정으로 '인간'을 벗어나는 것이 가능
할까 하는 의문이 생기는 것이다.

　필자는 이것이 포스트휴머니즘 논의의 한계를 드러내 주는 지점
이라고 보지만, 아이러니하게도 이 지점에서 휴머니즘과 포스트휴
머니즘의 화해가능성 또한 발견하게 된다. 이 때문에 포스트휴먼
담론과 관련하여, 인간을 능가하는 기계가 우리를 지배하지는 않
을까, 혹은 인간이 기계가 되어 버리지는 않을까 하는 과도한 걱정
은 지나친 기우가 아닐까 하는 생각을 하게 된다. 그것은 포스트휴
머니즘이 기대고 있는 휴머니즘적 조건 때문이다. 우리는 기계가
된 인간을 말하면서도 끊임없이 '기계가 된 인간'과 '기계화되지 않
은 자연적 인간'을 구분한다. 그것은 궁극적으로 기계와 인간을 구

분지어 생각할 수밖에 없는 인간의 조건에 기인한다. 즉, 기술기반 시대 속에서의 인간다움이라는 것도 결국은 우리 안에 있는 인간 다움에 대한 개념을 근간으로 하여 사유를 전개할 수밖에 없다는 것이다. 우리에게 인간의 개념이 있기 때문에, '인간 아닌 것' '비-인간행위자' '포스트-휴먼' '트랜스-휴먼' 등의 다양한 어휘를 창조해 낼 수 있는 것이 아닐까. 휴머니즘에 대해 비판하든, 그것에 동의하든, 혹은 그것을 극복하든, 그 논의는 어떤 형태로든 휴머니즘에 근거해서 이루어질 수밖에 없다. 그래서 역설적으로 다양한 포스트휴먼 담론을 위해서라도 휴머니즘에 대한 논의는 지속되어야 하는 것이다.

그렇다면, 기술기반사회에서 인간의 역할은 무엇인가? 아마도 **번역가**로서의 인간이 아닐까? 흥미로운 점은 인간행위자와 비인간행위자 간의 네트워크를 건설하는 일에서 번역의 임무는 오직 인간행위자만이 할 수 있다는 것이다. 이를 기술기반사회에서 매개하는 인간의 역할로 해석하기도 한다(Kwak & Park, 2021: 415). 여기에 라투르의 또 다른 휴머니즘을 발견하게 된다. 번역가로서의 인간은 비인간행위자들의 언어와 관심사를 잘 포착하여 우리의 네트워크 안으로 치환해야 할 중대한 임무를 가지고 있다. 번역가는 다른 인간행위자나 비인간행위자들의 요구를 파악하여 자신의 목표를 변경하고 위치조정하면서도 네트워크를 끊어지지 않도록 확장해갈 수 있는 감각을 지닌 사람이다. 이런 사람은 누가 나의 동맹이 될 것인가를 판단할 수 있고, 그리고 그 동맹과 연합하기 위해 그들의 이해관계가 무엇인지를 면밀히 파악하고, 그들이 동맹으로 연결되는 것을 방해하는 조건은 무엇인지를 파악할 수 있어야 한다. 네트워크 안으로 포섭되기를 저항하는 각 행위자를 어르고, 타협하면서 마침내 그 연결지점을 찾아 동맹을 맺을 수 있으며, 여러 번 우회하고 돌아가더라도 각자의 이해관계를 충족하면서 결국 공동의 목표를 이루어 내는 살아있는 '정치감각'을 지닌 사람이다. 이런 사람은 비인간행위자들이 행하는 수행목록들을 유심히 관찰하면서 그 속에서 그들의 구별된 존재의 흔적을 포착해 냄으로써 새로운 친구로 이 세계에 소개할 수 있는 사람이다. 이 점에서 기술기반사회에서 좋은 번역가는 라투르가 "해석가능한 사물들의 친구(friends of interpretable objects)"라고 불렀던 바로 그 사람인 것이다(Latour, 2014: 96).

 참고문헌

김환석(2001). STS(과학기술학)와 사회학의 혁신: 행위자-연결망 이론(ANT)을 중심으로. 과학기술학연구, 1(1), 201-234.

김환석(2009). 두 문화, 과학기술학, 그리고 관계적 존재론. 홍성욱 편(2010). 인간·사물·동맹: 행위자네트워크 이론과 테크노사이언스. 이음.

동풀잎(2019). 유아 교실 속 디지털 사진이 구성하는 다양하고 예측 불가능한 관계와 의미: 행위자-네트워크 이론 중심으로. 교육인류학연구, 22(3), 173-198.

박성우·신동희(2015). ANT(행위자-네트워크이론)를 통한 사회문화 현상에 대한 새로운 담론분석. 문화예술교육연구, 10(2), 107-126.

배을규(2007). 일터 학습 이론의 한계와 방향: 세 가지 실천기반 학습이론의 관점에서. 교육의 이론과 실천, 12(1), 189-208.

홍성욱 편(2010). 인간·사물·동맹: 행위자네트워크 이론과 테크노사이언스. 이음.

Arendt, H. (1968). *Between Past and Future*. 서유경 역(2005). 과거와 미래 사이. 푸른숲.

Bostrom, N., & Savulescu, J. (2009). Human Enhancement Ethics. In n. Bostrom & J. Savulescu (Eds.), *Human Enhancement*, 1-22. Oxford University Press.

Callon, M. (1986). Some Elements of a Sociology of Translation: Domestication of the Scallops and the Fishermen of St. Brieuc Bay. In J. Law (Ed.), *Power, Action and Belief: A New Sociology of Knowledge*. 심하나·홍성욱 역. 번역의 사회학의 몇 가지 요소들: 가리비와 생브리외 만의 어부들 길들이기. 홍성욱 편(2010). 인간·사물·동맹: 행위자네트워크 이론과 테크노사이언스. 이음.

Fenwick, T. (2010). Re-thinking the "thing" sociomaterial approaches to understanding and researching learning in work. *Journal of workplace learning, 22*(1/2), 104-116.

Fenwick, T., & Edwards, R. (2011). Introduction: Reclaiming and renewing actor network theory for educational research. *Educational Philosophy and Theory, 43*(1), 1-14.

Harman, G. (2009). *Prince of Networks*. 김효진 역(2019). 네트워크의 군주: 브뤼노 라투르와 객체지향 철학. 갈무리.

Kwak, D. J., & Park, E. J. (2021). Mediating process for human agency in science education: For man's new relation to nature in Latour's ontology of politics. *Educational Philosophy and Theory, 53*(4), 407-418.

Latour, B. (1987). *Science in Action*. 황희숙 역(2016). 젊은 과학의 전선. 아카넷.

Latour, B. (1988). *The Pasteurization of France*. (Trans). A. Sheridan & J. Law. Harvard University Press.

Latour, B. (1991). *Nous N'avons Jamais Été Modernes*. 홍철기 역(2009). 우리는 결코 근대인이었던 적이 없다. 갈무리.

Latour, B. (1999). *Pandora's Hope*. 장하원·홍성욱 역(2018). 판도라의 희망.

휴머니스트.

Latour, B. (2002). Morality and Technology: The End of the Means. *Theory, Culture & Society*, *19*(6), 247-260.

Latour, B. (2010). *Cogitamus*. 이세진 역(2012). 브뤼노 라투르의 과학인문학 편지. 사월의 책.

Latour, B. (2014). How Better to Register the Agency of Things. *The Tanner Lecture on Human Values*. Yale University.

Law, J. (1992). Notes on the Theory of the Actor Network: Ordering, Strategy and Heterogeneity. *Systems Practice*, *5*(4), 379-393. 최미수 역. ANT에 대한 노트: 질서 짓기, 전략, 이질성에 대하여. 홍성욱 편(2010). 인간·사물·동맹: 행위자네트워크 이론과 테크노사이언스 (pp. 37-56). 이음.

03

교육학의 포스트휴머니즘 수용과
포스트휴먼 감응교육 탐색*

정윤경

---

* 이 글은 '정윤경(2020). 교육학의 포스트휴머니즘 수용과 포스트휴먼 감응교육 탐색. 교육철학연구, 42(4), 187-216'을 이 책의 취지에 맞추어 부분적으로 수정한 것임을 밝혀 둔다.

1. 서론

인류는 늘 변화에 열려 있고 그 변화에 대응해 가면서 진화, 발전해 가는 중이다. 과학기술의 급속한 발달은 인간과 인간됨, 인간이 추구해 온 휴머니즘적 가치에 대한 근본적 질문을 제기한다. 과학기술의 발전으로 과학기술과 인간의 접속과 결합이 현실화되면서, 포스트휴머니즘 논의가 대두되고 있다. 즉, 포스트휴머니즘은 과학기술의 발달과 인간중심적 휴머니즘을 비판해 온 포스트모더니즘이나 후기구조주의 같은 현대철학의 반(反)휴머니즘적 특성을 토대로 이루어진다. 포스트휴머니즘은 과학기술의 발전이 인간의 조건과 실존에 제기한 문제들 앞에 기존의 인간중심적 휴머니즘의 한계를 성찰하면서 등장한다.

포스트휴먼의 다양한 존재 양식은 우리가 당연하게 가정해 온 이분법을 경계하고 근대적 속박으로부터 자유로운 상상을 가능케 하는 새로운 어휘를 요청한다. 포스트휴머니즘은 인간-자연-기술 사이의 관계 자체에 대한 근본적인 재규정을 통해 당연시해 온 가정에서 벗어날 것을 제안한다. 인간다운 인간을 형성하고 인간다움을 실현해 가고자 하는 교육학 역시 이러한 포스트휴머니즘 논의를 비껴갈 수는 없을 것이다. 포스트휴머니즘의 한 축을 담당하는 '휴머니즘'과 인간의 바람직한 형성을 추구해 온 교육(학)은 관련될 수밖에 없기 때문이다.

'포스트(post)'와 '휴머니즘(humanism)'의 결합어인 포스트휴머니즘(posthumanism)에서 'post'의 의미는 후기구조주의에서 이어오는 반휴머니즘적 전통을 이어받는 경향, 과학기술학의 힘을 적극 활용하여 현 인류를 초월하는 새로운 인간 종을 추구하는 경향, 그리고 기존의 휴머니즘적 가정에 대한 비판적 경향 등 다양한 의미를 포괄한다. 즉, 포스트휴머니즘의 의미에는 반휴머니즘적 전통에서부터, 기술결정론적 입장에서 인간과 기계의 경계를 허물고 인간 '향상(enhancement)'을 계몽으로 이해하는 보스트롬(N. Bostrom)으로 대표되는 트랜스휴머니즘(trans-humanism), 그리고 포스트휴먼 조건이 일으킨 곤경에 인간중심적 휴머니즘을 비판하고 대안 모색에 초점을 둔 비판적 포스트휴머니즘까지 포함된다.

이와 같이 광범위한 스펙트럼에 걸친 포스트휴머니즘 논의를 교육학이 전부 수용할 수 있을까? 교육학은 인간을 대상으로 인간의 인간다움이라는 가치 실현을 고민하는 학문이다. 포스트휴먼 조건의 도전이 인간중심적 휴머니즘에 대한 성찰을 요청하지만, 여전히 변화된 조건에서 인간의 역할은 중요할 수밖에 없다. 따라서 교육학은 변화된 조건에서 인간의 위치와 역할을 재탐색하면서 인간다움의 가치가 무엇인지 그것을 어떻게 길러줄 것인지 탐구해 가야 할 것이다. 이런 점에서 휴머니즘은 여전히 교육의 토대이자 지향점이 될 것이다. 그렇다면 포스트휴먼 조건과 포스트휴머니즘의 도전에 교육학은 어떻게 응답해야 할까?

이런 질문을 제기하면서 이 장은 교육학의 포스트휴머니즘 수용의 필요성과 가능성을 살펴보고, 휴머니즘의 한계를 비판하고 대안 모색에 충실한 비판적 포스트휴머니즘 관점에서 **포스트휴먼 감응교육**(posthuman affect education)을 탐색하고자 한다. 포스트휴먼 감응교육은 포스트휴먼 조건이 일으킨 변화에 섬세하게 반응하면서, 근대 휴머니즘에 기반한 교육학의 한계를 넘어, 인간-자연-기술 간 '관계'에서 새롭게 교육을 고민하기 위한 것이다. 이를 위해 2절에서는 포스트휴먼 조건이 제기한 낯선 질문과 포스트휴머니즘의 등장을 살펴보고, 3절에서는 교육학의 포스트휴머니즘 수용의 필요성과 가능성 그리고 포스트휴머니즘 관점의 교육학 연구를 살펴볼 것이다. 이를 토대로 4절에서는 포스트휴먼 감응교육을 탐색할 것이다. 포스트휴먼 감응교육 탐색을 위해, 스피노자, 들뢰즈의 논의를 통해 정교화된 '감응(affect)' 개념에 의존해서 포스트휴머니즘과 교육이 만나 어떻게 변화되고 이행될 수 있는지를 탐색하고자 한다. 구체적으로 포스트휴먼 감응교육의 의미, 포스트휴먼 감응교육으로의 변화 탐색, 포스트휴먼 감응교육 실현을 위한 조건을 논의할 것이다.

2. 낯선 질문을 통해 본 포스트휴먼의 조건과 포스트휴머니즘

과학기술의 발달로 포스트휴먼 시대를 맞이하고 있다. 포스트휴먼시대가 시작된 이후 인간 존재의 조건을 로버트 페페렐(Pepperell, 2003/ 이선주, 2017)은 '**포스트휴먼 조건**(posthuman condition)'이라고

하는데, 그 특징을 인간중심적 우주론의 종말, 모든 문화적·기술과학적 존재의 도구와 장치를 포함하는 과정으로서 생명의 진화, 그리고 우리가 어떻게 살 것인가, 즉 인간중심 세계의 전복이 진행되는 오늘날 무엇을 묻고 어떤 가정을 할 것인가로 요약한다. 브라이도티(Braidotti, 2013/이경란, 2015) 역시 과학기술의 발달이 인간의 생물학적 한계를 넘어설 정도로 발달하고, 전 지구적 자본주의와 생명공학의 결합이 일으키는 곤경을 포스트휴먼 조건으로 진단한다. 브라이도티는 포스트휴먼 조건(posthuman condition)을 휴머니즘이 가정해 온 단일 주체 너머 대안적[1] 사유의 기회로 삼고 포스트휴머니즘을 탐색한다.

　생명공학, 인간복제, 자본주의와 생명공학의 결합이 제기하는 낯선 질문들로 포스트휴먼 조건의 도전을 살펴보고, 이에 대응하는 포스트휴머니즘의 특징을 살펴볼 것이다.

1) 낯선 질문들

(1) 잘려 나간 몸 일부를 어떻게 볼 것인가?

　어떤 목공이 일하다가 회전톱에 손이 잘린다. 기절했다가 깨어났는데 잘린 손이 사라진다. 그에게 원한을 가진 이가 손을 던져 버린 것이다. 피해자는 신체 훼손을 초래하는 무서운 폭력으로 무거운 판결을 선고해야 한다고 주장하지만, 가해자는 무죄로 풀려

---

1) 브라이도티의 포스트휴머니즘 논의는 포스트휴먼 조건으로 인간의 기본 준거를 다시 성찰하며, 대안적인 유목적 주체에 대해 탐색한다. 자세한 내용은 정윤경(2019) 참조.

나게 된다. 『도둑맞은 손』에 나오는 가상의 이야기이다. 이와 비슷한 일이 실제로 일어난다.

1990년 캘리포니아 대법원 판결[2]에서 무어(Moore)는 적출된 자신의 비장 세포에 대한 소유권을 주장했는데 패소한다. 몸을 인격으로 보는 한, 몸에서 떨어져 나간 것을 성스럽게 대접할 수 없게 된다. 따라서 Moore는 '인간 존엄성의 이름으로' 신체에서 떨어져 나간 자기 몸의 소유주가 될 수 없었고, '인간 존엄성의 이름으로' 자신의 몸에서 채취된 세포들이 사업에 이용되는 것을 지켜볼 수밖에 없었다(Baud, 1993/김현경, 2019).

유전공학의 발달은 인간의 존엄성 및 신체의 소유권과 관련된 복잡한 문제를 낳는다. 보(J. P. Baud)는 법체계가 몸이 지닌 물적 특성을 인정하지 않으면, 현실사회의 다양한 논쟁을 해결하는 데 한계가 있다고 비판한다. 몸의 성스러움이 몸과 인격의 동일성에서 비롯된다면, 몸에서 떨어져 나와 인격이 사라지는 순간 몸의 성스러움을 잃게 된다. 따라서 가상재판 속의 잘린 손을 던져 버린 사람과 무어의 세포 일부를 취해 이익을 낸 의사는 무죄가 된다.

보는 '몸이 곧 인격이다.'라고 하는 프랑스법 체계가 몸을 제대로 보호하지 못할 뿐만 아니라, 인간의 존엄을 훌륭하게 보장하지

---

2) 무어는 백혈병 치료 중 의사로부터 비장 적출을 권유받는다. 그의 주치의였던 골디(Goldie) 박사는 적출한 비장을 가지고 연구 중에 암세포를 파괴하는 희귀 세포를 발견한다. 그는 이를 의약품으로 개발해 엄청난 돈을 벌어들였다. 이 사실을 알게 된 무어는 골디를 상대로 자기 몸의 일부인 비장 세포의 소유권을 주장하며 소송을 제기했지만 패한다. 의사 쪽 변호인단의 주장은 "몸에서 떼어낸 것은 더는 인격으로 보호될 수 없다."였다. 1990년 캘리포니아 대법원은 의사가 알릴 의무를 위반했다는 점은 인정했지만, 무어의 세포에 대한 소유권을 인정하지 않는 판결을 내린다(Baud, 1993/김현경, 2019; Weaver, 2010).

도 못함을 비판하고, 몸이 물건임을 인정할 것을 주장한다. 만일 몸이 물건임을 인정하지 않으면, 몸에서 분리된 신체 일부만 물건이 되고 그 물건의 처음 발견자가 그것의 소유주가 된다. 따라서 보(Baud, 1993/김현경, 2019)는 오히려 성스러움을 인격의 속성이 아니라 물건의 속성으로 본다면, 인격에서 떨어져 나온 몸 역시 물건이며 따라서 성스러운 물건으로 대접해야 한다는 논리가 생긴다고 역설한다. 이런 법적 단언만이 생명공학이라는 거대한 변화가 시작된 현대에 환자 인격의 존엄성과 신체를 보호할 수 있다는 것이다.

(2) 인간과 클론(복제인간)

"······ 온갖 새로운 가능성이 우리 앞에 펼쳐졌지. 전에는 불치병으로 간주하던 많은 병에서 벗어날 수 있는 방법들 말이다. 온 세상이 주목하고 바라던 일이었지. 오랜 세월 동안 사람들은 인간의 이식용 장기가 밑도 끝도 없이 불쑥 생기는 거라고, 진공실 같은 곳에서 배양되는 거라고 믿고 싶어 했단다. ······ 장기 교체로 암을 치료할 수 있게 된 세상에서 어떻게 치료를 포기하고 과거로 돌아갈 수 있겠니? 후퇴는 있을 수 없지. 사람들은 너(장기 이식을 위한 클론)의 존재를 거북하게 여겼지만, 인간의 관심은 자기 자녀나 배우자, 부모, 친구를 병에서 구하는 거였단다. 그래서 너희는 아주 오랫동안 어두운 그림자 속에 머물러 있었지. 사람들은 최선을 다해 너희 존재를 생각하지 않으려 했단다. 그럴 수 있었던 건 너희가 우리와는 별개의 존재라고, 인간 이하의 존재들이라고 스스로 납득시켰기 때문이지……"(Ishiguro, 2005/ 김남주, 2009: 360).

소설 『나를 보내지 마』의 일부다. 소설은 장기기증을 위한 클론 (복제인간)이 기숙학교에서 교육되고 이후 장기기증자로서 살아가는 과정을 보여 준다. 이 소설은 과학기술의 발달이 가져올 디스토피아를 보여 줄 뿐만 아니라, 복제인간들의 인간적인 면모를 보여 줌으로써 인간과 복제인간의 경계를 모호하게 하며 '인간적'인 속성과 '인간다움'의 가치를 어떻게 접근할지를 묻는다.

생명공학의 발전은 '기술'과 '인간 생명'의 관계에 관한 많은 질문을 던진다. 물론 소설 속 이야기는 아직 실현되지 않았다. 그래서 '인간을 위한 복제인간의 도구적 사용'이라는 소설 속 비유는 '다른 사람의 생명을 위해 자신의 생명은 배제되고 도구화되는 인간'으로 읽는 것이 더 현실적일 수 있다. 과학기술의 발달로 새롭게 제기되는 질문은 인간-기술(기계) 관계뿐 아니라 인간-다른 인간(타자), 인간-동물 간 관계로까지 확대해서, 그동안 인류가 근대 휴머니즘이 갖는 이분법적 구도 속에서 당연시해 온 인간중심, 주체중심적 휴머니즘의 타당성을 재고하게 한다.

(3) 사랑할까, 먹을까?[3]

『사랑할까, 먹을까』는 영화 〈잡식가족의 딜레마〉의 감독이자 저자가 영화를 준비하면서부터 들었던 문제의식 그리고 영화에서 다

---

3) 이 제목은 '어느 잡식가족의 돼지 관찰기'라는 부제가 붙은 황윤(2018)의 책 제목에서 가져왔다. 우리가 먹는 고기가 고기 이전에 어떤 삶을 살았는지 질문을 던진다면, 고기와의 관계가 이전과는 다르고 낯설게 다가올 것이다.

하지 못한 이야기를 보여 준다. 농장이 아닌 공장에서 길러지는 돼지를 개성을 가진 존재로 묘사해 보여 주고, 공장식 축사의 돼지를 보고 온 날 고기를 먹지 말아야겠다고 마음먹지만, 고기를 좋아하는 남편과 어린 아들의 밥상을 어떻게 할지 고민하며, 공장식 축산과 돼지독감 및 조류독감 문제를 관련짓는다. 우리가 먹는 고기가 고기로 되기 이전에 어떻게 살아왔는지 관심을 가지고 보기 시작한 이 책은 인간-동물의 관계에 관한 많은 질문을 제기한다. 인간의 욕망, 즉 더 많은 고기 생산을 위해 동물은 고기 생산 기계로 변해 간다. 전 지구적 자본주의는 생명공학 등의 기술과 손잡고 인간의 욕망 충족을 위한 일들을 벌이고 있다. 공장식 축산이 대표적인 예이다. 공장식 축산으로 구제역을 비롯한 잦은 감염병 유행이 생기고, 감염병이 발생하면 살처분으로 해결하고 있다. 인간-동물의 관계, 이대로 괜찮은가?

2) 포스트휴머니즘의 등장

앞에서 살펴본 내용은 몸에서 분리된 몸의 일부(혈액, 장기 등)를 어떻게 다룰지의 문제를 제기하고, 인간의 관계항에 복제인간(기술)까지 포함해 성찰하라고 요청하며, 인간-동물의 관계를 포함해 인간이 맺는 타자와의 관계를 기존의 휴머니즘적 규범에서 바라보는 것이 타당한지 묻는다.

몸에서 분리된 신체 일부를 인간의 존엄성 차원에서 다루기 위해 오히려 인간의 물질적 특성을 인정할 수 있어야 한다는 보의 논의는 낯설게만 들린다. 그의 논의가 이상하게 들리는 것은 인간과 물건을 엄격히 구분해야 인간의 존엄성을 지킬 수 있다고 가정해 온 탓이 아닐까? 데카르트의 정신/물질의 이분법에 기초하여 정신과 비물질적 속성으로 인간을 이해해 온 근대 이성 중심 인간관에서는 보의 논의가 낯설기만 하다. 그런데 인간과 물건(물질) 간의 관계는 엄연히 사실적이다.

포스트휴머니즘은 물질에 주목하고 물질을 수동적 대상이 아니라 능동적 행위성을 가진 것으로 접근한다. 물질 개념을 재해석하는 **신물질론**(new materialism)은 인간/비인간 및 정신/물질의 위계적 이분법을 당연한 것으로 여기고 물질에 비해 정신의 우위를 당연하게 여긴 전통적 근대 학문에 과감하게 도전한다(Tuin & Dolphijn, 2010). 신물질론의 대표적 이론에는 라투르(B. Latour)의 행위자연결망 이론, 들뢰즈와 데란다(DeLanda)의 어셈블리지 이론, 해러웨이(D. Haraway), 바라드(K. Barad), 브라이도티 등의 페미니스트 물질론이 포함된다(Fox & Aldred, 2017; 김환석, 2018: 5에서 재인용). 이들은 모두 실체론적 존재론을 비판하고 관계론적 접근을 하면서 이분법 극복을 시도한다. 또한 사물의 행위성을 인정하며 탈인간중심적 일원론적 경향을 보이며, 이런 점에서 기술 변화에 따른 기술-인간-자연과의 관계를 새롭게 조망하는 포스트휴머니즘 논의와 연결되고 중첩된다.

김환석(2018)은 우리 삶을 좌우하는 많은 사건들이 근대적 사유에 기초를 둔 이분법으로 접근하는 데 한계가 있다고 지적하고, 신물질론을 적극적으로 소개한다. 신물질론이 근대적 이원론에 기초를 둔 기존의 사회과학 전통에 제기하는 근본적 도전은 다음 세 가지로 요약된다. 첫째, 물질세계와 그 내용은 고정되거나 안정된 실체가 아니며, 관계적이고 불균등하며 항상 유동적이다. 둘째, '자연'과 '문화'는 서로 분리된 영역으로 취급해서는 안 되고 물질성을 지닌 한, 연속선상의 부분으로 취급해야 한다. 셋째, '행위성(agency)', 즉 사회세계를 생산하는 행위들은 인간 행위자를 넘어서 비인간과 무생물로까지 확장된다. 요컨대, 관계적 물질성(relational materiality), 일원론적 존재론(monistic ontology), 비인간 행위성(nonhuman agency)을 특징으로 하는 신물질론은 과학기술의 발달로 생긴 변화를 실체론적, 인간중심적인 근대적 사고방식으로 접근하는 데 생긴 난점을 극복하려고 한다. 포스트휴머니즘은 이러한 신물질론의 특성을 공유한다.

표현적 유물론[4]으로 평가되는 들뢰즈는 초월적인 본질에 대한 참조 없이 내재적 차원에서 존재의 생성과 변이를 보여주기 위해 비유기적 생명인 물질 개념으로 존재와 세계의 생성을 설명한다(김재희, 2012). 이렇게 함으로써 정신에 비중을 두는 이원론적 사유를 극복하고, 다른 한편으로는 전통적인 유물론이 보인 환원주의적, 결정론적 한계를 비껴간다. 이런 점에서 들뢰즈가 포스트휴머니즘을 직접 논하지 않지만, 그의 유물론(물질론)적 사유는 포스트휴머니즘에 많은 영향을 준다. 예컨대, 자신을 비판적 포스트휴머니즘

---

4) 표현적 유물론(expressive materialism)이란, 한편으로는 현실적인 생성물들의 조직화와 창발적인 새로움을 형상적 본질이나 선험적 범주와 같은 초월적인 것에서 찾는 정신주의적 이원론의 사유를 넘어서고, 다른 한편으로는 원자론적이고 기계론적이며 연장적인 물질 개념에 기초한 낡은 유물론의 환원주의적이고 결정론적인 사유를 넘어서면서, 물질에 내재하는 잠재적인 힘으로 창조적 생성을 설명해 나갈 수 있는 존재론을 말한다. 라이크만(J. Rajchman)이 정신상태를 뇌의 물리적 상태로 환원시켜 이해하는 '환원적 유물론'을 대체하려고 '표현적 유물론'이라는 용어를 처음 사용하였다(김재희, 2012).

으로 분류하는 브라이도티(Braidotti, 2013/이경란, 2015: 76)는 **생기론적 유물론**(vitalist materialism)이 인간중심주의를 극복하는 포스트휴먼 감수성의 핵심이라고 주장하며, 물질이 생기 있고 자기조직적이라고 보는 생기론적 유물론은 스피노자, 들뢰즈 등의 프랑스 철학자들에게 영향받은 것임을 밝힌다. 그녀는 인간중심주의를 벗어나 종의 상호관계를 강조하기 위해, '생기적 힘'을 '조에(zoe)'라고 하며 **'조에 중심 평등주의'**를 제창하고, 종 사이의 관계를 새롭게 묻는다.

인간의 몸을 세상과 계속해서 물질적 관련성을 맺는 것으로 보는 것은 인간과 사물을 포함한 세계를 수평적이고 비위계적으로 접근함으로써 인간예외주의를 벗어나 포스트휴먼 상황에서 인간이 사물을 포함한 세계와 관계맺는 것을 새롭게 조망한다. 인간은 지속적으로 인간 외 종들과 함께 살아왔다. 그런데 과학기술의 발달은 그 관계항에 동식물 외에 기계, 로봇, 인공지능 등 사물 세계까지 포함돼 연결에 열려 있는 시대를 보여 준다. 인간/비인간, 정신/물질이라는 인간중심적 휴머니즘의 이분법적 가정으로는 과학기술이 일으킨 변화를 설명하기 힘들 뿐 아니라, 인간중심 관점에서 하나를 절대 우위에 놓는 방식으로는 해결이 어려워졌다. 포스트휴머니즘은 포스트휴먼 조건에서 그동안 휴머니즘이 기초해 온 주체중심, 인간중심의 문제점들을 극복하기 위해 이분법을 넘어서는 지점을 탐색한다. 새로운 상황은 이진우(2013: 65)의 말대로 "인간으로부터 출발해 인간-자연의 관계를 보지 말고, 인간과 자연의 '관계'에서 출발하여 인간을 바라볼" 필요성을 제기한다.

3. 교육학의 포스트휴머니즘 수용

1) 교육학의 포스트휴머니즘 수용은 필요한가

포스트휴머니즘의 대두는 **포스트휴먼 조건**이 제기한 문제에 휴머니즘적 사고방식으로는 대처하지 못한 데 대한 비판과 관련된다. 포스트휴머니즘이 비판하는 근대 휴머니즘의 한계는 무엇인가? 근대 이성중심, 보편적 단일의 표준에 근거한 모더니즘 전반에 대한 비판은 이미 포스트모더니즘 진영에서 충분히 해 왔다. 이러한 근대성 비판을 공유하면서 포스트휴머니즘은 과학기술발달이 야기한 문제 해결을 위해 완비된 실체로서의 주체관, 인간과 인간 외 존재를 인간 본위에서 구분하는 이분법적 가정, 인간만의 행위성에 이의를 제기한다. 포스트휴머니즘은 근대 휴머니즘이 정초하고 있는 인간/비인간 존재의 위계와 이에 입각한 차별과 배제의 정치학에 이의를 제기한다. 포스트휴머니즘이 한목소리를 내지 않지만, 근대 계몽주의가 기초하고 있는 휴머니즘이 갖는 인간중심주의와 인간예외주의, 그것이 갖는 비인간 존재에 대한 억압과 차별, 그리고 인간의 표준을 백인에 두는 인종주의가 그 외 존재들을 타자화하는 점을 비판한다.

포스트휴먼화와 포스트휴먼 조건에 대한 반응이 다양하지만, 대별하면 먼저 포스트휴먼 사회에서 인간만의 고유성을 부각하고, 포스트휴먼 조건에 경계적으로 반응하는 입장을 들 수 있다. 예컨대, 포스트휴먼의 공존보다 우선 구현돼야 할 것은 휴먼들 간의 아름다운 공존이라는 것이다. 휴먼은 휴먼으로서 개선을 지향해야지 트랜스휴먼이 되거나 포스트휴먼에 자리를 내어 주고 소멸하는 길로 나아갈 수는 없다. 따라서 휴머니즘은 트랜스휴머니즘을 경계하며, 포스트휴머니즘에 대항한다(백종현, 2019: 14). 한편, 포스트휴먼화에 따른 열린 규범의 지향을 주장하는 입장이 있다. 인간과 기술적 존재를 포함한 그 외 존재들이 서로 얽혀 함께 살아가고 공진화하는 기술 생태적 공간에서 상호관계성과 열린 개방성이 강조돼야 한다는 것이다(신상규, 2019).

다른 목소리를 내지만, 두 입장 모두 현재 인류가 처한 변화 앞에 인간다움을 고민하며 보다 나은 길을 모색하는 점에서는 공통적이다. 그런데 포스트휴먼의 조건 앞에 인간 고유의 것을 찾고 기술이나 기계가 하지 못하는 인간만의 가능성을 부각하는 것으로는 낯선 상황을 빠져나가기 힘들어 보인다. 더욱이 휴머니즘적 가정이 한계를 드러낸 상황에서 열린 규범을 지향하며 새롭게 휴머니즘을 구성해 가는 것이 오히려 더 나은 선택이 아닐까?

과학기술의 도전이 인간 본성과 인간됨의 가치에 심각한 질문을 제기한다. 과학기술의 발달은 저절로 이루어지지 않는다. 인간은 기술 진화의 방향을 어디로 이끌지에 대해 인간됨과 인간다움의 의미와 가치에 대한 윤리적 성찰을 해 가야 할 것이다. 교육은 '바람직한' 사태를 추구하는 가치지향적 활동이요, 인간의 인간다움을 추구하는 점에서 포스트휴먼 조건의 도전을 무시할 수 없다. 또한 인본주의적 휴머니즘의 한계가 제기된 상황에서 휴머니즘에 기반해 온 교육학은 다시 인간다움의 의미와 가치를 묻고 인간다운 인간형성을 탐색해야 할 것이다. 이런 점에서 교육학은 포스트휴머니즘에 귀 기울이고 비판적 수용을 할 필요가 있다고 생각된다.

근대교육학은 휴머니즘의 가정 위에 기초하고 있다. 따라서 휴머니즘의 이분법적 가정이 갖는 한계를 보여 준다. 교육에서 휴머니즘의 한계는 단일하고 개별화된 주체 개념, 이분법에 기초한 재현의 교육학, 특정 주체의 의도와 계획에 의해 일방향으로 상대를 도구화할 수 있는 점 등으로 요약할 수 있다(정윤경, 2019).

근대교육의 이런 한계를 극복하기 위해 비에스타(G. Biesta)는 포스트모더니즘 관점에서 고정된 실체로서 주체 개념에 기초한 '조작(manipulation)'으로서 교육을 비판하고, 상호주관성을 기초로 의사소통으로서 교육을 탐색한다. 비에스타(1998)는 의사소통으로서 교육은 주체의 본질이나 유토피아를 향해 가는 발전적 역사 개념에 의존하지 않는 점에서 '휴머니즘 없는 교육학(pedagogy without humanism)'이라고 한다. 이것은 그가 근대교육의 한계가 휴머니즘적 가정에 근거한다고 보기 때문일 것이다.

비에스타는 재개념화된 주체 개념과 상호주관성에 의한 의사소통으로서 교육 논의를 통해 교사에서 학생으로 향하는 일방향 속에서 이루어지는 만들기로서 교육, 계획에 따라 투입-산출의 가정에서 이루어지는 교육을 비판하고, 교육활동의 관계적이고 다원적이며 우연적이고 응답적 특성을 시사한다(우정길, 2014; 정윤경, 2019; Biesta, 1998).

포스트휴머니즘을 수용한 시더(S. Ceder)는 비에스타가 제안한 상호주관성 교육이 근대 주체 중심의 한계를 극복할 가능성을 갖지만, 여전히 주체를 가정하며, 그 주체는 인간에 한정되는 인간중심의 한계를 갖는다고 비판하고, 내부적 상호작용(intra-action)이라는 관계성 자체의 포스트휴먼 교육론을 탐색한다.

> "교육은 주체와 주체가 상호작용하는 장이 아니라, 내부적 상
> 호작용인 활동 자체이다. 사이(between)는 여전히 서로 구분된
> 실체를 가정하는 이원론적 접근에 머무른다. 반면, 내부적 활동
> 은 특정의 주체가 만나는 사이라는 공간이 필요하지 않다"(Ceder,
> 2019: 88).

시더는 비에스타(2004; Ceder, 2019: 88에서 재인용)가 "교육이 교
사나 학생의 행위에 있지 않고, 둘 사이의 상호작용에 있다"[5]고 말
한 것에서 '둘 사이'가 의미하는 것이 '두 교육 주체 사이'인지 '둘의
행위의 상호작용'인지를 묻는다. 그리고 비에스타의 본래 의도와
상관없이 행위의 상호작용으로 보는 것이 관계(성) 자체로서 교육
을 발달시킬 수 있다고 역설한다. 이것은 시더가 교육을 행위의 상
호작용으로 파악할 때, 주체를 가정하지 않을 수 있고, 또한 인간
이외의 행위성까지 고려함으로써 교육의 인본주의적 개념을 해체
할 수 있다고 보기 때문일 것이다. 시더는 포스트휴머니즘의 특징
인 탈중심, 평평한 존재론, 물질의 행위성을 수용한다. 교육이 일
어나는 위치와 특징에 대한 비에스타와 시더의 차이만을 살펴보면
다음과 같다(Ceder, 2019: 108).

---

5) "Education is located not in the activities of the teacher, nor in the activities of the
learner, but in the interaction between the two"(Biesta, 2004; Ceder, 2019: 88에서
재인용).

〈표 3-1〉 비에스타와 시더 비교

	비에스타	시더
교육의 발생	교사와 학생 사이에서	내부적 상호작용적 관계의 행위에서(edu-activity)[6]
특징	학습행위가 학습자(인간)를 향한 인간중심	탈인간중심, 내부적 상호작용 관계성 자체

2) 교육학의 포스트휴머니즘 수용과 휴머니즘

교육학은 포스트휴머니즘 논의를 어디까지 수용할 수 있을까? 결론부터 말하면, 교육학은 포스트휴머니즘 논의를 전부 수용하는 것은 불가능하다고 판단된다.

포스트휴머니즘은 계몽주의 유산, 진보에 대한 믿음과 같은 근대적 가치들을 부정하는 극단적이며 해체적인 포스트휴머니스트와, 정신, 육체, 행위능력을 새롭게 다시 생각하기 위한 것일 뿐 근대 유산과 완벽한 단절을 선언하지 않고 온건하며 구성적인 포스트휴머니스트까지 포함한다(Keller & Best, 2001; Herbrechter, 2009: 80에서 재인용). 또, 포스트휴머니즘 담론은 과학기술의 발전에 대한 입장에 따라 부정적인 입장의 '부정적 포스트휴머니즘', 기술결정론적 입장의 '낙관적 포스트휴머니즘' 그리고 기존 휴머니즘 한계 비판에 더 충실한 '비판적 포스트휴머니즘'으로 분류되기도 한다(임석원, 2013: 69-71).

포스트휴먼화와 포스트휴먼 조건이 제기한 문제 속에서 양극단

---

6) 교육과 행위를 결합해 시더가 만든 신조어로, 교육적 목적을 지닌 행위를 말한다.

을 피해 선택하고 혼합하는 일은 쉽지 않을 것이다. 비판적 포스트
휴머니즘은 휴머니즘이라는 대서사가 난관에 부딪혔지만 계속해
서 존재할 것이라는 전제하에 지속적인 해체를 통해 인간의 위치
와 역할의 중요성을 놓지 않는다.

비판적 포스트휴머니즘에서 '비판적'이라는 것은 휴먼, 포스트
휴먼, 비휴먼적인 것의 상호의존이나 상호침투 과정에서 포스트휴
머니즘을 지속적으로 분석하는 것을 말한다. 비판적 포스트휴머니
즘은 포스트휴먼화의 위기와 기회 모두를 인정하고, 인간과 기술
또는 인간과 환경에 대한 '탈 인간중심주의' 관점에서 새롭게 휴머
니티를 이해하고자 한다(Herbrechter, 2009/김현순·김응준, 2012).

포스트휴먼화에 따라 기존의 휴머니즘이 갖는 한계를 비판하는
것은 변화된 조건에서 인간의 위치 재탐색과 인간의 역할을 고민
하기 위한 것이다. 인간중심주의를 비판하면서 다시 인간의 역할
을 묻는 것은 인간의 관점이 비인간 생명 형태에 관한 정치적이고
윤리적인 의사결정과 환경적 관여에 필수적이기 때문이다. 교육
학의 포스트휴머니즘 수용의 필요성 역시 휴머니즘과 휴머니즘 기
반 교육의 한계를 성찰하고 그 너머의 교육을 탐색하기 위한 것이
다. 따라서 교육학의 포스트휴머니즘 수용은 기술공학이 허용하는
임계점까지 인간의 신체적, 지적, 정의적 능력을 확장하려는 '**인간
향상**'을 주장하는 보스트롬의 논의까지 수용할 수 없으며, 휴머니
즘 한계 비판에 초점을 두는 비판적 포스트휴머니즘의 수용 정도
에 그칠 것이다. 다음에서는 구체적으로 포스트휴머니즘을 수용한
교육학 연구의 예를 볼 것이다. 포스트휴먼교육학 연구 중 인간 주
체 개념을 실체가 아닌 과정과 관계에 초점을 둠으로써 교육을 바

라보는 '되기의 교육학'과 '내부적 상호작용 교육학' 그리고 인간과 인간 외 다른 종들과 함께 살아가는 것을 보여 주는 '복합종 공통 세계 교육학'으로 대별해 살펴볼 것이다.

(1) 되기의 교육학과 내부적 상호작용 교육학

시더는 바라드의 행위 실재론(agential realism)[7]을 토대로 내부적 상호작용의 관계성으로서 교육론을 탐색한다. '내부적 상호작용' 은 바라드의 행위 실재론의 핵심 개념이다. 행위 실재론은 기본적 인 존재 단위를 현상(phenomenon)으로 본다.

바라드(2007: 139-140)에 따르면, 현상은 인식자와 인식대상을 구분하는 구도에서의 독립된 대상이 아니다. 현상은 존재론적으로 선재하는 실체 없는 본원적 관계이다. 현상은 인간 주체에 의해 이 루어지는 실험실 안의 결과가 아니라, 물질화의 차이가 생기는 패 턴이다. 복잡한 내부적 상호작용을 통해 세계가 형성된다. …… 현 상은 실재의 구성자이다. 실재는 물자체 또는 현상 배후의 사물로 구성되는 것이 아니라, 현상 속의 사물(things-in-phenomena)이다.

시더는 교육행위(edu-activity)로 교육을 접근함으로써 교육의 역 할을 분산시키고, 교육에 대한 휴머니스트의 아이디어를 해체하 며, 교실 안 인간의 몸에 국한하는 것을 넘어서고자 한다. 교육관 계성에서 볼 때, 교육은 교사라는 한 실체에 의한 것이 아니라, 관 계성 속에서 이루어지는 것이다. 교육행위의 의도는, 예를 들어 교

---

7) 바라드는 인식대상과 주체를 이분하는 전통 실재론의 가정을 비판하고 내부적 상호 작용에서 벌어지는 복잡한 실천 속에서(performative) 존재와 세계를 파악하기 때문 에 행위 실재론(agential realism)이라고 한다. 자세한 내용은 정윤경(2019) 참조.

육과정의 한 문장, 기온, 감정, 신체의 기능, 교사교육 중 수업에서의 한 조각의 기억, 교실의 가구들, 학교 식당에서의 사건 같은 형태 속의 행위를 일으키는 항으로 이루어진다(Ceder, 2019: 92-93). 이렇게 교육을 교육행위로 접근하는 것은 포스트휴머니즘이 '행위성(agency)'을 인간에 국한하지 않고 사물의 행위성까지 포함하는 것에 기초한다. 시더(2019: 89)는 주체의 해체와 인간만의 행위성이 해체될 때, 더 넓은 범위의 활동이 열리고 인간뿐 아니라 비인간 존재도 활동적 행위자로 간주할 수 있음을 역설한다. 시더(2019)는 주체를 지속적인 되기(becoming)이자, 이미 세상의 일부(being-of-the world)로서 간주하여 주체-세계의 이분법 극복을 시도한다. 또, 시더의 교육 논의의 특징은 인간만이 아니라, 물질도 행위성을 갖는 것으로 간주하는 점이다. 요컨대, 시더는 **평평한 존재론**에 입각해 교육의 과정이 교사-학생이라는 주요 인물들만의 상호작용이 아니라, 교과서, 책걸상, 컴퓨터를 비롯한 물질(기술)도 영향을 주고받는 내부적 상호작용의 관계 자체를 교육으로 포착한다. 시더의 포스트휴먼 교육론은 교육에 대한 인본주의적 아이디어가 고착된 점을 해체하여 교육을 교실 안, 인간에 한정하는 것을 넘어 지속적인 뒤얽힘이라는 되기의 과정임을 시사한다.

타구치(Taguchi, 2010) 역시 들뢰즈의 차이와 생성의 철학, 바라드의 행위 실재론에 기대 내부적 상호작용(intra-action)으로서 교육학을 탐색한다. 그의 문제의식은 교육에서 점점 더 많은 이질성과 다양성이 증가하고 있는데, 교육(교육과정과 교육평가 등)에서는 **표준화**를 강조하면서 복합성과 다양성을 감소시키고, 휴머니즘 교육학의 이분법적 가정 역시 사고를 단순하게 축소한다는 것이다.

교육에서 복잡성을 축소하기보다는 인정하고, 증가한 다양성과 복합성을 섬세하게 반영해 교육하기 위해 이분법의 극복이 필요하다는 것이다. 이를 위해 타구치(2010)는 내부적 상호작용으로서 교육을 통해 이분법을 극복하려고 한다. '내부적 상호작용'은 이분법이 전제된 개체들 간의 상호작용과 달리, 상호 간에 뒤얽힌 것들 간의 상호구성을 강조한다. 이것은 전통철학이 주체와 대상 세계를 이분하고 '세계 속의 존재(being-in-the world)'가 대상을 인식하고 재현하는 방식과 다르다. **재현주의**의 이분법을 비판하면서 등장한 **구성주의**처럼, 실재가 담론에 의해 구성된다고 보는 '담론 속의 존재(being-in-the discourse)'로도 보지 않는다. 구성주의는 주객의 이분법을 극복하지만, 여전히 담론에만 초점을 둠으로써, 담론이 물질과 괴리되는 이분법의 문제를 남긴다.

타구치(2010)는 담론 역시 물질과 상호관계성을 맺는 것으로 파악하는 Barad의 행위 실재론에 의존하여 이미 '세계의 일부로서 존재(being-of-the world)'임을 주장한다. 이미 세계의 일부인 타구치의 주체는 '되기(또는 되어 감, becoming)'의 주체이다. 이것은 들뢰즈의 존재론[8]에 기초한다. 들뢰즈에게 **내재성**(immanence)이란 삶이고 삶의 방식이다. 여기에서 모든 물질은 공통의 '내재성의 상태'에 있다(Deleuze & Guattari, 1994; Taguchi, 2010: 56-57에서 재인용).

타구치에 따르면, 내재성의 존재론과 달리 인간과 세계를 분리됐다고 가정하는 초월적 존재론은 위계적이고, 인간의 역할을 관

---

8) 들뢰즈의 존재론은 초월적이고 고정된 실체에서 출발하는 것을 거부하며, 경험을 연구의 출발점으로 삼는다. 그가 말하는 경험은 인간의 경험에 국한하지 않고 동식물, 미생물 모든 종류의 기계를 포함한다.

찰자요 초월적 진리나 신의 해석자로 본다. 지식생산자나 학습자로서 활동은 삶을 얼어붙게 하고 경직되게 하며 흐름을 막는다. 반면, 내재성이란 세계와 우주에 존재하는 차이의 복잡한 혼합이다. 여기서는 인간이든 비인간이든 모두 물질로 이루어져 있다. 따라서 그 어떤 것도 우위에 있거나 특권적 지위를 점할 수 없다(Taguchi, 2010: 43).

(2) 복합종 공통세계 교육학

포스트휴머니즘을 수용한 교육학 연구에는 아동이 다른 종들(개미, 지렁이, 벌레 등)과 함께 살아가는 **인간 이상 세계**(more than human world)인 **공통 세계**(common world)[9]에 초점을 두는 **복합종 교육학**(multi-species pedagogy) 또는 **공통세계교육학**(common world pedagogy) 탐색(Pacini-ketchabaw et al., 2016; Taylor & Pacini-ketchabaw, 2019: 128-144)이 시도된다. 인간 이상의 세계, 복합종 간 공통세계를 다루는 시도는 개별 주체 인간에게 초점을 두고 아동의 의미 있는 관계를 연구하는 인간중심적 가정에 도전하고, 행위성을 인간만의 종 특성으로 보지 않고 인간예외주의를 거부한다.

앞에서 살펴본 되기의 교육학/내부적 상호작용 교육학과 복합종 공통세계 교육학은 포스트휴머니즘의 '탈중심' '평평한 존재론' '물질성의 수용'의 전략을 활용한다. 이들은 근대 휴머니즘 기반 교

---

9) '공통세계'는 세계를 구성하는 모든 요소의 결합의 필요성을 말하는 라투르의 주장에서 가져온 개념이다(Pacini-ketchabaw et al., 2016). 라투르의 행위자연결망 이론은 지금까지 인문사회학이 별로 관심을 두지 않았던 과학기술을 핵심적으로 분석하면서, 지금까지의 철학이 무시했던 비인간행위자, 즉 사물을 인간행위자와 대칭적인 존재로 다루고 있다.

육학이 가정하는 실체로서의 주체 개념을 과정의 되기 개념으로
바꾸고, 인간만을 주인공으로 하는 인간중심, 인간예외주의를 비
판하고 인간 종 너머 복합종이 사는 공통세계의 교육학을 탐색하
고 있다.

근대 휴머니즘이 갖는 인간중심적이고 인간예외적 특징이 갖는
한계를 극복하려는 이러한 시도는 교육학의 모습을 어디로 이끌
게 될까? 교육학의 포스트휴머니즘 수용은 휴머니즘 파기로 이어
질까? 오히려 교육 이해의 지평을 확장할 수 있지 않을까? 즉, 교육
을 되기의 주체가 복합종 공통세계에서 내부적 상호작용해 가는 과
정으로 포착함으로써, 교육의 목적을 개별 주체의 번영에 국한하지
않고, 복합종 공통세계 속에서 인간-기술-자연 관계에서 더 나은
관계항으로서 인간의 위치와 역할 찾기로 확장해 갈 수 있을 것이
다. 이런 점에서 포스트휴머니즘의 수용은 휴머니즘에 대한 부정
이 아니라, 근대 인본주의적 특징의 휴머니즘이 갖는 한계를 극복
하기 위해 변화된 조건 속에서 인간의 위치와 역할을 고민하여 **열
린 휴머니즘**을 지향하는 것이라고 볼 수 있다. 이것은 푸코(Foucault,
1968/이규현, 1984)가 인간의 종말을 선언하고, 인간성에 대한 본질
적·보편적 규정을 조소하며, 휴머니즘으로부터의 해방이 현대철
학의 과제라고 공언하지만, 그의 중후기 사상이 창조되는 주체성을
탐색하는 점에서 휴머니즘을 버렸다고 말할 수 없는 것과 마찬가지
이다. 히긴스(Higgins, 2015)의 지적대로 우리가 사는 시대는 인간적
인 것의 재주장이 필요한 때이다. 그러나 인간적인 것의 재주장이
한계를 드러낸 배타적인 근대 휴머니즘을 반복하자는 것은 아닐 것
이다.

4. 포스트휴먼 감응교육 탐색

1) 포스트휴먼 감수성의 요청과 포스트휴먼 감응교육의 의미

(1) 포스트휴먼 감수성의 요청

낯선 관계항들과 초연결되는 사회가 도래했다고 하지만, 실제로 나와 타자, 나와 세계와의 연결이 쉽지는 않다. 지속적인 뒤얽힘의 되기 과정이라는 관점에서 주체와 세계를 인식할 수 있으려면, 비에스타(1998: 13)가 말한 대로, 새로운 형태의 주체(화)를 수용하고 진전시킬 수 있는 감수성이 요청된다. 즉, 근대 휴머니즘에 기반한 이성적 개별 주체 대신 새로운 형태의 주체(화)에 대한 감수성을 발휘하려면, 몇 세기를 지속해 온 **개별성**(individuality)을 버림으로써, 권위를 인정받아 온 것에 대한 권위를 내려놓음으로써, 또 정치적 대화에서 '우리'와 '행위성을 지닌 나'(I)에 의문을 제기하는 '상이하고 주변적이며 평범하지 않은, 과감한 목소리'에 주의를 기울임으로써 오랫동안 유지해 온 주체 개념과 그것에 기반한 세계 인식을 극복할 수 있을 것이다.

따라서 4절은 **포스트휴먼 조건**이 제기한 도전에 근대 휴머니즘의 전통에서 당연시해 온 것에 의문을 제기하고, '상이하고 주변적이며 평범하지 않은, 과감한 목소리'에 주의를 기울이기 위해 '포스트휴머니즘'과 '교육'이 만나 일어난 변화에 '감응'해 교육의 변화를 탐색해 볼 것이다. 즉, 포스트휴먼 조건이 야기한 차이와 다양성,

이질성과 상호교차성 등의 변화에 섬세하게 반응하며 교육을 새롭게 바라보고 아직 현실화되지 않은 잠재적 교육 가능성을 탐색하는 것이다.

(2) 포스트휴먼 감응 교육의 의미

포스트휴먼 감응교육의 의미는 소박한 수준에서는 포스트휴먼 조건과 그로 인한 변화에 촉발되어 반응하는 교육을 의미하는 것으로, '**성차에 민감한 교육**(gender sensitive education)'이나 문화적 차이에 민감한 '**문화감응교육**(cultural responsive education)'의 변주로 볼 수 있다. 문화감응교육이 문화적 차이에, 성차에 민감한 교육이 성차에 민감하게 반응하듯이, 포스트휴먼 조건이 야기한 인간의 조건과 실존을 둘러싼 변화에 섬세하게 반응하자는 의미로 사용하기 위함이다. 포스트휴먼 감응교육은 비판적 포스트휴머니즘의 입장이 시사하듯이, 교육에서 과학기술의 도전에 대해 낙관과 부정이라는 양극의 입장을 피하면서, 기술 변화에 열린 자세를 취한다.

들뢰즈는 스피노자가 제안한 감응 개념에 기초하여 '**감응**(感應, affect)'[10] 개념을 정교화하여 개인과 개인의 연결을 넘어서 인간과 사회, 자연과 세계 전체를 관련 짓고 운동하게 만드는 우주론적 힘

---

10) affect는 정서라는 말로 번역할 수 있지만, 철학자들이 그 개념을 사용한 문제의식을 전하기에 너무 일상적이다. 그리고 '감응'이라는 말 외에 '정동(情動)'으로 번역해 사용하기도 하는데, '정동'은 한자어를 병기하지 않으면 그 뜻을 추측하기 어렵다. 따라서 이진경(2020)은 스피노자나 들뢰즈 같은 철학자가 'affect'라는 개념으로 사유와 삶 속에 밀어 넣고 싶었던 것을 유효하게 표현할 수 있는 개념이 될 수 있도록 '감응'을 사용하자고 제안한다. 필자 역시 그러한 취지에 동의하고, '섬세하게 반응'한다는 소박한 수준의 의미에서 출발한 취지를 살려 '감응'이라는 번역어를 사용할 것이다.

의 문제로서 조망한다. 들뢰즈가 새롭게 창조한 **감응** 개념은 고정된 실체로서 존재론이 아니라 지속적인 되기 과정의 존재론, 인간과 세계를 이분하지 않고 비유기적 생명 물질들의 접속과정으로 파악하는 데 유의하다. 최진석(2020)은 이러한 이론적 배경을 갖는 감응이 근대성의 지평을 뛰어넘어 신체와 감각, 무의식의 존재론까지 촉수를 뻗으며, 지금과는 다른 현실, 낯설지만 무한히 열려 있는 이질적인 삶의 형상을 예감해 보는 잠재력을 갖는다고 평가한다.

필자 역시 이러한 감응의 잠재력에 동의하면서, 포스트휴먼 조건으로 변화된 상황에서 교육이 변화에 촉발돼 변용하는 것을 탐색하고자 한다. 그 이유는 들뢰즈의 감응 개념이 낯선 존재와의 연결과 접속을 설명하고, 지속적 되기 과정에서의 변용을 설명하는 데 효과적이라고 생각하기 때문이다. 요컨대, '감응'은 소박한 의미 수준에서, 또 들뢰즈가 정교화한 이론적 근거에서 볼 때, 낯선 것과의 연결과 접속, 그리고 그 이행 과정에 초점을 두는 포스트휴머니즘과 교육이 만나 생기는 **변용** 과정을 탐색하는 데 도움이 될 것이다. 감응의 의미[11]와 감응 개념으로 무엇을 할 수 있는가는 별도

---

11) 현재 '정동'(참고한 문헌의 번역어를 존중해 정동이라 함)의 이론화는 여러 경향을 보이는데, 몇 가지를 살펴보면 다음과 같다. ① 인간, 비인간의 본성을 내밀하게 뒤섞인 것으로 간주하는 경향, ② 생명기술의 발달로 인해 생긴 생명체와 비생명체 사이의 정동적 선이 점점 열어지는 경향, ③ 비데카르트적 전통에서 발견되는 경향으로 물질의 운동을 과정상의 비물체성과 연결시키는 것, ④ 심리학적이고 정신분석학적 연구 경향, ⑤ '경험'이 가진 물질성에 주의를 기울이는 경향, ⑥ '언어적 전회'로부터 등을 돌린, 20세기 후반의 시도들로 전(前)언어적·언어외적·언어초월적 영역이 어떻게 교차하는지 연구하는 경향, ⑦ 정서에 대한 비판적 담론들로 포스트 코기토시대에 어떻게 사유하고 느낄 것인가를 다루는 경향, ⑧ 유물론에 대한 다원

의 연구가 필요할 것이다.

스피노자 철학은 데카르트의 **심신이원론**과 달리 **심신일원론**의 입장에서 인간, 자연을 설명한다. 존재하는 것은 무한한 실체 자연뿐이며, 자연 밖의 다른 초월적 실체는 없다. 우리가 경험하는 모든 개별 사물은 이 실체의 양태이다. 인간의 정신 또한 마찬가지이다. 인간은 이성을 사용할 줄 알지만, 그렇다고 자연 밖의 특별한 존재는 아니다. 인간의 정신은 외부 사물에 반응하는 신체의 변용(affection)에 대한 관념이며 이 관념들은 감응(affect)을 수반한다. 스피노자는 정신활동을 하는 인간의 모습을 자연의 변화된 양태로 보면서 인간예외주의를 부정하고, 신체/정신, 인간/자연의 이분법과 무관하게 인간과 세계를 바라본다.

스피노자의 감응에 대한 설명을 따라가기 위해 먼저 그가 사용하는 용어의 의미부터 살펴보자. 먼저 스피노자는 존재론 차원에서 실체의 변화된 모습인 '양태'를 **변용**(affection/라틴어 affetio)이라고 한다. 스피노자는 실체론적 존재가 아니라 만물이 다양한 모습으로 변화된다고 했고 이를 양태라고 하며, 양태를 변용이라고 말한다. 둘째, 변용은 외부 물체가 신체에 영향을 주는 것, 즉 물체들끼리의 물리적 작용을 변용이라고 하며, 셋째, 더 나아가 변용을 통해 서로 변용시키고 변용된 이후 변화의 결과도 '변용'이라고 한다(진태원, 2017).

스피노자에 따르면, 감응은, 첫째, 신체의 변용이면서 동시에 그

론적 접근방식 등이 포함된다(Gregg & Seigworth, 2010/최성희 외, 2015: 21-25). 이와 같이 다양한 지향을 갖는다고 보기 때문에 최근 인문사회과학 분야에서 '정동'(감응)은 주목받는 것 같다.

변용에 대한 관념이다. 감응은 심리적이기만 하거나 신체적이기만 하지 않고, 신체적이고 동시에 정신적이다. 둘째, 감응은 역량의 변화로 정의된다. 정신이나 신체의 변화가 있지만, 역량의 변화가 없다면 감응이 일어난 것이 아니다. 즉, 역량의 변화가 있을 때만 감응이 발생한 것이다. 셋째, 감응은 주관적인 느낌의 차원을 넘어선 존재론적 변화, 즉 역량의 변화 과정이다. 혹은 존재론적 이행 자체에 대한 긍정이다(현영종, 2020). 스피노자의 감응은 의식화된 앎과 다른 차원의 것을 말한다. 그리고 감응은 '사고'와 대립항으로 사용되는 '정서'라는 의미 너머를 나타내며, 또한 마음의 '상태'가 아닌 '변화 과정'에 초점을 둔다.

들뢰즈는 스피노자의 '변용'에 짝을 이루는 '감응(affect, 라틴어 affectus)'의 의미를 보다 동역학적인 개념으로 이해한다. 변용은 변용되는 신체의 한 상태와 관련이 있고, 신체의 현존을 함축하고 있다면, 감응은 한 상태에서 다른 상태로의 이행, 그에 상응하는 변용시키는 신체의 변이에 대한 고려에 연관이 있다(Deleuze, 1981/박기순, 1999: 77). 들뢰즈의 스피노자에 대한 저서와 『천개의 고원』, 『철학이란 무엇인가』에서는 '변용'과 '감응' 간 구분이 제시되지만, 그 외 저서에서는 두 개념의 대립이 분명치 않다. 왜냐하면 들뢰즈의 작업이 진행되면서 감응이 변용 개념의 일부까지 포함하는 경향을 보이기 때문이다(Villani & Sasso, 2003/신지영, 2013: 348). 즉 감응은 변용의 의미까지 포함한다.

스피노자에게 신체와 영혼은 실체도 아니요 주체도 아니라는 사실 오히려 그것들이 양태라는 사실을 안다. …… 하나의 양태란 곧 신체와 사유 속에서 행해지는 빠름과 느림의 복잡한 관계, 신체와 사유가 지니는 변용시키고 변용되는 능력을 가리킨다. 실제로 우리가 신체와 사유를 변용시키고 변용되는 능력으로 정의할 경우 많은 것이 달라진다. 예를 들어, 동물이나 인간을 정의할 경우, 그들이 갖는 형식이나 기관, 기능에 의해 정의하지 않으며 그들을 주체로서 정의하지도 않게 될 것이다(Deleuze, 2002/박정태, 2015: 121). 스피노자와 들뢰즈의 사유는 인간/비인간 구분 없이 물질적 관계항들 간에 서로 변용되고 변용시키는 되기의 과정으로 세계를 설명한다.

그렇다면, 이러한 이론적 배경을 갖는 감응이 포스트휴머니즘과 어떻게 만날 수 있는가? 또 포스트휴머니즘과 교육이 만나 생기는 변화를 탐색하는 데 어떻게 유효한가? 스피노자 철학은 신체/정신, 자연/인간을 이분하지 않고 사물과의 관계 속에서 접촉과 만남 속에 양태의 변화로 설명한다. 이것을 계승한 들뢰즈 역시 되기의 과정에서 서로 관계 맺고 영향을 주고받는 변용과 감응으로 세계를 접근한다. 이들은 모두 의식철학적 특징과 다른 종류의 사유를 보여 주며, 고정된 존재의 본질이 아닌 존재가 다른 존재로 이행하는 과정에 초점을 둔다. 따라서 '감응이란 무엇인가?'라는 실체론적 질문에 답하기보다는 감응이 갖는 잠재적 가능성에 기초하여 교육이 포스트휴머니즘과 만나 일어난 변화를 탐색하고자 한다.

2) 포스트휴먼 감응교육을 위하여

(1) 지속적 되기와 상호관계성의 교육

첫째, 되기의 교육학/내부적 상호작용 교육학은 교육을 지속적

'되기' 과정에서 그리고 '상호관계'에서 포착한다. 내부적 상호작용은 종전의 사회적 상호작용을 의미하는 것이 아니라 사회적-물질적 관계성이다. 사물(물질) 역시 능동적 행위성을 발휘한다. 내부적 상호작용 속에서 학습자는 지속적인 되기(becoming)에 열려있다.

비에스타는 교육이 낯선 타자들과의 만남에 응답해 가는 관계적·다원적·우연적·응답적 특성을 갖는 것을 강조한다. 포스트휴먼 감응교육은 타자[12]의 범위를 확장하고 교사와 학생이라는 주인공들 간의 상호작용만이 아니라, 무수히 많은 관계항들의 지속적인 뒤얽힘 속에서 교육을 조망한다. 이것은 어떤 차이가 있는가? 예컨대, 학생이 교사에게 무례한 행동을 한 사건이 있다고 하자. 내부적 상호작용 관계에서 볼 때, 이 사건은 고립된 사건이 아니요, 교사와 학생 둘 간에 벌어진 사건만도 아니다. 학생은 알람시계 고장으로 늦잠을 잤고, 버스를 놓쳤으며, 그래서 지각했고, 지각은 벌점으로 이어지고, 벌점은 학생생활기록부에 중요한 요소로 평가되는 학교 교칙과 관련되며……. 즉, 내부적 상호작용에서 파악할 때, 교육은 제한된 몇 개의 변수들 속에서 인과관계로 설명될 수 없고, 다양한 차이와 변수를 고려할 가능성으로 확대된다.

지속적 되기와 내부적 상호작용이라는 상호관계성을 강조하는 교육은 **근대교육학의 주객의 이분법**을 비판하며 대안을 모색한 생태주의 교육학과 공명한다. 생태주의 교육 역시 인간중심주의 한계를 지적하고 상호관계성에서 교육을 조망한다(노상우, 2015). 그런

---

12) 지속적인 내부적 상호작용의 과정은 개별 주체를 상정하지 않기 때문에 '타자'보다는 '관계항'이 더 적합하다고 생각된다. 그러나 비에스타를 포함한 기존의 논의와 쉽게 연결되기 위해 '타자'라는 용어를 그대로 사용하였다.

데 포스트휴먼 감응교육은 지속적인 내부적 상호작용 전략에 기대 주체와 타자를 전제하고 둘의 관계성을 고려하는 것이 아니라, 지속적인 무상(無常, impermanence)의 '관계' 자체를 교육으로 파악한다. 또한 **포스트휴먼 감응교육**이 고려하는 관계는 인간과 자연 간 관계뿐 아니라 기술(사물)까지 포함한다.

복합종 공통세계 교육학적 시도는 **근대교육학**이 인간 주체 입장에서 개별 아동의 발달에만 초점을 둔 것과 달리, 복합종이 살아가는 공통세계에서 상호관계를 보여주는 것으로 시야를 확장한다. 이것은 인간이 상호의존적이고 상호관계된 복합종 간의 공통 세계의 일원임을 시사한다(Taylor & Pacini-ketchabaw, 2019). 복합종 교육 연구자들은 개미나 지렁이와 함께 활동에 참여한 학습자를 관찰하면서 아동에게만 초점을 맞추고, 아동을 주요 행위자로 두지 않는 것이 힘들었음을 밝힌다. 이것은 인간의 사고와 실천에서 인간중심주의를 해체하고 극복하는 것이 얼마나 어려운지를 말해 준다.

발달이론을 포함해서 많은 표준화된 이론은 이론을 근거로 인간의 발달과정과 상태를 '정상' 또는 '과부족'으로 판단한다.

포스트휴먼 감응교육은 발달주의 교육학이 간과한 되기의 과정과 상호관계성이 보여 주는 인간의 삶과 교육의 복잡성에 주목한다. 포스트휴먼 감응교육은 배타적 인간중심 관점에서 개별 주체의 번영과 발달이 아니라, 상호관계성에서 교육을 바라본다. 근대교육학의 발달로 인간의 특성을 체계적으로 접근하는 것이 가능했다면, 포스트휴먼 감응교육은 교육을 무상의 과정에 열어 둠으로써, 보편적 체계와 이론으로 포착하지 못한 점증하는 차이와 복잡성에 열어 놓고 접근할 가능성을 보여 준다.

(2) 사물(장치)의 능동적 행위성을 고려한 교육

교육에서 과학기술이나 사물은 보조적 도구로서 평가받아 왔
다. 포스트휴머니즘은 이러한 인식이 인간과 인간의 사회적 상호
작용에만 주목해 온 휴머니즘의 한계라고 비판하고, 물질의 능동
적 행위성을 적극적으로 강조한다. 생태교육학은 대물 윤리에 관
한 것을 다루면서 인간 외 사물의 세계를 고려했지만, 사물의 능동
적 행위성까지는 고려하지 않았다. 그러나 포스트휴머니즘은 행위
성을 인간의 종 특성으로 보지 않고 물질의 능동적 행위성을 인정
한다. 이것은 교육에서 교육의 물질적 기초인 장치에 주목할 필요
성을 시사한다.

교육학의 포스트휴머니즘 수용은 교육환경을 포함한 물질적 토
대를 고려함으로써 더욱 섬세하게 교육을 할 수 있는 가능성을 시
사한다(정윤경, 2019). 시더(2019)는 'literacy dog(훈련시킨 개를 어린
이의 책읽기 프로그램에 활용)', 가상현실, 증강현실을 교육에 접목하
여 인간의 범위를 넘어서는 장치들의 교육가능성을 보여 준다. 이
것은 지식을 교육과정이나 교과서에 가두지 않고, 배움의 시공간
을 확장할 수 있게 할 것이다.

임완철(2019)은 수동적인 현재 교육의 모습을 비판하고 미래교
육이 '**장치**'[13]의 능동성을 인정해야 함을 역설한다. 여기서 '장치'란

---

13) 장치(apparatus)는 '여러 가지 구성 요소들이 관계를 맺으며 능동적으로 행위하
   는 것'을 나타낸다. 학자에 따라서 매체, 인공물, 행위자라는 표현을 쓰기도 하는
   데, 산업계가 선택한 용어는 사물인터넷에 사용된 '사물(thing)'이었다. 사물인터넷
   (IoT)은 사람뿐 아니라 인공물(혹은 자연물까지도)까지 연결하는 네트워크를 지칭
   한다(임완철, 2019). 그는 미세먼지 측정 데이터, 실시간 지구 행성의 변화 데이터
   (https://earth.nullschool.net/) 등 일상생활 속 데이터 활용 수업을 보여 준다.

책, 책걸상, 교실, 수업, 수업시간에 배우는 개념, 스마트폰, 인공지능, 빅데이터, 사물인터넷 등을 말한다.

교육내용이 담긴 교과서 역시 장치이다. 그런데 '인쇄된 문자 텍스트'를 중심으로 조직된 교과서라는 장치는 학교를 표준적이고 균등한 배움이 발생하는 표준적 장소가 되게 하고, 학생뿐 아니라 교사 역시 수동적 정보 소비자로 만든다. 교과서의 서술 방식은 '사실만을 말해 주겠다.'와 같은 것이 되고, 전제는 '너희는 이 결과를 수용해라'하는 식이다(임완철, 2019: 162).

교과서의 '내용'이 아니라, 교과서라는 장치 그 자체가 전송하는 메시지가 학교와 배움, 학습자와 교사를 표준적이고 수동적인 배움과 정보 소비자에 머물게 한다는 비판은 새겨야 할 것이다. 내부적 상호작용 관계를 가정하면 교사와 학습자는 시시각각 변화하며 상호 영향을 주고받는다. 여기에 물질적 장치 역시 지속적으로 변화하며 관계 속에 뒤얽히며 영향을 준다. 이러한 가정을 수용하면 학습은 한정된 시공간에서 관찰된 정지된 것일 수 없다. 장치(사물)의 능동성을 인정하고 활용하면, 교육은 일방적이고 수동적인 과정에서 벗어나 보다 역동적인 면을 드러낸다.

교육에서 사물의 능동성을 인정하고 활용하는 것은 교육에서 기술 도입과 연결된다. 이러한 변화는 교육 전반에서 **'데이터화'**와 **'디지털화'**를 진전시키고 그 둘은 상승작용을 통해 교육 체제에 큰 변화를 가져올 것이라고 한다. 교육과 기술의 접목은 데이터를 통한 맞춤형 학습지원, 종래 분절된 학습자, 학습내용, 교재, 기자재를 상호 연결하는 디지털 생태계 구축, 시공간 제약을 뛰어넘는 교수학습 활성화 지원 등 긍정적 변화가능성을 갖는다고 평가된다(김경애·류방란, 2019).

교수-학습 과정에서 매체로만 간주해 왔던 사물의 능동성을 고려하면 학습자는 물론 교수-학습 활동에 대한 교육학적 논의는 크게 달라질 것이다. 학습자는 세계와 이분되지 않는 과정의 주체로서 지속적으로 세계되기 과정에서 지식체, 교사, 교실, 학교, 지역사회, 언어와 문화 등을 포함하며 변용해 가는 과정의 주체(화)요, 학습 역시 교수(敎授)라는 원인에 따른 **선형적 인과관계**로 설명할 수 없는 **복잡성**을 띠게 된다. 즉, 교수-학습 과정은 교사와 학생이라는 분리된 실체의 행위가 아니라, 연속적이고 관계적 과정으로 이해되고, 따라서 선형적 인과관계로 설명하기 힘들다. 따라서 포스트휴먼 감응교육 관점에서 볼 때, 교사들 사이의 농담인 "나는 분명 가르쳤어. 학생들이 학습하지 않았을 뿐이야."(Davis & Sumara, 2011/현인철·서용선, 2014: 179)라는 말은 교사와 학생의 행위를 연속적이고 관계 속에서 보지 않는 어리석음을 드러낼 뿐이다.

(3) 관계에서 비판적 성찰을 요청하는 교육

포스트휴먼 감응교육은 기술결정론적 접근의 위험을 경계하며, 따라서 기술 도입과 활용이 교육의 방향에 어떤 영향을 줄 것인지 가치함축적 질문에도 감응할 것을 시사한다. 임완철(2019: 195) 역시 인정하듯이, 과학, 수학 교과를 디지털로 연결하고 결합하는 시도는 '생명'을 공학적 탐구 대상이 되도록 하는 지식과 기술을 쉽게 이용할 가능성으로 연결된다. 그러나 생명공학의 발달이 2절의 낯선 질문이 암시하는 디스토피아로 연결되기를 원하는 사람은 없을 것이다. 따라서 포스트휴먼 감응교육은 인간-기술-자연이 뒤얽힌 상호관계를 지속할 수 있는 책임 있는 기술의 사용을 묻는다.

비판적 포스트휴머니즘은 과학기술의 발달에 비관적이거나, 기술결정론 입장에서 과학기술 발전을 환호하는 입장이 아니다. 과학기술의 위기와 기회 모두를 인정하면서, 그것이 인간의 삶과 세계에 미칠 의미와 영향을 비판적으로 접근하고자 한다. 따라서 포스트휴먼 감응교육은 기술적 요인을 절대화하는 것도, 무시하는 것도 경계해야 한다. 즉, 포스트휴먼 감응교육은 장치의 능동성을 고려하지만, 다른 한편으로는 기술의 변화와 장치의 행위성이 가져올 아직 현실화되지 않은 잠재적 결과에 대해서도 감응한다. 과학기술의 진화는 진공 속에서 이루어지지 않는다. 그것의 의미와 영향을 묻고 진화의 방향을 어디로 둘 것인지에 관한 비판적 성찰이 함께 이루어져야 할 것이다.

포스트휴먼 감응교육은 배타적인 인간중심주의적 휴머니즘에 비판적이지만, 여전히 교육에서 인간의 관점과 역할의 중요성을 인정한다. 인간-동물의 관계나 인간-기술의 관계를 성찰할 때, 인간의 역할은 필수적일 수밖에 없다. 비인간(기술, 동물 등) 생명 형태에 관한 윤리적이고 정치적 의사결정에서 인간을 빼고 생각할 수 없기 때문이다. 따라서 포스트휴먼 감응교육은 인간-기술-자연의 상호관계 안에서 윤리적·정치적·생태적 문제를 제기하고 성찰할 수 있는 비판의식을 강조한다. 요컨대, 포스트휴먼 감응교육은 교육과 기술의 결합인 에듀테크(edu-tech) 자체가 아니라, 그 둘 간의 관계를 어떻게 맺어 가는 것이 책임 있고 건설적인지 끊임없는 성찰을 요청한다.

(4) 비의도적 우연성 교육의 가능성

포스트휴머니즘이 바라보는 인간을 포함한 세계는 지속적인 되기의 주체화요 세계되기 과정이다. 이런 세계에서는 인과관계에 의한 정확한 예측이 힘들다. 지속적으로 관계의 뒤얽힘이 무상히 흘러가고 있기 때문이다. 포스트휴먼 감응교육은 학습자가 만나는 많은 관계항들과의 내부적 상호작용 과정 자체를 교육으로 간주하고 비의도적 우연성의 교육까지 교육의 가능성을 확장한다. 비의도적 우연성 교육은 어떤 종류의 학습이 이루어질지, 학습자가 어떤 관계항과 우연한 마주침을 통해 무엇을 학습하고 성취할지 정확하게 계획하고 예측할 수 없다. 교육의 과정이 비구조적이고, 교육과정 역시 교육 전에 계획하고 완결해서 제시한 것에 한정할 수 없다.

비의도적 우연성 교육의 가능성을 열어 두면 교육이 어떻게 달라질 수 있을까? 예컨대, 레지오(Reggio Emilia) 유아교육에서는 '교육과정'이라는 용어 대신 **'프로제따찌오네**(progettazione)'라는 용어를 사용한다. 프로제따지오네는 '유아들과 성인들 간의 대화 속에서 수행되는 한정적이면서도 무한 다양한 수준의 행위들'로 인식되며, 교사가 처음 수립한 기대 혹은 방향을 반드시 따라가야 하는 것이 아니라, 작업이 진전된 것을 근거로 차후 교육 경험에 대한 결정과 선택이 이루어지는 과정으로 연속으로 해석된다(오문자·김희연, 2007: 97). 따라서 레지오 교육에서는 교육이 이루어지는 과정에서 아동이 스스로 저 자신이 되어 가면서 드러나는 교육과정을 뜻하는 '발현적 교육과정'(Gandini, 1993)이라는 표현을 사용하기도 한다.

스웨덴 레지오 유아교육을 내부적 상호작용(intra-action)으로 읽기를 시도하는 타구치(2010)는 내부적 상호작용으로서 교육이 교육에서 점증하는 복잡성과 다양성을 감소시키지 않고, 그것을 인정하고 가치평가하며 교육할 수 있는 가능성을 갖는다고 역설한다. 타구치는 구성주의 이론이 이론과 실제의 이분법 극복을 위해 등장하지만, 다시 담론의 중요성만 부각함으로써 물질적 실제와 괴리될 수 있음을 경계한다. 타구치(2010)는 유아를 관찰한 교사들의 기록작업을 교사들이 공유하는 과정에서 교사 자신들의 선입견—여아와 남아에 대한 성적 편향(여아가 사회적 놀이에 더 적극적으로 참여할 것이며, 기술적인 구성에 참여하는 경향은 남아가 더 클 것이라는 등), 이것을 토대로 한 관찰기록의 부호화(coding)의 위험을 보여 준다. 즉, 교육에서 이론과 실제의 이분법의 문제만큼 담론(교육 이론, 교육자의 관점 등)이 물질[14]과 괴리되는 것을 경계해야 함을 시사한다. 따라서 타구치(2010: 177)는 교사가 옳다거나 제대로 하고 있다고만 생각해서는 안 되며, 학습목표와 결과만을 고수해서도 안 된다고 역설한다. 대신 아동이 행동하고 말하는 과정에서 물질들이 어떻게 생산적이게 하는지, 그리고 물질적 조건과 어린이의 행동 사이의 내부적 상호작용이 어떻게 아이들의 이해와 전략을 바꾸어 놓는지 찾을 수 있어야 함을 강조한다.

---

14) 여기서 '물질'은 고유한 속성을 갖는 것이라기보다는 내부적 상호작용을 통해 구체화되는 되기(becoming)라고 볼 수 있다. 구성주의적 접근의 교육에서 학습자를 공동의 의미구성자로 간주하지만, 학습자를 지속적인 내부적 상호작용의 과정에서 접근하지는 않는다. 한편, 타구치는 모든 관계항들을 지속적인 물질화 과정이자 내부적 상호작용 관점에서 볼 때, 구성주의가 물질화 과정을 간과한 채 담론에만 갇힐 수 있음을 비판한다.

이병곤(2020)은 교육 현장에서 아이들을 지켜보면서 느낀 인간 본성 이론의 허술함을 지적하면서, 인간 본성 너머를 보자고 제안한다. 이러한 제안은 인간의 눈으로 규정한 인간본성론으로 아이를 가두지 말고, 무상하게 변화해 가는 자연 자체인, 따라서 지속적으로 되기 과정에 열려 있는 되기의 과정으로서 보자는 말처럼 들린다. 근대 이후 본격적으로 인간 본성에 대해 천착해 오고 규정해 왔지만, 고정된 본성론으로 **무상의 되기 과정**에 있는 인간과 세계를 어떻게 정확하게 규정할 수 있겠는가?

비의도적 우연성을 인정하고, 학습목표를 사전에 명세화하지 않음으로써 오히려 학습 과정에서 발생하는 상황적 변화에 따른 유의미한 학습가능성을 포함할 수 있다(유영만, 2006). 이러한 접근은 **복잡성이론**의 영향을 받은 것이다. 복잡성이론은 사이버공학, 체계 이론, 인공지능, 카오스 이론, 프랙탈 기하학, 비선형동역학 영역이 합류하는 지점에서 등장한다. 기본 가정은 결정론과 환원주의에 근거한 근대과학을 비판하고, 예측불가능성을 인정하며, 여러 학문들의 학제적 접근을 시도한다(Davis & Sumara, 2011/현인철 · 서용선, 2014; 허영주, 2011). 유영만(2006)은 교육의 세계 역시 학습자, 학습과 방법, 학습전략과 학습매체, 학습환경과 문화, 학습제도와 시스템 등이 학습효과의 극대화라는 목표를 향하고 있을 뿐만 아니라, 복잡계의 특징인 자기조직성, 창발성, 비선형성, 비가역성을 갖고 있으므로 복잡계로 볼 수 있음을 역설한다.

요컨대, 비의도적 우연성 교육의 가능성은 근대교육학의 보편적 이론과 법칙이 지닌 한계를 성찰하게 한다. 포스트휴먼 감응교육은 보편적이고 표준화된 이론에 포착되지 않는, 복잡계 속의 교육

현상이나 수백 개의 언어를 가진 다양한 학습자의 복합성과 다양성에 열려 있고 변화에 촉발돼 반응할 수 있음을 시사한다.

(5) 낯섦과의 마주침: 재현의 교육 너머 새로움을 창안하는 교육

포스트휴먼 감응교육은 포스트휴먼 조건이 제기한 질문에 제한된 변수들 사이의 인과관계로 명쾌하게 설명할 수 있다는 자신감 대신, 교육이 지속적인 뒤얽힘의 과정임을 인정하고 낯설고 이질적인 다양성을 만나 새로움을 창안해 갈 것을 제안한다. 이를 위해서는 인간-기술-자연의 뒤얽힘의 관계에서 '행위성을 지닌 주체 (I)'에 의문을 제기하는 낯선 목소리에 귀 기울일 수 있어야 할 것이다.

'홈파인 공간과 매끄러운 공간'[15]의 교육이 모두 필요하다 (Taguchi, 2010에서 재인용). 근대교육학의 가정 위에 이루어져 온 통상적인 교육이 홈파인 공간에서의 교육을 말한다면, 매끄러운 공간은 구조화된 관습이 없는 공간으로 우리가 당연시해 온 행위와 사고를 문제 삼고 해체했을 때 생성된다.

---

15) 들뢰즈와 가타리(Guattarri)는 언제나 움직이며 변화하는 사막이나 바다를 '매끄러운 공간'의 이미지로, 규칙적인 길과 집, 구조화된 도시 공간을 '홈파인 공간'의 이미지로 본다. 홈파인 공간이 구조화, 규제, 통제된 것을 말한다면, 매끄러운 공간은 통제를 덜 받고 변이, 탈주할 수 있는 곳이다. 그러나 들뢰즈와 가타리는 이것을 이분법으로 제시하지 않는다. 홈파인 공간 구조가 변화불가능한 것이 아니며, 매끄러운 공간이 최선이라고 말하는 것도 아니다. 이 둘 역시 서로 의존하고 얽혀 있다. 타구치는 들뢰즈와 가타리의 이 개념을 빌어 교육에 서로 다른 두 가지 모습이 있어야 함을 설명한다(Taguchi, 2010 참조).

"들뢰즈와 가타리를 통해 나는 교육적 작업이 한편으로는 교
사와 학생이 홈파인 공간에서 안정성과 기본적인 일상의(routine)
일을 구성할 수 있어야 하고, 다른 한편으로는 홈파인 공간에서
이루어진 전형적인 사고와 행위 습관을 가로지를 수 있는 매끄러
운 공간으로 들어갈 수 있어야 함을 알았다"(Taguchi, 2010: 123).

이러한 제안을 수용하려면, 교육에서 '상이하고 주변적이며 평
범하지 않은, 과감한 목소리'에 주의를 기울일 필요가 있다. 즉, '정
상이고(normal) 자연스러우며(natural) 꼭 필요한 것(necessary)'이라
는 3N의 과정을 통해 정당화되는 지배이데올로기(황윤, 2018: 309)
너머의 낯선 목소리를 수용하여 이제까지 당연시해 온 것을 다시
묻고 성찰하며 감응해 갈 수 있을 것이다. 이런 맥락에서 페데르
센(Pedersen, 2010: 243, 247)은 교육학이 다양한 형태의 인간-동물
의 물질적(유형의) 결합과 담론적 결합을 보여 줌으로써, '급진적'
인 상호주관성과 인간 주체 해체의 가능성을 가질 수 있다고 시사
한다.

마찬가지로 인간-기술의 관계에서도 실체론적 관점에서 어느
항이 주도권을 갖느냐의 문제가 아니라, 인간-기술의 연결로 생긴
다양한 양태들과 변용의 과정에 어떻게 감응해 갈지 열린 접근을
해야 할 것이다. 들뢰즈와 가타리의 말처럼, 교육은 일상화된 과정
과 동시에 그 일상을 가로지르는 매끄러운 공간으로서의 교육도
필요하다. 포스트휴먼 감응교육은 낯선 질문에 휴머니즘적 가정
너머 새로운 접근으로의 변용을 허용하며, 아직 오지 않은 교육의
잠재가능성을 발휘하자는 것이다.

3) 포스트휴먼 감응교육 실현을 위한 조건

(1) 열린 휴머니즘과 규범 지향

그랑게(Grange, 2018: 46)는 휴머니즘을 포함한 모든 '이즘(ism)'이 어떤 지속적인 운동을 방해하는 조건인 최종적인 닫힘을 의미한다고 지적하고, 인간다움이란 존재의 조건이자 생성의 상태인 개방성 또는 지속적인 전개를 시사하는 점에서 열린 휴머니즘 지향을 촉구한다.

과학기술의 발달로 포스트휴먼 조건이 야기한 다양한 존재 양식은 그동안 당연하게 가정해 온 의미체계나 사고방식과 끊임없이 갈등하기 때문에, 포스트휴머니즘은 다름에 열려 있는 개방성을 요구한다(신상규, 2019: 29). 지금까지 배제됐던 주변적이고 다양한 목소리, 앞으로 등장하게 될 낯선 존재들을 정상/비정상의 이분법으로 구분 짓고 경계할 것이 아니라, 새로운 어휘로 새롭게 제기되는 인간-자연-기술 사이의 관계를 재규정할 수 있으려면, 열린 규범을 지향하는 개방성이 필수적이다.

전통철학의 주체/객체의 이분법을 넘어 변화된 포스트휴먼 조건에서 인간이 비인간, 동식물, 세계 전체와 어떻게 관계 맺고 살아가야 할지를 고민하는 열린 휴머니즘을 창안해 내고 그 위에서 교육을 모색할 때, 포스트휴먼 감응교육을 실천해 갈 수 있을 것이다.

(2) 무상의 상호관계 속의 생명

포스트휴먼 감응교육은 교육의 목적과 방향이 개별 주체의 이익과 발달에 초점을 두지 않는다. 사물을 포함한 인간 외 존재와 내부적 상호작용에 열려 있는 관계 자체로서, 교육의 초점은 개별 주체 인간의 발달에 한정되지 않는다. 오히려 상호관계적 과정 자체에 대한 긍정이요, 그 과정에서 새로움을 창안하는 것으로 초점이 옮아 간다. 즉, 지속가능한 생명의 망이자 상호관계적 생태계의 유지가 관건이다. 이것은 인간이 생태계의 일원으로서 지속가능성을 강조해 온 생태교육이나 지속가능성 교육의 주장과 맥을 같이 한다.

> "탈인간중심적인 지속가능성 교육의 주체는 원자화된 개인이 아니고 생태적이다. 지구/우주의 물질적 흐름 속에 속해 있으면서 그 흐름을 구성하고 따라서 주체를 감각으로 알아차릴 수 없게(imperceptible) 만든다. 교실에서 이루어지는 수업은 지구 위에서 수행되지 않고 지구에 의해 영향받는다. 따라서 수업에서 교사와 학생을 구분할 수 없고, 수업은 지구(우주)라는 삶 전체의 소우주이다"(Grange, 2018: 53).

학습자는 모든 생명이 상호의존의 관계로 연결돼 있고 물질의 흐름 속에서 영향을 주고받는 과정으로서 되기이다. 수업 역시 내부적 상호작용의 관계에 영향받을 수밖에 없다. 포스트휴먼 감응교육은 근대적 의미의 개별 주체의 성장과 발달 너머 지속적 되기와 상호관계 속에서의 생명을 고민하고 추구할 때 실천할 수 있을 것이다.

(3) 지속적인 되기 과정에서 관계항에 대한 책임

포스트휴먼 감응교육은 지속적인 되기로서 주체가 세계되기 과정에 열려 있는 관계 자체이다. 내부적 상호작용의 관계는 고립된 개별 주체의 이익과 번영이 아니라, 열려 있는 관계의 지속가능성을 위해 관계항에 대한 책임을 요구한다. 바라드(2009)에 따르면, "책임감은 지속적으로 물질적 상호구성의 과정에서 자아와 타자, 여기와 저기, 지금과 그때가 뒤얽힌 것에 대한 감응성이다. 상호연결되고, 상호의존적인 관계항들의 지속적인 내부적 상호작용이 곧 세계요 존재이다."

이것은 사물로까지 타자의 외연이 확대되고 그 타자와의 지속적인 되기 과정에서 관계항에 대한 섬세한 감수성을 요청한다. 그러나 이러한 감수성을 갖고 관계항에 대한 책임을 갖자는 윤리 규범의 요청은 보편적 윤리에 기초한 것이 아니다. 포스트휴머니즘은 보편적인 윤리가 모두에게 보편적으로 이해되는 것에 회의적이다.

들뢰즈는 책임감이란 우리가 선택할 수 있는 것이 아니라, 서로 영향을 주고받는 삶 속에 따라온다고 말한다. 이것은 우리에게 책임의 힘을 인식하게 해서 우리가 노력해야 할 높은 가치의 초월적인 아이디어와 일치하기 위해 해야 할 일이 아니라, 미지의 잠재력에 대한 성찰적 사고에 따라 다른 방법으로 무언가 또는 누군가에게 영향을 미치기 위해 지금 여기서 무엇을 할 수 있는지 스스로에게 묻는다(Taguchi, 2010: 176에서 재인용).

따라서 포스트휴먼 감응교육에서는 '어떻게 살아야 하는가?'라는 당위적 질문보다는 다른 방식으로 살아갈 가능성의 여지를 열어 두고, 관계항에 대한 섬세한 반응을 하며 어떤 선택을 해 나갈

지 고민해 가는 책임을 요청한다.

5. 결론

포스트휴먼의 조건은 인간-기술-자연이 뒤얽힌 복잡성과 다양성을 낳고, 이제까지 접하지 않았던 낯선 질문을 제기한다. 포스트휴머니즘은 포스트휴먼의 조건에 그동안 당연하게 가정해 온 의미체계와 사고방식을 성찰하고, 인간다움의 가치를 다시 묻고 인간의 위치를 재탐색할 것을 요청한다.

낯선 존재와의 연결과 마주침이 잦은 오늘날 포스트휴먼 감응교육은, 첫째, 지속적 되기라는 무상의 과정과 상호관계성에서 교육을 조망함으로써, 고립된 실체로서 개인 주체의 번영을 강조한 발달주의 교육 너머의 교육을 탐색한다. 둘째, 포스트휴먼 감응교육은 사물(장치)의 능동적 행위성을 인정하고 고려한다. 이것은 학습자뿐 아니라 교사, 교수-학습 활동의 변용 과정을 수용함으로써, 학습(교육)의 의미를 확장한다. 셋째, 포스트휴먼 감응교육은 사물(기술)의 능동성을 고려하지만, 다른 한편으로는 기술의 변화와 사물(장치)의 행위성이 가져올 아직 현실화되지 않은 잠재적 결과에 대해서도 감응케 한다. 포스트휴먼 감응교육은 배타적인 인간중심주의적 휴머니즘에 비판적이지만, 교육에서 인간의 관점과 역할의 중요성을 인정한다. 왜냐하면 인간-동물의 관계나 인간-기술의 관계를 성찰할 때, 인간의 역할은 필수적이기 때문이다. 따라서 포스트휴먼 감응교육은 인간-기술-자연의 상호 '관계'에서 비판적 성찰을 강조한다. 넷째, 포스트휴먼 감응교육은 근대과학이 가정해 온 인과법칙, 예측가능성과 확실성에 기초한 선형논리 너머의 교육을 탐색할 수 있게 한다. 포스트휴먼 감응교육은 보편적이고 표준화된 이론에 포착되지 않는, 복잡한 교육 현상이나 수많은 언어를 가진 다양한 학습자의 복합성과 다양성에 열려 있고 변화에 촉발돼 반응할 수 있는 가능성을 시사한다. 마지막으로, 포스트휴먼 감응교육은 포스트휴먼 조건이 제기한 낯선 질문에 제한된 변수들 간의 인과관계로 명쾌하게 설명할 수 있다는 자신감 대신, 교육이 지속적인 뒤얽힘의 과정임을 인정하고, 낯설고 이질적인 다양성을 만나 새로움을 창안해 갈 것을 제안한다.

요컨대, 포스트휴먼 감응교육은 물질의 행위성까지 인정한 다양한 관계항들이 살아가는 복합종 공통세계 속의 '관계'에서 출발해 인간의 교육을 바라보고 감응해 갈 것을 요청한다. 이러한 요청은 낯설고 수용하기 쉽지 않다. 이것은 한편으로는 이제까지 인간이 중심에서 세계를 바라보고 그 속에서 누려 온 특별대우와 기득권을 내려놓는 것이기도 하기 때문이다. 그런데 들뢰즈의 말대로, 타자는 늘 우리의 안정된 세계를 흩뜨리고 정돈된 의식을 뒤흔든다. 그러나 타자가 건네는 손을 잡음으로써 새로운 가능 세계를 열어젖힐 수 있다. 근대 휴머니즘에 기반한 자기정체성의 견고한 성채를 허물고 나와서 낯설고 나와 다른 항들과 섞이는 게 쉬운 일은 아니다. 더욱이 그 상대가 인공지능, 돼지, 미세먼지 측정 데이터 등 생각지도 않았던 항을 포함하고 있다면 말이다. 하지만 예외 없이 창조의 과정은 이질적이고 낯선 것들이 섞이면서 생기지 않던가? 포스트휴먼 감응교육을 통해 포스트휴먼화에 따른 도전에 교육의 새로운 가능성을 모색해 갈 수 있어야 할 것이다.

 참고문헌

김경애・류방란(2019). 교육에서의 4차 산업혁명 기술 활용에 대한 기대와 우려. 교육과학연구, 50(3), 55-79.

김재희(2012). 들뢰즈의 표현적 유물론. 철학사상, 45, 131-162.

김환석(2018). 사회과학의 새로운 패러다임, 신유물론. 지식의 지평, 25, 1-9.

노상우(2015). 인간과 자연의 상생을 위한 생태주의 교육학. 교육과학사.

백종현(2019). 포스트휴먼사회의 도래와 휴머니즘. 포스트휴먼시대의 인공지능 철학 연구단 2019 춘계연합학술대회, 1-13.

신상규(2019). 포스트휴먼의 조건과 포스트휴머니즘의 전망. 포스트휴먼시대의 인공지능 철학 연구단 2019 춘계연합학술대회, 20-29.

오문자・김희연(2007). 레지오 에밀리아 교육의 프로제따지오네를 통해서 본 제 6차 유치원 교육과정의 의미 탐색. 열린유아교육연구, 12(2), 93-117.

우정길(2014). 탄생적 상호주관성과 교육 – 비에스타(G. Biesta)의 아렌트(H. Arendt) 수용을 중심으로. 교육철학연구, 36(1), 53-72.

유영만(2006). 교육공학의 학문적 지평 확대와 깊이의 심화: 학문적 통섭을 위한 인식론적 결단과 방법론적 결행. 원미사.

이병곤(2020. 10. 22.). 상상하고 실천하자, 인간 본성 그 너머를. 한겨레신문.

이진경(2020). 감응이란 무엇인가? 최진석(편), 감응의 유물론과 예술(pp. 15-76). 트랜스필 총서.

이진우(2013). 테크노 인문학. 책세상.

임석원(2013). 비판적 포스트휴머니즘의 기획. 이화인문과학원(편), 인간과 포스트휴머니즘(pp. 61-82). 이화여자대학교 출판부.

임완철(2019). 읽는다는 것의 미래. 지식노마드.

정윤경(2019). 포스트휴머니즘과 휴머니즘에 기반한 교육 재고. 교육철학연구,

41(3), 17-147.

진태원(2017). 스피노자의 에티카: 욕망과 정서의 철학. 2부. PAN+ 열린인문학
　술세미나. (https://www.youtube.com/watch?v=FSPU5jbaUt0). (검색일:
　2020. 10. 12)

최진석(2020). 감응과 커먼즈. 최진석(편). 감응의 유물론과 예술(pp. 221-256).
　트랜스필 총서.

허영주(2011). 복잡계이론의 교육학적 의미: 교육연구의 보완적 패러다임으로
　서의 적용가능성. 한국교육학연구, 17(1), 5-31.

현영종(2020). 감응의 동력학과 자기인식. 최진석(편). 감응의 유물론과 예술
　(pp. 111-139). 트랜스필 총서.

황윤(2018). 사랑할까, 먹을까: 어느 잡식가족의 돼지 관찰기. 한겨레출판사.

Barad, K. (2007). *Meeting the universe halfway*. Duke Univ. Press.

Barad, K. (2009). 행위적 실재론-과학실천 이해에 대한 여성주의적 개입. 박
　미선 역. 문화/과학 57호, 61-82.

Baud, J. -P. (1993). *L'Affaire De La Main Volee*. 김현경 역(2019). 도둑맞은
　손. 이음.

Biesta, G. (1998). Pedagogy without humanism: Foucault and the subject of
　education. *Interchange, 29*(1), 1-16.

Braidotti, R. (2013). *The Posthuman*. 이경란 역(2015). 포스트휴먼. 아카넷.

Ceder, S. (2019). *Towards a posthuman theory of educational relationality*.
　Routledge.

Davis, B., & Sumara, D. (2011). *Complexity & education: Inquires into
　learning, teaching and research*. 현인철·서용선 역(2014). 혁신교육, 철
　학을 만나다. 살림터.

Deleuze, G. (1981). *Spinoza-philosophie pratique*. 박기순 역(1999). 스피
　노자의 철학. 민음사.

Deleuze, G. (2002). *L'ile deserte et autres textes: Textes et entretiens*. 박정
　태 역(2015). 들뢰즈가 만든 철학사. 이학사.

Foucault, M. (1968). *Les Mots et les choses.* 이규현 역(1984). 말과 사물. 민음사.

Gandini, L. (1993). Fundamentals of the Reggio Emilia approach to early childhood education. *Young children, 49*(1), 4-8.

Grange, L. (2018). *The notion of Ubuntu and the (post)humanist condition.* In J. Petrovic & R. Mitchell (Eds.), *Indigenous philosophies of education around world* (pp. 40-60). Routledge.

Gregg, M., & Seigworth, G. (Eds.). (2010). *The Affect Theory reader.* 최성희 외 역(2015). 정동이론. 갈무리.

Herbrechter, S. (2009). *Posthumanismus: eine kritische Einfuhrung.* 김연순·김응준 역(2012). 포스트휴머니즘: 인간 이후의 인간에 관한 문화철학적 담론. 성균관대학교 출판부.

Higgins, C. (2015). Humane Education. *Educational Theory, 65*(6), 611-615.

Ishiguro, K. (2005). *Never let me go.* 김남주 역(2009). 나를 보내지마. 민음사.

Pacini-ketchabaw, V., Taylor, A., & Blaise, M. (2016). Decentering the human in multispecies ethnographies. In C. Taylor & C. Hughes (Eds.), *Posthuman research practices in education.* Palgrave macmillan.

Pedersen, H. (2010). Is 'the posthuman' educable? On the convergence of educational philosophy, animal studies and posthuman theory. *Studies in the cultural politics of education, 31*(2), 237-250.

Pepperell, R. (2003). *The posthuman condition.* 이선주 역(2017). 포스트휴먼의 조건: 뇌를 넘어선 의식. 아카넷.

Taguchi, H. (2010). *Going beyond the theory/practice divide in early childhood education: introducing an intra-active pedagogy.* Routledge.

Taylor, A., & Pacini-ketchabaw, V. (2019). Learning with children, ants, and worms in the Anthropocene: Towards a common world pedagogy of multispecies vulnerrability. In J. Ringrose, K. Warfield, & S. Zarabadi (Eds.), *Feminist posthumanism, new materialism and education.* Routledge.

Tuin, I., & Dolphijn, R. (2010). The transversality of new materialism. *Women: A cultural review, 21*(2), 153-171.

Villani, A., & Sasso, R. (2003). *Le Vocabulaire de Gilles Deleuze*. 신지영 역 (2013). 들뢰즈 개념어 사전. 갈무리.

Weaver, J. (2010). The posthuman condition: A complicated conversation. In. E. Malewski (Ed.), *Curriculum studies handbook: the next moment*. Routledge. 190-200.

04

포스트휴머니즘 시대 공생을 위한 교육[*]

이은경

---

[*] 이 글은 '이은경(2020). 포스트휴머니즘 시대 공생을 위한 교육. 교육철학
  연구, 42(4), 117-136'을 이 책의 취지에 맞추어 부분적으로 수정한 것임
  을 밝혀 둔다.

1. 서론

4차 산업혁명 시대 혹은 포스트휴머니즘 시대라 일컬어지는 오늘날, 기술발달은 우리에게 많은 편리함과 유용함을 선사하고 있다. 하지만 기술은 이미 다양한 사회적·정치적 맥락과 촘촘히 연결되어 전사회적으로 영향을 미치고 있으며(이광석, 2017: 28-29), 더욱 심화되고 있는 경제적 불평등과 그로 인한 문제들은 인간의 삶을 위협하는 지경까지 이르렀다. 이미 하이데거(Heidegger, 1977)가 지적한 것처럼, 인간은 기술에 구속되어 있을 뿐만 아니라, 그로부터 자유롭지도 못하다. 또한 과학기술이 늘 유익한 결과를 가져오는 것도 아니다. 하지만 그렇다고 무턱대고 기술을 거부하거나 모든 문제의 원인을 기계와 기술 탓으로 돌릴 수는 없다. 왜냐하면 오늘날의 위기는 기술 자체에서 오는 것이라기보다는 우리가 기술을 바라보는 관점과 태도, 그리고 인간과 기술의 관계 방식에서 비롯되기 때문이다(김재희, 2017: 12). 그러므로 과학기술을 비판적으로 바라보면서 과학기술에 대한 새로운 관점과 태도를 통해 인간과 기술의 관계를 재설정하고, 동시에 과학기술이 공동체를 도덕적으로 향상시킬 수 있는 수단을 제공해 줄 가능성에 대해서도 열린 태도로 접근할 필요가 있다.

또한 인간중심의 근대적 이원론을 거부하면서 등장한 **포스트휴머니즘**은 자아와 타자 사이에 존재하는 젠더, 계급, 인종 등의 존재론적 경계를 허물고 새로운 주체성을 꿈꾸면서 근대적 인간 이해를 해체하고 있다. 그리고 이렇게 해체된 인간 주체는 더이상 '자율적 주체'가 아닌, 타자 사이의 상호 연계에 기반을 둔 **'관계적 주체'**, "집단성, 합리성, 공동체 건설에 대한 강력한 의식을 기반"(Braidotti, 2013/이경란, 2017: 67)으로 한 존재로 변모하고 있다. 이렇게 포스트휴먼은 몸의 분리와 재조립을 반복하면서 자아의 해체와 재구성을 거듭하는 **'혼종적'** 존재이기도 하다(마정미, 2014: 23). 그렇다고 포스트휴먼으로의 변화가 무조건적으로 인간의 탈신체화를 의미하는 것은 아니기 때문에, 생물학적인 신체 변화가 반드시 수반되지 않더라도 포스트휴먼이 될 수 있다. 이런 의미에서 포스트휴먼은 새로운 기술 환경 속에서 호모 사피엔스와는 다른 방식으로 체현되고 체화된 주체를 뜻한다(Hayles, 1999).

나아가 포스트휴먼화는 주체를 구성하는 원리가 비인간적 행위자에게까지 확장되는 것을 의미한다. 이것은 그동안 지배적이었던 개체 중심의 패러다임을 벗어나 개체를 발생시킨 환경적·맥락적·역사적 관계망 안에서 개체를 바라보면서, 사유방식을 '관계' 중심의 동적 패러다임으로 전환하고, 삶의 방식으로서 '공생'을 지향한다는 말이기도 하다. 또한 포스트휴먼이 공생관계를 맺어야 할 대상은 기계나 사이보그 혹은 인공지능과 같은 비인격적 존재만을 지칭하는 것은 아니다. 이제껏 승자독식과 각자도생으로 흩어져 있던 개인들, 동물 존재들, 나아가 지구생태계를 비롯한 생물 존재까지 공생관계의 범주 안에 포함해야 한다. 오늘날 전적으로 홀로 살아갈 수 있는 존재는 이 지구상에 존재하지 않기 때문이다.

그러나 이 장에서는 포스트휴머니즘 시대에 요구되는 공생으로서 비인격적 존재인 기계와의 공생 그리고 인간 사이에 요구되는 공생에 대한 논의에 한정하고자 한다. 이를 위해 먼저 기계와의 공생관계를 '연장된 정신'의 의미 안에서 살펴볼 것이며, 이어서 코로나19로 인해 새로운 전환점을 맞이한 '언택트(untact)' 기술을 통한 새로운 연결과 접속의 방식들을 돌아보면서 타자와의 공생 가능성을 탐색해 볼 것이다. 마지막으로는 무한경쟁과 각자도생의 사회에서 '느슨한 연대'와 '인간관계'를 중심으로 한 사회적 자본 구축의 필요성과 그것을 가능케 하는 사회적 인프라로서 '동사형 교육'을 공생의 관점에서 살펴보고자 한다.

2. 포스트휴머니즘 시대의 공생

우리는 이미 오래전부터 기계시대를 살아왔으며, '디지털' 기술의 힘으로 인간의 정신적 · 지적 능력이 강화되는 '제2 기계시대'에 들어섰다(Brynjolfsson & McAfee, 2014/이한음, 2014). 또한 코로나19로 인해 어느새 뉴노멀이 되어 버린 '언택트(untact)' 트렌드는 점점 더 기술과 기계에 의존하고 있는 우리의 일상을 그대로 보여 주고 있다. 인간과 기계가 함께 달리는 시대가 도래하면서 인간과 기계의 공생은 이미 시작되었다. 그렇다면 어떠한 공생관계가 가능할까? 아니 어떤 공생관계를 맺어야 할까?

1) 기계와의 공생: 연장된 정신

인간과 동물이 도구를 사용하기 시작한 것은 이미 오래전이다. 그러나 인간이 도구를 사용하는 동물과 다른 점은, 인간은 도구를 직접 만드는 제작자이자 사용자이면서 동시에 자신이 만든 도구에 의해 존재론적 변화를 경험한다는 사실이다. 다시 말해, 우리가 사용하는 도구가 우리의 개인적·사회적 정체성을 형성하는 데 영향을 미친다는 것이다. 손화철(2017: 120)은 이것을 "호모 파베르의 역설"이라 부르고 있으며, 이렇게 도구 혹은 기계로 인해 존재론적 변화를 경험하는 인간을 오늘날 '**포스트휴먼**'이라 부른다. 물론 인간은 이전에도 다양한 이유들로 인해 신체 변화를 경험하며 진화해 왔다. 그러나 기호자본주의 시대 포스트휴먼은 도구와 기계로 인해 신체가 물리적으로 변형되거나 확장될 뿐만 아니라, 이제는 마음과 정신까지도 노동하도록 강제되고 있으며, 도구적으로 동원되어 '기호화'되고 있다(이은경, 2020a: 5).

불과 몇십 년 전까지만 해도 우리는 전화번호나 일정을 두뇌에 저장하거나 종이로 된 수첩에 기록해 두었다가 꺼내 보고는 했다. 그러나 이제는 더 이상 그렇게 하지 않는다. 아니 그럴 필요가 없어졌다. 대신 스마트폰과 같은 외부 기억장치에 언제 어디서든 자유롭게 기입하고 출력할 수 있으며, 심지어 다른 이들과 공유할 수도 있다. 수첩과 스마트폰은 일정 관리 측면에서는 동일한 기능을 한다. 하지만 그 사용방식과 그것을 대하는 우리의 태도는 사뭇 다르다. 수첩을 사용하듯 스마트폰을 다루지 않기 때문이다. 우리나라에서는 휴대전화를 'handphone'이라 부르고, 핀란드에서는

'känny', 독일에서는 'Handy'라고 부른다. känny는 어린아이에게 귀엽게 말할 때 사용하는 '손바닥'을 뜻하는 축약형이며, Handy는 손을 뜻하는 영어 단어 hand에서 유래한 것으로 '유용하고, 편리하고, 다루기 쉽다'라는 의미로 사용되고 있다.

handphone, känny, Handy라는 명칭 안에는 이미 이것이 단순한 도구가 아니라, '손안의 기계', 즉 신체의 일부라는 힌트가 들어 있다. 그래서 **디지털 네이티브**(digital native)라 불리는 요즘 세대에게 휴대전화는 더이상 단순한 소통 수단이나 기억 저장소가 아니라, 자신의 신체 일부로 인식되고 있다. 왜냐하면 오늘날 인간의 정신은 몸(손)을 매개로 외부장치(휴대전화)로 연장되고, 동시에 인간은 외부의 자원을 이용하여 자신의 환경을 삶을 위한 최적의 장소로 만들기 때문이다. 그래서 앤디 클락(Andy Clark)은 휴대전화와 같은 도구를 '**연장된 정신**(extended mind)'이라 불렀으며, 데이비드 찰머스(David Chalmers)도 아이폰을 자신의 "마음의 일부"라고 표현하기도 했다(Clark, 2008; 신상규, 2014: 88 재인용). 다시 말해, 이렇게 우리 신체 일부의 기능을 대신하는 스마트폰은 "이미 우리 두뇌의 일부"(박일준, 2018: 137)가 되었다.

무어의 법칙을 증명이라도 하듯 하루가 다르게 발전하는 첨단 과학기술의 발달로 인해 인간은 물리적 변화뿐만 아니라, 이러한 존재론적 변화를 피할 수 없는 현실에 직면했다. 클락이 말하는 '연장된 정신'처럼, 오늘날 인간은 자신의 몸 밖에 존재하는 기술과 결합하여 더 효율적으로 과제를 수행할 뿐만 아니라, 수행할 수 있는 일의 범위도 더욱 확장되었다. 이것이 의미하는 바는, 우리가 우리의 신체와 분리된 도구/기계의 도움을 받아 인지적 활동을 수행할 때, 이 인지적 도구/기계들과 관련된 과정들도 우리 마음의 일부 혹은 인지적 과정의 일부로 간주할 수 있다는 뜻이다(신상규, 2015: 36). 그뿐만 아니라, 이것은 유기체가 생존에 유리하고 적합한 정보와 도구를 선택하고 재구성하면서 자신이 살아갈 환경을 스스로 만들어 낸다는 의미이기도 하다. 그래서 이제까지 호모 사피엔스가 해 왔던 것과는 다른 방식으로 신체적이고 인지적인 활동을 수행하고, 이를 통해 존재적으로 변화하고 있는 인간을 우리는 '**포스트휴먼**'이라 부른다.

물론 포스트휴먼으로의 존재론적 변화는 일정한 방향, 즉 인간다움을 잃지 않도록 노력해야 하며, 이것은 "인간을 인간답게 만드는 중요한 요건"(손화철, 2017: 124)이기도 하다. 우리에게 중요한 것은 새로운 "인간(human)이 되는 것이 아니라, 인간답게(humane) 되는 것"이기 때문이다(Baggini, 2011/강혜정, 2012: 294). 그래서 포스트휴먼이 된다는 것은 GNR 혁명과 인간향상기술을 통해 인간의 생물학적 한계를 넘어서는 것뿐만 아니라, 인간이 "윤리적 가치와 확대된 공동체 의식을 결합하는 새로운 방식"으로 살아간다는 뜻이기도 하다. 이것은 고전적 휴머니즘이나 도덕적 보편주의와는 다른 새로운 '윤리적 유대'를 말하며, "영토적 혹은 환경적 상호 접속"을 포함한 "공동의 기획과 활동"이라는 토대에 근거하고 있다(Nussbaum, 2006; Braidotti, 2013/이경란, 2017: 243 재인용).

그러므로 이러한 포스트휴먼적 윤리 의식에 기반하여 우리가 공동체 의식을 가져야 할 대상, 즉 공생의 대상은 단지 도구적 기계만이 아니라, 디지털 네트워크를 이용하여 인간 없이 사물들끼리 스스로 소통하는 사물인터넷(IoT)부터 인공지능을 탑재한 기계까지 모두 포함된다. 새로운 기술은 우리의 현실 감각뿐 아니라, 행위의 잠재력을 바꾸고, 증강하고, 확장할 수 있기 때문이다(Clark, 2004: 114). 그렇다고 우리 시대 휴머니즘의 위기를 전적으로 과학기술의 발전 때문이라고 단정해서는 안 된다. 우리가 '기술을 바라보는 관점과 태도' 그리고 '인간과 기계의 관계 방식'을 어떻게 설정하느냐에 따라 이것은 휴머니즘의 위기이기도 하지만, 오히려 기회가 될 수도 있기 때문이다.

인간과 기계를 상호 협력하는 '인간-기계 앙상블'로 보았던 프랑스의 기술철학자 질베르 시몽동(Gilbert Simondon)은 기술의 발명이 인간 사회의 윤리적 진화와 연결될 수 있다는 낙관적 전망과 함께 인간과 기계가 함께 더불어 공동의 미래를 열 수 있다고 보았다(김재희, 2017: 119). 이런 맥락에서 앤디 클락(Clark, 2004)은 인간은 이미 **"자연적으로 타고난 사이보그(natural-born cyborgs)"**라고 말하기도 한다. 그러므로 이제는 '기술'을 인간의 결여를 강화하고 보충하는 보철물로 여길 것이 아니라, 인간 사회를 새롭게 구조화하고 존재론적 도약을 가능케 하는, 다시 말해 인간의 잠재력을 현실화하는 매체, 즉 '연장된 정신'으로 인식해야 할 것이다(김재희, 2017: 12-16). 물론 기술의 발달로 인한 인간다움의 훼손에 대한 우려의 목소리도 있으며, 인간의 손을 거쳐 생산된 인공지능과 같은 기술을 자연물로 볼 수 있느냐에 대한 논쟁은 여전히 진행 중이다(백종현, 2016: 94-95). 그러므로 인간의 존엄성을 유지하면서도 비인격적 존재들과의 공생을 가능케 하는 관점들에 대한 충분한 논의를 통해 기계와의 공생을 위한 새로운 관계 방식을 탐구해야 할 필요성이 더욱 요구된다.

2) 언택트 기술을 통한 타자와의 공생

과학기술의 발달과 전세계를 하나로 연결하는 인터넷 네트워크, 유비쿼터스(ubiquitous) 등으로 더욱 편리해진 삶을 누리면서 인간은 새로운 디지털적 존재로 변모하고 있다. 그리고 지난해 전세계를 팬데믹의 공포로 몰아넣은 코로나19는 그동안 서서히 진행되어 오던 언컨택트(uncontact) 트렌드를 크게 앞당기는 티핑포인트(tipping point)[1]가 되었다. 이미 기계와의 공생을 시작한 포스트휴먼은 코로나19와 같이 인간의 힘으로 통제하기 힘든 물리적 사건으로 인해 직접적인 접촉이 불안해진 시대에 다양한 '언택트(untact)'[2] '온택트(ontact)'[3] 기술을 통해 새로운 연결과 접속의 방식들을 만들어 내고 있으며, 타자와의 공생관계를 새로이 모색하고 있다. '비접촉' '비대면'의 뜻을 가진 **'언택트'**와 온라인상에서의 접촉과 만남을 의미하는 **'온택트'**는 오늘날 우리 시대의 기회와 위기를 동시에 표현하고 있다. 한편으로 우리는 호모 사피엔스에서 포스트휴먼을 지나 물리적 공간(physical space) 너머에 존재하면서

---

1) 티핑 포인트(tipping point)는 어떠한 현상이 서서히 진행되다가 작은 용인으로 한순간 폭발하는 것을 지칭하는 말로, 2005년에 노벨경제학상을 받은 토머스 셸링이 『분리의 모델』에서 제시한 개념이다.

2) '언택트(untact)'는 언컨택트(uncontact)를 줄인 것으로, 논컨택트(non-contact), 컨택트리스(contactless)도 같은 의미를 지닌 단어이며, 언컨택트 시대(the age of uncontact) 또는 컨택트리스 사회(contactless society)라고 쓰기도 한다. 이 장에서는 언컨택트보다 강한 이미지를 지니고 있으며, 사회적으로 이미 널리 사용되고 있는 '언택트(untact)'를 사용하고자 한다.

3) '온택트(ontact)'는 온라인을 통해서(on) 외부와 연결(contact)하는 것으로, 언택트 시대에 온라인상에서 대면하는 방식을 의미한다.

아프지도 않고 죽지도 않는 '호모 데우스'를 꿈꾸지만, 다른 한편으로는 여전히 연결과 접속에 대한 인간의 욕망은 사라지지 않기 때문이다.

　오늘날 사회는 모든 것이 네트워크로 연결된 **초연결사회**(hyperconnected society)이자 어디에나 존재할 수 있는 **무소부재**(ubiquitous)**한 사회**로, 이 사회 안에서는 언택트, 온택트 기술 등을 활용하여 '로케이션 인디펜던트(location independent)'한 디지털 노마드(digital nomad)의 삶도 가능하다. 로케이션 인디펜던트란, '장소에 구애받지 않고 일하는 문화' 또는 '어디에 있건 일하는 데 지장이 없는 네트워크 환경이나 그것이 가능한 사람'을 뜻하는 말이다. 그동안 로케이션 인디펜던트나 디지털 노마드는 "지속가능한 사람의 선택지나 사회 현상이 아닌 특이한 개인의 라이프 스타일 정도"로 생각하는 경향이 많았다(도유진, 2017: 41). 정규직이 사라져 버린 신자유주의 경제체제에서 단기 프로젝트에 참여하는 프리랜서, 긱경제(gig economy)에 종사하는 비정규직, 혹은 글로벌기업의 재택근무자 등 특정 분야, 특정 전문직에 해당하는 일이라고 여겼기 때문이다. 그러나 코로나19로 인해 온라인 개학부터 재택근무에 이르기까지 로케이션 인디펜던트의 집콕생활이 우리에게도 요구되고 있으며, 또한 누구나 가능해졌다. 이러한 '뉴노멀'이 일상이 될 수 있었던 것은, 오늘날 사회가 네트워크로 모든 것을 연결하는 '초연결사회' '무소부재 사회'이기 때문이다. 그러나 동시에 다른 한편에서는, 트렌드 분석가인 김용섭의 지적처럼, 과도한 연결(hyper-connected)과 관계를 피하려는 '**단절**'이 또 하나의 중요한 화두로 등장했다.

"우린 연결되지 않으면 안 되는 시대를 살고 있는데, 아이러니하게도 초연결 시대에 단절이 더 중요해지고 있다. 사람과의 연결에서 오는 불필요한 갈등과 오해, 감정 소모, 피로에 대한 거부이다. 하루 종일 사람을 대면하지 않고도, 말 한마디 꺼내지 않아도 불편하지 않을 수 있는 세상이다. …… 사람과(의) 직접적 대면 없이도 살아가는 데 아무 지장이 없고, 타인과 말을 직접 주고받거나 접촉하는 걸 꺼리는 사람들이 계속 늘어난다. 기성세대로서는 낯선 변화겠지만, 지금 시대를 살아가는 이들에겐 편리한 변화이다. 불편한 소통 대신 편한 단절을 선택하는 시대가 되었기 때문이다"(김용섭, 2020: 82-83).

이러한 경향에 제일 먼저, 그리고 가장 민감하게 반응하는 것은 물론 서비스 영역이다. 이미 몇몇 매장에서는 직원의 친절한 설명이나 관심보다는 적당한 무관심과 침묵이 더 나은 서비스로 받아들여지기 시작했다. 이러한 서비스 경향은 2012년 글로벌 화장품 브랜드인 클리니크(Clinique)에서 시작되어, 코로나19로 인해 세계적으로 급격히 확산되고 있다. 2020년 5월부터 우리나라 모 백화점에서도 혼자 쇼핑하고자 하는 고객을 배려한 '혼(자) 쇼(핑) 서비스'를 선보였다. 고객이 매장에 비치된 '혼쇼' 스티커나 고리를 몸에 부착하면, 직원의 응대 없이 혼자서 자유롭게 쇼핑할 수 있는 서비스이다(이송원, 2020).[4]

---

4) 이러한 일종의 '침묵서비스' '적정서비스'는 국내에서도 2016년부터 화장품 브랜드인 '이니스프리'에서 시작되었다. 매장 입구에는 두 종류의 쇼핑 바구니가 놓여 있는데, 바구니에는 각기 다른 문구가 쓰여 있다. 한 곳에는 '혼자 볼게요', 다른 한 곳에는 '도

각개전투, 각자도생을 넘어 이제는 혼밥, 혼술, 혼코노, 혼쇼까지 생활의 거의 모든 것을 혼자서 즐기는 '나홀로' 트렌드가 일상에까지 파고들었다. 이렇게 된 까닭은 무엇일까? 이러한 경향은 '위기의식'과 '불안'이 주원인이기도 하지만, 접촉을 통한 위험을 피하고, 안전을 추구하는 인간의 자연스러운 욕망의 발현이기도 하다. 그리고 코로나19로 인해 이러한 경향은 더욱 강화되고 있다.

그러나 이렇게 살아도 괜찮을까? 우리 이대로도 괜찮은 것일까? 일 년 넘게 지속되고 있는 '사회적 거리두기(social distancing)'와 비/자발적 고립 혹은 관계 단절로 인해 '집콕족'이 된 이들은 아침밥 먹고 돌아서면 점심밥, 점심 먹고 돌아서면 저녁밥을 먹어야 하는 '돌밥돌밥'의 현실에서 '설거지옥'에 빠지거나 운동 부족으로 인해 '코로나 비만'에 시달리고 있다. 심지어 '코로나 블루(corona blues)'[5] 증세를 호소하기도 한다. 그러나 진화생물학적으로 볼 때, 인간은 본래 사회 안에서 관계를 형성하며 사는 동물이다. 물론 그 관계는 적당한 간격과 밀도가 유지되어야 하지만 말이다.

'근접공간학(proxemics)'이라는 용어를 처음으로 사용한 미국의 문화인류학자 에드워드 홀(Edward Hall)은 『숨겨진 차원(The Hidden Dimension)』에서, 인간 사이의 거리를 네 가지로 구분하고

움이 필요해요'라고 적혀있으며, 고객이 든 바구니에 따라 점원들은 고객과의 컨택트와 언컨택트의 유무, 그리고 어느 정도까지 서비스를 제공할 것인지를 결정한다고 한다.

5) '코로나 블루'는 코로나19의 확산으로 인해 일상이 변화되면서 사람들이 느끼는 불안, 우울, 무기력감 등을 가리키는 말이다. 2020년 7월 31일부터 8월 2일 사이에 있었던 새말모임에서 제안된 의견을 바탕으로, 최근 문화체육관광부와 국어원은 '코로나 블루'의 대체어로 '코로나 우울'을 선정하기도 했다.

있다. 첫 번째는 '친밀한 거리(intimate distance)'로, 45cm 이내의 매우 가까운 거리이다. 이 거리는 연인이나 가족 간에 이루어지는 밀접한 생활공간이며, 전적인 신뢰가 있어야 접근할 수 있는 공간이다. 두 번째는 '개인적 거리(personal distance)'로, 46~120cm 사이의 거리이다. 이것은 팔을 뻗으면 닿을 수 있을 만큼의 거리로, 친구와 가까운 지인들 사이의 공간이다. 세 번째는 '사회적 거리(social distance)'라 불리는 1.2~3.6m 사이의 거리로, 공적으로 혹은 업무적으로 만나는 이들과의 공간이다. 현재 코로나19로 인한 '사회적 거리두기(social distancing)'가 바로 이 거리에 해당한다. 마지막 네 번째는 '공적 거리(public distance)'로 3.6m 이상의 간격을 가지는 것으로, 강연장이나 행사장, 공연장에서 무대와 관객 사이의 거리에 해당한다. 또한 이 관계는 상호연결을 가지는 관계가 아니기 때문에, 단어, 어휘, 문법 사용에서도 다른 거리와는 차이를 보인다(Hall, 1990/최효선, 2013: 175-195).

그동안 우리는 이렇게 거리나 공간을 기준으로 친밀한 관계, 개인적 관계, 사회적 관계 그리고 공적 관계를 만들어 왔고, 그 안에서 생활해 왔다. 그동안 우리 사회에서 혈연, 지연, 학연 등은 '친밀한 거리'와 '개인적 거리'에 속하는 관계에서뿐만 아니라, '사회적 거리'에 속한 이들과의 관계에서도 지대한 영향을 끼쳐 왔으며, 소위 '끈끈한 연대'를 담보해 내는 중요한 요소 중 하나였다. 그러다 코로나19로 인해 의도적으로 '사회적 거리두기'를 시행하면서 그 경계가 무너지고 있다. 이후에 다시 본래의 관계적 거리를 회복하거나 유지하기는 어려울 것으로 보인다. 그리고 언택트 기술의 발전과 소셜네트워크를 통한 관계가 이것을 더욱 가속화시키고 있다. 한마디로, '**느슨한 연대**(weak ties)'의 시대가 도래한 것이다.

떠밀리듯 당도하긴 했지만, 성큼 가까워진 언택트 시대는 친밀한 거리, 개인적 거리 그리고 사회적 거리에 속하는 이들과의 새로운 관계 설정, 새로운 공생방식을 요청하고 있다. 여전히 초연결(hyperconnected)을 갈망하는 포스트휴먼에게 언택트 기술은 타자와의 새로운 관계 설정 그리고 또 하나의 연결 가능성을 보여 준다. 왜냐하면 언택트 기술의 목적은 무조건적인 비대면과 철저한 단절이 아니라, 접촉 혹은 연결을 피하고 줄여도 살아가는 데 불편함이 없고, 관계를 맺는 데 아무런 지장이 없도록 하는 것이기 때문이다. 나아가 우리의 활동성을 더욱 확장하고, 우리의 자유를 더 보장하기 위한 것이기도 하다(김용섭, 2020: 86-87).

"이런 끈끈함이 불편하게 여겨진 사람들이 증가하게 된 건 시대적 변화 때문이다. 집단주의적 문화가 퇴조하고 개인주의적 문화가 부상했다. 이런 시대에 우리가 느슨한 연대를 얘기하는 것은 변화된 욕망 때문이다. 혼자 사는 시대라서 오히려 새로운 연대가 필요해진 것이다. 고립되고 외롭고 싶은 게 아니라, 혼자 사는 것을 기본으로 두고 필요시 사람들과 적당히 어울리고 싶은 것이다. 혼자와 함께의 중간지점, 즉 혼자지만 가끔 함께가 되는, 서로 연결되긴 했지만 끈끈하지 않은 느슨한 연대인 것이다. 이런 욕망을 받아들인 사람들에게 사람과의 관계는 과거와 같을 수 없다"(김용섭, 2020: 240).

마음과 정신까지 기호화하여 네트워크상에서 교환하는 포스트휴먼에게 '느슨한 연대'는 그동안 소셜네트워크를 통한 관계 사이에서 '쉽게 만나고 헤어지는 관계'를 의미하면서 부정적으로 인식되어 왔다. 하지만 오늘날에는 빈번히 만나거나 인접한 지역에서 살지는 않지만, 공동체적 삶의 가치를 공유하고 나눈다는 의미에서 '느슨한 연대'를 사용하기도 한다. 또한 같은 공간에서 얼굴을 마주하지는 않지만, 실시간 화상회의 애플리케이션인 줌비디오케이션(Zoom Video Communication)의 '줌(Zoom)', 시스코(Cisco)의 '웹엑스(Webex)', 구글의 '미트(Meet)' 등을 이용한 만남과 모임을 뜻하는 것으로 그 의미가 확장되고 있다.

오늘날 이렇게 언택트, 온택트 기술을 활용한 느슨한 연대가 하나의 대안적인 인간관계 방식, 연결방식 혹은 공생방식으로 주목받는 가장 큰 이유는, 이것이 밀접한 거리와 개인적 관계 사이의 끈끈함, 친밀함에서 오는 갈등이나 스트레스는 줄이면서도, 비/자발적 고립이나 단절에서 오는 '고립공포증(Fear Of Missing Out: FOMO)'을 해소하고, 장소와 시간에 구애받지 않고 여러 사람이 동시에 소통할 수 있다는 장점이 있기 때문이다. 또 다른 이유는 느슨한 연대에서 오는 관계의 수평성 때문이기도 하다. 특히 온라인상에서 이루어지는 비대면 모임에서는 모두가 평등한 위치를 갖는다. 예를 들면, 모임에 참여한 사람의 수만큼 화면이 분할되기 때문에, 공간적으로 차지하는 비율이 모두 같고, 누구에게나 발언권이 있고, 어디서 말을 하던 누구나 들을 수 있고, 또 원치 않을 때는 잠시 차단할 수도 있다. 또한 접촉을 통한 감염이 우려되는 팬데믹 시대에 느슨한 연대 안에서의 적절한 거리두기는 공동체 안에서 서로의 안전을 보호하는 하나의 대안이 되기도 한다.[6] 포스트휴머니즘 시대에 이러한 언택트 기술을 활용한 '느슨한 연대'는 포스트휴먼의 주요한 관계 방식으로 점점 힘을 발휘하고 있으며, 코로나19로 인해 앞당겨진 언택트 시대의 새로운 '뉴노멀(new normal)'로 자리 잡아가고 있다.

3. 포스트휴머니즘 시대의 공생을 위한 사회적 자본 구축

인간과 기계가 공생하고, 언택트 혹은 온택트 기술로 인해 사회와 공동체 안에서 비대면·비접촉의 인간관계가 가능한 시대가 되면서 우리는 우리를 불안하게 만드는 많은 것을 제거했다. 하지만, 동시에 우리를 행복하게 하는 많은 것도 함께 잃어버렸다. 예를 들면, 낯선 곳에서 길을 가르쳐 주는 친절한 이를 만나거나, 길에서 우연히 지인을 만나 차 한잔을 나누는 소소한 추억들을 만들기 어려운 시대가 되었기 때문이다. 이뿐만 아니라, 첨단 과학기술의 도움으로 개인의 능력이 월등히 향상된다 해도 우리는 여전히 홀로 살아갈 수 없다. 왜냐하면 인간이 개체성을 넘어서 자기의 가능성을 실현하는 주체로 설 수 있는 것은 오로지 다른 개체들, 즉 타자

---

6) 2020년 9월 2일 〈jtbc뉴스〉에 다음과 같은 글이 소개되었다. "예배드리면 죽인다고 칼이 들어올 때, 목숨을 걸고 예배를 드리는 것이 신앙입니다. 그러나 예배 모임이 칼이 되어 이웃의 목숨을 위태롭게 하면, 모이지 않는 것이 신앙입니다." 이것은 천안 안서교회의 목사가 주일예배를 중단하며 교회 문 앞에 붙여 놓은 것으로, 기독교의 대면 예배 중단은 종교탄압이 아닌 서로의 안전을 위한 공동체적 배려임을 보여 주었다.

들과 연합하여 시스템으로 집단화하고, 상호협력적 관계를 이룸으로써만 가능하기 때문이다. 그래서 로지 브라이도티(Rosi Braidotti)는 이러한 관계적 능력을 포스트휴먼의 주체성을 드러내는 특징으로 보았다. 브라이도티에게 포스트휴먼은 근대의 이분법적 인간 이해로 인해 이제껏 인정받지 못했던 우리 안의 타자들뿐만 아니라, 비인간 타자들과도 관계를 맺는 **"확장된 관계적 자아"**(Braidotti, 2013/이경란, 2017: 81)를 의미하기 때문이다.

그러므로 포스트휴먼이 다양한 언택트 기술을 활용해 접촉의 방식을 다면화하는 것은, 오늘날 더 많은 연결을 가능케 하는 새로운 진화 코드라고 할 수 있으며, 마리나 고비스(Marina Gorbis)는 이러한 연결을 통해 사회적 관계를 형성하는 방식을 **"소셜스트럭팅** (socialstructing)", 즉 "사회적 자본 구축"이라 이름 지었다(Gorbis, 2013/안진환·박슬라, 2015). 우리에게 좀 더 익숙한 단어로 말하자면, 사회생활에서 혈연, 지연, 학연 등으로 맺어지는 사람 사이의 관계나 배경을 의미하는 '연줄'이라고 할 수 있을 것이다.

1) 느슨한 연대를 통한 사회적 자본 구축

그동안 우리 사회에서 연줄은 혈연, 지연, 학연 등을 지칭하면서 대체로 부정적으로 취급되었으며, 그로 인한 폐단과 한계는 부인할 수 없는 사실이다. 그렇다고 이제까지 맺어 왔던 연줄을 일시에 끊어버리는 것이 옳은가? 그렇지는 않을 것이다. 우리는 그 연줄로 인해 공동체가 유지되고, 부족한 개인을 살렸던 오래된 기억이 있기 때문이다. 우리에게 이미 익숙하고, 사회 전반에 그물망처럼 널리 퍼져 있는 이 연줄을 각자 사용하지 않고, 다시 말해 나와 우리 가족만을 위해서가 아니라, 개인이 가진 각각의 연줄을 모아 튼튼한 동아줄로 엮는다면 어떻게 될까? 혹 이것이 고비스가 말하는 '소셜스트럭팅'은 아닐까? 만일 그렇다면, 포스트휴머니즘 시대에 필요한 공생은 개개인이 가진 '줄'들을 엮어 '사회적 자본(social capital)'을 구축하고, 흩어지지 말고 함께 모여 작당할 수 있는 분위기와 시스템을 만드는 것에서부터 시작할 수 있을 것이다. 그것을 엮어 내는 방식은 당연히 개인의 이기적 욕망을 위한 청탁과 유착이 뒤엉킨 과거의 '비공식 밀실 회의' 방식이어서는 안 되고, 공개적으로 그리고 집단적으로 얼굴과 얼굴을 마주하는 대면 만남을 통해서 가능할 것이며, 오늘날에는 다양한 언택트 혹은 온택트 기술을 활용할 수도 있을 것이다.

오래전 인간이 자신보다 큰 동물과 대등하게 맞설 수 있었던 것은, 인간이 동물보다 지능이나 도구 제작 혹은 신체적 능력이 뛰어났기 때문이 아니었다. 오히려 "호모 사피엔스는 지구상에서 다수가 무리를 지어 유연하게 협동할 수 있는 유일한 종"이기 때문에 다른 동물 종들과의 생존경쟁을 이겨낼 수 있었다(Harari, 2015: 131). 이처럼 인간의 고유성은 예나 지금이나 뛰어난 지능, 섬세하게 도구를 제작하고 사용하는 능력만이 아니라, 많은 사람을 서로 연결하는 능력, 즉 혈족으로 엮이지 않은 낯선 사람들을 연결하고, 이 낯선 관계들을 유연하게 협동 가능한 관계로 추동해 낼 수 있는 능력이기 때문이다.

오늘날 인간의 협력과 협동을 가장 잘 설명하는 이론으로 '**다차원 선택 이론**(multi-level selection theory)'이 널리 받아들여지고 있다. 다차원 선택 이론은 데이비드 윌슨(David Wilson)과 엘리엇 소버(Elliot Sober)가 주창한 것으로, 유전 등에 의한 개인의 기질뿐 아니라, 개인이 처한 사회적 환경, 즉 그/그녀가 속한 공동체 안에서 일어나는 다양한 역학 관계가 그/그녀가 각자도생을 선택할 것인지, 아니면 협력을 선택할 것인지에 영향을 준다는 이론이다(Sober & Wilson, 1998: 101-131). 물론 인간은 본래 이기적 개체로, 자신의 이익을 위해서라면 철저히 이기적인 선택을 한다. 하지만 한편으로 인간은 협력할 줄 아는 존재로, 상황에 따라서 이기적 인간에서 협력자로 바뀌기도 한다. 그래서 집단 안에서 경쟁할 때는 이기적 개체가 유리하지만, 집단끼리의 경쟁에서는 이타적 개체가 많은 집단이 훨씬 더 유리하며, 이때 개인의 이익 또한 증가한다. 그렇다고 한 무리의 사람을 무턱대고 같은 집단에 밀어넣는다고 해서 협력이 가능한 것은 아니다. 다음과 같은 조건이 충족될 때, 협력이 가능하다고 피터 터친(Peter Turchin)은 말한다.

"그러나 단순히 사람들을 팀에 집어넣고 문제를 해결하라고 말한다고 해서 다 끝나는 것은 아니다. 팀을 조직할 때는 신중해야 하고, 기술도 적당히 배분해야 한다. 다시 말해, 팀은 다양성을 유지해야 한다. 동시에 팀원들은 공통의 언어와 문화를 개발해야 한다. 그래야 의사소통을 원활히 하고, 호흡을 맞추고, 상호 신뢰를 구축할 수 있다. 무엇보다 팀은 다른 사람의 노력에 무임승차하려는 '협력자의 딜레마'를 극복하여 집단의 목표를 위해 일할 동기를 구성원에게 부여할 수 있도록 조직을 구성해야 한다"(Turchin, 2016/이경남, 2018: 117).

마리나 고비스는 이러한 능력을 갖춘 사람, 즉 네트워크를 통한 집단지성과 첨단기술로 무장하고, 집단 안에서 협력할 줄 아는 사람을 "**증폭된 개인**"이라 부른다. 피터 노왁(Peter Nowak)도 『휴먼 3.0(Human 3.0): 미래 사회를 지배할 새로운 인류의 탄생』에서 포스트휴먼의 덕목으로 "이타주의"를 꼽고 있으며, 이타주의는 "관계가 있는 개인들 사이에서만 진화할 수 있다"(Nowak, 2015/김유미, 2015: 299)고 주장한다. 집단 안에서 이타적 자아, 즉 '확장된 관계적 자아'로 증폭된 개인이야말로 포스트휴먼이라고 할수 있으며, 이 증폭된 개인들이 모여 이전에 혼자서는 할 수 없었던 일들을 효과적으로 수행할 수 있게 하는 것이 바로 '소셜스트럭팅(socialstructing)', 즉 사회적 자본 구축이라고 할 것이다(Gorbis, 2013/안진환·박슬라, 2015: 13).

일반적으로 '사회적 자본'이란 경제학적인 개념으로, 처음에는 커뮤니티 연구에서 시작되었다. 이후 긴밀하게 교차하는 인적 관계 네트워크의 중요성을 강조하면서 공동체에서의 신뢰, 협력 및 집단행동의 기초를 제공하게 되었다. 나하피에트와 고샬(Nahapiet & Ghoshal)은 사회적 자본을 "관계성의 네트워크에 뿌리를 내리고 있고, 관계성의 네트워크를 통해 이용 가능한, 그리고 관계성의 네트워크로부터 나오는 실질적이고 잠재적인 자원의 총합"이라고 말하며(Nahapiet & Ghoshal, 1998: 243-244), 고비스는 이것을 "**인간관계 중심의 경제**"라고 부른다(Gorbis, 2013/안진환·박슬라, 2015: 12). 그래서 이러한 인간관계 중심 사회에서 사회적 자본을 가진 공동체 구성원은 네트워크와 언택트, 온택트 기술을 통한 "느슨한 연대(weak ties)"(Granovetter, 1973: 1360-1380)나 "친구들의 친구들

(friends of friends)"(Boissevain, 1974)을 통해서 정보와 기회에 특권적으로 접근할 수도 있다. 물론 이러한 인간관계 중심의 사회적 자본이 항상 긍정적으로 사용되는 것은 아니다. 그러나 적어도 교육에 있어서 사회적 자본은 유의미하게 작용해 왔다. 특히 어린이의 건강과 행복에 있어서 사회적 자본은 중요한 요인으로 드러났으며, 사회적 네트워크가 강한 공동체일수록 아동학대나 폭력 범죄가 상대적으로 적게 발생한 것을 알 수 있다(박종화, 2018: 112).

오늘날 자본주의는 이미 가상 네트워크상의 디지털 정보교환을 통해 가치를 창출하는 기호자본주의, 인지자본주의로 진화했다. 그리고 이 시스템 안에서 첨단 과학기술과 정보를 소유한 0.1%의 초부유층은 인간의 생물학적 한계를 넘어 '호모 데우스'를 꿈꾼다. 하지만 각자도생, 승자독식이 지배하는 사회에서 경쟁에서 밀려난 99.9%의 인간들은 점점 더 시스템 밖으로 밀려나고 있다. 이런 사회 안에서 '친구들의 친구들' '증폭된 개인들'의 '느슨한 연대' 안에서 이루어지는 협력적 인간관계 중심의 사회적 자본 구축은 사회 안전망의 사각지대에 놓인 개인을 공동체 안으로 끌어들임으로써 공동체에서 발생한 삶의 불평등을 완화할 수 있다. 뿐만 아니라, "개인이 힘을 모아 기존의 기관(기업, 정부, 교육 기관 등)이 방치해 놓은 차이를 메우기도 하고, 또 때로는 어떤 기관도 제공할 수 없는 새로운 제품이나 서비스, 지식을 창출"(Gorbis, 2013/안진환·박슬라, 2015: 12)할 수도 있을 것이다.

물론 개인들이 튼튼한 사회적 자본을 구축하기 위해서는 그에 맞는 '사회적 인프라'가 선행되어야 한다. 미국의 사회학자인 에릭 클라이넨버그(Eric Klinenberg, 2018)는 "사람들과의 관계와 대인 관계 네트워크"를 뜻하는 '**사회적 자본**'과 "사람들이 상호작용하는 방식을 형성하는 물리적 장소와 조직"을 의미하는 '**사회적 인프라** (social infrastructure)'를 구분하면서, 사회적 자본을 구축하기 위해서는 사회적 인프라가 필요하다고 말한다. 그리고 사회적 인프라는 "학교나 놀이터 혹은 동네 식당 등에서 벌어지는, 서로 얼굴을 직접 마주하며 이루어지는 지역적 교류"를 통해 생겨나며, 사람들이 꾸준히 반복해서 모일 때, 특히 즐거운 일을 하며 교류할 때 만들어질 수 있을 것이다.

2) 동사형 교육을 통한 사회적 인프라 구축

앞에서 살펴본 것처럼, 사회적 자본 구축은 특히 오늘날 사회에서 홀로 분투하는 개개인을 엮어 '증폭된 개인'을 만듦으로써 또 다른 연대와 공생의 모델을 제안하고 있다. 그리고 이렇게 만들어진 사회적 자본은 교육에 영향을 미치기도 하지만, 반대로 교육을 통해 사회적 인프라를 구성하고, 동시에 사회적 자본을 구축할 수도 있을 것이다. 그렇다면 사회적 자본 구축을 활발하게 하는 교육은 어떤 교육일까? 이반 일리치(Ivan Illich)는 '명사형 교육'과 '동사형 교육'을 구분하면서 오늘날 우리에게 필요한 것은 '**동사형 교육**'이라고 말한다.

안타깝게도 근대를 지나 탈근대 혹은 포스트모던이라 일컬어지는 시대를 넘어 포스트휴머니즘 시대에 접어든 지금도 여전히 우리의 교육은 근대에 형성된 교육 개념에 근거를 둔 '**명사형 교육**'이 주를 이루고 있다. 인간의 절대적 이성에 근거한 명사형 교육은 인간중심적이고, 개인의 내적인 능력 향상에 집중한다. 그로 인해 현실과는 동떨어진 화석화된 지식을 일방적으로 주입하거나 개인의 사회적·환경적 맥락은 도외시될 수밖에 없었다.

이러한 상황에 직면해서 다음과 같은 물음이 생겨난다. 혹시 지금의 교육이란 것이 미래에는 더 이상 의미가 없거나 쓸모없어질 지식을 반복적으로 주입하고 있는 것은 아닐까? 그리고 이러한 반복은 미래를 현재의 연장선에서 투사하여 파악하려는 우리의 인지적 습관 때문은 아닐까? 이러한 문제 의식과 함께 인간과 기계가 공생하는 포스트휴머니즘 시대가 되면서 그동안 유지해 오던 교육 시스템의 변화도 불가피한 상황이 되었다. 특히 유비쿼터스 컴퓨팅으로 인해 누구든지 원하는 콘텐츠에 쉽게 접근할 수 있는 '콘텐츠의 대중화, 민주화'가 실현되면서 학교는 교육 기관으로서의 독점력을 점점 상실해 가고 있다. 또한 디지털 환경에서 지식의 유효기간은 점점 더 짧아지고 있는데, 학교나 대학과 같은 기존의 교육 기관들은 이에 적합한 인력을 교육해 내기에 어려움이 많을 뿐만 아니라, 학습자의 기대와 요구에도 적절히 부합하지 못하고 있는 실정이다. 그래서 유익한 사회적 인프라로서의 기능을 다 하지 못하고 있다. 또한 교육을 통한 계층 이동은 옛말이 된 지 이미 오래이다. 오늘날과 같은 각자도생, 무한경쟁, 승자독식 사회에서 교육 시스템은 오히려 사회적 불평등을 재생산하면서 부모의 경제적 계급을 자녀가 그대로 세습하는 사회를 만드는 도구로 전락했다(조귀동, 2020).

그러다 보니 현재 우리의 교육 현장은 "교육의 본래적인 목적을 상실한 채, 학교는 입시에서 좋은 성적을 얻는 법을 가르치는 곳,

그런 학생들을 길러 내는 곳"이 되어 버렸다(이은경, 2016: 64). 오로지 '대학 입시'와 '취업'을 향해 달려가는 학교는 세상에서 가장 비생산적이고 닫힌 조직이 되어 버렸고, 질문과 토론이 사라져 버린 교실에서는 더 이상 창조적인 어떤 것이 일어날 수 없다. 교육과정 역시 삶에 대한 규격화된 정답을 강요하면서 획일적인 잣대로 학생들의 정신을 평가하는 것으로 구성되어 있다. 이러한 교육을 토마스 웨스트(Thomas West)는 다음과 같이 비판한다.

"교육 체계가 빠른 언어 반응과 막대한 양의 '사실'에만 집착하다 보니, 장기적으로 개인의 발달을 지나치게 편향된 방향으로만 몰고 가는 안타까운 결과를 낳게 되었다. 이렇게 해서 하나의 체계가 두 가지 역할을 동시에 해내고 있다. 즉, 사람들을 편향되고 제한된 방식으로 틀에 짜 맞추는 것, 그와 더불어 틀에 짜 맞추는 것이 불가능하거나 그것을 거부하는 사람들을 배제하는 것이다"(West, 2009/김성훈, 2013: 72).

오늘날 교육이 이렇게 부정적인 평가를 받게 된 주된 이유 중 하나는 교육이라는 이름으로 인간을 편향되고 제한된 방식의 틀에 짜 맞추고, 그 틀 안에서 옴짝달싹하지 못 하게 만들면서 학생들을 철저하게 단절되고, 생명력 없는 **"교실 좀비"**(Everett, 2015; Watson, 2016/방진이, 2017: 235 재인용)로 만들었기 때문이다. 나아가 무한 경쟁, 각자도생 그리고 승자독식의 논리가 지배적인 사회에서는 이 틀에 들어가기를 거부하거나 틀에 넣을 수 없는 이들을 철저한 배제를 통해 사회에서 잊혀진 존재(the forgotten)로 만들고 있다.

이로 인해 사회적 격차는 점점 더 벌어지고 있으며, 이런 사회에서 공생이나 연대 그리고 이를 통한 사회적 자본 구축은 거의 불가능한 상황이다.

이반 일리치는 이미 40년 전에 이러한 현대 교육과 사회의 모순을 비판하면서, 이렇게 된 원인 중 하나로 우리의 삶과 교육이 동사에서 명사로 바뀌었음을 지적한 바 있다.

> "지금까지 만족스러운 행위를 표현할 때 쓰던 말은 대부분이 동사였지만, 이제는 오로지 수동적 소비를 하도록 고안된 상품을 가리키는 명사가 그 자리를 대체하고 있다. 예컨대, 전에는 무언가를 '배운다'고 말했지만, 지금은 '학점 취득'이라 말한다"(Illich, 1978/허택, 2014: 6).

이전에는 '배우다' '놀다' '쉬다'라고 했던 것을 이제는 '학점' '스펙' '게임' '힐링'이라는 말이 대신하고 있으며, 이 둘 사이에는 커다란 차이가 존재한다. 학점을 따고, 스펙을 쌓고, 게임을 하고, 힐링을 하는 것은 혼자서도 가능하지만, 배우고, 놀고, 쉬는 것은 누군가가 있어야 할 수 있고, 그때에 훨씬 더 유익하고 재미있기 때문이다(이은경, 2016: 6). 일리치의 진단은 오늘날에도 꼭 들어맞는다. 그리고 오늘날에는 더욱 진화하여 수동적 '명사'도 그냥 명사가 아니라, '꼴없는이름씨'인 추상명사(抽象名詞)로 바뀌어 가고 있다(이은경, 2019: 452). '온라인 게임' '사이버 게임' '가상현실' '가상화폐'가 생기더니, 이제는 교육과 종교 활동마저도 '온라인'상에서 비대면으로 이루어지고 있다. 나아가 인간의 마음과 정신까지도 디지털 기호화되어 상품으로 교환되고 있다. 그러므로 이런 사회 안에서 포스트휴먼을 위한 교육은 스마트 기기를 통해 생성된 데이터뿐만 아니라, 자신의 감정과 생체 리듬도 데이터로 적절히 사용할 줄 알면서, 동시에 이 데이터를 자신에게 맞게 **역설계**(reverse engineering)할 수 있는 능력 그리고 그렇게 만들어진 데이터를 공유할 수 있는 능력, 즉 **데이터 리터러시**(data literacy)를 길러 주는 교육이 되어야 할 것이다. 일리치의 표현을 빌려 한마디로 표현하자면, '명사형 교육'을 '동사형 교육'으로 바꾸어야 한다는 것이다.

인간은 행동을 통해 생각과 느낌을 전달하는 "명사의 모습을 한 동사"(Baggini, 2011/강혜정, 2012: 177)이다. 그리고 오늘날 우리가 극한의 경쟁으로 내몰리고, 점점 더 고립되는 까닭은 물질문명의 발달이나 첨단기계 때문이 아니라, "닫힌 공동체와 과거에 묶인 문화"(김재희, 2017: 119), 즉 시대의 요구를 반영하지 못하는 사회적 인프라 때문이다. 그러므로 이러한 상황을 극복하고, 무한경쟁과 각자도생의 삶을 공생의 삶으로 전환할 수 있는 계기를 제공할 수 있는 가장 유용하고 확실한 방법은 바로 교육, 특히 공동체와 행동에 기반한 '**동사형 교육**'이라고 할 수 있다.

동사형 교육은 온 세상을 교실 삼아 각자 가진 재능을 공동의 장에서 함께 나누고 엮는 집단적 활동을 통해 모두에게 이로운 사회적 자본을 구축하는 것으로, 이것은 결국 우리 모두의 부족을 채우는 **공생적 교육행위**가 될 것이다. 이미 교육 현장에서는 공동학습, 협동학습, 프로젝트 학습 등의 다양한 이름으로 지식을 공유하고 있으며, 개별학습을 할 때보다 학업능력이나 자기효능감에 있어서 훨씬 더 효율적이라는 사실이 이미 검증되었다(강명희·윤성혜,

2015: 22-46; 박수진·유영만, 2015: 21-44; 홍후조, 2002: 155-18). 그리고 오늘날 더욱 발달하고 있는 언택트·온택트 기술은 시공간의 한계를 넘어서 동시다발적 공동학습이 가능한 환경을 제공하고 있다. 언택트, 온택트 기술을 통해 무조건적 비대면이 아닌, '**다면적**(multi-faceted)' 접촉방식을 찾을 수 있을 것이며(이은경, 2020b), 이를 통해 우리는 위험으로부터 자신을 보호하면서도 더 자유로워질 수 있을 것이다. 이런 의미에서 김용섭은, 언택트는 "우리가 가진 활동성을 더 확장시켜 주고, 우리의 자유를 더 보장하기 위한 진화 화두"(김용섭, 2020: 87)라고 말하기도 한다.

　다양한 언택트·온택트 기술을 통해 사람들과 '다면적(multi-faceted)' 관계를 맺기 위해서는 당연히 몸이라고 하는 물적 토대가 기반이 되어야 한다. 왜냐하면 기술은 우리의 역량을 증폭시키고, 이 '증폭'을 통해 기존의 시스템을 향상시킬 수는 있지만, 망가진 시스템을 고칠 수 없을 뿐만 아니라, 과도한 기술사용이나 기술만능주의로 인해 잠재적·정서적 그리고 신체적 문제들이 빈번히 발생하고 있기 때문이다.

　"또한 무의미한 자극에 대한 중독(Addiction To Useless Stimulation: ATUS)과 문자 메시지를 받을 때 느끼는 기쁨(Pleasure Of Receiving Messages: PORM)과 일을 최우선으로 생각하는 것(Seeing Work As Priority: SWAP)과 중요한 일처럼 느끼게 하는 충동(the Urge To Seem Importan: UTSI)과 같이 기술로 악화되는 잠재적·정서적 집착 등도 존재했다. 사람들이 똑같은 장치를 갖고 있어도 다양한 행동 방식을 보인다는 사실은, 기술은 이미 있던 것을 증폭할 뿐 모든 사람에게 동일한 반응을 일으키지 않는다는 증거이다"(Toyama, 2016/전성민, 2016: 79).

동일한 기술이지만, 사용하는 사람에 따라 기술은 전혀 다른 결과를 도출하고, 아무리 새로운 기술일지라도 기술만으로 교육의 목적을 달성할 수는 없다. "긍정적이고 영향력 있는 사람의 영향력"이 있어야만 기술은 긍정적 결과를 가져올 수 있기 때문이다 (Toyama, 2016/전성민, 2016: 97). 그러므로 몸과 행동에 기반한 '동사형 교육'을 통해서 우리는 자신을 둘러싼 환경을 '주변 세계', 즉 '적소(niche)'로 만들어 감으로써 자신의 역량을 더욱 확장할 수 있다. 뿐만 아니라 내가 사는 환경이 내가 타자와 맺은 관계로 인해 만들어지듯이, 나 역시 그/그녀를 위해 환경을 창조할 수도 있다 (Hoffmeyer, 2008: 73-83). 이러한 상호성 안에서 우리는 비로소 인간다워질 수 있고, 사회적 인프라를 통해 사회적 자본을 구축할 수 있을 것이다.

4. 결론

포스트휴머니즘 시대는 인간과 기계의 공생을 요구하면서 동시에 그것을 가능케 하는 새로운 관계 방식을 제안하고 있다. 오늘날 촘촘하게 얽힌 다양한 사회적·정치적 맥락 안에서 기술을 통해 포스트휴먼이 된 인간은 확대된 공동체 의식을 바탕으로 기계를 '연장된 정신(extended mind)'으로 규정하면서 새로운 공생관계를 만들어 가고 있다. 그러므로 이제 기술을 단지 인간의 결여를 보충하고 강화하는 부속물로 여길 것이 아니라, 인간 사회를 새롭게 구성하고 인간의 존재론적 도약을 가능케 하는 매체로 인식해야 할 것이다. 또한 언택트·온택트 기술의 발전으로 우리는 '느슨한 연대 (weak ties)' 안에서 낯선 타자와의 공생도 가능해졌다. 이 새로운 공생관계는 밀접하고 친밀한 관계에서 오는 갈등과 스트레스는 줄여 주면서 동시에 고립과 단절에서 오는 '고립공포증'을 해소하고, 시공간의 제약 없는 다자간 소통을 가능케 한다. 그래서 코로나 팬데믹으로 인해 물리적·사회적 거리두기가 일상이 된 오늘날 느슨한 연대 안에서의 공생은 뉴노멀(new-normal)이 되어 가고 있다.

그러나 기계와의 공생, 느슨한 연대 안에서의 공생이 일상이 된 사회에서도 다른 사람과의 연합과 상호협력이 없다면, 인간은 자신을 온전히 실현할 수 없을 것이다. 인간은 본래 관계적·공동체적 존재이기 때문이다. 그러므로 변화된 사회 구조 안에서 새로운 공생관계를 엮어 내고, 그 안에서 자아를 실현함과 동시에 공동체를 지속시키기 위해서는 모두가 이용할 수 있는 '사회적 자본'을 구축해야 한다. 나하피에트와 고샬(Nahapiet & Ghoshal)의 말처럼, 관계성의 네트워크에서 시작되고, 관계성의 네트워크를 통해서만 이용할 수 있는 사회적 자본은 한마디로, "관계성의 네트워크로부터 나오는 실질적이고 잠재적인 자원의 총합(Nahapiet & Ghoshal, 1998: 243-244)"이기 때문이다.

그러므로 포스트휴머니즘 시대에 인간과 기계 사이에서 그리고 인간 집단 안에서 새로운 공생적 관계를 맺고, 그 안에서 튼튼한 사회적 자본을 구축하기 위해서는 여러 사람이 꾸준히 모이고, 즐

겁게 교류할 수 있는 사회적 인프라 역시 적절하게 구성되어야 하며, 이것은 '동사형 교육'을 통해 가능할 것이다. 일리치가 제안하는 **'동사형 교육'**은 몸이라고 하는 물적 토대에 기반을 둔 것으로, 타자와 함께 더불어 서로의 주변 세계를 '적소(niche)'로 만드는 교육이며, 이미 오늘날 교육현장에서 다양한 형태로 실시되고 있다. 이를 통해 만들어진 사회적 인프라 안에서 우리는 서로를 격려하고, 격려받을 수 있으며, 자기중심적 사고에서 벗어나 타인을 좀 더 배려할 수 있을 것이다. 또한 인간관계에서 오는 친밀함을 회복하고, 향상된 의사소통 능력을 통해 서로에 대한 신뢰를 더욱 확고히 할 수도 있을 것이다(Kohn, 1992/이영노, 2019: 237-238). 이러한 상호협력적인 '동사형 교육'을 통해 우리는 포스트휴머니즘 시대가 요구하는 연대와 공생을 가능케 하는 튼튼한 사회적 인프라를 형성하고, 나아가 건전한 사회적 자본을 구축할 수 있을 것이다.

참고문헌

강명희·윤성혜(2015). 팀 프로젝트 학습에서 지식공유 행동에 대한 자기효능감, 신뢰, 지식공유 의도의 예측력. 학습과학연구, 9(3), 22-46.

김용섭(2020). 언컨택트: 더 많은 연결을 위한 새로운 시대 진화 코드. 퍼블리온.

김재희(2017). 시몽동의 기술철학: 포스트휴먼 사회를 위한 청사진. 아카넷.

도유진(2017). 디지털 노마드: 원하는 곳에서 일하고 살아갈 자유. 남해의봄날.

마정미(2014). 포스트 휴먼과 탈근대적 주체. 커뮤니케이션북스.

박수진·유영만(2015). 협력학습을 활용한 자기주도학습 모형 개발 연구. 학습과학연구, 9(1), 21-44.

박일준(2018). 인간/기계의 공생의 기호학: 클라크(A. Clark)의 '연장된 정신 (the Extended Mind)' 이론에 대한 비판적 성찰. 신학논단, 92, 158-191.

박종화(2018). 집합적 행동논리와 사회적 자본 담론. 대영문화사.

백종현(2016). 포스트휴먼 사회와 휴머니즘 문제. 한국포스트휴먼연구소·한국포스트휴먼학회 편. 포스트휴먼 시대의 휴먼(pp. 69-68). 아카넷.

손화철(2017). 지속가능한 발전과 제4차 산업혁명 담론. 한국포스트휴먼연구소·한국포스트휴먼학회 편. 제4차 산업혁명과 새로운 사회윤리(pp. 99-130). 아카넷.

신상규(2014). 호모 사피엔스의 미래: 트랜스휴먼과 트랜스휴머니즘. 아카넷.

신상규(2015). 확장된 마음과 자아의 확장. 이화인문과학원 & Labex Arts-H2H 연구소 편. 포스트휴먼의 무대(pp. 35-62). 아카넷.

이광석(2017). 데이터 사회 비판. 책읽는수요일.

이송원(2020. 5. 13.). "혼자 있게 해주세요"… 롯데百, 코로나에 '혼자 쇼핑' 서비스. 조선일보. http://news.chosun.com/site/data/html_dir/2020/05/13/2020051301511.html

이은경(2016). 나랑 같이 놀 사람, 여기 붙어라. 길밖의길.

이은경(2019). 중독을 유발하는 사회와 교육 그리고 치유 가능성에 대한 탐구: 클리어 지침과 영성교육을 중심으로. 신학과 실천, 66, 441-472.

이은경(2020a). 포스트휴먼 기호자본주의 시대의 '인간'의 의미에 대한 고찰: 경쟁이 아닌 상호의존적 협력의 존재. 인간·미래·환경, 25, 3-27.

이은경(2020b). 언택트 시대의 예배와 신앙교육: 비대면을 넘어 다면(multi-faceted) 교육으로. 기독교교육정보, 66, 295-322.

조귀동(2020). 세습 중산층 사회: 90년대생이 경험하는 불평등은 어떻게 다른가. 생각의 힘.

홍후조(2002). 학습의 실제성 증진과 프로젝트 학습: 간접·가상경험과 직접·실제경험의 효과적인 연계 방법으로서 프로젝트 학습. 교육과정연구, 20(1), 155-182.

Baggini, J. (2011). The Ego Trick. 강혜정 역(2012). 에고 트릭. 미래인.

Boissevain, M. (1974). *Friends of Friends*. Basil Blackwell.

Braidotti, R. (2013). *Posthuman*. 이경란 역(2017). 포스트휴먼. 커뮤니케이션 북스.

Brynjolfsson, E., & McAfee, A. (2014). *The Second Machine Age: Work, Progress, and Prosperity in a Time of Brilliant Technologies*. 이한음 역(2014). 제2의 기계시대: 인간과 기계의 공생이 시작된다. 청림출판.

Clark, A. (2004). *Natural-Born Cyborgs: Minds, Technologies, and the Future of Human Intelligence*. Oxford University Press.

Gorbis, M. (2013). *Nature of the Future: Dispatches from the Socialstructed World*. 안진환·박슬라 역(2015). 증폭의 시대: 소수의 증폭된 개인이 전체를 바꾸는 세상. 민음사.

Granovetter, M. S. (1973). The Strength of Weak Ties. *American Journal of Sociology, 78*, 1360-1380.

Hall, E. T. (1990). *The Hidden Dimension*. 최효선 역(2013). 숨겨진 차원. 한 길사.

Harari, Y. (2015). *Homo Deus: A Brief History of Tomorrow*. Harvil Secker.

Hayles, K. (1999). *How We become Posthuman: Virtual Bodies in Cybernetics, Literature, and Informatics*. University of Chicago Press.

Heidegger, M. (1977). *The Question Concerning Technology and Other Essays*. Translated by William Lovitt. Harper & Row.

Hoffmeyer, J. (2008). *Biosemiotics: In Examination into the Signs of Life and the Life of Signs*. trans. J. Hoffmeyer and D. Favareau, University of Scranton Press.

Illich, I. (1978). *The Right to Useful Unemployment and its Professional Enemies*. 허택 역(2014). 누가 나를 쓸모없게 만드는가. 느린걸음.

Klinenberg, E. (2018). *Palaces for the People: How Social Infrastructure Can Help Fight Inequality, Polarization, and the Decline of Civic Life*. Crown.

Kohn, A. (1992). *No Contest: the Case against Competition.* 이영노 역 (2019). 경쟁에 반대한다 - 왜 우리는 이기는 일에 삶을 낭비할까. 민들레.

Lloyd, G. (1996). *Spinoza and the Ethics.* Routledge.

Nahapiet, J., & Ghoshal, S. (1998). Social Capital, Intellectual Capital, and the Organizational Advantage. *Academy of Management Review, 23*(2), 243-244.

Nowak, P. (2015). *Humans 3.0: The Upgrading of a Species.* 김유미 역 (2015). 휴먼 3.0: 미래사회를 지배할 새로운 인류의 탄생. 메가스터디.

Nussbaum, M. (2006). *Frontiers of Justice. Disability, Nationality, Species Membership.* Harvard University Press.

Sober, E., & Wilson, D. (1998). *Unto Others: The Evolution and Psychology of Unselfish Behavior.* Harvard University Press.

Toyama, K. (2016). *Geek Hersey.* 전성민 역(2016). 기술중독사회: 첨단기술은 인류를 구원할 것인가. 유아이북스.

Turchin, P. (2016). *Ultrasociety.* 이경남 역(2018). 초협력사회: 전쟁은 어떻게 협력과 평등을 가능하게 했는가. 생각의힘.

Watson, R. (2016). *Digital vs Human: How We'll Live, Love, and Think in the Future.* 방진이 역(2017). 인공지능 시대가 두려운 사람들에게: 미래에 우리는 어떻게 살고 사랑하고 생각할 것인가. 원더박스.

West, Th. G. (2009). *In the Mind's Eye: Creative Visual Thinkers, Gifted Dyslexics, and the Rise of Visual Technologies.* 김성훈 역(2009). 글자로만 생각하는 사람, 이미지로 창조하는 사람. 지식갤러리.

05

시민의 덕 향상 프로젝트에 대한 비판적 평가*

추병완

---

* 이 글은 '추병완(2021). 시민의 덕 향상 프로젝트에 대한 비판적 평가. 윤리연구, 132, 1-22'를 이 책의 취지에 맞추어 부분적으로 수정한 것임을 밝혀 둔다.

1. 서론

1990년대 이후 정치 이론에서 시민성(citizenship)에 대한 관심이 부활하였다. 1970년대와 1980년대에 정치 이론가들의 연구는 롤즈(Rawls)가 사회의 기본 구조라고 불렀던 헌법상의 권리, 정치적 의사결정, 사회 제도에 초점을 맞추었다. 1980년대에는 공동체주의에서 강조하는 공동체와 멤버십(membership)이 핵심 단어가되었다. 1990년대에 자유주의적 정의와 공동체적 멤버십의 요구를 통합하려는 시도에서 가장 주목을 받은 것이 바로 시민성 개념이다. 시민성은 한편으로는 개인주의적 권리와 자격이라는 자유주의 개념과 친밀하게 연결되어 있고, 다른 한편으로는 특정한 공동체의 멤버십과 더불어 그 공동체에 대한 소속감이라는 공동체주의 개념과도 밀접하게 연결되어 있기 때문이다. 그 결과, 1990년대의 정치 이론에서는 민주주의의 절차적·제도적 기제 안에서 작용하는 시민의 자질과 성향에도 관심을 기울여야 한다는 인식이 확산하였다. 이후 정치 이론가들은 시민의 책임, 충성심, 역할을 포함하여 개별 시민의 정체성과 행위에 연구의 초점을 맞추기 시작했다.

당시에 시민성에 대한 학문적 관심이 커진 데에는 자유주의와 공동체주의의 통합 필요성, 공화주의 사상의 부활[1] 등 여러 가지 이유가 존재하지만, 무엇보다도 세계적으로 만연한 정치적 사건과 추세에서 연유하였다는 사실도 결코 무시할 수 없다. 이를테면 유권자의 무관심 증가, 복지 원조에 장기적으로 의존하는 경향, 복지 국가의 부식, 자발적인 시민의 협력에 의존하는 환경 정책의 실패 등은 시민성 실천의 중요성을 일깨워 주었다. 이 사건들은 현대 민주주의의 건강과 안정이 그 제도의 정의(justice)만이 아니라 시민들의 자질과 태도에도 달려 있다는 것을 분명히 했다(Kymlicka & Norman, 2001: 6). 그러한 자질과 태도는 시민의 정체성 및 잠재적으로 경쟁하는 형태의 국가, 지역, 민족 또는 종교적 정체성을 시민들이 바라보는 방식, 자신과는 다른 타인들을 관용하고 그들과 함께 일하는 능력, 공적인 선을 증진하고 정치적 권위자들이 책임을 지도록 만들기 위해 정치 과정에 참여하고자 하는 시민의 욕망, 시민의 경제적 요구 및 자신의 건강과 환경에 영향을 미치는 개인적 선택에서 자제력을 보이고 개인적인 책임을 다하려는 의욕, 시민의 정의감과 공정한 자원 분배에 대한 헌신 등을 포함한다. 정치 이론가들은 이러한 자질을 갖춘 시민이 없다면 성공리에 기능을 수행하는 민주 사회의 능력이 점차 감소할 것이라고 판단하였다. 이에 따라 우리나라를 비롯한 세계 여러 나라는 시민의 덕을 향상하기 위한 시민교육을 강화하는 중이다.

---

1) 과거와 현대 모두에서 공화주의 입장의 주요 특징 중 하나는 정치 공동체에 참여하는 것이 시민의 자유를 보호하고 유지하는 것에 핵심이 되고, 그러한 시민의 적극적인 참여와 관여는 시민이 특정한 태도와 성향, 즉 시민의 덕을 계발·함양하는 것을 필요로 한다는 신념이다(Peterson, 2011/추병완, 2020: 158).

하지만 시민의 덕을 향상하려는 시도가 시민교육 분야에만 국한된 것은 아니다. 소위 인간 향상 프로젝트(human enhancement project)에 매우 적극적인 관심을 보이는 트랜스휴머니스트(transhumanists)는 시민교육의 보완책으로서 새로운 기술의 활용을 촉구하는 매우 획기적인 방안을 제시한다. 일반적으로 트랜스휴머니스트는 기술이 인간의 조건을 증진하기 위하여 적용될 수 있고 또 반드시 그래야만 한다는 신념을 갖고 있다. 그들은 인류가 자연 선택이라는 맹목적 힘이 아닌 인간의 지능에 의해 자신의 진화를 통제할 수 있는 탈다윈주의적인(post-Darwinian) 실존 단계로 진입해야만 한다고 주장한다. 트랜스휴머니스트가 중시하는 철학적 입장은 다음의 두 가지 사항이다. 첫째, 트랜스휴머니즘은 생명 증진의 원리와 가치의 인도하에 과학과 기술 수단에 의해 현재의 인간 상태 및 인간의 한계를 초극하는 지성적인 삶의 진화를 지속하고 가속하는 것을 추구하는 생명 철학의 한 부류이다. 둘째, 트랜스휴머니즘은 기술의 진보에 의해 열려진 인간 조건과 인간 유기체를 향상시키기 위한 기회들을 이해하고 평가하기 위하여 종합 학문적인 접근을 장려한다. 우리의 관심은 생명 기술, 정보 기술과 같은 현재의 기술 그리고 분자 나노 기술과 인공지능과 같은 예상된 미래의 기술 모두에 주어진다.

트랜스휴머니스트는 최근에 인지 향상 대신에 도덕 향상을 주장하는 데 더욱 골몰하고 있다. 인지 향상은 안전성, 공정한 접근 등 사회적 해악이 수반될 수 있지만, 도덕 향상은 사회에 기여할 수 있다는 점에서 대중들에게 더욱 호소력을 가질 수 있기 때문이다. 또한 트랜스휴머니스트는 인간의 도덕 향상(moral enhancement)과 관련하여 교육의 역할을 과소평가했었던 이전의 관점에서 벗어나, 인습적인 시민교육과 결합하여 낮은 시민 참여와 정치 참여의 문제점을 해결하고 사회의 응집성을 제고하는 데 도움을 주는 생의학적 기술의 개발 및 활용을 강조한다. 특히 그들은 시민의 덕 향상처럼 향상 기술이 향상의 수혜자인 개인만이 아니라 전체로서의 사회에 가져다주는 이득과 혜택에 초점을 맞춘다. 이에 여기서는 최근 향상 논쟁의 최첨단에 해당하는 시민의 덕 향상 프로젝트를 비판적으로 분석하고자 한다. 나는 다음과 같은 세 가지 사항을 다루는 데 초점을 맞출 것이다. 첫째, 인간 향상 프로젝트에 대한 비판 및 반대 논거에 맞서기 위해 트랜스휴머니스트 진영이 제시하는 새로운 향상 논쟁 프레이밍(framing) 전략을 살펴본다. 둘째, 생의학(biomedical science) 기술을 활용하여 시민의 덕 향상을 추진하는 트랜스휴머니스트 진영의 의도와 구체적인 향상 방법을 분석한다. 셋째, 시민의 덕 향상 프로젝트가 가진 잠재적인 위험과 오류를 비판적으로 제시한다.

2. 트랜스휴머니스트의 향상 논쟁 프레이밍 전략

1) 인간 향상의 반대 논거

생의학의 눈부신 발전은 인간의 신체적·인지적·정서적 능력을 향상하기 위한 새로운 기술을 만들어 내는 중이다. 이러한 기술의 개발 및 잠재적인 활용을 의미하는 생의학적 향상(biomedical enhancement)은 상당한 논쟁을 초래하고 있다. 환자를 치료하기 위한 의학적 개입의 활용은 대부분 윤리적으로 문제가 없는 것으로 여겨지지만, 정상적이고 건강한 사람을 향상시키기 위해 생의학 기술을 활용하는 것은 상당한 윤리적 반대 논거에 직면한다.

향상 기술에 대한 주된 반대 논거는 주로 향상 기술이 추구하려는 수단, 동기, 결과 등에 초점을 맞추었다. 생의학적 향상에 대한 최초의 우려는 생의학적 향상 수단에 초점을 맞추었다. 예를 들어, 생의학적 수단은 부자연스럽기 때문에 생의학적 향상은 윤리적으로 문제가 있다는 주장이 제기되었다. 가자니가(Gazzaniga, 2005: 72)는 생의학적 향상이 시도하는 수단에 초점을 맞추어 인지 향상 시도가 명백한 속임수 형태임을 강조하였다. 그는 이렇게 말했다 (Gazzaniga, 2005: 73). "아무튼 어떤 사람이 열심히 해서 더 뛰어나게 된다면, 그것은 괜찮은 것이다. 단어장을 복습하고, 연극 대사를 연습하고, 역사 시간에 배운 사실들의 목록을 반복적으로 암기하는 것은 괜찮다. 하지만 알약을 복용한 후에 한 번의 독서를 통해 모든 내용을 머릿속에 집어넣는 것은 마치 속임수와 같은 것이다." 생명윤리에 관한 대통령 자문회의 보고서를 주도했던 카스 (Kass, 2003: 21)는 생의학적 수단을 활용한 향상은 비정상적이고 인위적이며 자연적인 도덕 법칙에 위배된다는 의미에서 부자연스럽기 때문에 문제가 있다고 보았다. 그는 유물론적·기계론적·의학적인 용어가 아니라 정신적·도덕적·영적인 용어로 표현되는 인간에 대한 설명을 우리가 고수할 필요가 있음을 강조하였다(The President's Council on Bioethics, 2003: xiii).

생의학적 향상에 대한 우려는 그것이 표현하는 태도, 동기 또는 성격에 초점을 맞추기도 하는데, 이를 일컬어 흔히 표현주의자 (expressionist) 우려라고 부른다. 그러한 우려는 생의학적 향상을 경험하는 것이 불공평한 사회 규범이나 태도를 암묵적으로 수용하는 것을 나타낼 수 있다는 것이다. 예를 들어, 어떤 사람들은 자신의 피부가 더 하얗게 보이기 위해 성형수술을 받는 것이 불공평한 인종차별적 태도를 암묵적으로 수용하는 것을 나타낼 수 있다고 우려한다. 이를테면 샌델(Sandel, 2007: 46)은 향상에 대한 가장 심층적인 반대는 향상이 추구하는 완벽함 때문이라기보다는 오히려 향상이 표현하고 증진하고자 하는 인간의 성향(disposition) 때문이라고 주장하였다. 그는 우생학과 유전공학이 한쪽의 일방적인 승리를 대변한다는 사실을 분명하게 지적하였다. 즉, 향상 기술은 의도적인 계획(willfulness)이 우리에게 주어진 선물(giftedness)을, 지배(dominion)가 경외(reverence)를, 주조하는 것(molding)이 바라보는 것(beholding)을 짓누르고 승리하는 것을 표상한다(Sandel, 2007: 85). 샌델에 따르면, 생의학적 향상은 지배를 위한 불쾌한 충동과 우리의 주어진 특성을 선물로 받아들이기를 과도하게 꺼리는 것을 표현한다.

하지만 향상 논거에 대한 가장 많은 반대 의견이 수렴된 곳은 바로 향상의 부정적인 결과나 함의라고 볼 수 있다. 그러한 논거는 생의학적 향상이 향상된 개인을 그 자신의 진정한 자아로부터 소외시킬 수 있다는 것(Elliot, 2003: 26-27), 향상된 사람의 자유나 자율성을 제한한다는 것(Habermas, 2003: 61), 향상되지 않은 개인을 불공평한 경쟁적 불이익에 처하게 한다는 것(Sandel, 2003: 18; The President's Council on Bioethics, 2003: 131), 향상되지 않은 사람의 권리를 소거하거나 평가 절하한다는 것(Fukuyama, 2002: 42), 건전한 가족 관계 및 낭만적인 관계를 침해한다는 것, 기존의 불공정한 불평등을 악화시킨다는 것 등을 포함한다. 또한 생의학적 향상은 널리 무시된 특성이나 우리가 그 가치를 인식하는 데 실패한 특질들의 조합의 만연을 감소시킴으로써 귀중한 인간의 다양성을 감소시킬 수 있다는 것, 생의학적 향상은 사회의 계층화로 이어져 사회적 유대감을 저해하고 아마도 가장 불리한 사람들에 대한 억압이나 착취로 이어질지도 모른다는 우려도 제기되었다(Jefferson et al., 2014: 500-501).

2) 생의학적 향상 논쟁에서 새로운 프레이밍

생의학적 향상에 대한 수많은 반대 논거에 직면한 트랜스휴머니스트 진영은 향상 논쟁에서 주도권을 잃지 않기 위해 새로운 프레이밍 전략을 수립하였다. 이러한 프레이밍 전략 개발의 일등 공신은 바로 뷰캐넌(Buchanan)이다. 그는 향상 기술을 허용할 수 없거나 바람직하지 않다고 생각하는 생명 보수주의자들을 비판하면서 생의학적 향상 기술이 정의(justice)의 영역에서 우리에게 상당한 이득과 혜택을 가져다줄 수 있다고 주장한다. 예를 들어, 향상 기술은 빈곤 완화, 경제 성장, 범죄 감소, 그리고 더 많은 협력 관계에 기여할 수 있다. 이에 그는 경제 발전의 윤리 차원에서 향상 윤리를 바라볼 것을 제안한다(Buchanan, 2011b: 21). 특히 그는 향상 기술에 대한 불평등한 접근에서 유래하는 부정의(injustice)에 민감한 가운데 향상 기술에 대한 동등한 접근을 보장하는 정부의 책임을 강조하였다.

뷰캐넌은 앞으로 사회는 생의학적 향상을 고대해야만 한다고 주장하면서 향상 반대론자를 비판한다. 그는 우리가 향상 기술에 대해 '아니요.'라고 말하기에는 이미 너무 늦었을 정도로 향상 기술은 이미 우리 곁에 있고, 앞으로 더 많은 향상 기술이 개발될 것이라고 말한다(Buchanan, 2011a: 3). 그에 따르면, 향상 반대론자들은 생의학적 향상이 가져올 수 있는 중대한 사회적 이득을 고려하는 데 너무 태만하다. 그는 생의학적 향상이 향상된 개인의 생산성 증가를 통해 사회를 이롭게 한다고 주장한다. 다시 말해, 그는 일부 생의학적 향상 기술은 향상된 개인들뿐만 아니라 사회 전반에도 도움이 될 수 있다고 생각한다. 그 이유는 만약 향상된 개인이 더 생산적이고, 더 똑똑하고, 더 협조적이면, 이것은 잠재적으로 다른 사람들에게도 이익이 되기 때문이다(Buchanan, 2011b: 35).

뷰캐넌은 지금까지 생의학적 향상 윤리에 관한 논쟁의 프레이밍에서 중요한 역할을 수행했던 두 가지 기본 가정을 비판한다. 첫 번째 프레이밍 가정은 대부분의 중대한 이득이 향상된 사람에게만 이로운 사적이거나 개인적인 재화라는 것이다. 그는 지금까지 향상 논쟁이 개인 재화 가정(personal goods assumption)으로만 프레이밍되어 왔다고 보았다. 개인 재화 가정에 따르면, 생의학적 향상의 가장 큰 이득은 향상된 사람이 얻는 사적 혹은 개인적 이득이다(Buchanan, 2011b: 36). 그는 개인 재화 가정은 향상을 제로섬(zero-sum) 문제로 보게 만든다고 주장한다. 개인적 이득 가정에서 향상은 제로섬 사안이므로 향상을 통해 개인이 얻는 어떤 이득은 다른 개인을 능가하는 것을 통해 얻어진 것이다. 따라서 경쟁자를 물리치는 것에서부터 취직에 이르기까지 그러한 이득은 공정한 관점에서 볼 때 지금 패배한 개인에게 야기된 손실로 인해 상쇄되는 것이다. 개인 재화 가정에서 향상 기술의 사용은 사회에 심각한 부정적 영향을 미치는 것으로 가정되었다. 앞에서 부분적으로 언급한 바와 같이, 향상 기술의 사용은 사회적 분열을 증가시키고 사회적 연대를 잠식할 수 있다는 주장이 제기되어 왔다(Sandel, 2007: 89).

하지만 뷰캐넌은 개인 재화 가정을 두 가지 논거를 통해 비판한다. 그는 일부 향상 기술은 매우 광범위하게 인간의 생산성(productivity) 증가에 기여하므로 인간의 웰빙을 크게 증진할 수 있는 잠재력을 생성할 것이라고 보았다. 또한 그는 널리 보급되기 위해 충분한 자원을 끌어들이기 쉬운 향상 기술은 생산성 향상을 약속하는 것이 될 것이며, 종종 경제학자들이 네트워크 효과라고 부르는 것을 보여 줄 것이라고 보았다. 그러므로 향상되는 개인에 대한 이득은 향상을 경험한 다른 사람들에 의해 좌우되거나 또는 적어도 크게 증가될 것이다. 이러한 두 가지 사실을 감안하여 우리는 향상의 잠재적인 사회적 이득을 심각하게 고려함과 동시에 향상을 포기하는 것의 사회적 손실을 우려해야 한다(Buchanan, 2011b: 37).

두 번째 프레이밍 가정은 시장 재화 가정(market goods assumption)이다. 우생학에 대한 거의 보편적인 비난 때문에 향상은 시장 재화가 될 것이며, 이는 자유 사회에서 국가의 행동이 아닌 개인의 선택 문제가 될 것이다. 개인 재화 가정과 시장 재화 가정을 결합하면, 자유 사회에서 핵심적인 윤리적 이슈는 향상을 위해 시장에서 개인들에 의한 향상 추구에서 비롯하는 사회적 해악을 회피하거나 개선하는 것이다. 그러나 역사적으로 볼 때 국가는 생산성을

더 높이는 방식으로 향상 기술의 활용을 크게 장려했기에, 이 가정
은 사실상 지나치게 순진한 것이다(Buchanan, 2011b: 37).

뷰캐넌은 이러한 가정들이 향상에 수반되는 중요한 사회적 이
득으로부터 사람들의 관심을 돌림으로써 향상 논쟁을 왜곡했다
고 주장하였다. 이에 뷰캐넌은 향상 기술이 가져올 수 있는 사회
적 이득을 진지하게 고려할 수 있도록 생의학적 향상 논쟁의 틀을
다시 짜야 한다고 역설하였다. 뷰캐넌은 향상 윤리의 프레이밍 변
화가 필요하다고 역설하면서, 향상 윤리를 발전 윤리(the ethics of
development)의 중요한 한 차원으로 볼 것을 제안한다. 그는 우리
가 통상적으로 경제 발전의 역사라고 부르는 것은 사실상 대부분
향상의 이야기에 관한 것이라고 본다. 종종 제도적 또는 기술적 변
화로 야기되는 경제 발전은 개인의 웰빙에서 상당한 개선을 가능
하게 했고 사회의 더 넓은 영역에 걸쳐 더 높은 수준의 웰빙을 가
능하게 하였다. 그는 경제 발전과의 연관성에 주목함으로써 향상
의 윤리에 대한 제도적 설계의 중요성을 인식할 수 있다고 주장
한다.

뷰캐넌은 새로운 생의학적 향상을 오랜 기존 관행의 하이테크
(high-tech) 버전으로 보고, "대부분의 경우 향상에 대한 우려는 다
양한 양상의 생의학적 향상뿐만 아니라 비(非)생의학적 향상에까
지 적용된다"고 주장한다(Buchanan, 2011b: 26). 따라서 우리가 새
로운 첨단 기술 관행에 대해 어떻게 생각해야 하는지에 대한 통찰
력을 얻기 위해 전통적인 관행을 논의하는 문헌에 의존하는 것이
그에게는 당연하다. 특히 그는 발전 윤리로부터의 통찰력을 생의
학적 향상 논쟁에 배치하여 관련성 논제(relevance thesis)를 중시한

다. 뷰캐넌은 생의학적 향상을 오랜 전통의 향상 기법에 맥락화할 때 관련성 논제를 분명하게 수용하면서 두 유형의 향상 기법 사이의 유사성을 강조한다. 그는 관련성 논제를 지지하면서 생의학적 향상과 전통적인 향상 간의 근본적이고 보편적인 도덕적 차이는 존재하지 않는다고 주장하였다. 그는 두 가지 유형의 향상이 모두 우리의 내부 상태와 외부 환경에 영향을 미칠 수 있다는 사실, 미래 세대에 대한 유전적 영향을 포함하여 돌이킬 수 없는 영향을 미칠 수 있다는 사실, 정상인으로서의 인간의 능력의 질에 모종의 변화를 가져올 수 있다는 사실, 유사한 방식에서 비자연적인 것으로 간주할 수 있다는 사실, 분배적 부정의를 생성하는 방법으로 사용될 수 있다는 사실을 강조했다(Buchanan, 2008: 5).

생의학적 향상을 옹호하는 사람들은 이러한 관련성 논제가 생의학적 향상에 관한 최근 저술로부터 인간의 능력을 증진하려는 전통적인 방법에 관한 거대하고 다면적인 문헌으로 관련 문헌을 확장하기 때문에 향상 논쟁에 주는 시사점이 매우 많다고 주장한다. 그렇다면 현대의 생의학적 향상 논쟁에 유용한 통찰력을 가질 수 있는 다른 연구 문헌은 무엇인가? 생의학적 향상을 옹호하는 일부 학자는 교육을 강력하고 널리 보급된 전통적 향상의 형태로 볼 수 있다는 점에서, 우리가 교육에서 얻는 사회적 이득이 무엇인지를 제시한다(Jefferson et al., 2014: 504). 달리 말해, 그들은 교육과의 관련성 논제를 통해 생의학적 향상의 정당성을 확보하고자 애쓰는 중이다.

높은 교육 수준은 더 나은 직업을 구할 수 있는 확률을 높이는 등 많은 개인적 혹은 사적인 이득을 가져다준다. 그러나 교육의 사회적 순이익도 분명히 존재한다. 그 이유 중 하나는 어떤 분야에서 근로자들에게 더 많은 교육을 제공하면 그들의 생산성이 증가하며, 이것은 다시 그들과 함께 일하는 다른 사람들의 생산성을 증가시키는 경향이 있기 때문이다. 그것은 또한 그들이 새로운 약품이나 기술을 고안하는 것과 같은 광범위한 사회적 이득이 생기는 것을 생산하도록 허용할 수도 있다. 생의학적 향상을 주도하는 사람들이 최근에 다시 주목하는 교육의 사회적 이득은 바로 시민성 훈련과 준비이다. 교육은 시민들이 민주적 과정에 참여하도록 장려하고, 지식과 정보에 근거하여 지성적인 방식으로 그렇게 하도록 준비를 시키기 때문에 안정된 민주 사회의 필수 요소라고 여겨져 왔다. 이에 생의학적 향상을 강조하는 사람들은 생의학적 기술을 통해 좋은 시민성을 향상하는 것 역시 사회적 가치를 가질 수 있음에 주목한다.

3. 생의학적 기술을 활용한 시민의 덕 향상

생의학적 기술을 활용한 인간의 도덕 향상(moral enhancement)을 주장했었던 일부 학자는 향상 논쟁에서의 주도권을 계속 유지하기 위해 새로운 주제인 시민의 덕에 초점을 맞추고 있다. 여기서 도덕 향상은 약리학적인 방법과 유전자 선택이나 유전공학과 같은 유전자적 방법을 사용하여 인간의 도덕적 동기를 증진하는 것을 의미한다(추병완, 2015: 12). 그들은 기후 변화나 대량 살상 무기의 그릇된 사용에 의한 지구의 종말을 예방하려면 인류의 도덕 향상(moral enhancement)이 필요하다는 이전의 논거가 지나치게 거시적이고 세계적인 것이기에 대중의 관심을 쉽게 끌기 어렵다는 점을 인식하였다. 이에 그들은 자유 민주주의 사회가 직면한 사회 문제 해결에 직접적인 도움을 주고, 사회적 이득이 유효하고 가시적인 분야에 해당하는 시민의 덕 계발이나 향상으로 논의를 옮기고 있다. 특히, 시민의 덕에 초점을 맞추는 것은 인지 향상과 도덕 향상 모두가 개인적 이득만이 아니라 사회적 이득에도 기여한다는 것을 논리적으로 입증함으로써 향상 논쟁에서 우위를 점하게 해 준다. 인지 향상과 도덕 향상의 효과를 동시에 입증하기에 시민의 덕은 그들에게 더할 나위 없이 소중한 주제인 셈이다. 이에 여기서는 생의학적 기술을 활용하여 시민의 덕을 향상하려는 일부 트랜스휴머니스트의 입장을 면밀하게 살펴보고자 한다.

1) 좋은 시민성의 구성 요소

일부 생의학적 기술이 시민의 덕 계발이나 향상에 유용하다고 주장하는 사람들의 논거를 이해하려면 먼저 그들이 사용하는 개념의 용법에 주목할 필요가 있다. 먼저 그들은 시민의 덕 개념 정의에서 공화주의적인 자유주의 입장을 취하는 대거(Dagger, 1997: 14)의 관점에 의존한다. 대거에 의하면, 시민의 덕은 행동과 심의에서 사적인 선보다 공적인 선을 촉진하려는 성향을 의미한다. 이를 근거로 제퍼슨과 그 동료(Jefferson et al., 2014: 505)는 시민의 덕을 '시민으로서 자신의 역할을 잘 수행하는 데 필요한 특질'(능력, 태도, 성향)이라고 규정한다. 동시에 그들은 시민의 덕이 정치 공동체의 기능 수행에 필수적인 것이라고 본다.

하지만 그들은 시민이 지녀야 할 덕의 구체적인 목록을 제시하지는 않는다. 대신에 그들은 생의학적 기술을 통해 향상할 수 있는 핵심적인 시민의 덕에 초점을 맞춘다. 그들은 다문화 사회에서 안전한 사회적 응집성을 보장하기 위해 시민들이 서로를 향한 관용과 연대성을 갖추어야 한다는 것, 그리고 시민의 정치 및 사회 참여 증가가 필요하다는 것을 강조한다(Jefferson et al., 2014: 506). 이두 가지 사항은 그들이 생의학적 기술을 활용한 시민의 덕 향상이 필요하다는 사실을 뒷받침하는 중요한 이유이기도 하다.

생의학적 향상을 통해 시민의 덕을 함양하는 것이 필요하다고 주장하는 사람들은 좋은 시민성이 인지적 요소와 도덕적 요소로 구성되어 있다고 믿는다. 좋은 시민성을 갖추려면, 시민의 덕의 상호 관련된 두 가지 측면이 모두 필요하다. 첫째, 시민의 덕의 인지적 측면이 필요하다. 그 이유는 시민이 선거 후보자 및 그들의 정책에 관한 그리고 그 정책을 평가하는 것과 관련된 정보에 관한 '정치적 지식', 그 지식을 습득·유지·적용하는 데 도움이 되는 '인지적 기술'을 갖출 때 민주주의는 효과적으로 기능할 수 있기 때문이다. 둘째, 시민의 덕의 정서적·동기적 측면이 필요하다. 그 이유는 시민이 투표하고, 정치에 대해 배우며, 공동체 생활에 참여하는 것만이 아니라 관용과 같은 민주적 규범을 보증하고 동료 시민을 향해 연대감을 느끼도록 동기 부여가 되는 것이 중요하기 때문이다. 또한 시민은 자신과 다른 가치를 지닌 타인을 존중하고, 이유와 증거의 견지에서 자신의 도덕적 관점을 수정할 준비 태세를 갖춘 채 개방적인 이성적 대화에 관여할 수 있어야 하기 때문이다.

이러한 설명은 생의학적 향상이 시민의 덕을 증진하는 방식을 명료화하는 데 도움을 준다. 시민의 덕의 인지적 측면은 공식적·비공식적 교육을 통해 증진될 수 있고, 생의학적 인지 향상은 그러한 교육을 보강하고 가속하는 데 사용될 수 있다. 시민의 덕의 인지적 측면을 향상하는 것은 좋은 시민성의 정서적·동기적 측면에 긍정적인 연쇄 반응을 초래한다는 것을 보여 주는 증거가 존재한다. 끝으로, 시민의 덕의 능동적이고 정서적인 측면을 직접적으로 발달시키는 생의학적 향상을 발전시키는 것이 가능할 수도 있다(Jefferson et al., 2014: 509).

2) 인지·도덕 향상이 시민성 함양에 미치는 효과

제퍼슨과 그 동료는 인지 향상과 도덕 향상이 시민의 덕의 발달이나 향상에 도움이 되는 방식을 비교적 상세하게 설명한다. 그들은 먼저 지금 그리고 가까운 장래에 발전할 일련의 인지 향상 기법을 소개하고, 그것이 교육과 결합하여 시민의 덕에 기여하는 방식에 대해 논의한다. 그들은 인지 향상의 과학은 아직 초기 단계이지만 현재 가용한 약품이 실험실 조건에서 일부 인지적 과제(예: 집중력, 작동 기억, 실행 기능) 수행을 향상한다는 상당한 증거를 축적하는 중이라는 사실에 주목한다. 이런 약품 중 가장 일반적으로 사용되는 것은 바로 카페인이다. 최근에 인지 향상 효과의 증거가 있고, 인지 향상 목적으로 사용되어 온 다른 약품으로는 리탈린(Ritalin), 아데랄(Aderall), 모다피닐(Modafinil) 등이 있다. 그들은 실험실 맥락의 외부에서 이러한 약품의 효과가 잘 이해되지는 않지만, 실험실 조건에서의 인지 향상 효과는 다른 맥락에서도 인지 향상 효과를 낼 수 있을 것이라고 추정하는 것이 타당하다고 주장한다. 그들은 경두개 전기 자극법(transcranial electrical stimulation), 경두개 자기 자극법(transcranial magnetic stimulation)과 같은 비(非)침습적인 뇌 자극은 특히 행동 훈련과 결합할 경우 잠재적으로 인지 향상을 위한 비(非)약리학적 대안을 제시한다고 주장한다. 예를 들어, 경두개 직류 자극법(transcranial direct current stimulation)은 실험실 조건에서 낮은 산술 능력을 가진 아이의 수학적 능력을 증진하는 데 효과적인 것으로 입증되었다(Kadosh et al., 2010: 2016).

그렇다면 생의학적 인지 향상은 시민의 덕 함양에 어떻게 기여할 수 있는가? 제퍼슨과 그 동료에 따르면, 인지 향상이 시민의 덕에 기여할 수 있는 가장 분명한 방법은 정치적 지식을 습득하고 적용하는 과정을 촉진하는 것이다(Jefferson et al., 2014: 511). 인지적으로 향상된 개인들은 특히 '좋은 시민성'을 가르치는 것을 목표로 하는 기존 프로그램으로부터 더 많은 것을 배울 것이다. 그러한 프로그램은 학생들에게 정치 제도의 작동 방식, 지역 정치 문제, 정치적 가치에 대해 가르친다.

그러나 시민교육은 시민교육 수업을 통해서만 이루어지는 것이 아니다. 제퍼슨과 그 동료는 공식적인 초등·중등·고등교육의 전체 체계를 좋은 시민성을 촉진하기 위한 도구로 볼 수 있다고 주장한다(Jefferson et al., 2014: 511). 시민성을 함양하는 것만이 그러한 교육의 중요한 이점은 아니다. 그것은 또한 젊은이들에게 노동력을 준비시키고, 그들에게 자율적인 삶을 영위하는 데 필요한 기술을 길러준다. 그렇지만 시민성 함양은 중요한 것이다. 시민의 전제

조건은 기본적 문해력과 산술 능력이다. 시민이 글을 읽을 수 없고 숫자를 가지고 작업할 수 없다면, 현명한 투표 결정을 내리는 것은 매우 어려울 것이다. 또 역사나 문학 같은 과목은 정치에 적용할 수 있는 비판적 사고력을 길러 준다. 과학과 사회과학을 배우는 것은 정책 토론의 이해를 돕는다. 그리고 이 단계에서 이러한 교육적 노력이 생의학적 수단을 사용하여 얼마든지 개선되거나 촉진될 수 있다는 것을 결코 배제할 수 없다. 이에 제퍼슨과 그 동료는 기초 교육의 효과를 증폭하는 학습 능력을 생의학적으로 향상시키는 것은 효과적인 정치 참여에 필요한 문해력, 산술 능력, 비판적 사고 기술, 교과 특유의 지식을 가진 개인의 비율을 증가시킬 수 있다고 믿는다(Jefferson et al., 2014: 512).

그들은 생의학적 향상을 통해 더 많은 지식과 정보를 갖춘 사람이 넓은 의미에서 더 좋은 시민이 될 수 있다는 그들의 주장을 뒷받침하는 근거를 제시하는 데에도 열의를 보인다. 여기서 그들은 카피니(Carpini)의 연구 결과에 주목한다. 카피니는 더 많은 지식과 정보를 갖춘 사람이 정치적 관용과 같은 민주적 규범을 더 기꺼이 수용하고, 정치에 대해 더 많이 관심을 갖고 토론하며, 투표를 포함하여 다양한 방식으로 더 많이 정치에 참여한다는 사실을 발견했다(Carpini, 2000: 142). 또 다른 근거는 교육 수준과 좋은 시민성 간의 강력한 상관관계를 밝힌 경제협력개발기구(OECD)의 연구 결과이다. 경제협력개발기구의 보고서는 학교교육을 더 많이 받은 사람이 투표를 할 때 지식과 정보에 근거한 선택을 하고, 자신이 속해 있는 공동체에 더 적극적으로 참여한다는 사실을 분명하게 보여 준다(OECD, 2000: xv). 교육이 시민의 덕에 인과적으로 기여한다는 것을 설명하기 위해 제퍼슨과 그 동료는 교육과 인지 능력은 민주주의, 법치, 정치적 자유를 포함하여 모든 분석된 정치적 결과에 긍정적인 영향을 준다는 린더만(Rindermann, 2008: 319)의 연구 결과를 인용한다. 이러한 증거 제시를 통해 제퍼슨과 그 동료는 교육이 시민의 덕 향상에 긍정적인 영향을 미친다면, 교육을 향상하는 일부 생의학적 향상은 긍정적인 효과를 낼 수 있음에 주목한다. 그들은 생의학적 향상이 학습 능력을 향상하여 교육의 효과를 증폭하고, 교육과 결합하여 얼마든지 긍정적으로 활용될 수 있다고 주장한다(Jefferson et al., 2014: 514).

한편, 제퍼슨과 그 동료는 도덕 향상이 시민성에 미치는 효과를 언급한다. 도덕 향상은 매우 논쟁적인 주제이기에 이 부분에서 그들은 인지 향상의 경우와는 다르게 매우 조심스러운 입장을 취한다. 그래서 그들은 도덕 향상이 생성할 수 있는 하나의 가치 있는 결과를 제시하는 것에 만족한다. 도덕 향상은 시민의 덕에 기여하는 것을 통해 우리의 정치 제도와 과정의 원활한 기능 수행을 도와준다는 것이 그들의 핵심 논리이다(Jefferson et al., 2014: 515). 다시 말해, 도덕 향상은 사회적 연대성의 토대가 되는 협동과 신뢰의 성향을 촉진함으로써 좋은 시민성에 기여할 수 있다. 아울러 그들은 약리학적 개입과 뉴로피드백(neurofeedback)을 가까운 장래에 유망한 도덕 향상 수단으로 간주한다. 이를테면, 선택적 세로토닌 재흡수 억제제(selective serotonin reuptake inhibitors)는 공정한 마음과 협동심, 그리고 타인에게 해로움을 가하는 것을 혐오하게 만드는 성향을 증가시켜 준다(추병완, 2015: 175). 옥시토신은 신뢰와 협동, 친사회적 행동을 증가시켜 준다(추병완, 2015: 174). 뉴로피드백은 실험실 상황에서 정서 반응의 신속한 변화를 가능하게 한다는 것을 보여 주었다(Caria et al., 2010: 425). 제퍼슨과 그 동료는 도덕 향상에 관한 최근의 연구 결과에 근거할 때, 시민의 덕을 향상하는 방식에서 도덕 동기 부여와 행동의 능동적·정서적 기반을 생의학적으로 직접 향상하는 것이 가능함을 시사해 준다고 주장한다.

이렇듯 생의학적 기술을 활용하여 시민의 덕을 향상하는 것에 관심을 가진 학자들은 생의학적 향상이 시민의 덕에 기여하는 것을 통해 중대한 사회적 이득을 가져올 수 있음을 강조한다. 이러한 고려는 지금까지 생의학적 향상 논쟁에서 거의 무시되어 왔으며, 앞에서 언급한 뷰캐넌의 관점을 지지하는 것이다. 뷰캐넌은 생의학적 향상 논쟁에서 기본 가정은 가장 중대한 이득이 향상된 사람(또는 아이의 경우에는 그 부모)에게만 이롭고 유리한 사적 혹은 개인 재화라는 사실을 근간으로 한다고 주장했다. 따라서 생의학적 향상은 향상된 개인에게만 좋은 것이지 사회 전체에는 해롭거나 바람직하지 않은 것으로 간주되었다. 제퍼슨과 그 동료는 인지 향상과 도덕 향상이 좋은 시민성에 미치는 영향을 제시하면서 생의학적 향상이 사회에도 유익하고 도움이 된다는 것을 강력하게 주장한다.

4. 시민의 덕 향상 프로젝트의 문제점

민주 시민은 태어나는 것이 아니라 만들어지는 것이기에 우리나라를 비롯한 많은 국가는 시민 심의와 시민 참여 능력을 갖춘 적극적이고 실현적인 시민을 양성하기 위한 시민교육에 박차를 가하는 중이다. 특히 우리나라는 학교에서의 시민교육 활성화 및 강화 조치의 일환으로 2019년부터 4년 동안 12개의 교육대학와 사범대학에 수십억의 사업비를 투자하여 예비 교사의 시민교육 역량 강화에 주력하는 중이다. 이런 상황에서 아직 기술적 가망성이 불투명하고 지나치게 사변적인 논거에 치중하는 생의학적 향상에 의한 시민의 덕 향상 프로젝트는 시민교육과 비교할 때 현실성과 구체성을 많이 결여하고 있는 것이 사실이다. 하지만 향상 윤리 논쟁이 이미 신경윤리학(neuro ethics)의 중요한 한 축을 담당하고 있고, 리탈린을 비롯한 일부 약품이 정상인의 인지 향상 수단으로 성행하고 있는 시점에서 볼 때 생의학적 향상 논거를 강 건너 불구경하듯이 간과할 수 없는 상황으로 치닫고 있다.

생의학적 기술을 활용한 인지 향상, 도덕 향상의 윤리적 문제점에 대해서는 필자가 『신경윤리학과 신경도덕교육』을 통해 충분히 역설한 바가 있으므로, 시민의 덕 향상 프로젝트가 지닌 문제점을 우리는 어느 정도 쉽게 유추할 수 있다. 하지만 도덕 향상의 필연성과 중요성의 적극적인 옹호자인 제퍼슨(Jesffeson), 더글러스(Douglas), 커헤인(Kahane), 사부레스쿠(Savulescu)는 생의학적 향상이 더 큰 사회에 이로움을 가져다주는 통로로서 시민의 덕에 초점을 맞추어 생의학적 향상에 반대하는 학자들에 맞서는 중이다(Jefferson et al., 2014: 499). 생의학적 향상은 사회적 응집성을 와해하고 인간의 정치적 삶을 쇠약하게 만든다는 생명 보수주의자의 입장에 맞서서 그들은 생의학적 향상이 시민의 덕을 향상하는 데 기여하고, 그 결과 정치 공동체의 기능 수행을 촉진할 것이라고 단언한다. 그들은 이 과정에서 시민교육과 생의학적 기술의 결합 가능성 및 보완적 기능 수행을 강조한다. 그러므로 시민교육자로서 우리는 인지 향상과 도덕 향상을 통해 좋은 시민성을 만드는 것이 필요하고 중요한 것인지에 대한 논의를 결코 피할 수 없는 상황이 되었다. 이에 시민의 덕 향상 프로젝트에 내재하는 문제점을 비판적으로 분석하고자 한다.

1) 시민의 덕에 대한 몰이해

생의학적 향상과 시민의 덕의 관계에서 핵심이 되는 것은 바로 시민의 덕 개념이다. 시민의 정치적 무관심과 참여 부족으로 정치공동체의 효율적인 기능 수행이 문제를 일으키고 있다면, 안정적인 자유 민주 사회의 유지와 발전에 필요한 시민의 덕이 무엇인지에 대한 이해가 필요하다. 시민의 덕은 공화주의 정치사상의 부활과 더불어 정치철학과 시민교육에서 매우 중요한 위상을 차지한다. 하지만 최근에 성행하는 공화주의 정치사상에서 시민의 덕 개념 사용은 어느 정도 덕의 개념을 약화시키고 있다. 본래적 공화주의자는 일련의 내면화된 성향으로 시민의 덕을 공약하지만, 덕과 인간의 탁월성 간의 관계에 대해서는 대부분 침묵한다. 도구적 공화주의자는 덕을 시민의 내면화된 성품의 의미가 아니라 합리적으로 기인한 일련의 원칙에 따라 공화주의 국가의 기능을 유지하여 시민들이 자의적인 근거에서 지배를 당하지 않도록 보호하는 개념으로 발전시킨다. 여하튼 모든 공화주의자는 덕을 시민의 영역에서만 묘사하며, 아리스토텔레스가 제공하는 것과 같은 보다 전체론적인 개념화를 무시한다(Peterson, 2011; 추병완, 2020: 192-193).

사실 공화주의자들은 시민의 시민적 속성에만 관심이 있기에 결과적으로 개인의 도덕성에 대해서는 거의 말하지 않는다. 시민의 시민적 역할에 특별하게 초점을 맞추는 것이 현대 공화주의 사상의 중심 요소를 나타내지만, 이것은 시민과 개인 간의 밀접한 상호작용을 상당히 훼손한다(Peterson, 2011; 추병완, 2020: 264). 공화주의자들은 시민의 덕의 목록을 명확하게 제시하지도 않으며, 왜 시민의 덕이 개인적인 덕이나 성품 특질과 구별되어야 하는지에 대해 의미 있게 설명하지도 않는다(Peterson, 2011; 추병완, 2020: 288).

생의학적 향상을 통해 시민의 덕 향상을 주도하는 제퍼슨과 그 동료가 사용하는 시민의 덕 개념은 도구적 공화주의 관점에 서 있는 대거의 논리를 그대로 따른다는 점에서 이미 앞에서 지적한 한계가 그대로 드러난다. 무엇보다 중요한 것은 그들은 생의학적 기술이 도움을 줄 수 있다고 추정되는 소수의 시민의 덕에만 초점을 맞춘다는 것이다. 그들이 관심을 갖고 있는 시민의 덕은 바로 관용, 연대성, 정치 관여를 위한 정치적 지식과 정보 습득이다. 그리고 이를 뒷받침하기 위해 좋은 시민성의 구성 요소로 인지적 덕과 정서적·동기적 덕을 설정하고, 인지적 덕은 생의학적 인지 향상을 통해 그리고 정서적·동기적 덕은 생의학적 도덕 향상을 통해 가능하다고 주장한다.

이것은 마치 에우다이모니아(eudaimonia) 실현을 위해 지적인 덕과 도덕적인 덕을 갖춰야 한다는 아리스토텔레스를 연상시키지만, 그들은 둘 간의 관계에 대한 그 어떤 설명도 하지 않는다. 그들은 시민의 덕의 인지적 측면을 증진하는 것이 좋은 시민성의 동기적·정서적 측면에 긍정적인 도미노 효과(knock-on effect)를 가져올 수 있거나, 또는 도덕 향상을 통해 시민의 덕의 정서적·능동적 측면을 직접 발달시킬 수 있다고 추정하는 데 그치고 만다. 생의학적 향상을 통해 향상시키고자 하는 시민의 덕이 무엇인지, 그리고 덕 혹은 시민의 덕 개념 자체에 대한 매우 얕은 이해는 시민의 덕 향상 프로젝트를 매우 불투명하고 위험한 기획으로 만들 수 있다.

더구나 올바른 의미에서의 덕은 적절한 때에 적절한 대상에게 적절한 이유에 의해 적절한 만큼 표현되어야 하는 것임에도 불구하고, 그들은 이에 대한 일체의 언급이 없이 오로지 덕을 향상하는 것에만 관심을 갖는다. 관용의 역설(paradox of tolerance)에서 볼 수 있는 바와 같이, 무차별이고 무제한적인 관용은 오히려 사회에 더 해롭다는 것을 그들은 인식하지 못하고 있다. 마찬가지로 지나친 연대성은 폐쇄적 공동체로 타락할 수 있고 외집단에 대해 배타적일 수 있다. 그러므로 생의학적 향상에 의해 덕의 양을 증가하는 것만이 능사는 아니다. 생의학적 기술에 의해 시민의 덕을 향상하려면, 시민의 덕에 대한 올바른 이해가 선행되어야 함과 동시에 누가, 누구에게 그리고 어느 정도 시민의 덕을 향상시킬 것인지에 대한 계획이 들어 있어야만 한다.

한편, 시민의 덕은 시민의 성품 안에 내면화가 되어야 한다. 이런 의미에서 특히 도덕적 덕은 많은 실천 기회와 습관화를 요구한다. 약리학적인 방법으로 외부로부터 특정한 덕의 향상을 위한 약품을 주입했다고 해서 그 사람이 그 덕을 갖춘 유덕한 사람이라고 우리는 말하지 않는다. 대부분 약품은 내성 효과에 취약하므로 그

덕의 유지를 위해서는 더 많은 약품이 필요하게 되고, 이것은 덕의 소유가 아닌 약품에 대한 의존도만 높이고 말 것이다. 그리고 그것은 자율적이고 도덕적인 주체로서 시민의 위상을 크게 저해할 것이 분명하다.

끝으로, 제퍼슨과 그 동료는 자유 민주 사회의 안정성에서 시민의 덕이 필요조건이기는 하지만 충분조건은 아니라는 사실을 간과한다. 시민의 덕이 만병통치약은 아니다. 법치와 같은 제도적 요소도 필요하다. 정치 공동체의 효율적 기능 수행에서 오로지 시민의 덕에만 초점을 맞추고 그것이 마치 무한하고 항구적인 힘을 갖춘 독립 변인이라는 착각을 해서는 결코 안 된다.

2) 시민교육과의 모호한 관련성

시민의 덕 향상 프로젝트는 시민교육 자체를 원천적으로 무시하지 않는다는 점에서 이전보다는 진일보한 모습을 보인다. 그들은 현대 다문화 사회의 문제점인 사회적 응집성을 제고하려면 다른 시민들과의 연대성 태도, 편견 부재, 공동체 생활에 참여하려는 의욕, 공적 담론에 관여하려는 의욕이 필요하며, 이것이 생리학적 인지 향상을 통해 가능하다고 주장한다(Jefferson et al., 2014: 507). 그들은 생의학적 향상에 의한 학습 능력의 향상이 기본교육의 효과를 높여줌과 동시에 교육과 결합하여 사용될 수 있다고 주장한다(Jefferson et al., 2014: 514). 생의학적 인지 향상을 통한 학습 능력의 향상은 시민교육에서 학생들이 더 많이 학습할 수 있도록 해 줄 수 있기에 시민교육의 효과를 높일 수 있을 것이다. 하지만 그들은 생의학적 인지 향상을 통해 구체적으로 어떤 학습 능력이 좋아질 수 있는지, 그리고 그것이 시민교육에서 더 많은 학습과 어떻게 연결될 수 있는지에 대해서는 침묵한다. 또한 생의학적 인지 향상을 시민교육과 결합하여 활용하는 경우 그것이 어떤 형태의 결합인지에 대해 그들은 우리에게 아무 것도 말해 주지 않는다.

3) 확증 편향

제퍼슨과 그 동료의 제안에서 드러나는 또 다른 문제점은 자기 입맛에 맞는 근거만을 제시하는 확증 편향에 사로잡혀 있다는 것이다. 그들은 인지 향상이 좋은 시민성에 미치는 긍정적 효과를 입증하기 위해 다음과 같은 사례를 제시한다. 미국에서 소득 신고서를 작성하려면 대략 90 정도의 IQ가 필요한데, 이것은 성인 전체 인구의 20% 이상이 그렇게 하지 못한다는 것을 암시한다(Jefferson et al., 2014: 511). 따라서 광범위한 생의학적 향상을 통한 학습 능력의 향상은 시민이 갖추어야 할 인지적 덕의 함양에 효과적이라는 것이다. 또한 그들은 인지 향상의 타당성을 입증하려고 더 많이 배운 사람이 더 나은 시민이 될 경향성이 크다는 연구 결과를 활용한다. 그러나 우리 사회는 '법꾸라지'라는 말이 성행할 정도로 오히려 법에 대해 잘 알고 법을 전공한 사람이 일반인보다 법을 심각하게 위반하는 경우가 비일비재하다. 더 많이 배울수록 더 많은 지식과 정보를 갖게 되고, 그것은 더 나은 정치적 선택으로 귀결된다는 주장 또한 반론으로부터 자유롭지 못하다. 왜냐하면 우리는 일상생활에서 그것의 반대 사례를 자주 볼 수 있기 때문이다. 특히 극단적인 정치적 진영 논리에 빠져 내 편은 무조건 옳고, 반대편은 무조건 그르다는 논리나 '내로남불' 논리의 확산은 제퍼슨과 그 동료의 주장을 일축하기에 충분하다.

제퍼슨과 그 동료는 인지 향상의 필요성과 관련하여 유권자의 무관심, 정당 가입자 수 감소 등에서 드러나는 정치적 무관심을 언급한다. 하지만 이것은 그들이 전통적인 형태의 시민성 개념에만 함몰되어 있다는 것을 반증한다. 베넷(Bennett, 2008: 14)이 제시한 의무적(dutiful) 시민과 실현적(actualizing) 시민 개념은 제퍼슨과 그 동료가 전통적인 의무적 시민성 개념에 빠져 있음을 잘 보여 준다. 전통적인 형태의 의무적 시민성에서 개인은 시민 클럽부터 정당에 이르기까지 조직화된 집단을 통해 시민 생활에 참여하고, 주로 뉴스에 의해 정보를 얻으며, 개인적 의무감에서 공적 생활에 관여한다. 이와는 달리, 실현적 시민성에서 개인은 소비자 행동처럼 라이프스타일 관심에 근거한 개인적으로 표현적인 대의 지향 정치를 추구하고, 국지적 수준에서 세계적 수준까지 매우 다양한 직접적인 행동 저항 네트워크에 관여한다. 실현적 시민성을 지향하는 사람은 전통적인 주류 정당 정체에는 관심이 없으며, 생활 정치와 환경 이슈 등과 같이 자신이 주도적으로 관련될 수 있고 삶의 의미를 발견할 수 있는 활동에 적극적으로 참여한다. 그러므로 투표에 참여하는 사람, 정당에 가입하는 사람이 줄었다는 것이 글자 그대로의 정치적 무관심을 의미하는 것은 절대 아니다.

4) 정치적 해결 무시

시민의 덕 향상 프로젝트가 지닌 오류는 우리가 직면한 정치적 삶의 문제를 주로 개인적인 결함의 결과로서, 특히 개인의 인지 능력이나 동기·성향에서의 결함의 결과로서 간주한다는 사실이다. 그들의 논리는 지극히 방법론적 개인주의에 경도되어 있다. 현대 민주주의 체제의 문제점이, 그리고 인류가 직면한 많은 문제점의 근원이 개인의 인지적·도덕적 결함에서 유래한다고 보는 것은 문제가 있다. 그들은 사회 구조적 요인들이 그러한 문제를 더욱 악화시키거나 심지어 시민성의 타락을 유발하고 있음을 간과한다.

이를테면 빈곤의 경우를 예로 들어 보자. 빈곤이 개인의 근면함의 부족에서 나오는 것인가? 물론 그럴 수도 있다. 하지만 상당수의 사람들은 자신들의 욕구를 충족시킬 자원을 이용함에 있어서 구조적 장벽에 직면하고 있으며, 그것은 빈곤을 유발하거나 더욱 악화시키는 기제가 되고 있다. 중도 탈락이나 낮은 교육 수준의 경우를 살펴보자. 단지 학습자의 학습 능력이 낮아서 중도 탈락 현상이 생기는 것은 아니다. 학습 능력은 있음에도 여러 가지 이유로 말미암아 중도 탈락 현상이 생기는 것이다. 생의학적 향상을 통해 설령 학습 능력이 높아졌다고 해도 그와 관련된 여건이나 요인이 개선되지 않는다면 중도 탈락은 지속하기 마련이다. 인종차별주의 (racism)도 마찬가지이다. 인종 차별이나 불평등이 개인적 정서의 완고함에서 비롯되는 것만은 아니다. 역사적·문화적·언어적·조직적 관행들이 인종 차별과 매우 복잡하게 얽혀 있다. 따라서 개인의 인지 능력과 도덕 심리를 향상한다고 해서 저절로 도덕적이고 민주적인 사회가 될 것이라는 생의학적 향상의 논리는 지나치게 유토피아적이다. 사회 구조·제도·정책의 개선과 관련된 정치적 해결의 구체적인 언급이 없는 가운데, 개인의 인지와 도덕성에만 호소하는 방법론적 개인주의는 원인과 해결 방안 모두에서 한계가 있는 것이다(추병완, 2014: 35).

5. 결론

생의학적 기술은 질병을 치료하는 것만이 아니라 흔히 생의학적 향상이라 불리는 정상적이고 건강한 사람들의 능력이나 특성을 증가시키는 데 점점 더 많이 사용될 수 있다. 아마도 생의학적 향상의 가장 잘 확립된 사례는 성형수술과 스포츠에서의 도핑일 것이다. 그러나 가장 최근의 과학적 관심과 윤리적 논쟁은 수명 연장, 기분 전환, 인지 능력, 도덕 동기 부여 향상에 초점을 맞추고 있다. 생의학적 향상은 한 편에서 비(非)생의학적 향상과 다른 한편으로 생의학적 치료와 비교될 수 있다. 비생의학적 향상은 생의학적 기술을 사용하지 않는 가운데 정상적이고 건강한 개인의 능력이나 특성을 증대시키는 것을 목표로 한다. 비생의학적 향상은 학교와 같은 기관이나 컴퓨터와 같은 외부 기술을 활용할 수 있다. 생의학적 치료는 생의학적 기술을 활용하지만, 향상과는 달리 질병을 치료하는 것을 목표로 하고 있으며, 이것은 현대 의학의 주류를 이루고 있다. 비생의학적 향상과 생의학적 치료는 일반적으로 윤리적으로 허용되고 바람직한 것으로 널리 받아들여지고 있다. 하지만 생동감 넘치는 윤리적 논쟁의 주제가 된 생의학적 향상은 그렇지 않다.

향상 논쟁에서 스펙트럼의 한쪽 끝에는 비록 생의학적 향상이 우리가 인간으로서 더 이상의 자격이 없다는 것을 의미하더라도, 때때로 우리 자신을 급진적으로 변화시키기 위해 생의학적 향상을 이용해야 한다고 주장하는 트랜스휴머니스트가 존재한다. 다른 한편에는 생의학적 향상을 경험하는 것에 반대하는 강력하고 결정적인 이유가 있다고 믿는 생명 보수주의자가 존재한다. 생의학적 기술을 활용한 인간 향상 논쟁에서 트랜스휴머니스트의 논거는 많은 비판에 직면하였다. 하지만 트랜스휴머니스트는 매우 분석적인 방법을 활용하여 생명 보수주의자의 논거를 비판하면서 향상 논쟁의 주도권을 유지하여 왔다.

일부 트랜스휴머니스트는 시민의 덕 향상 프로젝트를 통해 생의학적 향상이 향상된 개인만이 아니라 사회에도 이득이 된다는 것을 보여 줌으로써, 생의학적 향상이 사회의 연대성 파괴, 속임수의 만연, 경쟁 압력 증가 등과 같은 사회에 커다란 해악을 초래한다는 생명 보수주의자의 논거를 반박함으로써 향상 논쟁의 프레이밍을 바꾸고 있다. 특히 그들은 향상 윤리를 발전 윤리의 맥락에 설정하면서 관련성 논제를 활용하여 생의학적 향상 기술이 전통적인 향상 수단과 별반 차이가 없으며, 그래서 도덕적 구분 자체가 무의미하다는 것을 강조한다. 그들이 관련성 논제를 이용하여 가장 많이 비교하는 것이 바로 교육이었다. 하지만 그들은 최근에 시민의 덕 향상 프로젝트에서 생의학적 기술과 시민교육의 결합을 강조하면서 도덕교육의 효과를 극도로 의심하고 경시했던 이전의 입장을 다소 수정하는 모습을 보여 준다. 이를테면, 그들은 이전에 "석가모니, 공자, 소크라테스와 같은 최초의 위대한 도덕적 스승 이래로 2,500년 동안의 전통적인 도덕적 훈련 방법에 의해 실현된 도덕적 진보는 매우 부족해 보인다."고 주장했었다(추병완, 2015: 12).

하지만 시민의 덕 향상 프로젝트는 시민의 덕에 대한 얕은 이해, 시민교육과의 모호한 관련성, 확증 편향, 정치적 해결 무시 등과 같은 비판을 결코 벗어날 수 없다. 시민의 덕 개념을 통해 향상이 수반하는 사회적 이득을 보여 주는 데서는 어느 정도 성공한 듯 보이지만, 그 논거에서 많은 허점을 드러내고 구체성과 실현 가능성을 결여하고 있기 때문에 우리가 당장 시민의 덕 프로젝트를 수용할 이유는 없어 보인다. 그러므로 아직 확실한 미래를 보장하지 못하고 유토피아적인 사변 수준의 생의학적 향상에 의한 시민의 덕 향상에 매달리기보다는 전통적인 향상 수단인 시민교육의 문제점을 보완하고 개선하는 것이 지금에게는 우리에게는 더 현명한 선택일 수 있다.

참고문헌

추병완(2014). 도덕적 생명 향상의 오류 분석. 도덕윤리과교육, 44, 21-42.
추병완(2015). 도덕성 알약 프로젝트에 대한 비판적 평가. 초등도덕교육, 48, 23-45.
추병완(2020). 신경윤리학과 신경도덕교육. 한국문화사.

Bennett, W. L. (2008). Changing citizenship in the digital age. In W. L.

Bennett (Ed.), *Civic life online: Learning how digital media can engage* youth (pp. 1-24). MIT Press.

Buchanan, A. (2008). Enhancement and the ethics of development. *Kennedy Institute of Ethics Journal, 18*, 1-34.

Buchanan, A. (2011a). *Better than human: The promise and perils of enhancing ourselves.* Oxford University Press.

Buchanan, A. (2011b). *Beyond humanity?: The ethics of biomedical enhancement.* Oxford University Press.

Caria, A., Sitaram, R., Veit, R., Begliomini, C., & Birbaumer, N. (2010). Volitional control of anterior insula activity modulates the response to aversive stimuli: A real-time functional magnetic resonance imaging study. *Biological Psychiatry, 68*, 425-432.

Carpini, M. X. D. (2000). In search of the informed citizen: What Americans know about politics and why it matters. *The Communication Review, 4*(1), 129-164.

Dagger, R. (1997). *Civic virtues: Rights, citizenship, and republican liberalism.* Oxford Political Theory.

Elliot, C. (2003). *Better than well: American medicine meets the American dream.* Norton.

Fukuyama, F. (2002). *Our Posthuman Future: Political Consequences of the Biotechnology Revolution.* Profile Books.

Gazzaniga, M. S. (2005). *The ethical brain.* Dana Press.

Habermas, J. (2003). *The future of human nature.* Polity Press.

Jefferson, W., Douglas T., Kahane, G., & Savulescu, J. (2014). Enhancement and civic virtue. *Social Theory and Practice, 40*(3), 499-527.

Kadosh, R. C., Soskic, S., Iuculano, T., Kanai, R., & Walsh, V. (2010). Modulating neuronal activity produces specific and long lasting changes in numerical competences. *Current Biology, 20*, 2016-2020.

Kass, L. (2003). Ageless bodies, happy souls. *The New Atlantis, 1*(1), 9-28.

Kymlicka, W., & Norman, W. (2001). Citizenship in culturally diverse societies: Issues, contexts, concepts. In W. Kymlicka & W. Norman (Eds.), *Citizenship in diverse societies* (pp. 1–41). Oxford University Press.

OECD (2000). *Literacy in the information age: Final report of the international adult literacy survey*. OECD.

Persson, I., & Savulescu, J. (2012). Unfit for the future: The need for moral enhancement. 추병완 역(2015). 미래 사회를 위한 준비: 도덕적 생명 향상. 하우.

Peterson, A. (2011). *Civic republicanism and civic education: The education of citizens*. 추병완 역(2020). 시민 공화주의와 시민교육. 하우.

Rindermann, H. (2008). Relevance of education and intelligence for the political development of nations: Democracy, rule of law and political liberty. *Intelligence, 36*, 306–322.

Sandel, M. J. (2007). *The case against perfection: Ethics in the age of genetic engineering*. Harvard University Press.

The President's Council on Bioethics (2003). *Beyond therapy: Biotechnology and the pursuit of happiness*. The President's Council on Bioethics.

06

교육학과 포스트휴먼–이즘 담론의 임계점에 대하여*

우정길

---

* 이 글은 '우정길(2020). 교육학과 포스트휴머니즘 담론의 임계점에 관한
고찰. 교육철학연구, 42(4), 55-92'를 이 책의 취지에 맞추어 부분적으로
수정한 것임을 밝혀 둔다.

1. 서론: 담론의 지형과 문제의 공유

현재 포스트휴머니즘이라는 용어[1] 아래 진행되고 있는 논의는 크게 두 갈래, 즉 "포스트-휴머니즘과 포스트휴먼-이즘"(신상규, 2019; 인문브릿지연구소, 2020: 29; Callus & Herbrechter, 2013)으로도 나눌 수 있다.[2] 우선 '포스트-휴머니즘'으로 표기되기도 하는 포스트휴머니즘은 문자 그대로 휴머니즘-이후라는 의미의 담론이다. 이들은 전통적 휴머니즘의 문제를 보완·극복한 의미의 새로운 휴머니즘을 주장하는데, 그 주장의 기본적 문제의식과 제안은 다음과 같이 요약해 볼 수 있다. 즉, 전통적 휴머니즘은 인간이라는 생명체만 과도하게 중시하였고, 그마저도 모든 인간이 아니라 특정 지역과 인종과 성별의 이해를 대변하는 폐쇄적 양상의 인류중심주의(anthropocentrism)를 견지해 왔다. 그러나 세계 속에는 인간 또

---

1) '포스트휴머니즘'과 '트랜스휴머니즘'이라는 용어의 개념·사용에 관하여는 우정길 (2019: 100f; 2020b: 59f)을 참조하기 바람.

2) 이 장에서 참고하고 있는 Callus & Herbrechter(2013)와 신상규(2019)의 분류 외에, 포스트휴머니즘 담론 분류의 다양한 사례를 들자면 다음과 같다. "통속적 휴머니즘, 학문적 포스트휴머니즘"(김종갑, 2008), "울트라-휴머니즘, 포스트-휴머니즘, 신비주의적 포스트휴머니즘"(Onishi, 2011), "부정적 포스트휴머니즘, 낙관적 휴머니즘, 비판적 포스트휴머니즘"(임석원, 2013), "반동적 포스트휴머니즘, 분석적 포스트휴머니즘, 비판적 포스트휴머니즘"(Braidotti, 2013/이경란, 2017).

는 심지어 특정 부류의 인간만 있는 것은 아니며, 더 넓게는 인간이라는 생명체만 있는 것도 아니다. 아울러 인간은 이 거대한 생태계 속 일부에 불과하기에, 인간-비인간이라는 종래의 이분법은 세계의 실상을 표현하기에 적절하지 않다. 이에 더하여 현대 공학기술의 비약적 발전에 따라 미래에 새롭게 등장하게 될 다양한 종류의 혼종적 존재들이 공존과 상호의존의 영역에 포함될 경우, 기존의 휴머니즘은 아주 편협한 개념틀이 될 것이다. 그러므로 인간-비인간의 이분법으로부터 벗어나서 인간과 비인간적 존재들(동식물·사물·기계) 사이의 공존과 상호의존의 가치를 확인하고, 그로부터 교육의 목적과 내용을 새롭게 구성할 필요가 있다. 휴머니즘-이후라는 의미의 포스트-휴머니즘은 이러한 맥락에서 등장하였고, 보다 개방적인 개념의 휴머니즘을 지향하는 가운데 학계의 공감을 확장해 나가고 있는 상황이다(정윤경, 2019; Ceder, 2019; Snaza et al., 2014; Snaza & Weaver, 2015).

또 하나의 포스트휴머니즘은 '포스트휴먼-이즘'으로 표기되기도 하는 담론이다. 포스트휴먼-이즘은 이른바 나노-바이오-인포-인지과학(Nano-Bio-Info Technology, Cognitive Science: NBIC)으로 대변되는 기술공학을 통해 탄생하게 될 업그레이드된 인간 또는 "유사인간(posthomo sapiens)"(백종현, 2016: 69)을 '포스트휴먼'으로 통칭하고, 이들 포스트휴먼의 출현이 갖는 인간학적·인류사적 의미와 사회구조의 변화 가능성, 그리고 이와 관련된 생명윤리적·사회윤리적 함의와 준거들을 선제적으로 성찰하고 대비하려는 일련의 담론이다. 기술공학의 비약적 발달로 인한 기계의 인간화 및 인간의 기계화 현상이 가속화할수록 인간과 기계 사이의 경

계가 모호해지고, 이 둘의 섞임을 통한 각종 혼종적 존재의 출현이
가시화할수록 세간의 흥분과 염려는 증폭되어 갈 것이다. 과연 포
스트휴먼·포스트휴먼–이즘이 현존의 휴먼·휴머니즘의 영역과
가능성을 확장해 나가는 데 기여하게 될 것인가, 혹은 이것이 기존
의 휴먼·휴머니즘에게 우려와 회의와 위협의 요인으로 귀결될 것
인가, 그리고 후자의 경우 이를 어떻게 예측하고 대비할 것인가가
중심 쟁점이라 할 수 있다. 그리고 이 쟁점은 주로 인간본성론과
생명윤리의 차원에서 가장 첨예하게 드러난다. "호모사피엔스인
가 혹은 로보사피엔스인가"(김응준, 2014) 또는 "사피엔스 & 호모데
우스"(Harari, 2015)라는 표현은 이러한 쟁점을 단적으로 보여 주는

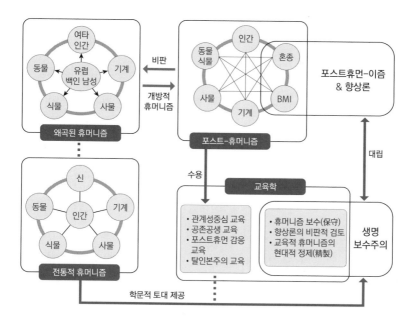

[그림 6-1] 포스트휴머니즘의 교육학적 수용의 지형도

이분법적 수사(修辭)들이지만, 일상적 경험의 영역에서는 이렇게 대조적으로 표기된 존재들 사이의 경계를 확정짓기 어렵다는 점이 난제로 남아 있다. 지금도 보완과 교정과 치료의 목적으로 진행되고 있는 인간의 포스트휴먼화(化)는 긍정적으로 수용할 만한 것이지만, 그 임계점에 관한 사회적 논의와 합의는 또 지난한 여정을 앞두고 있는 것이 사실이다.

이 장은 앞의 두 번째 개념의 포스트휴머니즘, 즉 포스트휴먼-이즘에 관계된 것으로서, 교육학과 포스트휴먼-이즘 담론의 임계점에 대한 고찰이다([그림 6-1]의 오른쪽 부분). 미리 밝혀두자면, 포스트휴먼-이즘은 사실상 교육학과 관련이 적다. 앞서 간략히 소개한 바와 같이, 포스트휴먼-이즘은 포스트휴먼이라는 미래적·가상적 존재에 관한 것이기에, 현존 인간의 교육과는 공유점이 미미하다.

그럼에도 불구하고 이것을 연구의 대상으로 삼으려는 이유는 인간과 인류의 개선을 위해 포스트휴먼-이즘 담론가들이 제안하는 향상(enhancement)의 방법론이 전통적 수단인 교육과, 아직은 전망과 제안의 차원에서이지만, 대립 또는 경쟁의 구도를 형성하고 있기 때문이다. 그리고 이러한 구도의 이면에는 이 두 가지 방법론이 표면상 갖는 논리적 유사성이 있다. 문제는, 이 표면적 유사성이 향상론자들에게도 그리고 동시에 교육학자들에게도 모종의 착시현상을 일으킬 수 있다는 점이다. 본론에서 상술하기에 앞서 포스트휴먼-이즘 담론을 주도해 온 학자들 중 보스트롬(N. Bostrom)과 사불레스쿠(J. Savulescu)의 문장을 인용하며 문제의 성격을 간략히 공유하고자 한다.

"우리는 충분히 우수한가? 그렇지 않다면, 우리는 우리 자신
을 어떤 방식으로 개선하여도 되는가? 우리는 우리 스스로를
공부와 훈련 같은 전통적인 방법(methods)으로 제한하여야 하
는가? 혹은 과학(science)을 활용하여 보다 직접적으로 우리의
정신적 물리적 능력을 향상하여야 할까?"(Bostrom & Savulescu,
2009: 1).

보스트롬과 사불레스쿠의 의문문들 속에서 우리는 인간의 개선
을 위한 전통적 방법을 대체하고자 하는 새로운 길에 대한 안내를
읽을 수 있다. 이들은 교육을 향상이라는 개념과 구분하고, 후자
에 더욱 의미를 부여한다. 이러한 이분법 속에 나타난 교육은 "전
통적, 제한적, 비과학적"인 반면, 향상은 "미래지향적, 직접적[효율
적], 과학적"이다. 적어도 표기된 술어로만 보자면, 전자는 후자로
교체되는 것이 나아 보인다. 그런 의미에서 이들은 교육을 "로우
테크"로, 향상을 "하이테크"로 규정하면서(Bostrom, 2003a: 496), 언
젠가는 전자가 후자에 편입되거나 혹은 자동소멸될 것으로 전망한
다. 심지어 교육이 의무화된 것과 같이 향상 기술의 적용 역시 의
무화되어야 한다는 주장을 내어놓기까지 한다. 즉, "태어날 아이를
심각한 유전적 문제로부터 보호하도록 [인간향상의 기술을 사용하
도록] 사회가 나서서 규제하여야"(Bostrom, 2005a: 211) 하며, "[경제
적으로] 감당할 수 없는 아동들에게, 현대 사회에서 교육을 의무화
하여 제공하듯이, 향상을 제공하고, 심지어 부모가 반대한다 하더
라도, 의료적 처치를 강제할 수 있어야 한다"(Bostrom, 2003a: 500)
는 주장이다.

실로 "인간의 개선"과 "미래지향적, 직접적, 과학적"이라는 수사들의 조합은 대단히 매력적이거니와, 인류와 교육학의 현재가 응당 진행해 나가야 할 미래적 방향에 완벽히 부합하는 것처럼 보인다. 심지어 이러한 흐름을 부정하거나 거부하는 것은 수구적·비효율적·비과학적인 자세임과 동시에 문명의 흐름에 반한다는 인상마저 남긴다. 그리고 실제로 이러한 자세를 비웃는 포스트휴먼-이즘 담론가들의 조롱은 공공연히 연출되고 있는데, 그 대표적 사례로 샌델(M. Sandel)과 사불레스쿠와 보스트롬 사이에 오갔던 공개적인 대화를 들 수 있다.

『The Case against the Perfection』(2007)에서 샌델은 유전공학적 향상기술의 근본적 위험성에 대해 "강화[향상]에 대한 나의 우려는 그것이 개인적 악덕이냐 아니냐의 문제가 아니라, 마음의 습관과 존재 방식에 결부되는 문제라는 데 있다"(Sandel, 2007/이수경, 2016: 122f)라는 문장으로 자신의 우려를 표한 바 있는데, 이에 대한 사불레스쿠와 보스트롬이 촌평은 대단히 냉소적이었다. 이들은 샌델이 제안한 선물론의 덕목들을 압축적으로 함의하고 있는 신학자 메이(W. F. May)의 표현 "요청하지 않은 것에 대한 개방성(openness to the unbidden)"이라는 문구를 비꼬아 다음과 같이 말한다.

"미국 식품의약국(FDA)으로부터 향상 제품(enhancement products)의 판매 허가를 얻기 위한 제안을 한 가지 하자면, 일예로, 기억력 향상 약품의 약병에 이런 처방이 적혀 있도록 하면 어떨까. '변비와 구강 건조증, 피부 두드러기 및 요청하지 않은 것에 대한 개방성의 상실이 유발될 수 있음. 이런 증상들이 48시간 이상 지속될 경우, 의사 그리고/또는 당신의 영적·정신적(spiritual) 상담사에게 자문을 구하시오'"(Bostrom & Savulescu, 2009: 6).

여기서 "영적·정신적 상담사"라는 표현은 "과학 vs. 비과학"이라는 그들의 이분법을 여과 없이 반영한 언사로 보인다(우정길, 2019: 289f). 그리고 심지어 교육학계 일각에서도 이러한 흐름과 궤를 같이하는 관점이 등장한 지 오래이다. 일 예로, 현대 교육학의 신흥 분야로 주목받고 있는 '뇌기반학습'의 연구자들은 "모든 학습은 뇌에서 이루어진다"(김성일, 2006: 31; 박형빈, 2016: 154; 신동훈, 2017: 387f)는 명제 위에 그들의 이론을 쌓아 올리고 있는데, 뇌기반학습과학에 대한 다음과 같은 해설 속에서 우리는 과학과 비과학의 구분에 대한 편견을 확인할 수 있다.

"외국에서는 오래전부터 기존의 각종 교육을 추상적 교육철학 개념이나 직관적 인문적 기술 중심이라는 비과학적 체계에서 벗어나 '과학기반 교육(Science-Based-Education: SBE)'으로 변화되고 있다. …… 뇌기반학습과학은 모든 학습은 뇌에서 이루어진다는 대전제 아래 인간의 사고 및 학습과정에 대한 과학적이고 체계적인 접근방법으로 뇌의 인지기능 및 구조에 대한 과학적 이해를 바탕으로 학습자의 뇌를 효율적으로 활용할 수 있는 적절한 교수-학습 환경을 디자인하고자 하는 실용적 목표를 둔 새로운 접근이다"(김성일, 2006: 377).

물론 이 논문에는 "외국"과 "오래전"에 대한 구체적인 정보는 제공되고 있지 않으며, '과학과 비과학'의 구분 기준에 대하여도 별도의 언급이 없다. 그저 "추상과 직관은 비과학적이다."라는 자의적 판단이 제시되어 있을 뿐이다.

그러나 학문의 탄생 시기로만 비교하자면, 학문, 즉 과학(Wissenschaft/science)으로서 교육학이 탄생한 것이 1806년(Herbart, 『Allgemeine Pädagogik』)으로 공인되고 있다면, 신경과학의 역사는 뇌생리학·뇌해부학의 선구자였던 파울 플레히지히가 1883년에 "파울 플레히지히 뇌연구소(Paul Flechsig Institut für Hirnforschung)"라는 이름으로 설립한 이래 현재까지도 명맥이 유지되고 있는 독일 라이프치히 대학교 "뇌해부학 연구소"가 그 시작이라 할 수 있다(우정길, 2019: 86f; Leibnitz, 1977; Shorter, 1997). 즉, 학문으로서 교육학은 신경과학보다 더 이른 시기에 그 시작을 고하였으며, 역사적으로도 더욱 방대하고 정밀한 전개를 이어 오고 있다. 자연과학만이 과학이고 그것에 기반하여야만 과학적이라는 오해는 근대학문의 전개 과정에 대한 이해의 부족에서 기인한 것이다.

군이 규정하자면, 오늘날의 교육학(Erziehungs*wissenschaft*)은 인문과학(Human*wissenschat*)과 사회과학(Sozial*wissenschaft*)의 조합이며, 뇌과학이라는 분야명으로 더욱 잘 알려진 신경과학(Neuro*wissenschaft*)은 교육학에 부차적인 정보를 제공하는 자연과학(Natur*wissenschaft*)의 한 분야라 할 수 있다. 그 주된 관심이 교육인가, 인간인가, 사회인가, 뇌신경계인가, 자연인가에 따라 명명이 달라질 뿐, 이들 모두가 현대 학문·과학(Wissenschaft)의 유의미한 분야들이다. 용어나 개념의 추상성과 직관성은, 뇌파 영상의 해

독이나 통계적 기호와 수식의 해석과 마찬가지로, 학문적 수련의 대상일 수는 있겠으나 과학의 결격사유가 되지는 않는다. "추상성이 곧 한계"(김성일, 2006: 377; 소경희 외, 2020: 89)라는 인식은 이해의 소극성과 학문적 자세의 비개방성에 기인하는 것일 수도 있다.

이와 같은 과학과 비과학의 구분에 대한 편견과 공방의 와중에 걸음을 멈추고 재고해 보아야 할 것은 바로 인간 개선의 의미이다. 과연 포스트휴먼-이즘 담론의 저 '개선'은 교육학이 추구하여 온 인간·인류의 개선과 동일한 의미의 것인가? 그리고 이들이 제안하는 그 "미래지향적, 직접적, 과학적" 방법은 과연 인간과 인류의 어떤 측면을 개선하려는 것이며, 그 기획은 과연 지속가능한 방법인가? 교육과 향상의 논리는 어떤 면에서 유사하며 또 어떤 지점에서 서로 다른가?

교육학적 관점에서 다소 비판적 어조를 띤 앞선 질문들을 염두에 두는 가운데, 여기에서는 교육과 향상의 논리와 논거들을 비교하고자 한다. 즉, 인간과 인류의 개선이라는 목적의 성격에서 출발하고, 이러한 목적을 실현하고자 하는 이 두 가지 상이한 수단의 인간학적 논리구조와 사상적 배경, 그리고 이 두 가지 수단이 채택한 방법들의 성격에 대해 고찰해 보고자 한다. 이를 통해 포스트휴먼-이즘 담론가들이 인간의 개선과 인류의 진보를 위해 제안하는 '향상'이라는 방법론의 "미래지향성, 직접성, 과학성"의 성격을 규명하고, 이 매끄러운 수사들이 야기할 수 있는 오해와 착시현상의 가능성을 공유하고자 한다. 이를 통해 교육학과 포스트휴먼-이즘 담론의 임계점에서 교육학자들이 추구해야 할 지향점을 재확인할 수 있게 되기를 희망한다.

2. 교육과 향상의 논리

1) 인간학적 구도: 결핍존재론과 이원적 인간론

전통적으로 교육학은 이원적 인간론을 기본구도로 한다. 즉, 교육학은 있는 그대로의 인간과 당위적 인간, 즉 존재(Sein)와 당위(Sollen)를 구분하는 데서 교육의 필연성 및 교육의 가능성을 위한 논거를 마련하였다. 그 논리를 간략히 제시하자면 다음과 같다. 즉, 인간은 태어난 그대로는 생존과 생활이 불가능한 "결핍존재(Defizitwesen/Mängelwesen)"(Gehlen, 1940; Ricken, 1999)이기에, 교육을 통하여 생존과 생활에 필요한 기술과 지식과 문화를 습득하여야 한다. 즉, 교육 이전의 존재는 교육 이후의 존재에 비하여 개인적·사회적·도덕적 결핍의 정도가 심하므로, 교육을 통하여 이 결핍들을 메워 나가야 한다는 논리이다. 결핍의 정도가 심할수록 교육의 필연성의 논거는 강화되고, 결핍의 지점과 인간 스스로가 설정한 이상적 인간상 사이의 질적 차이가 클수록 교육 가능성의 논거 역시 더욱 명확해진다. 달리 표현하자면, 결핍존재론은 인간 개선을 위한 교육행위의 당위성과 가능성을 담보해 주는 교육인간학적 대전제인 것이다(우정길, 2007a: 143f; 최종인, 2005: 34-35[3]).

---

3) "인간이 교육적 동물(Homo Educandus)이라는 주장에는 인간은 교육을 통해서만 인간이 된다는 "교육의 필요성"과 인간만이 교육을 통해서 인간이 된다는 "교육의 가능성"이 내포되어 있다. 따라서 이 인간이해는 여러 인간이해들 중에 한 가지에 불과하지만, 교육학 내에서 이 인간이해는 다른 다양한 인간이해들을 규정하고 제한하는 메타적(meta) 성격을 갖는다. 즉, 교육적 동물로서의 인간은 학문으로서 교육학

이와 같이 결핍존재론에 기반한 이원적 교육인간론의 사례들을 우리는 교육학의 역사에서 어렵지 않게 발견할 수 있다. 가장 먼 예로는 플라톤의 동굴의 비유에 등장하는 동굴 속 죄수와 동굴 밖 철인의 대조로서, "동굴 안과 동굴 밖, 빛을 향한 방향의 전환, 지하동굴로부터 태양의 광명을 향한 오름"(오인탁, 1996: 61-73; Plato, 1902/박종현, 1997: 447-490) 등의 설정은 교육 이전과 교육 이후의 질적 차이를 명시적으로 강조해 주는 이론적 장치들이라 할 수 있다. 중세의 끝 혹은 근대가 시작되는 지점에서는, 어둠과 빛의 대조를 바탕으로 학생과 교사의 교육적 관계를 시각화한 코메니우스의 교사-학생 관계도(Comenius, 1658: Invitatio; Woo, 2016: 220f)가 동굴의 비유와 유사한 이원적 인간론의 구도를 보여 준다.

이들 고전적 사례들은 공통적으로 태양이라는 상징물을 활용하고, 교육 이전과 교육 이후를 어둠과 빛의 대조로 나타내었다는 점이 특징적이다. 인간과 신의 차이, 어둠과 빛의 차이만큼이나 교육 이전의 인간과 교육 이후의 인간 사이의 질적 차이는 심대하며, 그 심대함만큼 교육의 효과성도 극적으로 강조된다. 그러나 이러한 이분법에서 드러나는 인간의 결핍성은 태양이라는 절대성의 상징으로부터 연역된 절대적 결핍성을 의미한다는 점, 그리고 교육의 최초 주체에 대한 해명이 미지의 영역에 머물거나(동굴의 비유)

의 인간학적 전제로서 이 전제가 부정될 경우 교육이란 행위자체가 부정되고 교육학의 성립도 불가능하다"(최종인, 2005: 34-35). 이 인용문은 다음에서 언급하게 될 동물-인간 비교론에 입각한 결핍존재론의 전형을 보여 주는 사례이기도 하다. 'Homo'라는 단어가 '인간'을 의미함에도 불구하고, 'Homo Educandus'가 '교육적 동물'로 번역·수용되는 것이 자연스럽게 여겨지는 현상 역시 교육학이 전통적으로 결핍존재론과 이원적 인간론에 바탕을 두어 왔음을 방증한다.

혹은 교육의 주체와 과정이 절대적 존재에게로 환원되는 형식을 취한다는 점(Woo, 2016: 220f)에서 아직은 전근대적인 성격을 띠고 있다고 말할 수 있다.

현대 교육학의 관점에서 참조할 만한 상대적 결핍존재론과 이원적 인간론은 칸트에게서 포착된다. 주지하는 바와 같이 칸트는, 헤르바르트의 『일반교육학』(1806)을 통해 독립적 학문으로서 교육학이 시작을 고하던 즈음, 교육학의 역사상 고등교육기관에서 최초로 교육학 강의를 행하였다. "인간은 교육되어야 하는 유일한 피조물이다"(Kant, 1998b: 697)라는 인간 규정으로부터 출발하는 『교육학에 대하여』(1803)에서 칸트는 동물이라는 비교 대상을 활용하여 인간의 결핍성을 제시하고, 그 바탕 위에 인간의 교육을 제안한 바 있다.

칸트에 따르면, 인간의 내면은 교육의 작용 유무에 따라 동물성과 인간성이라는 두 공간으로 나뉜다. 그에 따르면 "인간은 미숙 상태로 태어나는데"(Kant, 1998b: 697), 교육을 받지 않은 동안 인간은 "이 동물[사람]이 자기 속에서 아직 인성으로 발달시키지 않은 어떤 미숙성"(Kant, 1998b: 698)의 지배하에 머문다. 이 미숙성은 "충분히 교육[훈육]되지 않아 동물성과 야성이 지배하는 상태" 또는 "사람 사회에 적응하기 힘든 어리석음의 상태, 도덕적 무정부 상태"(Kant, 1998b: 706f)를 의미한다. 그러나 교육의 개입을 통해 "이 동물성(Tierheit)이 인성(Menschheit)으로 변화된다"(Kant, 1998b: 697)는 것이다. 즉, 교육적 작용 이전의 인간은, 비록 그가 인간으로 태어나기는 하였으나 아직은 동물과 다를 바 없는 존재, 혹은 동물과 비교하여 보아도 상대적 결핍의 정도가 심한 존재인 것이다. 그래서 칸트에 있어서 교육은 "아직-아닌-인간(noch-nicht-Mensch)"과 "그

제서야-인간(aber-dann-Mensch)"을 구분하는 기준이자 전자를 후자로 변화시키는 예술이다(Ricken, 1999: 94-99). 이러한 이원적 인간론에 근거하여 칸트는 다음 문장을 남기게 된다. 즉, "사람은 교육이 그로부터 만들어 내는 것에 불과하다"(Kant, 1998b: 699).

인간과 동물의 비교로부터 도출된 상대적 결핍존재론과 이원적 인간론의 구도는 20세기 들어 겔렌(A. Gehlen), 포트만(A. Protmann), 윅스퀼(J. v. Uexküll) 등의 생물학적 인간학에 바탕을 둔 교육인간학에서 더욱 선명해진다. 이들의 주장에 따르면, 동물에 비하여 인간은 "기관이 비전문적이며, 본능이 약하며, 모체에 의존적"이기에 결핍존재라 할 수 있다. 그러나 인간에게는 이성이라는 개방적·전문적 기관이 있기에 교육이 가능하며, 교육을 통해 인간은 더욱 고등한 문화적 존재가 될 수 있다. 결핍존재인 인간이 이성의 능력을 기반으로 교육을 통하여 고등한 문화적 존재가 된다는 논리는 20세기 교육인간학의 주된 논거라 할 수 있다(김정환, 1988: 3-27; Bollnow, 1971/오인탁·정혜영, 1988: 56f; Landmann, 1969).

전통적 교육학에서 흔히 발견되는 결핍존재론과 이원적 인간론이라는 구도는 인간의 인위적 개선, 즉 교육을 통한 인간의 개선과 인류의 진보를 강조하기 위한 이론적 장치이다. 결핍상태에서 출발하지만, 방향의 전환과 오름을 거듭하면서 종국에는 동굴 밖 태양으로 향하고, 어리고 미숙한 존재가 교사의 안내에 따라 신적 지혜와 지식에 이르게 되고, 동물과 흡사한 혹은 동물에 비하여 결핍의 요소가 많은 존재가 자율적·도덕적 인간이 되어 가는 이 모든 여정은 광의의 휴머니즘에 기반한 계몽과 교육의 이정표이다. "과

감히 알려고 하라! 너 자신의 오성을 사용하려는 용기를 가져라! 이것이 계몽의 표어이다!"(Kant, 1998a: 53)라는 칸트의 선언이 계몽주의적 이성중심주의에 기반한 전통적 교육학의 표식이 되었던 이유도 이런 맥락에서이다.

홍미로운 사실은, 바로 이 계몽의 표어를 포스트휴먼-이즘 담론가들도 동일한 의미로 사용하고 있다는 점이다. 이원적 인간론의 역사를 포스트휴먼-이즘의 관점에서 정리한 글 "트랜스휴머니스트 사유의 역사"(Bostrom, 2005b)에서 보스트롬은 프로메테우스와 제우스, 다이달로스와 이카루스의 신화를 예로 들면서, 자연의 한계를 극복하고자 하는 인간의 욕망이 인간과 인류의 개선으로 이어졌다는 해석을 제시한다. 그리고는 미란돌라(P. D. Mirandola)와 베이컨(F. Bacon), 프랭클린(B. Franklin)과 다윈(C. Darwin) 그리고 라메트리(J. O. de La Mettrie) 등의 사유의 단면들을 소개한 후, 이모든 사유들의 핵심을 요약하는 취지로 앞에서도 인용된 바 있는 칸트의 "'계몽이란 무엇인가'에 대한 답변"의 일부를 제시한다.

> "계몽이란 인간이 스스로 초래한 미숙의 상태에서 벗어나는 것이다. 미숙함이란 타인의 지도 없이는 자신의 오성을 사용하지 못하는 것을 의미한다. 만약 이 미숙함의 원인이 오성의 결여에 있지 않고 다른 사람의 지도 없이 자신의 오성을 사용하려는 결단과 용기의 결여에 있다면, 스스로 책임을 져야 하는 것이다. 따라서 과감히 알려고 하라! 너 자신의 오성을 사용하려는 용기를 가져라! 이것이 계몽의 표어이다"(Kant, 1998a: 53).

한 가지 환기해 둘 것은, 보스트롬이 인용하고 있는 칸트의 저 "계몽의 표어"는 교육의 당위성을 주장하기 위함이 아니다. 서론에서 언급한 바와 같이, 보스트롬은 교육론자가 아니라 향상론자이다. 그는, 우리가 이제는 "전통적 방법"인 교육을 지양하여야 하며, 이를 대신하여 그가 "미래지향적, 직접적, 과학적"인 방법이라고 주장하는 "향상"을 통하여 인간을 개선하기를 제안한다.

이 장의 주제와 관련하여 주목해 볼 부분은, 보스트롬이 제안하고 있는 향상론 역시 전통적 교육학에서와 마찬가지로 이원적 인간론을 바탕으로 하고 있다는 점이다. 그리고 이 이원적 인간론 역시 표면적으로는 교육에서와 흡사한 양상의 결핍존재론으로부터 출발한다는 점이다. 인용된 문장만으로만 보자면, 보스트롬이 주장하는 인간의 결핍성은 "계몽을 향한 용기의 결여에서 비롯된 미숙의 상태"로 표기되었기에, 교육학이 전제하였던 그 교육 이전의 결핍성과 다를 바 없어 보인다. 그러나 보스트롬 및 그와 견해를 공유하는 포스트휴먼-이즘 담론가들의 여타 진술들을 참조해 보면, 이 "미숙의 상태"는 교육학이 전제로 하였던 그것과 사뭇 다른 것을 의미한다는 사실을 알게 된다.

> "트랜스휴머니스트들은 인간을 아직 진행 중인 존재로, 반쯤 완성된 시작의 존재로 여기고, 그래서 우리는 바람직한 방향으로 [인간을] 개조(remold)하기를 배울 수 있다고 생각한다. 현재의 인류는 진화의 종착점이어야 할 필요가 없다. 트랜스휴머니스트들은 과학과 공학과 여타 합리적 도구들의 책임 있는 사용을 통해 우리가 결국에는 포스트휴먼, 즉 현재의 인간보다 더 큰

능력을 지닌 존재가 될 것을 희망한다"(Bostrom, 2003a: 493).

이 인용문에서 우리는 인간에 대한 포스트휴머니즘의 기본적 관점을 확인할 수 있다. 포스트휴머니즘은 현존 인간의 모습을 있는 그대로 수용하는 것을 불편하게 여긴다. 혹여 칸트가 제시한 혹은 교육학 일반이 추구해 온 도덕적·사회적 미숙의 상태를 극복한 계몽된 인간상에 인류가 도달한다 하더라도, 이것은 포스트휴먼-이즘 담론가들에게는 여전히 "반쯤[만] 완성된" 상태일 뿐, 만족할 만한 수준은 되지 못한다. 그들에게 "반쯤 완성"은 "반쯤 결핍"을 의미하며, 이것은 현존 인간종(種)에게 내재된 한계이다. 이 결핍은 "결단과 용기의 결여"에서 기인한 결핍이기에, 스스로의 책임하에 메우고 개조해 나가야 할 무엇이다. 이렇게 그들은 현존 인류에게 내재된 이 "절반의 결핍"을 문자 그대로 "개조"(remold)해 나가기를 촉구하며, 현존 인류가 이른바 포스트휴먼으로 진화하여야 한다고 주장한다.

> "[이메일] 발신: 트랜스휴머니스트협회hotmail.com / 수신: 자연진화.com / 참조: 호모 사피엔스 / ······ 우리가 호모사피엔스의 설계상 과실들을 이제 더는 용인할 마음이 없다는 점을 당신에게 말하지 않을 수가 없군요. ······ 만일 생산자인 당신이 제품을 재설계할 능력이나 의지가 없다면, 소비자인 우리가 어쩔 수 없이 그 일을 직접 떠맡을 수밖에 없을 것입니다"(Young, 2006: 신상규 2014: 73에서 재인용).

이 편지의 수신자인 "호모사피엔스의 생산자"가 진화의 주체인

자연이든 혹은 기독교의 창조신이든 상관없다. 뷰캐넌에 따르면
(Buchanan, 2011/심지원·박창용, 2015: 39f), 만약 호모사피엔스가
어떤 "장인 설계자"의 작품이라면, 이 장인 설계자의 "지적 설계"
는 이미 오류와 한계가 드러났기에 보완을 요구할 필요가 있다. 또
는 현재의 호모사피엔스가 자연 진화의 결과라면, 이 "자연 진화"
라는 이름의 기술자는 "도덕이라고는 안중에도 없고, 변덕스러우
며, 철저히 제한된 땜장이"에 불과하기에, 인간이 자신에게 주어
진 "이성에 기반한 결단과 용기"를 더욱 활용하여 자연 진화의 "부
도덕, 변덕, 임기응변"을 교정하여야 한다는 것이다. 후자의 경우
인간 주체성의 발휘라는 점에서 정당성의 문제가 발생하지 않지
만, 전자의 경우 이것이 신성에 대한 침해라는 비판, 즉 '신적 유희
(God play)'라는 비판이 제기될 수 있다. 그러나 이에 대해서도 보
스트롬은 이미 르네상스 인본주의적 신학자 미란돌라를 인용하며
(Bostrom, 2005b: 2), 다음과 같은 논거를 마련해 두었다.

> "나는 너[아담]를 천상존재로도 지상존재로도 만들지 않았
> 고, 사멸할 자로도 불멸할 자로도 만들지 않았으니, 이는 자의
> 적으로 또 명예롭게 네가 네 자신의 조형자(造形者)요, 조각가
> (彫刻家)로서 네가 원하는 대로 형상(形相)을 빚어 내게 하기 위
> 함이라. 너는 네 자신을 짐승 같은 하위의 존재로 퇴화시킬 수
> 도 있으리라. 그리고 그대 정신의 의사에 따라서는 '신적'이라
> 할 상위 존재로 재생시킬 수도 있으리라. …… 하나님은 인간을
> 미완(未完)된 모상(模像)의 작품으로 받아들이셨고 …… 너는
> 그 어떤 장벽으로도 규제받지 않는 만큼 너의 자유의지에 따라

서 (네 자유의지의 수중에 나는 너를 맡겼노라!) 네 본성을 테두리

짓도록 하여라"(Mirandola, 1496: 2/성염, 2009: 17).

물론 이 인용문은 포스트휴머니즘이 추구하는 이원적 인간론의
전형을 보여 주는 것은 아니다. 아직은 중세적 세계관이 지배하던
시대에, 미란돌라는 동물이나 인간 이전에 신을 최상의 자리에 두
어야 했다. 이로부터 발생하는 '신–인간–동물'이라는 신학적 인간
학의 삼원적 구도에서 인간은 중간자적 위치를 점하였다. 그 누구
도 인간이 감히 신이 될 수 있다고 선언할 수는 없었으나, 신의 형
상을 닮은 '신적이라 할 상위 존재'는 될 수 있다는 말로 인간의 자
기도야를 위한 논리적 근거를 마련해 둔 것이다.

보스트롬의 입장에서 강조하고 싶은 것은, 인간은 스스로의 미
완을 완성에 이르도록 개조할 수 있는 자유의지와 권한을 신으로
부터 부여받았다는 점, 그리고 이것에 의거하여 인간은 스스로의
종적(種的) 개선을 추진하여야 한다는 점이다. 이것은 인간의 오만
한 신적 유희가 아니라 오히려 인류를 위한 신의 계시에 충실하여
야 하는 인간의 의무라는 논리이다. 자유의지라는 이름의 신적 권
한을 위임받았기에, '신–인간–동물'이라는 고전적 삼원론은 이제
'(신적)인간–동물'이라는 이원론으로 변환된다. 그리고 시대의 흐
름과 함께 '신적'이라는 수식어는 희미해지고, 앞서 언급한 바와 같
은 형식의 '인간–동물' 이원론[4]으로 자리잡게 된다. 이 근대적 이

---

4) 물론 이 '인간–동물' 이원론 역시 '동물–인간–동물'의 삼원구도로 세분하여 표기할
수 있다. 앞서 고찰한 바와 같이 인간의 비교 대상으로서 동물은 우선적으로는 인간
에 비하여 본능적 우위의 존재로 파악되었거니와, 동시에 교육 이후의 인간보다는

원론의 구도는 21세기를 전후하여 다음과 같은 새로운 국면으로 접어들게 된다.

계몽주의 교육학의 시대 그리고 생물학적 인간학에 기반한 교육 인간학의 시대가 지나고, 기술공학의 비약적 발전이 가시화된 오늘 날, 특히 이세돌 對 알파고 대국 이후 인간이 동물과 비교되는 경우 는 이제 찾아보기 어렵다. 인간은 기능적으로 월등한 새로운 경쟁 자이자 쉬지 않고 스스로 학습하는 기계를 창조하였고, 이제 이 새 로운 존재와 비교되는 것을 당연시하고 있다. 그리 오래지 않은 과 거에, 동물에 비하여 상대적으로 우월한 지능이 인간의 대명사이 자 전유물이었다면, 금세기 들어 인간의 지능은 인공지능과 구분하 여 "자연지능"이라 명명되기에 이르렀다(이일병, 1985; 소홍렬, 1994; 장래혁, 2017). 원래 자연이었던 인간에게 이제는 '자연'이라는 별도 의 수식어를 붙여야만 인간으로 이해되는 시대에 우리는 진입하게 된 것이다. 이렇게 인간은 점차 '오래된' 혹은 '구식의'라는 의미의 '자연'이 되어 가고 있으며, 이 '구식'이라는 티를 벗기 위해 딥러닝 의 인공지능을 동경하여야 하는 사회적 분위기 속에 서게 되었다. 알파고와 수퍼지능, 프로스테시스(prosthesis, 인공신체)와 인간복제, BMI(Brain-Machine-Interface)와 인체냉동보존술의 시대에 동물은 더 이상 인간의 비교대상이 되지 못한다. 동물에 비하여 본능적 결 핍이 있다는 열등감이 이제 인간에게는 특별한 동기가 되지 않으 며, 이성을 지녔기에 동물보다 우월하다는 자부심도 이제 인간에게 특별한 자부심을 선사해 주지는 않는다. 동물보다 기능적으로 더욱

열등한 존재로 규정되었기 때문이다.

우세할 뿐 아니라 정보의 수집과 처리와 적용 그리고 연산이라는 기능적 측면에서 인간보다도 월등한 새로운 존재가 등장하였기 때문이다. 이렇게 새롭게 등장한 혹은 미래에 더욱 빈번히 등장하게 될 경이로운 존재들에게 인간은 '포스트휴먼'이라는 이름을 부여하고, 인간은 스스로를 그들과 비교하면서 그들을 욕망하고 선망하기에 이르렀다. 인간은 이 새로운 존재를 탄생시킨 '신적 인간'으로 등극하기는 하였으나, 동시에 인간은 이 새로운 존재들에 대한 열등감과 두려움으로부터도 자유롭지 못한, 인간-동물의 구도에서보다 더욱 일방적인 결핍존재의 위치에 서게 되었다. 적어도 현재 포스트휴먼-이즘이라는 새로운 담론의 내부에서는 그러하다.

이렇듯 '신-인간-동물'이라는 고전적 삼원구도는 '(신적)인간-동물'을 거쳐 '인간-동물'이라는 근대적 이원구도로 안착되었지만, 이제 새롭게 등장한 '인간-포스트휴먼'이라는 현대적 이원론에게 그 자리를 내어 주기에 이르렀다. 인간이 스스로를 비추어 보는 거울의 이름들(신, 동물, 포스트휴먼)은 달라졌지만, 이 각각의 구도 속에서 인간의 욕망이 진행하려는 방향은 언제나 동일하다. 동물에 비하여 스스로를 결핍의 존재라고 규정하였던 인간은 교육을 통하여 그 결핍을 극복하고 보다 완전한 인간이 되기를 추구하였다. 그리고 이제 포스트휴먼에 비하여 스스로를 미완의 존재라고 규정하는 포스트휴머니즘의 인간은 기술공학이 제공하는 향상의 방법들을 동원하여 보다 완벽에 가까운 포스트휴먼이 되기를 추구한다. 이 두 가지 구도 모두 결핍존재론과 이원적 인간론 또는 이원적 존재론의 형식을 띤다는 점에서 동일하다. 아울러 결핍존재의 위치에 인간이 자리하고 있다는 사실 또한 변함이 없다. 교육의 관점에서든 향상의 관점에서든, 인간이 스스로를 결핍의 존재로 규정한다는 점 그리고 인간이 스스로를 개선하려는 욕망과 의지를 지닌 존재라는 점은 그대로이고 동일하다.

2) 인간의 개선이라는 목적

교육과 향상은 이원적 인간론이라는 구조적 측면에서는 동형성을 띤다. 그리고 이러한 이원적 구조는 앞서 언급된 바와 같이 인간의 개선이라는 목적성을 갖는다. 개선의 공간을 창출하기 위해 결핍의 존재와 교육된 존재를 양분하고, 그 사이 영역에서 교육의 가치와 효용과 의미를 체계적으로 제안하는 것이 전통적 교육학의 기본틀이다. 향상의 경우도 마찬가지이다. 결핍존재의 자리에 인간 일반을 그리고 향상된 인간의 자리에 포스트휴먼을 두고, 이 둘 사이의 기능적 간극을 기술공학의 방법들을 통해 좁혀 나간다는 구도로 향상론은 진행된다. 이 두 가지 모두 인간의 개선을 추구한다.

그러나 교육과 향상이 도달하고자 하는 지향점, 즉 개선된 인간상의 모습은 상이하다. 우선 교육은 '인간적인 인간의 실현'을 목적으로 한다. 일견 단순해 보이는 '인간적 인간의 실현'이라는 표현은 인류가 교육의 역사 전체를 통해 추구해 온 복잡다단한 지향점이라 할 수 있다. 그리고 이 교육의 궁극적 목적은 인간의 본성 또는 본질에 대한 규정과 직결되는 사안이기 때문에, 한두 마디로 요약하거나 확정하는 것은 사실상 불가능하다. 아울러 '휴머니즘'이라는 표현이 국내에서는 인본주의, 인간주의, 인도주의, 인문주의,

인류주의 등으로 다양하게 번역되어 있기에, 각각의 초점이 상이하다는 난점도 있다. 다만 광의의 '휴머니즘 교육'에서 여러 갈래의 사유들 또는 이 사유들의 기저에 놓인 공통의 관점을 추출해 볼 수는 있을 것이다.[5]

'휴머니즘 교육'과 관련하여 참고할 만한 가장 가까운 사례로 김정환의 "인간주의 교육론"을 들 수 있다. 1970년대 중반 "교육의 인간화"라는 현실적 화두로부터 출발하였던 그는 1980년대 들어 이른바 "전인교육론"과 "인간주의 교육론"이라는 체계를 구상하여 발표하였다. 이들 두 이론은 인격의 각성과 도덕의 고양, 가치의 회복과 시민성의 제고를 통하여 현대사회가 당면한 인간소외 현상을 극복하자는 교육적 당위, 그리고 그 실현을 위한 바람직한 교사상의 이해와 정립 등에 관한 역사적·철학적 탐구 및 교육과정의 제안 등이 주를 이루고 있다(김정환, 1982; 1987: 229-239; 우정길, 2020a). 그의 『전인교육론』은 저서(김정환, 1982)에 붙은 부제와 같이 "도덕·윤리교육"의 성격이 뚜렷하고, "인간주의 교육론"은 20세기 후반 독일 교육학계의 교육인간학의 영향이 짙기에, 비록 이것이 "전인·인간"이라는 이름을 갖고 있다 하더라도 "휴머니즘 교육"의 전모를 드러내는 것이 아님은 물론이다. 그럼에도 불구하고 그가 이해한 휴머니즘의 의미는 참조해 볼 필요가 있다.

"그러면 인간주의란 무엇인가. 그것은 원래 중세의 기독교 체제에 의해 고갈되었던 인간성을 다시 찾으려 했던 휴머니즘

---

5) 휴머니즘의 역사적 전개 및 의미의 다양성과 관련하여서는 신승환(2020: 13-58), 우정길(2019: 133-202), Brumlik(2016: 121-125), Nauert(2000)를 참조하기 바람.

의 역어(譯語)였으나, 현대에 와서는 인간소외현상을 극복하자
는 적극적인 의미를 지니게 되었다. 현대의 휴머니즘은 인문주
의, 인본주의, 인간주의, 인도주의, 인류주의 등 다양한 표현을
지니고 있으나, 그 표현들 중에 공통적으로 내포되어 있는 사상
을 추려 내면 인간의 생명·가치·교양·창조력·자유, 그리고 공
동운명체적 존재상(存在相) 등의 중시이며, 그것은 인간을 하나
의 인격으로, 동시에 정신적 공동체의 일원으로 보람된 삶을 누
리게 하자는 사상체계라 할 것이다. 우리가 여기에서 생각하고
있는 인간주의 교육이란 현대적 휴머니즘에 입각한, 인격을 일
깨워 주는 교육(education for integrated humanism), 특히 현대사
회의 비인간화 현상으로 야기된 교육의 비인간화 현상을 극복
하자는 인간성 지향의 교육(Erziehung zur Menschlichkeit)의 목
표·내용·방법·체계를 총칭하는 하나의 새로운 교육 이데올로
기를 말한다"(김정환, 1987: 230).

이와 같은 총론에 이어 그는 교육학의 역사에서 포착되는 다양
한 차원의 휴머니즘들을 소개하고 있다.

"이성도야 못지 않게 덕성도야를 중시한 아리스토텔레스, 여
러 능력을 고르게 갖춘 만능인의 교육을 강조한 카스티글리
옹(B. Castiglion), 넓은 교양교육을 제창한 에라스무스, 아동
의 발달단계에 알맞은 교육체제를 다듬은 코메니우스, 실제적
기술보다 여러 면에 응용될 수 있는 형식적 능력의 도야를 내
세운 로크, 시민교육보다 인간교육을 부르짖은 루소, 그리고

지·덕·체의 조화적 발전을 기한 "三育論"의 페스탈로치, 이들의 교육론은 인간주의 교육론의 고전으로 높이 평가되어야 한다"(김정환, 1987: 231).

여기까지는 1980년에 『인간주의 교육』이라는 제목으로 번역되어 소개된 『Humanistic Education』(Patterson, 1973)에서 소개된 교육사상가들의 목록과 거의 일치한다. 그리고 이에 더하여 김정환은 20세기 교육사상가들의 이름도 거명한다. 정신적 활동과 육체적 활동의 통일을 기하는 노작교육론(G. Kerschensteiner), 고전 읽기를 통해 내면적 세계의 풍요를 다짐하는 고전독서교육론(R. Hutchins), 구속과 억압에서 비롯한 증오심을 자유를 만끽하게 하여 풀어 보자는 자유방임 교육론(A. S. Neill), 농촌의 아름답고 자연스러운 환경에서 일하면서 배우게 하자는 전원학사교육론(H. Lietz), 억압된 사회를 역사의식의 계발로 개혁해 나갈 주인의식을 기르자는 의식화교육론(P. Freire) 그리고 노작·신앙·협동생활을 통해 문화인격을 계발하자는 전인학사교육론(K. Obara, 小原國芳) 등이 그것이다(김정환, 1987: 231). 이 모든 것이 교육이 추구해 온 휴머니즘의 사례들이며, 또한 이들의 총합이야말로 교육(학)이 지향하고자 하는 교육적 휴머니즘의 큰 그림이라 할 수 있다.

몇몇의 사례들만 꼽아 보아도 교육(학)이 추구해 온 휴머니즘이 얼마나 인간의 다양한 면모를 탐구하고 그 실현을 위하여 노력하여 왔는지를 짐작할 수 있다. 때로는 지성과 자유의 이념이, 때로는 덕성과 신체성이, 그리고 때로는 감성과 관계성과 시민성이 상이한 비중으로 강조되기는 하였으나, 교육의 긴 역사를 지나오

는 동안 교육은 인간이 어떻게 하면 더욱 인간적일 수 있는가 그리
고 그 실현을 위하여 인류는 어떻게 지혜를 모아야 하는가에 학문
적·실천적 노력을 집중하여 왔다고 할 수 있다.

　김정환이 자신의 "인간주의 교육사상"을 구상하는 동안 적극적
으로 참조하였던 두 저서『Humanistic Foundations of Education』
(Rich, 1971/김정환, 1985)과 『Humanistic Education』(Patterson,
1973/장상호, 1980)의 저자들 역시 각 저서의 머리말에서 "보다 인
간적이 된다는 것은 무엇을 의미하는가?"(Rich, 1971/김정환, 1985)
라는 질문과 "더욱더 인간적이기를 촉구한다."(Patterson, 1973/장상
호, 1980)는 제안을 통해 휴머니즘을 대하는 교육학의 기본자세를
밝히기도 하였다. 교육이 추구하는 휴머니즘은 '인간적인 인간의
구현' 그 이상도 이하도 아니다. 인간 존재에 대한 궁극적 해명이
요원하고 '인간적'이라는 수사의 의미가 다양한 방향을 가리킬 때
조차도 교육(학)은 인간의 인간임(Mensch-sein)이라는 휴머니즘의
대의에 충실하기 위해 노력해 왔다.

　표면적으로는 교육과 동일하게 인간의 개선과 인류의 진보를
지향한다는 향상의 경우, 실제로는 그 목적하는 바의 차원이 교육
의 그것과는 다르다. 사불레스쿠는 "인간으로 존재한다는 것은 더
나아진다는 것, 또는 적어도 더 나아지려고 노력하는 것을 의미한
다"(Savulescu, 2005: 36f)라는 일반적 진술을 제시한다. "더 나아지
고자 함"은 인간의 근본적 욕망일 뿐 아니라 교육의 동기이기도 하
기에, 사불레스쿠의 이러한 진술은 일견 적극적 교육론자의 것으
로 보일 수 있다.

　그러나 글의 전후를 살피면 그 의미하는 바가 다르다는 것이 드

러난다. 그에 따르면, "기억력과 기질, 참을성과 공감, 유머감각과 낙천주의 등 다양한 종류의 지능이 우리 삶에 영향을 미칠 수 있으며, 이 모든 생물학적·심리학적 바탕 위에 있는 인간의 특성들은 공학의 도움으로 조작가능하다"(Savulescu, 2005: 36f). "공학의 도움", 즉 향상의 기술들을 동원하여 인간의 개선을 꾀할 필요가 있으며, 이것은 나아가 이 짧은 글의 제목인 "향상해야만 하는 도덕적 의무"에서 강조되는 것과 같이 인간의 의무이기도 하다는 것이다. 이런 맥락에서 "인간으로 존재한다는 것은 더 나아진다는 것 (To be human is to be better)"이라는 그의 진술이 의미하는 것이 무엇인지를 재차 생각해 보게 된다. 우리는 그와 견해를 공유하는 보스트롬에게서 인간 개선의 의미에 대한 보다 상세한 설명을 확인할 수 있다.

　　"우리는 현존 인류가 도달한 개인적 발달과 성숙의 수준보다 훨씬 더 위대한 수준에 도달한 존재를 상상할 수 있다. 왜냐하면 이들은 완전한 신체적·정신적 정력을 지닌 채 수백 년 수천 년 살 기회를 가지기 때문이다. 우리는 우리보다 훨씬 똑똑하고 순식간에 다량의 책을 읽어 내는 존재를, 우리보다 훨씬 훌륭한 철학자들을, 그리고 어쩌면 우리가 피상적 수준에서만 이해하게 될 수도 있겠으나, 걸작들을 남기게 될 예술가들을 상상해 볼 수 있다. 우리는 지금껏 어떤 인간도 품지 못했던 더욱 강렬하고 순수하고 안전한 사랑을 하게 될 수도 있다. …… 우리는 우리 속에 더욱 위대한 능력들을 발달시킬 수 있다는 가능성에 대한 사유를 할 수 있어야 하고, 현재의 향상되지-않은

(un-enhanced) 생물학적 인간 존재보다 더욱 고등한 질서체로 발돋움시켜 줄 수 있는 가치들을 발견하게 될 것이다"(Bostrom, 2003a: 494f).

여기서 다시 한번 확인하게 되는 것은, 포스트휴먼-이즘 담론이 표방하는 이원적 인간론이다. 이들에게는 두 가지 상이한 존재가 있다. 즉, "현재의 향상되지 않은 생물학적 인간 존재"와 "더욱 고등한 질서체"이다. 전자는 현존하는 인간을 의미하고, 후자는 향상된 존재, 즉 포스트휴먼을 가리킨다. 그리고 이 포스트휴먼은 "완전한 신체적·정신적 정력을 지닌 불멸의 존재"이자 "독서와 철학과 예술의 능력자"이며, 심지어 "더욱 강렬하고 순수하고 안전한 사랑의 능력자"이기도 하다. 이런 포스트휴먼에 비하면 현재의 생물학적 인간은 하등하므로, 향상의 기술들을 활용하여 고등한 질서체가 되는 것, 그것이 곧 포스트휴먼-이즘이 희구하는 인간의 개선이다. 그리고 또 누군가는 다음과 같은 낙관적·낭만적 인간상으로 대중의 이목을 집중시킨다. "의도적 디자인을 통해 우리는 더 강해질 수 있고, 더 건강해질 수 있고, 더 행복해질 수 있고, 더 똑똑해질 수 있습니다. 우리는 더욱 사랑스러워질 수 있고, 더 효능적일 수 있으며, 더 공감적일 수 있고, 더 정력적일 수 있습니다"(More; Fitzsimons, 2007: 10에서 재인용).[6]

앞에서 소묘된 모습의 포스트휴먼이 인간의 범주에 든다는 인류

---

6) 구체적인 포스트휴먼상(像)의 예로는 비타-모어(N. Vita-More)가 2005년 제안한 "Ppsthuman-PRIMO"가 있다. PRIMO의 이미지 및 기능에 관한 해설은 우정길(2019: 106-107)을 참조하기 바람.

사회의 판단 또는 합의가 전제된다면, 이것을 우리는 인간의 개선이라 명명할 수도 있을 것이다. 그러나 그렇지 않을 경우, 우리는 이것을 인간의 개선이라 부르기를 주저할 수밖에 없다. 이것은 인간의 개선이 아니라 인간종(種)의 개선 또는 인간 초월이라 명명되는 것이 더 적합할 것이기 때문이다. "우리를 인간 이상으로 만들기(To make us more than human)"(Bostrom, 2005a: 204) 또는 "인간보다 나은(Better than Human)"(Buchanan, 2011) 등의 수사는, 교육의 현장에서 들리곤 하였던, "(이미 인간으로 태어난 인간에게) 먼저 인간이 되어라!"라는 식의 은유적 표현이 아니다. 일견 인간의 개선을 지향하는 것처럼 보이는 포스트휴먼-이즘 담론가들의 저 표현들은 문자 그대로 현존 인간이 "인간 이상의" 존재 그리고 "인간보다 [기능적으로] 나은" 존재인 포스트휴먼으로 업그레이드되어야 한다는 것을 의미한다.

이런 맥락에서 보자면, 포스트휴머니즘 담론이 계몽주의적 휴머니즘을 계승하고 있다는 견해(Bostrom, 2005b: 2f; Philbeck, 2013: 27)는 비판적 분별을 필요로 한다. 이 장에서 고찰의 대상으로 삼고 있는 포스트휴먼-이즘 담론은 단순히 인간의 개선에 대한 다음과 같은 시론적 규정, 즉 "새로운 능력을 습득하려는 인간의 욕망은 인간종의 역사만큼이나 오래된 것이다. 우리는 항상, 사회적으로든 지리적으로든 혹은 정신적으로든, 우리 실존의 범주를 확장하기를 추구하여 왔다."(Bostrom, 2005b: 1)라는 한두 문장으로 성급히 평가되어서는 곤란하다. 이것은 포스트휴먼-이즘 담론의 지형에 있어서 비교적 온건한 기술진보주의적·시장친화적 진영의 견해에 불과하기도 하거니와, 이들조차도 전통적 휴머니즘의 계승

보다는 향상의 기술들을 통해 업그레이드된 포스트휴먼을 지향하는 포스트휴먼-이즘을 추구하고 있기 때문이다. 이런 의미에서 포스트휴먼-이즘은 근대 교육학이 터하고 있는 계몽주의적 휴머니즘 혹은 광의의 휴머니즘과는 관련이 적다. 오히려 이들의 사상적 근거는 미완창조론과 자유의지론, 진화론과 (자유주의) 우생학, 기술지상적 유토피아주의 등의 자의적 종합이라 할 수 있다.

지금까지의 논의를 정리하자면 다음과 같다. 교육과 향상은 공히 인간의 개선을 추구한다. 그러나 근대 이후 교육이 추구하는 목표는 인간이 인간으로서 존엄과 가치를 발견하고 최대한 누리도록 하는 데 있다. 즉, 인간이 가장 인간답도록 그리고 인간이 인간적인 인간으로 존재하도록 하는 것이 교육의 궁극적 목적이라 할 수 있다. 인간성(humanity)의 실현은 교육의 지상과제이다. 이에 비해 향상의 목적은, 비록 그 표면상 지향점은 인간의 개선이지만, 사실상 인간이 인간 이상의 기능과 능력을 지닌 존재가 되게 하는 것, 즉 인간의 종적 한계를 넘어서도록 한다는 의미의 인간 초월에 있다. 관점을 달리하자면, 이것은 인간의 개선이 아니라 현존 인간의 단절과 종말을 의미하는 것일 수도 있다. 이렇게 교육과 향상은 '인간의 개선'이라는 동일한 표제하에 추구하는 바가 서로 다르다.

3) 인간 개선을 위한 방법론

결핍존재론과 이원적 인간론, 그리고 인간 개선의 기획으로 이어지는 교육과 향상의 표면상의 유사성은 표면 아래로 한 걸음 들어가 보면 서로 상이하다는 사실을 확인할 수 있다. 그리고 이러한 상이성은 이들의 방법론에서 더욱 선명하게 드러난다.

우선 교육의 경우, 교육학의 역사를 통해 형성된 다양한 종류의 교육관, 교육의 하위 개념들, 또는 교수법 등이 곧 교육의 방법론을 의미하였다. 소크라테스의 산파술과 문답법, 중세 수도원학교의 금욕적 훈육과 도덕적 도야, 르네상스 시대 지덕체의 조화로운 발달을 지향하였던 자유교양교육, 17세기 실물중심교육 등은 교육이 목적으로 하였던 인간상에 대한 제안임과 동시에 그 실현을 위한 방법론이기도 하다. 아울러 18세기 루소는 자연의 원리에 입각하여 발달의 단계를 존중하는 소극교육론을, 그리고 칸트는 "훈육과 문화화, 문명화와 도덕화"라는 단계적 방법을 제시하였는가 하면, 헤르바르트는 "관리, 수업, 훈련"의 세 가지 방법을 통한 도덕적 품성의 도야를 주장하였다. "메토데(Methode)"라는 명칭의 기초도야의 이념을 통해 능력(Können)-앎(Kennen)-의지(Wollen)의 조화로운 발달을 제안하였던 부르크도르프의 페스탈로치, 은물(Gabe)을 통한 놀이의 교육을 제안한 킨더가르텐의 프뢰벨, 세계로의 열쇠인 교구 활동을 통해 어린이들이 사물과 만나도록 독려하였던 몬테소리, 대안적 학교를 직접 설립·운영하여 기존 교육과 확연히 차별되는 교육의 이상과 방법론을 시연하였던 발도르프학교의 슈타이너와 섬머힐의 니일 — 이들의 이름과 사상은 곧 교육의 역사를 수놓았던 교육방법론의 이름들이기도 하다. 그리고 20세기 교육의 방법론은 "도야와 사회화, 인도(Ziehen)와 지도(Führung), 수업과 학습, 진단과 상담과 조력"(Kron, 1996: 195f; Krüger & Helsper, 2000) 등의 다양한 개념으로 수렴되기에 이르렀다. "만들다(Machen), 생산

하다(Herstellen), 기르다·자라게 하다(Wachsenlassen)" 등으로 대표
되는 공학적·유기체적 교육관들(Bollnow, 1959, 16f; Litt, 1965)이 주
류를 이루던 시대를 지나 이른바 "비형식적 형식의 교육가능성"에
대한 이해가 보완적으로 거론되기 시작하였고, 이에 따라 "만남과
각성, 충고와 상담" 등도 교육의 중요한 계기이자 방법론으로 인식
되기에 이르렀다(Bollnow, 1971/오인탁·정혜영, 1988). 지면 관계상
미처 열거하지 못한 관계중심적, 탈주체주의적, 상호주관적 양상의
교육이론들이 제안하는 교육의 새로운 이해들 그리고 현대의 교육
학자들이 앞다투어 선보이고 있는 새로운 교수학습이론의 다채로
운 교수법까지 포함하자면, 사실상 교육의 방법론은 그 수를 헤아
리기 어려울 정도로 다양하다.

그러나 이 다채로운 교육의 구상과 방법론들은 오직 한 가지 목
적에 봉사하도록 고안되었다. 바로 인간의 개선이다. 그리고 이 인
간의 개선은 앞서 밝힌 바와 같이, 인간이 가장 인간다울 수 있도
록, 모든 개개인이 자신을 가장 잘 실현하도록 이끌고 홍미를 유발
하고 동기를 부여하고 조력하는 방안들이었다. 인간의 인간임 그
리고 인간의 인간됨에 대한 고민과 노력의 총합은 곧 교육방법론
의 역사라 하여도 과언이 아니다.

향상의 경우도 그 방법은 무척 다채롭고 화려하다. 그중 신상규
가 보고하고 있는 여섯 가지 향상의 기술을 열거하자면 다음과 같
다(신상규, 2014: 74-97). 즉, 생명공학 기술을 활용한 유전자조작,
노화의 지연을 통한 수명연장, 인체냉동보존술, 제2의 신체 구현
을 위한 프로스테시스(prosthesis), 인간과 컴퓨터의 결합, 그리고
나노어셈블러·슈퍼지능·업로딩 등이 그것이다. 그중 아직은 그

실현이 요원하여 다소 급진적 시나리오라고 평가되는 인체냉동보존술, 인간과 컴퓨터의 결합, 나노어셈블러·슈퍼지능·정신업로딩을 제외하자면, 나머지의 기술들은 인간의 일상과 삶의 변화 그리고 어쩌면 교육과도 간접적으로나마 이미 관련을 맺고 있는 것으로 보인다.

첫째, 유전자의 사전 검사와 선별과 조작은 유전적 요인에 기인한 태아의 장애를 미리 파악하고 예방하는 목적으로 활용될 수 있다는 점에서 치료적 의미를 갖는다. 그러나 이러한 유전자 조작과 개입의 기술이 치료의 범위에 국한되지 않고 인간의 신체적·인지적·정서적 개선에 보다 적극적으로 개입되어야 한다는 주장은 포스트휴먼-이즘 담론에서 자주 다루어지는 주제이기도 하다. 현재 "유전자 슈퍼마켓"(Gavaghan, 2007; Nozick, 1974)이나 "맞춤형 아기(Design Baby)"(Sandel, 2007/이수경, 2016: 21f; Sandel, 2013), "GMO 사피엔스"(유전자변형생물: Genetically Modified Organism: Knoepfler, 2016) 등의 실현에 대한 기대와 우려가 공존하고 있는 실정이며, 유전자의 도구화·자본화가 초래할 사회적 부작용에 대한 논의의 필요에 대해서도 폭넓은 공감대가 형성되어 있다. 다만 교육학이 이러한 주장들 속에서 어떤 자세를 취할 것인가에 대해서는 명시적 논의가 더딘 상황이라 할 수 있다. 일차적으로는 이것이 교육과 교육학의 범위를 벗어나는 주제이기도 하거니와, 전통적 교육학의 관점에서는 재고의 필요가 없는 사안이기 때문이다.[7)]

---

7) 예외적으로 논의가 진행 중인 영역을 한 가지 들자면 바로 "도덕성·시민성 향상"이다. 개인의 자율적 의사결정의 조건을 침해하지 않으며 건강상의 문제를 초래하지 않는다는 가정 하에서라도, 신체적·인지적 능력의 향상은 공정성의 문제를 야기하

둘째, 수명연장기술은 포괄적으로는 기대수명의 연장을 돕는 의학적 예방과 치료를 의미하며, 구체적으로는 호르몬의 통제를 통한 노화의 억제, 유전자 조작을 통한 난치병·불치병 치료와 억제, 인공장기의 이식 및 줄기세포를 통한 자가복제세포 이식 등의 공학적 기술들을 총칭한다. 이런 의미의 수명연장기술들은 교육과 직접적 연관성은 없다. 다만 이것이 인간의 생애와 인구의 지형 변화에 지대한 영향을 미치는 요인인 관계로, 평생교육과 노인교육의 영역을 중심으로 연구의 주제들을 찾아 나서기 시작하였다고 볼 수는 있다.

셋째, 손상되었거나 상실된 신체의 일부 기능을 대신하는 인공적 장치로서 프로스테시스는 이미 인간의 일상과 구체적으로 관련을 맺고 있다. 특히 프로스테시스를 통해 장애를 지닌 개인의 학습력과 활동성을 증진하고, 나아가 사회적 관계의 질을 제고한다는 것은 특수교육이 추구하는 방향과 일치하기에, 교육학과 교차되는 지점이 많다고 볼 수 있다. 그러나 현존 인간의 있는 그대로의 모

지만, 도덕성·시민성의 인위적 향상은 공익에 부합하기에 반대의 논리로부터 비교적 자유롭다는 이유에서이다. 도덕성 향상과 관련된 논의는 페르손과 사불레스쿠(Persson & Savulescu, 2012/추병완, 2015)에서 시론적으로 이루어진 바 있지만, 보다 체계적이고 방대한 논의는 추병완에 의해 이루어져 왔다(추병완, 2019). 그의 기본 관점은 앞의 번역서의 "역자후기"에서 확인할 수 있다. "인류의 도덕적 향상 필요성에 대해 깊이 공감하고 있음에도, 개인적으로 나는 저자들[Persson & Savulescu]의 주장에 전적으로 동의하지는 않는다. 왜냐하면 그들의 진단은 상당한 설득력과 짙은 호소력을 지니고 있지만, 막상 처방은 지나치게 혁신적이고 낯설기 때문이다. 또한 나는 도덕교육 전공자로서 도덕적 훈육이나 명상과 같은 전통적인 형태의 도덕적 향상 수단들이 생명의학적 기술에 의한 도덕적 향상 수단보다 더욱 중시되어야 한다고 믿기 때문이며, 더 근본적으로는 생명의학적 향상 기술에 대한 거부감이 강하기 때문이다"(Persson & Savulescu, 2012/추병완, 2015: 208 역자후기).

습 전부를 장애, 즉 "반쯤 미완성"의 상태로 규정할 경우, 프로스테시스라는 향상 기술의 범위는 무한대로 확대된다. 일반적 의미의 장애의 보완과 교정을 위한 도구의 개념을 넘어 인간의 신체가 외부적 장치·시스템과 이음매 없이(seamless) 결합되고 확장되는 이른바 "제2의 신체" 개념이 적극적으로 도입·실현될 경우, 인간의 개념은 현재의 그것과는 상당히 달라질 것이다. 이 경우 교육의 의미와 기능은 소극적 의미의 프로스테시스와 확장된 의미의 그것 사이 어딘가에서 상실될 수도 있다.

이 모든 향상의 기술들이 인간의 삶을 풍요롭게 하는 것은 사실이다. 특히 장애의 보완과 인간의 생물학적 한계의 극복이라는 관점에서 그리고 특수교육의 고유한 목적을 위해서도 기술공학의 이기(利器)를 적극 활용하고, 이것을 인간의 삶의 질의 개선을 위해 적용하여야 함은 물론이다. 더구나 "안경을 쓰고, 커피를 마시면서 휴대폰으로 구글을 검색하는 모든 인간은 타고난 사이보그이다."(Clark, 2003)라는 주장에 근거하여 향상의 개념을 아주 넓게 적용하기를 주장할 경우, 교육은 향상의 하위 개념으로 새롭게 분류될 것이다. 개념적으로야 그렇게 볼 수도 있다. 그러나 "아이폰은 이미 내 마음의 일부이다."(Chalmers, 2018)라는 은유적 수사로 상징되는 "적극적 외부주의(active externalism)"(Clark & Chalmers, 1998)를 교육학이 진지하게 고려하여야 할 이유가 아직은 없다. 노트북과 스마트폰은 기능적 숙련과 소비의 대상이자 개인적 기호의 대상이지, 사용자의 정체성을 대신할 수는 없기 때문이다.

그러나 향상의 기술들을 대하는 포스트휴먼-이즘 담론가들의 해석은 이와 같은 은유적 차원에 머무르지 않으며, 보다 적극적이고 구체적이다. 그들은 이것을 단순히 인간의 삶의 개선을 위한 기술의 차원을 넘어 인간 자체의 개선으로 이해한다. 인간을 개선하되, 인간의 종적 특성의 변형까지 감행하기를 주저할 필요가 없다는 것이다. 포스트휴먼은 비단 시력의 보완을 위해 안경을 쓰고, 통신력과 기억력의 확장을 위해 스마트폰을 사용하고, 긴장과 불안의 완화를 위해 베타차단제를, 그리고 주의력과 집중력의 향상을 위해 리탈린을 복용하고, 신체장애의 극복을 위해 의족과 의수를 활용하거나, 경기력 향상을 위해 근육강화제를 주입받는 정도에 그치는 것이 아니다. 향상 기술들을 통해 포스트휴먼-이즘이 추구하는 인간상에는 한계가 없다. "제한 없는 확장, 혁명적 자기개조, 역동적 낙관주의"(Herold, 2016/강병철, 2020: 307)를 기치로 한 포스트휴먼-이즘이 지향하는 종착점은 문자 그대로 인간 너머의 인간, 즉 현존 인간종(種)을 초월한 존재이다. 그리고 이것은 교육의 그것과는 차원을 달리하는 목적이다.

이런 맥락에서 향상의 동기 및 기술들과 관련하여 진행되고 있는 "자유주의 우생학"(Agar, 1998) 논쟁은 교육학의 관점에서 특별히 주목할 필요가 있다. 19세기 말 유전학의 발견을 인간의 개선과 인류의 진보라는 그들만의 사회적·정치적 목적을 위해 전용하려던 시도가 어떻게 인류의 비극을 초래하였는지에 대한 회고적·비판적 성찰은 포스트휴먼-이즘을 마주하는 오늘날에도 여전히 유효하다. 고전적 우생학과는 달리 국가주도성을 배제하고 개인의 선택을 강조한다는 자유주의 우생학 역시 그 본질상 현대의 혹은 미래의 향상 기술들을 동원한 인간종 개선의 우생학이라는 견해에 대한 공감은 확산되어 있다(신상규, 2014: 124f; Buchanan et al.,

2000; Habermas, 2001; Sandel, 2007). 중요한 것은, 이러한 방식의 우생학적 동기와 캠페인에 교육의 자리는 없어야 한다는 사실이다. 19세기 말과 20세기 전반, 교육학이 우생학 예찬의 사회적 분위기에 편승하여 전체주의 정치선동에 복무했던 사려 깊지 못한 전례가 있었기에(김호연, 2009; 우정길, 2019: 239-264), 이제 자유주의 우생학을 대하는 교육학의 자세는 한 세기 전의 그것과는 달라야 한다. 즉, 인간개량적이 아니라 인간수용적이어야 하며, 인간초월적이 아니라 더욱 인간적이어야 한다. 교육의 길은 우생학의 길과 다르며, 교육의 신념은 향상의 낙관적 환상과도 다르다.

3. 오해 또는 착시의 가능성

교육과 향상은 표면적 논리만 유사할 뿐 목적과 방법이 상이하다. 아울러 그 배경인 휴머니즘과 포스트휴먼-이즘 역시 교육과 향상의 차이만큼 서로 상이하다. 그런데 왜 향상론자들은 교육과 향상을 민감하게 구분하지 않는 것일까? 아울러 교육학계는 어떤 이유에서 포스트휴먼-이즘에 대하여 점점 더 개방적·수용적인 양상을 보이는 것일까?[8] 여러 가지 이유가 있겠으나, 이 절에서는 교육학과 포스트휴먼-이즘의 임계점에서 발생가능한 두 가지 오해 또는 착시의 가능성을 그 이유로 들고자 한다.

첫 번째 착시의 가능성은 '인간의 개선'이라는 표제로 인한 것이

---

8) 교육학계 내 "포스트휴먼·포스트휴머니즘" 관련 연구의 점증적 경향성에 대해서는 우정길(2021: 6-24)을 참고하기 바람.

다. 즉, 인간의 개선은 인간의 본능적 욕구이자 인류가 공통적으로 바라는 바이기에, 인간의 개선을 표방하는 모든 담론은 추구할 가치와 필요가 있다는 피상적 논리가 일차적으로는 향상론의 긍정적 수용으로 이어질 수 있다. 즉, 교육과 향상 모두 표면적으로는 인간의 개선이라는 목적을 표방하기에, 이 둘을 동일한 것으로 혹은 연속적 개념으로 이해하는 식의 오해가 발생할 수 있다는 것이다. 그리고 여기에는 포스트휴먼-이즘 담론가들이 적용하곤 하는 넓은 의미의 포스트휴먼 개념이 일차적 요인이 되고 있다. 즉, 인간은 처음부터 결핍과 미완의 존재이고 스스로의 개선을 위해 끊임없이 보완과 교정과 진화를 거듭해 왔기에, 현대와 미래의 공학기술이 제공하는 인간 향상의 방법들 역시 자연스러운 것이라는 논리이다. 맨발에서 운동화로, 도보에서 자동차와 비행기로 진보해 왔고, 안경과 콘택트렌즈와 보청기와 음성합성기를 통해 감각기능의 향상을 이루어 왔으며, 각종 약물로 기억력과 집중력과 근력의 강화를 이룰 수 있게 되었음은 물론, 사회적 관계에 영향을 미치는 정서의 조절도 일정 정도 가능해졌다. 아울러 각종 성형과 이식을 통해 이른바 제2의 자연성을 창조할 수 있게 되었으며, 급기야는 생명체의 생성과 선택과 탄생, 기대수명의 연장에 보다 적극적으로 개입할 수 있게도 되었다.

　이런 맥락에서 "인간은 자연적으로 태어난 사이보그"(Clark, 2003/신상규, 2015: 10)라는 선언은 이제 더 이상 낯설지 않은 수사가 되었고, 심지어 "휴머니즘은 그 본질상 트랜스휴머니즘이다."(Brumlik, 2016)라는 선언이 저명한 교육철학자의 글에서도 확인되는 시대에 이르렀다. 그래서인지 포스트휴먼-이즘 담론가들은 교육이나 향상이나 그것이 그것 아닌가라고 반문한다. "수학과 외를 통해 수학적 능력을 길러 주는 것이 유전자 조작을 통해 수학 적 능력을 향상시키는 것과 다를 바 없고"(Agar; Roduit, 2016: 13f), "태교를 위해 모차르트를 들려주는 것을 금지하지 않는다면 포스 트휴머니스트의 논리에 반대할 이유 역시 없으며"(Bostrom, 2005a: 212), 교육은 향상이라는 "고차원적 공학"(high-tech)을 보조하는 "저차원적 공학"(low-tech)이라고도 말한다(Bostrom, 2003a: 496). 물론 이러한 주장에는, 이 장의 서론에서 언급한 바와 같이, 향상 이 교육을 잠식하고 결국 대체하게 되리라는 전망도 담겨 있다.

그러나 본론에서 고찰한 바와 같이, 교육이 추구하는 인간의 개 선과 향상이 추구하는 인간의 개선은 서로 차원이 다른 사안이라 는 점을 분명히 할 필요가 있다. 이들이 비록 이원적 인간론 또는 이원적 존재론을 바탕으로 인간 개선의 낙관주의를 공유한다는 점 에서 유사한 측면이 있지만, 그 목적하는 바의 차원과 질은 아주 다르다. 아울러 이를 실현하기 위한 향상이라는 수단의 가능성과 한계 그리고 윤리적 정당성에 대한 선제적이고 체계적인 성찰과 비판이 전제되지 않는다면, 이 수단이 목적하는 인간의 개선이 오 히려 인간의 비참과 인류의 비극으로 귀결될 수도 있다는 점을 각 별히 유념할 필요가 있다.

물론 이와 같은 우려는 비단 포스트휴먼-이즘에 국한된 것이 아 니다. 교육학 역시 인간 개선에 관한 수없이 많은 성공과 실패 사 례의 총합이자 부단한 비판과 성찰의 역사적 산물이라는 점을 기 억할 필요가 있다. 인류 역사 속에 존재했던 모든 교육이 인간의 개선을 위함이라는 목적하에 제안하고 실행되었지만, 각각이 의도

하였던 인간의 개선이 언제나 기대했던 방향으로만 전개된 것은
아니었다. 교육학의 역사에는 인간을 오히려 편견과 부자유의 나
락으로 밀어 넣었던 어두운 사례들, 즉 문자 그대로 교육의 흑역사
의 사례들[9]도 있었다는 점은 주지의 사실이다. 이들 모두 그들 나
름의 경험적·학술적 신념에 근거하여 인간 개선을 위한 기획을 구
상하고 실천하였지만, 이 모든 시도들이 기대했던 목적의 성취로
이어진 것은 아니었다는 사실은 언제라도 환기될 필요가 있다. 경
험적 신념은 자의성의 위험에 노출되어 있고, 학술적 신념 역시 오
류가능성으로부터 완전히 자유로울 수 없다. 신념의 토대와 방향
이 왜곡되어 있을 경우, 이에 근거한 인간 개선의 기획은 필연적으
로 인간 개선으로부터 멀어지는 결과를 초래할 수밖에 없다. 담론
의 표피 아래로 한 단계만 들어가면 인간의 개선이 아니라 인간종
의 개량을 추구한다는 사실이 명백한 포스트휴먼-이즘을 대하는
우리의 자세도 교육학의 논의에서와 동일하게 반성적·비판적으
로 유지될 필요가 있다.

물론 '인간의 개선'을 표방하는 포스트휴먼-이즘이 야기하는 착
시현상은 비단 '개선'이라는 표제어로 인해서만 발생하는 것은 아

---

9) 이른바 "검은 교육학(Schwarze Pädagogik)"이라는 명명 아래 수집된 교육의 흑역사
의 사례들에 대하여는 루취키의 편저 『Schwarze Pädagogik』(Rutschky, 1977) 및 밀
러의 저서 『Am Anfang war Erziehung』(Miller, 1983)을 참조하기 바람. 아울러 인간신
체에 대한 극단적인 기능적·기계적 이해에 근거하여 "칼리패디(Kalipädie)"라는 이름
의 교육론을 창안·실천하여 비극적 결말에 이르렀던 사례에 대해서는 우정길(2019:
29-94)을 참조하기 바람. 전체주의적 정치체제가 교육의 이름으로 강요하였던 인간
교화의 흑역사에 대해서는 『Erziehung unter der NAZI-Diktatur(나치 독재 하에서의
교육)』(Keim, 1995)와 숄츠의 『Erziehung und Unterricht unterm Hackenkreuz(하켄
크로이츠 아래에서의 교육과 수업)』(Scholz, 2009)을 참조하기 바람.

니다. 기술공학의 발달의 속도와 방향 역시 이러한 착시현상을 부추긴다. NBIC(Nano-Bio-Info Technology, Cognitive Science)로 대변되는 현대 기술공학의 진행 방향이 그러하기에, 인간 개선의 프로젝트도 이 방향에 맞추어 "미래지향적, 직접적(효율적), 과학적"인 방식으로 이루어져야 한다는 주장은 그것 자체로 강력하고 매력적이며 자연스러워 보인다. 문명의 진행 방향이 그러하므로 인간 개선의 기획 역시 그러하여야 한다는 시류에 반(反)하여 우려와 회의와 비판을 감행하기란 결코 용이하지 않다. "미래지향적, 직접적(효율적), 과학적"이라는 향상의 방법론에 의문을 제기하고, 교육의 고유한 성격과 가치와 의미를 강변하려는 것만으로도 수구적·비효율적·비과학적이라는 낙인과 직결될 수 있기 때문이다. 서론에서도 언급한 바 있는 포스트휴먼-이즘 담론가들의 생명보수주의자들에 대한 공개적 조롱이 그 한 사례이거니와, 교육학계 일각에서 진행되고 있는 인문과학적 경향의 분과들에 대한 공개적 폄하 역시 본질적으로는 기술공학의 진행 방향에 경도된 교육학자들의 착시현상에 기인한 것일 가능성이 크다.

그러나 멈추어 생각해 보건대, 기술공학의 발달이 선사하는 문명의 이기(利器)는 해당 시대에 비하여 언제나 "미래지향적, 직접적(효율적), 과학적"인 것이었다. 교육의 관점에서 정작 중요한 것은 미래지향성 그 자체가 아니라 이 미래지향성을 위한 방향의 설정과 조정이었고, 직접성(효율성) 그 자체가 아니라 직접성(효율성)의 반인간적 부작용을 최소화하기 위한 구성원들의 합의와 연대였으며, 과학성 그 자체가 아니라 자연과학의 발전에 기반한 기술공학의 눈먼 질주를 통제하고 조율할 수 있는 인문과학·사회과학

적 지성의 역할이었다. 향상이라는 수단이 인간의 개선을 추구한
다는 명분 때문에 그리고 이것이 "미래지향적, 직접적(효율적), 과
학적"이라는 이유만으로 무조건적 수용의 대상이 되어서는 곤란하
다. 인류사회가 공동으로 지향할 만한 미래의 방향이 어떤 것인지,
그리고 인간의 신체기관과 뇌와 유전자에 직접적으로 개입한다는
것이 어느 선까지 온당한지, 그리고 인간의 몸과 정신과 감성과 관
계성에 개입하려는 기술공학의 한계와 위험성은 무엇인지, 그리고
이것이 야기하게 될 사회윤리적 부작용은 어떻게 해소해 나갈 것
인지 등에 대한 충분한 성찰과 비판이 선행되어야 한다. 그렇지 않
을 경우 "미래지향적, 직접적, 과학적"이라는 향상의 기술들은 기
형적 미래와 불가역적 부작용 그리고 테크노-디스토피아에 이르
는 지름길이 될 수도 있다. 동일한 맥락에서, 국내 교육학계 일각
에서 진행되고 있는 뇌기반학습과학의 방향과 성격 역시 반성적
고찰의 대상이 될 필요가 있다. 인간 없는 뇌, 정신 없는 뇌파, 교
육 없는 학습, 교사 없는 뇌매니저 등에 몰두하는 것[10]이 일견 인

---

10) 이른바 "뇌-신화적 신념"에 경도되었던 신경과학계 선구자의 사례는 현대 신경과
학을 대하는 교육학의 관점을 위해 시사하는 바가 있기에 공유하고자 한다. 19세기
후반 신경해부학계를 대표하는 뇌생리학자·뇌해부학자 플레히지히(P. Flechsig)
는, 신체의 각 부위는 뇌의 특정 부위와 각각 연결되어 있으므로 신체와 뇌는 일종
의 기계적 상호작용의 관계에 있다는 뇌지도(brain mapping) 이론의 기초를 닦은
인물이다. 그는 1877년 라이프치히 대학병원 정신과 교수로 부임하였고, 오늘날
"파울 플레히지히 뇌연구소(Paul-Flechsig-Institut für Hirnforschung)"라는 이름
으로 그 전통과 명성이 유지되고 있는 "뇌 해부학연구소"(1883)를 설립한 인물이다
(Leibnitz, 1977). 그런데 『정신의학의 역사』의 저자 쇼터(Shorter)는 플레히지히에
대해 다음과 같은 흥미로운 기록을 남겼다. "뇌만 들여다보던 플레히지히 …… 교
수들은 기초과학 연구에만 몰두했고 임상정신의학에는 큰 관심을 보이지 않았다.
환자를 낫게 해 주어야 한다는 생각은 별로 하지 않았던 것이다. …… 이런 까닭에,

간 개선을 위한 "미래지향적, 직접적, 과학적" 수단으로 보일 수는 있으나, 이것은 어쩌면 단순한 문자적 표기와 눈부신 기술공학의 시대적 맥락이 만들어 낸 착시현상일 가능성을 배제할 수 없다.

두 번째 착시현상은 포스트휴먼-이즘의 의미로부터 야기되는 것으로서, 본고의 서론에서 언급한 바 있는 포스트-휴머니즘과 포스트휴먼-이즘의 구분이 명확하지 않은 데 일정 부분 그 원인이 있다(이종관, 2017: 32f; Bostrom, 2008: 1). 서론에서도 언급하였거니와, 포스트-휴머니즘 담론은 전통적 휴머니즘이 제대로 담지 못한 인간의 다원성과 공정성에 대한 반성, 인간 이외의 존재들(동물·사물·기계)에 대한 인정과 존중, 그리고 이들과의 공생·공존의 가치 확인 등을 요청하는 목소리들의 집합이다. 이들이 추구하는 것은 폐쇄적 인류중심주의(anthropocentrism) 또는 인간예외주의(human-exceptionalism)와의 결별, 즉 개방적 휴머니즘이다. 이 새로운 휴머니즘은 대단히 넓은 스팩트럼의 개념으로서, 여기에는 인간을 비롯한 과거와 현재의 모든 유기체적·비유기체적 존재들뿐 아니라 포스트휴먼으로 통칭되는 미래적·가상적 존재들까지

뇌해부학과 뇌생리학에 대한 연구가 점차 가속화됨에 따라 치유에 대한 기대는 허무주의에 빠져 들어가고 …… 플레히지히 밑에서 수련의를 하던 에밀 크레펠린은 얼마 지나지 않아 넌덜머리를 내고 떠나게 되는데, 그 이유는 플레히지히가 환자에 대해 알려고조차 하지 않았기 때문이었다. …… 플레히지히는 오직 현미경과 해부대만 알고 있던 사람이었다"(Shorter, 1997/최보문, 2009: 130, 139, 175). 그는 "오직 현미경, 오직 뇌"를 외치던 "뇌-신화적 신념"(Roberts, 1988: 34)을 지닌 인물이었다. 그리고 그 이름 "플레히지히"는 자신의 환자 슈레버(P. Schreber)의 회상록에서 "영혼살해자"라는 별칭으로 기록되었고 오늘날까지 이 별칭으로도 회자되기도 한다(Schreber, 1903/김남시: 2010: 61). 보다 자세한 내용은 우정길(2019: 86f)을 참조하기 바람.

포함된다.

이들이 주장하는 개방적 휴머니즘으로서 포스트-휴머니즘은 근래 사상계 일반에서 긍정적 반향을 일으키고 있으며, 교육학 역시 근래에는 이 담론을 긍정적으로 수용해 나가고 있다. 그도 그럴듯이, 모든 성별·계층·인종의 인간에 대한 존중 및 유기체·비유기체가 포괄되는 공존재(Mitsein) 일반과의 관계성과 공생의 가치를 강조하는 광의의 휴머니즘을 포스트-휴머니즘이라 명명하고, 이에 기반하여 이른바 "복합종 교육학(multispecies pedagogy)" "공통세계 교육학(common world pedagogy)"(Taylor et al., 2019) 또는 "포스트휴먼 감응교육"(정윤경, 2019)을 제안하는 경우, 이 거대담론과 그에 기반한 이른바 포스트휴먼 교육학을 거부할 명분은 없다. 모든 존재하는 것을 편견과 차별 없이 존중하자는 따뜻한 기조도 긍정적 수용에 한몫하거니와, 저 "개방적"이라는 수사가 사실상 '모든'을 의미하기 때문이기도 하다. 그래서 이 "개방적" 휴머니즘을 거부하는 것은 모든 존재하는 것의 부정과 동시에 차갑고 폐쇄적인 인간중심주의적 휴머니즘의 옹호로 이어지며, 이것은 다시 인간우월적 반생태주의 및 유럽·백인·남성중심주의라는 과거의 패러다임으로 회귀하는 것을 의미하는 것으로 여겨지게 된다. 이런 맥락에서 보자면, 교육학계 내 포스트-휴머니즘, 즉 확장된 휴머니즘의 옹호자들의 수가 더해 가는 현상은 자연스럽다. 그리고 이를 통해 전통적 교육학의 근간을 이루었던 휴머니즘에 대한 반성이 촉구된다는 점에서 이 새로운 거대담론이 일정 정도 긍정적인 기능을 수행하는 것도 사실이다.

그런데 착시현상의 가능성은 여기에 있다. 즉, 포스트-휴머니즘은 포스트휴먼-이즘을 동반하며, 따라서 포스트-휴머니즘의 긍정적 수용은 곧 포스트휴먼-이즘의 수용을 일정 부분 동반한다는 것이다. 그 이유는 간단하다. 이 두 가지 상이한 혹은 그 공유점이 일부분에 불과한 담론들이 "포스트휴머니즘"이라는 용어를 공유하기 때문이다. 즉, 포스트-휴머니즘이 제안하는 공생의 대상에 미래적·가상적 존재인 포스트휴먼도 일부 포함되기에, 포스트-휴머니즘이 수용되는 과정에서 포스트휴먼-이즘 역시 이른바 패키지로 수용된다는 것이다. 이를 조금 더 상세하게 부연하자면 다음과 같다([그림 6-1] 참조).

포스트-휴머니즘이 개방의 대상으로 삼는 존재는 일차적으로는 전통적 휴머니즘에서 소외되었던 특정 계층, 특정 성별, 특정 인종의 인간들을 포함한 인간 일반이거니와, 나아가 동물과 식물 등의 유기체들, 그리고 인간중심적 관점에서 지금껏 그 존재의 의미가 적극적으로 부여되지 않았던 비유기체적 사물이다. 여기서 그치지 않고 미래 어느 시점에 등장하게 될 다양한 양상의 인간+기계의 혼종적 존재 역시 포스트-휴머니즘의 관심 대상에 포함된다. 비록 그것이 주된 관심사는 아니라 하더라도, 포스트-휴머니즘은, 극단적 개방성을 표방하는 이 담론의 특성상, 미래에 새롭게 등장하여 인간과 공생하게 될 혼종적·기계적 존재들을 관심 대상에서 배제하지 않는다. 포스트-휴머니즘의 제안자들이 인간 對 비인간의 이분법에 대해 의문을 제기하고 인간/비인간의 공존재성을 주장할 때, 그 주된 강조점이 인간+기계의 혼종적 존재에 있는 것은 아니지만, 그렇다고 인간+기계의 혼종적 존재가 이 범주에서 제외되는 것은 아니기에, 포스트-휴머니즘이 포스트휴먼-이즘과 무관하다고도 말할 수 없다. 이런 구도 속에서, 포스트-휴머니즘이 개방적 휴머니즘이라는 또 하나의 거대담론으로 자리매김하는 과정에서 포스트휴먼-이즘 역시 자연스럽게 그리고 어쩌면 비판적 성찰로부터 비교적 자유롭게 수용될 여지가 생기는 것이다.

이와 같은 구분의 필요는 이른바 포스트휴먼-이즘의 대척점에 서 있는 생명보수주의자들의 목소리를 분석해 보면 더욱 분명해진다. 카스(L. Kass), 후쿠야마(F. Fukuyama), 하버마스(J. Habermas), 샌델(M. Sandel) 등의 생명보수주의자들은 이른바 포스트-휴머니즘으로 표기되는 그 포스트휴머니즘에 대해서는 별다른 관심을 표하지 않는다. 생명보수주의자들의 비판과 성찰과 경계의 대상은 오로지 포스트휴먼-이즘의 주장들이다. 카스의 경우 기독교의 창조론에 근거하여, 신에 의해 창조된 인간성이 향상을 통해 변형되고 왜곡될 가능성에 대해 우려하고 반대하는 입장을 취한다(Kass, 2003). 후쿠야마는, 비록 우리가 휴머니즘의 장구한 역사를 통해 그것이 무엇이라고 확정지을 수는 없었을지라도 인간 일반에게는 "공통의 본성 X"라는 것이 있으며, 포스트휴먼을 탄생시키려는 향상의 시도로 인해 이 본성은 파괴될 수도 있다는 견해를 피력한다(Fukuyama, 2002). 샌델의 경우, 하버마스를 참조하는 가운데, 포스트휴먼-이즘이 주장하는 향상은 인간의 자율성과 사회적 공정성, 평등성과 인간본성을 훼손할 것이기에 반대하노라는 입장을 밝혔다. 샌델은, 생명은 인간과 인간 사회에 선물로 주어진 것이기에, 주어진 것에 대한 존중을 바탕으로 겸손과 책임 그리고 연대라는 덕목을 더욱 강화하는 것이 더욱 요청된다는 견해를 피력하였다(우정길, 2019: 265f; Habermas, 2001; Sandel, 2007).

이들 생명보수주의자들이 비판하고 경계하는 포스트휴머니즘은 포스트휴먼-이즘이지만, 그들은 굳이 이것을 세심하게 구분하여 표기하지는 않는다. 그러나 이 포스트휴먼-이즘이 '포스트휴머니즘'이라는 표기상 포스트-휴머니즘과 구분되지 않은 채 독해될 경우, 논의의 초점은 빗나갈 수밖에 없다. 아울러 이들 상이한 포스트휴머니즘들을 구분하지 않은 채 "개방적" 포스트휴머니즘이라는 큰 용광로에 넣어 버릴 경우, 생명보수주의자들의 예민한 우려와 경계의 목소리들도 특별한 의미를 득하지 못하게 된다. 그리고 이것은 교육학의 논의를 위해서는 큰 손실의 원인이 될 수 있다. 스스로를 "미래지향적, 직접적(효율적), 과학적"이라고 규정하는 향상론을 마주하여, 이에 대한 비판과 동시에 교육의 지속을 옹호하고자 할 경우, 그 근거는 상당 부분 생명보수주의자들의 논리와 논거로부터 제공될 가능성이 크기 때문이다. 물론 생명보수주의가 보다 체계적으로 해명하고 합리적 언어로 설득해야 할 내용들이 여전히 많지만(신상규, 2013; 추병완, 2015b; 우정길, 2019: 289f), 교육의 옹호를 위해 생명보수주의자들의 주장과 논거들이 여전히 그리고 향후로도 중요한 의미를 갖는 것은 사실이다.

4. 결론

이 장을 마치면서 두 가지 제한점을 적고자 한다. 이 제한점은 동시에 향후 연구를 위한 제안의 의미를 갖기도 한다.

첫째, 이 장에서 논의의 편의상 교육과 향상을 아주 다른 성격의, 완전히 분리된 것으로 설정하였다. 이러한 설정에 따라 교육을 통해서는 인간이, 향상을 통해서는 포스트휴먼이 만들어진다는 이원적 논리 위에 논의를 전개하였다. 그러나 이 두 가지가 문자의 구분처럼 언제나 그렇게 선명하게 나누어지는 것은 아니라는 점을 자인하지 않을 수 없다. 실상은 어디까지가 교육이고, 어디서부터가 보완과 교정과 치료이며, 또 어디서부터가 향상인지에 대한 구분이 명확하지 않기에, 이것을 애초에 구분 가능한 것으로 설정하는 것 자체에 무리가 있다. 향상론자들 역시 치료와 향상 사이의 경계 영역에 해당하는 사례들에 대해서는 조심스러운 면모를 보이고 있거니와, 교육학의 경우 역시 보완과 교정과 치료의 영역들에 대해서는 보다 세밀한 관점으로 전문성을 타진해 오고 있는 실정이기 때문이다. 교육과 특수교육의 사이에서 그리고 특수교육의 다양한 사례들에 대한 경험을 통해 우리는 교육과 보완과 교정과 치료의 구분이라는 주제가 명쾌하게 해소될 성격의 것이 아님을 알고 있다. 보완과 교정과 치료와 향상의 경우도 마찬가지이다. 모든 인간은 트랜스휴먼이며 그러므로 교육은 향상의 일환이라는 견해를 피력하는 경우가 드물게나마 있는가 하면, 그렇지 않은 경우들도 있다. 각종 담론들 속에서 휴먼과 트랜스휴먼의 규정과 구분에 대한 견해가 분분한 것과 같은 이치로, 트랜스휴먼과 포스트휴먼의 경계를 선명하게 나누기 어려운 속사정도 이런 상황에 기인한다. 어쩌면 교육-보완-교정-치료-향상이라는 횡적 스펙트럼을 교육 對 향상의 이원적 구도로 축약하는 것은 단순화의 오류라는 비판으로부터 자유롭지 않을 것이다.

그러나 이러한 제한점은 동시에 교육학이 연구의 관심을 어디로 더욱 확장하여야 할 것인가에 대한 시사를 함의하기도 한다. 교육과 향상의 사이 영역은 어쩌면 전통적 교육학이 인간에 대한 이해를 확장하고 전통적 교육의 개념을 수정할 필요가 있음을 보여 주는 공간이기도 하다. 이 장에서는 논의의 필요상 계몽주의적 교육학의 사유에 치중하여 전통적 교육학의 이해를 대변하였지만, 지난 세기말을 지나면서 교육학은, 적어도 담론의 차원에서는, 이성중심적 · 주체중심적 · 자아중심적 패러다임과는 결별하고 새로운 차원의 담론의 장으로 넘어왔다. 때로 그것은 의사소통적 상호주관성(Masschelein, 1991)이나 대화적-사이존재론(우정길, 2007b)으로, 또 때로는 몸현상학적 상호-주관성(Meyer-Drawe, 1984)과 응답적 상호주관성(Waldenfels, 1998; Woo, 2007, 2008)이나 탄생적 상호주관성(우정길, 2014; Biesta, 2010, 2011; Masschelein, 1996) 등으로 개념화되었으며, 이에 기반하여 현대의 교육학은 전통적 교육학의 문법과는 상당히 다른 성격의 구상들을 이론화해 나가고 있다(Lippitz & Woo, 2019). 서론에서 언급한 바 있는 포스트-휴머니즘 담론이 이른바 행위자-망-이론(Actor-Network-Theory)(홍성욱, 2010)이나 객체지향존재론(Object-Oriented-Ontoogy)(Harman, 2008), 또는 내부적-관계성(intra-relationality)과 포스트-인간중심주의(post-anthropocentrism)에 근거한 교육관계론(Ceder, 2019: 9) 등에 근거하여 주장하는 극단적 관계중심성의 검토도 필요는 하겠으나, 이와 동시에 혹은 그 이전에 교육학은 현대 교육학의 내부에서 꾸준히 진행되어 온 관계중심적 담론들 및 낯섦과 타자성에 관한 논의들이라는 징검다리들을 두드려 볼 필요가 있다. 담론의 지형상 포스트-휴머니즘의 극단적 관계중심성은 교육학계 내부의

관계중심성 패러다임에 대한 검토를 거친 후에야 그 의미와 의의
가, 그리고 교육학적 수용을 위한 가능성과 한계가 분명히 드러나
게 될 것이기 때문이다.

아울러 교육학은 교육과 향상 사이의 영역, 즉 보완과 교정과 치
료 및 향상에 이르는 일련의 기술공학적 변화들에도 더욱 구체적
인 관심을 기울일 필요가 있다. 이것은 단순히 기술공학에 대한 관
심의 촉구라기보다는 보다 본질적인 사안에 대한 요청으로서, 인
간의 다름과 낯섦에 대한 진지한 성찰과 개방적 수용의 자세를 의
미한다. 보완과 교정과 치료의 대상들이 교육학의 주류적 사유의
대상에서 배제되었던 이유는 바로 정상성과 완전성에 대한 교육
학의 오래된 집착 때문이다(Waldenfels & Meyer-Drawe, 1988: 273).
포스트휴먼-이즘 담론의 기저에도 흐르는 이 완벽과 완성에 대한
집착(우정길, 2019: 97-126; Roduit, 2016; 2019; Sandel, 2007)은 어쩌
면 인간의 자연스러운 욕망의 표현이기도 하거니와, 신의 형상의
회복이라는 목표의 설정 이래 교육학이 오랫동안 추구해 온 이상
적 인간상의 중심적 동인이기도 하다.

그러나 당위(Sollen)가 존재(Sein)와 동일한 것은 아니며, 교육
의 이상과 목적이 교육의 실제를 항상 대변하는 것은 아니다. 교실
을 하나의 큰 띠로 묶어서 교육적 이상의 실현을 향해 달려 나가려
는 욕망은 교육적으로 자연스러운 것이나, 교실을 가득 메우고 있
는 개별적 존재들이 하나의 이상적 규준으로 묶여질 수 있다는 믿
음 역시 교육의 오래된 환상일 수도 있다(Schäfer & Wimmer, 2003;
Sieben et al., 2012). 사회 역시 그러하다. 교육이 정상과 완벽을 지
향하는 동안에도, 정상지향적·완벽지향적 교육의 장에서 주변화

되기 쉬운 보완과 교정과 치료의 대상들이 우리 사회 속에는 공존하고 있다. 보다 적극적으로 표현하자면, 우리 사회의 모든 구성원은 정상과 비정상, 완성과 미완성으로 나누어질 수 없으며, 관점에 따라 모두가 모두와 다르고 서로에게 낯선 존재들이다. 즉, 우리는 인종과 성별과 연령과 계층에 관계없이, 교육의 주체이자 대상임과 동시에 보완과 교정과 치료의 대상이기도 한 것이다.

교육적 인간의 현실이 이러한 관계로, 우리는 교육의 개념을 보다 적극적으로 개방하고 확장해 나갈 필요가 있다. 확장해 나가되, 포스트휴먼-이즘의 진행 방향과 다른 방향으로 교육학은 나아갈 필요가 있다. 즉, 교육은 완벽과 완성의 추구를 교육학의 지상과제의 목록에서 제하고, 오히려 교육이 목적으로 하는 인간상과 교육의 개념을 더욱 개방적·다원적으로 설정할 필요가 있다. 완벽해지려는 욕망 그리고 인간을 교육적 이상에 맞추어 완성시키고자 하는 공학적 신념으로부터 거리를 두고, 그 대신 지금껏 낯설고 다르기에 교육의 주류적 사유에서 배제되어 왔던 다양한 인간상을 적극적으로 포용하는 방향으로 나아가야 한다. 모든 인간이, 보스트롬을 비롯한 포스트휴먼-이즘 담론가들의 생각처럼 맞춤생산과 주조(molding)와 개조(remolding)의 대상이 아니라, 매 순간 새롭게 태어나는 탄생적 존재들이라는 견해를 교육학은 진지하게 성찰할 필요가 있다(우정길, 2019: 226f; 우정길·박은주·조나영, 2020). 보완과 교정과 치료의 대상들 또는 교육의 장에 존재하는 모든 개인들의 다름과 낯섦을 포괄하고 수용할 수 있을 정도로 교육학이 다원적·개방적인 학문이 된다면, 그제서야 교육학은 향상을 주장하는 포스트휴먼-이즘과도, 그리고 동시에 우주 속에 존재하는 모든 것들과의 공생과 관계성을 중시하자는 포스트-휴머니즘과도 조우할 수 있게 될 것이다.

두 번째 제한점은 인간 본성에 대한 논의의 의도적 회피이다. 이 장 전체의 행간에서도 그러했거니와, "인간-(트랜스휴먼)-포스트휴먼"의 구도를 언급하면서도 더욱 확신 있는 어조를 유지할 수 없었던 이유는 바로 인간 본성의 규정이 전제되지 않았기 때문이다. 더 진솔하게는, 대부분의 생명보수주의자들의 경우와 마찬가지로, 인간 본성에 대한 나름의 규정을 제시하지 못하였기 때문이다. 그리고 이것은 이 장에서 주장하고자 했던 '교육학과 포스트휴머니즘 담론의 임계점에서 향상과 구분되는 교육의 의미와 가치'의 명확한 논거 제시의 보류와도 직결된다. 그래서 다음과 같은 도발적 비판 앞에 서면, 교육학자로서 답답한 심정을 금할 길 없다.

> "끊임없이 향상되어야 한다는 인류 공통의 심리는 인간강화라는 개념을 환영한다. 미래에 대한 공포와 전통적으로 지켜 온 한계를 넘었을 때 어떤 문제가 생길지 모르기 때문에 적극적으로 추진하지 못할 뿐이다. 두려움이 너무 커서 근본적 차원의 자기 향상을 추구하려는 충동을 압도하는 사람도 있다. 하지만 더 건강해지고, 힘이 세지고, 똑똑해지고, 오래 살 수 있다는 유혹을 뿌리치지 못하는 사람이 훨씬 많다. 실질적으로 환경을 좌우할 수 있게 되었기 때문에 이제 현재 상태와 끊임없이 갈망하는 완벽한 상태 사이에 가로놓인 장벽이라고는 우리 스스로 정한 한계만 남아 있을 뿐이다. …… 생명보수주의자들은 인간의 본질이 무엇인지도 정의하지 않은 채 수십 년간 비슷한 주

장을 반복해 왔다. 명확한 정의가 없기 때문에 주장 자체가 모호한 수준을 벗어나지 못한다. 사실 그들이 그토록 오랫동안 똑같은 주장을 반복하는 것은 그 가설을 검증할 길이 없기 때문이다. …… 명확히 설명할 수 없는 느낌을 근거로 삼아 여러 가지 가정을 늘어놓는 것은 자신의 논리를 이해시키는 데 아무런 도움이 되지 않는다. …… 새로운 것이라면 무조건 퇴짜를 놓고 보는 보수주의가 어떤 면에서 사회통합을 유지하는 접착제 역할을 한다고 볼 수도 있다. 하지만 그렇게 형성된 관념이 검토의 대상이 될 수 없다면, 주장은 이내 힘을 잃고 만다"(Herold, 2016/강병철, 2020: 308f).

어쩌면 연구자는, 몇몇 포스트휴먼-이즘 담론가들의 주장처럼, 실체 없는 인간의 본성을 부여잡고 혹은 모종의 "강박적 인본성(comsulsory humanity)"(Pedersen, 2010: 230)에 사로잡혀 이유를 알 수 없는 "불편한 감정과 도덕적 꺼림칙함"(Sandel, 2007/이수경, 2016: 18-23) 때문에 향상 경계론을 주장하고 있는 것일 수도 있다. 또 어쩌면 연구자가 "미래에 대한 막연한 반감과 두려움을 가진 일부 교육학자들"(Clark, 2003/신상규, 2015: 15; Herold, 2016/강병철, 2020: 324)에 속하기에, 현상을 유지하자는 명분으로 교육의 논리를 옹호하는 것일 수도 있다.

그러나 재고해 보건대, 확정지을 수 없는 인간본성론의 저편에서 펼쳐지는 가변적 인간본성론 혹은 인간본성창조론 역시 논거가 부족하기는 마찬가지이다. 특히 이 "가변적, 창조"라는 것이 기술공학적 전망에 기반한 가상적인 것이라면, 이를 진지한 교육적 성찰의 대상으로 삼아 그 위에 이론을 구축해 나가는 것 자체가 시기 상조일 수 있다. 이른바 "실험실의 시한폭탄"(Harari, 2015/김명주, 2017: 386f)이 모두 실험실 밖으로 나오게 되는 것도 아니거니와, 이것이 실험실 밖으로 나오기까지는 또 무수히 많은 사회적 변수와 논의와 합의들이 함께 작용할 것이며, 교육 역시 언제나 그랬듯 그에 걸맞는 점진적인 변화들을 이루어 낼 것이다. 다만 인간의 본성이 새롭게 창조되어 인간의 구체적 일상 속에서 체감되기 전까지는, 그것 역시 학문적 검토와 대상인 가능태로서만 존재할 뿐이다.

요컨대, 우리는 실체가 있으나 확정할 수 없다는 난점 그리고 방향과 의지와 전망이 실체의 대부분인 가상성·가능성의 물렁한 토대 사이에서 인간 개선의 길과 범위에 대하여 논쟁하고 있는 것이다. 즉, 전통적-인간학적 가소성에 충실할 것인가 또는 인간초월적-가상적 가소성을 선제적으로 수용하고 지향할 것인가 사이에서 이 논의는 진행되고 있는 것이다. 물론 미래 어느 시점에 출현할 포스트휴먼이 인간의 범주에 들지 않는 것으로 합의된다면, 우리가 진행하고 있는 이 논쟁은 교육(학)의 대상 범위에 들지 않게 될 것도 자명하다.

이러한 논쟁의 와중에 "미래에 대한 막연한 반감과 두려움 때문에 진보에 반대하는 사람이 있다고 해서 역사의 수레바퀴가 멈출 가능성은 거의 없다."(Herold, 2016/강병철, 2020: 324)는 말은 교육학의 관점에서는 참으로 무딘 감수성의 언사라고 볼 수밖에 없다. 교육학이 이해하는 역사의 수레바퀴는 인간의 손으로부터 아직은 완전히 벗어난 적이 없다. 교육이 만능이어서가 아니라 교육이 언제나 예민한 감수성으로 인간의 문제에 천착하였고, 여하한 실수와 실패의 경우에라도 다시 교육을 통하여 회복하기를 노력해 왔기 때문이다.

동일한 맥락에서, 멈출 가능성이 거의 없는 역사이므로 "우선 시행해 보고 비용·편익을 분석해 보자"(Bostrom, 2003a: 498)라는 포스트휴먼-이즘 담론가의 제안도 교육(학)의 선택지가 될 수는 없다. 우리가 함께 경험하고 있거니와, 인간은 아직도 신종 바이러스로부터도 자유롭지 않은, 아직은 "더 건강하고, 더 힘세고, 더 똑똑하고, 더 오래 산다."는 포스트휴먼으로부터 거리가 먼, 그저 인간일 뿐이다. 인간 교육의 역학은 횟수를 거듭하고 규모를 확대하여 임상을 거쳐도 부작용으로부터 완전히 자유로울 수 없는 백신의 역학보다 더욱 복합적이고, 그 과정과 결과가 불투명하다. 교육의 영향력은 즉각적임과 동시에 잠재적이고, 신체적임과 동시에 심리적·영성적이며, 결코 일반화하기 어려운 개별적 인간들에 관한 것이기 때문이다.

"역사의 수레바퀴"가 인류의 진정한 진보의 미래로 향하기를 모두가 원하지만, 그것이 포스트휴먼-이즘 담론가들의 순진한 바람처럼[11] 개인의 행복과 사회적 평등의 유토피아로 귀결되지 않을 가능성도 여전히 크다(박희주, 2000: 27; 우정길, 2019: 258f). 완벽에 대한 욕망이 선을 넘는 곳, 실험실의 기술공학이 시장의 자본을 만나는 지점, 어쩌면 그곳에서 교육은 여전히 인간의 개선이라는 고

---

11) "유전자 향상을 통해 우리는 [원하는] 모든 사람들을 동일한 수준에 이르게 하고, 향상공학의 보편적 적용을 통해 우리 는 불평등의 심화를 막을 뿐만 아니라 내적 혜택과 외적 장점을 높일 수 있다. …… 인간의 불필요한 비참을 경감할 수 있는 대단한 잠재력의 수단"(Bostrom, 2003a: 499f).

유의 과제를 묵묵히 수행하여야 한다. 그리하여 포스트휴머니즘 담론이 범람하는 오늘날 교육학은 역설적이게도, 그러나 참으로 당연하게도, 다시 휴머니즘을 고민하여야 한다.

 참고문헌

김건우(2016). 포스트휴먼의 개념적, 규범학적 의의. 한국포스트휴먼학회 편. 포스트휴먼 시대의 휴먼(pp. 29-66). 아카넷.

김성일(2006). 뇌기반 학습과학: 뇌과학이 교육에 대해 말해 주는 것은 무엇인 가? 인지과학, 17(4), 375-398.

김응준(2014). 호모 사피엔스 대 로보 사피엔스-인간과 기계인간의 공진화 가 능성에 대한 크리스티안 크라흐트의 문학적 비평. 뷔히너와 현대문학, 43, 247-271.

김정환(1982). 전인교육론. 세영사.

김정환(1987). 교육철학. 박영사

김정환(1988). 현대의 비판적 교육이론. 박영사.

김종갑(2008). 아이러니와 기계, 인간: 휴머니즘과 포스트휴머니즘. 비평과 이 론, 13(1), 69-92.

김호연(2009). 우생학, 유전자 정치의 역사. 아침이슬.

박형빈(2016). '뇌 기반 학습'을 통한 초등 도덕 수업 원리. 초등도덕교육, 54, 141-182.

박휴용(2019). 포스트휴머니즘과 교육의 미래. 전북대학교 출판문화원.

박희주(2000). 새로운 유전학과 우생학. 생명윤리, 1(2), 14-28.

백종현(2016). 포스트휴먼 사회와 휴머니즘 문제. 한국포스트휴먼학회 편. 포 스트휴먼 시대의 휴먼(pp. 67-98). 아카넷.

소경희·박지애·이수한·허예지(2020). 포스트휴머니즘 관점에서 본 지능정보사회를 위한 학교교육 정책 비판. 교육학연구, 58(4), 85-117.

소흥렬(1994). 인공지능과 자연지능. 과학사상, 8, 6-23.

신동훈(2017). 제4차 산업혁명과 뇌-기반 교육. 교육비평, 39, 386-421.

신상규(2013). 트랜스휴머니즘, 세상에서 가장 위험한 생각? 이화인문과학원 편. 인간과 포스트휴머니즘(pp. 170-200). 이화여자대학교출판부.

신상규(2014). 호모사피엔스의 미래-포스트휴먼과 트랜스휴머니즘. 아카넷.

신상규(2019). 포스트휴머니즘 시대의 교육(과정). 2019 한국교육과정학회 춘계 학술대회 자료집.

신승환(2020). 포스트휴머니즘의 유래와 도래. 서강대학교 출판부.

오인탁(1996). 플라톤. 연세대학교 교육철학연구회 편. 위대한 교육사상가들 I (pp. 43-108). 교육과학사.

우정길(2007a). 부자유를 통한 자유와 교육행위의 지향성. 탈주체성 또는 상호주관성의 교육이론을 위한 일 고찰. 교육철학, 38, 139-164.

우정길(2007b). 마틴부버: 대화철학과 대화교육학의 임계점에 관하여. 교육철학, 40, 139-161.

우정길(2014). 탄생적 상호주관성과 교육 - 비에스타(G. Biesta)의 아렌트(H. Arendt) 수용을 중심으로. 교육철학연구, 36(1), 53-72.

우정길(2019). 포스트휴머니즘과 인간의 교육. 박영스토리.

우정길(2020a). 김정환의 "인간주의 교육사상"의 형성과 의미에 관한 고찰. 한국교육학연구, 26(3), 139-162.

우정길(2020b). 교육학과 포스트휴머니즘 담론의 임계점에 관한 고찰. 교육철학연구, 42(4), 55-92.

우정길(2021). 포스트휴머니즘 담론의 교육학적 수용 - 연구의 현황과 전망. 교육문제연구, 34(2), 1-37.

우정길·박은주·조나영(2020). 한나아렌트와 교육의 지평. 박영스토리.

이일병(1985). 인공지능과 자연지능. 전자공학회잡지, 12(2), 138-141.

이종관(2017). 포스트휴먼이 온다. 사월의 책.

이혜영 외(2018). 트랜스휴머니즘과 포스트휴머니즘. 한국학술정보.

이화인문과학원 편(2011). 디지털시대의 컨버전스. 이화여자대학교 출판부.

이화인문과학원 편(2013). 인간과 포스트휴머니즘. 이화여자대학교 출판부.

인문브릿지연구소(2020). 인간은 기계보다 특별할까?. 갈라파고스.

임석원(2013). 비판적 포스트휴머니즘의 기획: 배타적인 인간중심주의 극복. 이화인문과학원 편. 인간과 포스트휴머니즘(pp. 61-82). 이화여자대학교 출판부.

장래혁(2017). 자연지능, 자연산 인재가 필요한 시대. 브레인, 64, 5.

정윤경(2019). 포스트휴머니즘과 휴머니즘에 기반한 교육 재고. 교육철학연구, 41(3), 117-147.

최종인(2005). 교육인간학에 근거한 교육학의 학문적 성격. 교육문제연구, 23, 29-48.

추병완(2015a). 초인본주의의 도덕적 향상에 관한 신경윤리학적 성찰과 도덕교육적 함의. 윤리연구, 100, 33-62.

추병완(2015b). 인간향상논쟁에서 생명보수주의에 대한 비판적 평가. 윤리교육연구, 36, 171-194.

추병완(2019). 신경윤리학과 신경도덕교육. 한국문화사.

한국포스트휴먼학회 편(2015). 포스트휴먼 시대의 휴먼. 아카넷.

홍성욱 편(2010). 인간·사물·동맹. 이음.

홍성욱(2019). 포스트휴먼 오디세이. 휴머니스트.

Agar, N. (1998). Liberal Eugenics. *Public Affairs Quarterly, 12*(2), 137-155.

Biesta, G. (2010). How to Exist Politically and Learn from It: Hannah Arendt and the Problem of Democratic Education. *Teachers College Record, 112*(2), 556-575.

Biesta, G. (2011). Coming into the World, Uniqueness, and the Beautiful Risk of Education: An Interview with Gert Biesta by Philip Winter. *Studies in Philosophy and Education, 30*, 537-542.

Bollnow, O. F. (1959). *Existenzphilosophie und Pädagogik*. Kohlhammer.

Bollnow, O. F. (1971). *Pädagogik in anthropologischer Sicht*. Tamagawa Uni. Press. 오인탁·정혜영 역(1988). 교육의 인간학. 문음사.

Bostrom, N. (2003a). Human Genetic Enhancements: A Transhumanist Perspective. *The Journal of Value Inquiry, 37*, 493-506.

Bostrom, N. (2003b). The Transhumanist FAQ.(www.nickbostrom.com 2020. 10. 22. 열람)

Bostrom, N. (2005a). In defense of posthuman dignity. *Bioethics, 19*(3), 202-214.

Bostrom, N. (2005b). A History of Transhumanist Thought.(www.nickbostrom.com 2020. 10. 20. 열람)

Bostrom, N. (2008). Why I Want to be a Posthuman When I Grow Up. (www.nickbostrom.com 2020. 10. 20. 열람)

Bostrom, N., & Savulescu, J. (2009). Human Enhancement Ethics: The State of the Debate. In J. Savulescu & N. Bostrom (Eds.), *Human Enhancement* (pp. 1-22). Oxford Univ. Press.

Braidotti, R. (2013). *The Posthuman*. Cambridge: Polity Press. 이경란 역 (2017). 포스트휴먼. 커뮤니케이션북스.

Brumlik, M. (2016). Transhumanism Is Humanism, and Humanism Is Transhumanism. In J. B. Hurlbut & H. Tirosh-Samuelson (Eds.), *Perfecting Human Futures*. Springer.

Buchanan, A. (2011). *Better than Human: The Promise and Perils of Enhancing Ourselves*. 심지원·박창용 역(2015). 인간보다 나은 인간: 인간 증강의 약속과 도전. 로도스.

Buchanan, A., Brock, D. W., Daniels, N., & Wikler, D. (2000). *From Chance to Choice*. 강명신·권복규·박소연·유소영·김지경 역(2017). 우연에서 선택으로: 유전자 시대의 윤리학. 로도스.

Callus, I., & Herbrechter, S. (2013). Posthumanism. In S. Malpas & P. Wake (Eds.), *The Routledge Companion to Critical and Cultural Theory*. (2nd ed.) (pp. 144-153). Routledge.

Ceder, S. (2019). *Towards a Posthuman Theory of Educational Relationality*. Routledge.

Chalmers, D. (2018. 4. 13.). Is Your Phone Part of Your Mind? at TED Sydney (full transscript: www.singjupost.com 2020. 10. 20. 열람).

Clark, A. (2003). *Natural-Born Cyborgs*. Oxford Uni. Press. 신상규 역 (2015). 내추럴-본 사이보그. 아카넷.

Clark, A., & Chalmers, D. (1998). The Extended Mind. *Analysis, 58*(1), 7-19.

Comenius, J. A. (1658). *ORBIS SENSUALIUM PICTUS*. Endter Verlag.

Fitzsimons, P. J. (2007). Biotechnology, ethics and education. *Studies in Philosophy and Education, 26*, 1-11.

Fukuyama, F. (2002). *Our Posthuman Future*. Picador.

Gavaghan, C. (2007). *Defending the Genetic Supermarket: Law and Ethics of Selecting the Next Generation*. Routledge-Cavendish.

Gehlen, A. (1940). *Der Mensch: seine Natur und seine Natur in der Welt*. AULA.

Habermas, J. (2001). *Die Zukunft der menschlichen Natur. Auf dem Weg zu einer liberalen Eugenik?* 장은주 역(2002). 인간이라는 자연의 미래. 나남.

Hansell, G. R., & Grassie, W. (Eds.). (2011). *H± Transhumanism and Its Critics*. Metanexus.

Harman, G. (2008). *Object-Oriented Ontology*. Penguin Books.

Harari, Y. N. (2015). *Homo Deus*. 김명주 역(2017). 호모 데우스. 김영사.

Herold, E. (2016). *Beyond Human*. St. Martins Press. 강병철 역(2020). 아무도 죽지 않는 세상. 꿈꿀자유.

Kant, I. (1998a). Beantwortung der Frage: Was ist Aufklärung (Dez. 1783). *Immanuel Kant* (VI)(pp. 53-61). Hrsg. von W. Weischedel. WBG.

Kant, I. (1998b). Über Pädagogik (1803). *Immanuel Kant* (VI)(pp. 695-778). Hrsg. von W. Weischedel. WBG.

Kass, L. (2003). Ageless Bodies, Happy Souls. *The New Atlantis, 1*, 9-28.

Keim, W. (1995). *Erziehung unter der NAZI-Diktatur* (Bd. I, II). WBG.

Knoepfler, P. (2016). *GMO Sapiense. The Life-Changing Science of Designer Babies*. 김보은 역(2016). GMO 사피엔스의 시대. 반니.

Kron, F. W. (1996). *Grundwissen Pädagogik*. Reinhardt.

Krüger, H.-H., & Helsper, W. (2000). *Einführung in Grundbegriffe und Grundfragen der Erziehungswissenschaft*. Leske+Budrich.

Landmann, M. (1969). *Philosophische Anthropologie*. Walter de Gruyter.

Leibnitz, L. (1977). From Paul Flechsig to the Paul Flechsig Institute for Brain Research. Development of brain research at the Karl Marx University. *Psychiatrie, Neurologie, und medizinische Psychologie, 29*(4), 231-239.

Lippitz, W., & Woo, J.-G. (2019). Pädagogischer Bezug. Erzieherisches Verhältnis. In M. Brinkmann (Ed.), *Phänomene der Bildung und Erziehung* (pp. 83-102). Springer.

Litt, T. (1965). *Führen oder Wachsenlassen*. Ernst Klett Verlag.

Masschelein, J. (1991). *Kommunikatives Handeln und Pädagogisches Handeln*. Übers von P. Welchering, M. Astroh. Detuscher Studien Verlag.

Masschelein, J. (1996). Die Frage nach einem pädagogischen Grundgedankengang. In J. Masschelein & M. Wimmer (Eds.), *Alterität Pluralität Gerechtigkeit* (pp. 107-126). Akademia Verlag.

Meyer-Drawe, K. (1984). *Leiblichkeit und Sozialität*. Wilhelm Fink.

Miller, A. (1983). *Am Anfang war Erziehung*. Suhrkamp.

Mirandola, P. D. (1496). *Oratio de hominis dignitate*. 성염 역(2009). 인간 존엄성에 관한 연설. 경세원.

Nauert, C. G. (2000). *Humanism and the Culture of Renaissance Europe*. Cambridge Univ. Press.

Nozick, R. (1974). *Anarchy, State, and Utopia*. 남경희 역(1997). 아나키에서 유토피아로. 문학과 지성사.

O'Connel, M. (2017). *To Be a Machine*. 노승영 역(2018). 트랜스휴머니즘. 문학동네.

Onishi, B. B. (2011). Information, Bodies, and Heidegger: Tracing Visions of the Posthuman. *Sophia, 50*, 101-112.

Patterson, C. H. (1973). *Humanistic Education*. 장상호 역(1980). 인간주의

교육. 박영사.

Pedersen, H. (2010). Is 'the posthuman' educable? On the convergence of educational philosophy, animal studies, and posthumanist theory. *Studies in the Cultural Politics of Education, 31,* 237–250

Persson, I., Savulescu, J. (2012). *Unfit for the Future. The Need for Moral Enhancement.* 추병완 역(2015). 미래 사회를 위한 준비. 하우.

Philbeck, T. D. (2013). 포스트휴먼 자아: 혼합체로의 도전. 이화인문과학원 편. 인간과 포스트휴머니즘 (pp. 23–40). 이화여자대학교 출판부.

Plato (1902). *Politeia.* Edited by J. Burnet, Platonis Opera (Vol. IV). Oxford Uni. Press. 박종현 역주(1997). 플라톤의 국가. 서광사.

Rich, J. M. (1971). *Humanistic Foundations of Education.* 김정환 역(1985). 인간주의교육학. 박영사.

Ricken, N. (1999). *Kontingenz und Pädagogik.* Königshausen & Neumann.

Roberts, M. S. (1988). Wired. Schreber as Machine, Technophobe, and Visualist. *The Drama Review, 40*(3), 31–46.

Roduit, J. A. R. (2016). *The Case for Perfection.* Peter Lang.

Rutschky, K. (1977). *Schwarze Pädagogik.* Ullstein Materialien.

Sandel, M. (2007). *The Case against Perfection.* Harvard Univ. Press. 이수경 역(2016). 완벽에 대한 반론. 와이즈베리.

Sandel, M.-J. (2013). The Case Against Perfection. In J. Savulescu & N. Bostrom (Eds.), *Human Enhancement* (pp. 71–89). Oxfort Univ. Press.

Savulescu, J. (2005). New Breeds of Humans: The Moral Obligation to Enhance. *Reproductive BioMedicine Online, 10* (Supp. 1), 36–39.

Savulescu, J., & Bostrom, N. (Eds.). (2009). *Human Enhancement.* Oxford Univ. Press.

Schäfer, A., & Wimmer, M. (Eds.). (2003). *Machbarkeitsphantasien.* Leske+Budrich.

Scholz, H. (2009). *Erziehung und Unterricht unterm Hackenkreuz.* Vandenhoeck.

Schreber, P. D. (1903). *Denkwürdigkeiten eines Geisteskranken*. Oswald Mutze. 김남시 역(2010). 한 신경병자의 회상록. 자음과 모음.

Shorter, E. (1997). *A History of Psychiatry*. 최보문 역(2009). 정신의학의 역사. 바다.

Sieben, A, Sabisch, K., & Straub, J. (Hg.). (2012). *Menschen machen*. transcript.

Snaza, N., Appelbaum, P., Bayne, S., Carlson, D., Morris, M., Rotas, N., Sandlin, J., Wallin, J., & Weaver, J. (2014). Toward a Posthumanist Education. *Journal of Curriculum Theorizing, 30*(2), 39-55.

Snaza, N., & Weaver, J. A. (Eds.). (2015). *Posthumanism and Educational Research*. Routledge.

Taylor, A., & Pacini-Ketchabaw, V. (2019). Learning with children, ants, and worms in the Anthropocene: Towards a common world pedagogy of multispecies vulnerability. In J. Ringrose, K. Warfield, & S. Zarabadi (Eds.), *Feminist Posthumanism New Materialism and Education* (pp. 125-147). Routledge.

Waldenfels, B. (1998). Antwort auf das Fremde. Grundzüge einer responsiven Phänomenologie. Waldenfels, B, Därmann, I. (Hg.). *Der Anspruch des Anderen* (pp. 35-49). Wilhelm Fink.

Waldenfels, B., & Meyer-Drawe, K. (1988). Das Kind als Fremder. *Vierteljahrschrift für wissenschaftliche Pädagogik, 64*, 271-287.

Woo, J.-G. (2007). *Responsivität und Pädagogik*. Dr. Kovac.

Woo, J.-G. (2008). Subjektivität und Responsivität. Die responsive Phänomenologie von Bernhard Waldenfels als Konzept einer pädagogischen Subjektivität. *Vierteljahrschrift für wissenschaftliche Pädagogik, 84*(2), 147-166.

Woo, J.-G. (2016). Revisiting Orbis Sensualium Pictus: An Iconographical Reading in Light of the Pampaedia of J. A. Comenius. *Studies in Philosophy and Education, 35*(2), 215-233.

07

교육철학적 관점을 통해 바라본 기술-미래 담론의 성격*

한기철

---

* 이 글은 '한기철(2020). 기술-미래 담론의 성격과 교육철학적 사유의 방향. 교육철학연구, 42(4), 329-350'을 이 책의 취지에 맞게 수정한 것임을 밝혀 둔다.

1. 서론: 논의의 요약

이 장에서 필자는 최근 들어 부상하고 있는 이른바 '기술-미래' 담론과 그것과 연결된 교육 논의들의 경향을 비판적으로 검토하고, 그와 같은 논의 환경 속에서 교육철학적 사유는 어떻게 이루어져야 할지를 반성적으로 제안하고자 한다. 사람은 현재를 사는 존재이고 교육학은 현재를 사는 사람들의 삶을 연구하는 학문이지만, 또 다른 한편으로 현재를 사는 사람들은 누구나 미래를 걱정하고 예측되는 미래의 모습에 비추어 현실의 삶을 영위한다. 과거 삶도 사람들의 현재 삶에 큰 영향을 미치지만 특히 미래사회가 어떻게 전개될지는 대부분의 사람들에게 대단히 큰 관심거리를 제공한다고 하겠다. 그래서 교육을 연구하는 사람들 중에는 미래사회의 모습을 예측하는 논의들을 참조해서 현재 교육의 방향을 여러 다양한 방식으로 제안하거나 처방하는 경우들을 드물지 않게 찾아볼 수 있다. 그와 같은 교육학 논의들의 성격을 간략하게 점검하고 미래 담론, 특히 기술-미래 담론이 교육학 논의에 미치는 영향들을 비판적으로 검토하는 것이 이 장에서 하고자 하는 일이다. 이 장에서 전개될 논의를 요약하는 것으로 나머지 서론을 대신하고자 한다.

미래를 예측하는 논의들, 곧 '미래 담론'들 중에는 특히 최근에 발달한 첨단 기술들에 주목하고 그 기술들의 발전이 미래 인간사회를 어떤 모양으로 바꾸어 놓을지를 논하는 것들이 많다. 이런 논의들을 '기술-미래 담론'이라고 칭할 수 있는데, 인류 역사를 되돌아보면 특정의 철학과 종교, 학문과 예술, 문화적 경향 등이 한 사회의 대체적인 모습을 결정했던 때가 많았음에도 불구하고, 이들 '기술-미래 담론'들은 현재 또는 가까운 미래에 이루어질 기술의 발전을 통해서 미래사회의 모습을 배타적으로 예측하고자 하는 관점을 취한다. 우리 논의―제2절―은 그와 같은 이른바 '기술결정론적' 미래 담론에 대해서 비판적인 입장을 취하고, 역시 어떤 사회이든 한 사회의 전반적인 모습을 결정하는 요소는 그 사회의 현실을 사는 '사람들'이라는 점을 주장할 것이다. 그리고 그 점에서 미래 담론의 배경에서 교육의 방향을 논의하는 일은 일종의 순환론적 성격을 지닌다는 점을 지적할 것이다.

기술-미래 담론의 맥락에서 특히 요 몇 년 동안에 '포스트휴머니즘'이라 불리는 담론들이 유행하고 있다. 포스트휴머니즘은 현재 인간이 지닌 지적·신체적·심리적 한계를 극복하기 위하여 첨단의 생명공학이나 생체기술을 사용할 것을 제안하고, 그렇게 해서 만들어진 '포스트휴먼'이 미래사회 인류의 보편적인 모습이 될 것이라고 주장한다. 그런데 그와 같은 미래 인류가 등장하는 사회의 모습이 어떠할지를 함께 논의하고, 그런 사회가 왔을 때 교육은 무엇을 해야 할지를 제시하는 논의들이 최근에 와서 크게 늘고 있는 것 같다. 우리 논의―제3절―은 '포스트휴먼'을 추구하는 담론들과 그것에 비추어 그려진 미래사회를 대비하는 교육은 어떠해야 할지를 논의하는 교육 논의들을 역시 비판적으로 검토한다. 포스트휴머니즘에 대한 교육 논의들도 기본적으로 기술-미래 담론적인 시각에서 진행되는 교육 논의들이 노출하는 문제들을 공유하고 있다고 볼 수 있다. 가장 큰 문제는 기술-미래 담론들에서 제시하는 미래사회에 대한 예측들이 그리 정확하지 못하다는 점, 그런 예측들에는 역시 이데올로기적인 편견이 깊게 반영되어 있다는 점, 그리고 포스트휴먼 기술이 추구하는 인간 능력의 '향상'은 결코 교육과 동일한 차원에서 다룰 수 있는 활동이 아니라는 점이다.

제3절에서의 논의가 '포스트휴먼-이즘'으로서의 포스트휴머니즘을 다루는 것이었다면, 제4절에서의 논의는 '포스트-휴머니즘'을 다루는 논의가 될 것이다. 포스트휴머니즘의 여러 갈래들 중에는 '휴머니즘'을 계몽주의 시대 인간관과 배타적으로 결부시키고 그것이 노출하는 여러 한계들을 비판적으로 다루는 논의들이 있다. 이 장의 논의는 이러한 '비판적' 포스트휴머니즘 담론에서 제기하는 휴머니즘 비판이 썩 잘 구성된 논의일 수 없다는 점을 보다 포괄적인 '휴머니즘' 담론을 통해 주장할 것이다.

2. 미래 담론의 전개 그리고 교육 논의

인간은 현재를 사는 존재다. 우리가 과거에 있었던 일들을 연구하는 것도 따지고 보면 현재 우리 삶을 더 잘 살기 위함이라고 할 수 있다. 『윌리엄 보이드 서양교육사』(Boyd, 2008)의 역자들은 "교육사는 왜 공부하는가"라는 제목을 단 역자 해설에서, '역사 공부'라는 말이 의미하는 가장 핵심적인 활동은 역사가들이 제공한 여러 시대의 '삶의 추상'들을 단서로 해서 시공간적으로 멀리 떨어져 있는 인간 삶의 현실들을 재구성하는 일(Boyd, 2008: 11)이라고 설명하고, 그러므로 역사를 공부하는 목적은 그것을 통해서 현재의 우리 자신을 이해하는 데 있다(Boyd, 2008: 18)고 말하고 있다. 교육을 연구하는 사람으로서 우리는 "역사상 뛰어난 교육사상가들이 각각 그들의 삶과 교육에 대하여 했던 것과 동일한 일을 현재 우리의 삶과 교육에 대해서 해야 한다"(Boyd, 2008: 22)는 것이다. 역사는 비록 과거에 일어난 일들에 관한 것이지만 그것을 공부하는 궁극적인 목적은 결국 현재 우리 삶을 더욱 풍요롭고 올바르게 영위토록 하는 데 있다고 말할 수 있다.

그런데 현재 삶을 잘 살기 위한 우리의 이해가 과거 삶을 재구성하는 것에서만 제공되는 것은 아닌 것 같다. 인간은 현재를 사는 존재이지만 또한 인간은 늘 미래를 알고 싶어 하는 존재이기도 하다. 어찌 보면 미래는 앞으로 다가올 현재이므로, 그것에 관심을 갖는 것은 인간이 보이는 자연스러운 속성이라고도 할 수 있겠다. 그저 꿈꾸고 희망하는 수준 정도가 아니라 미래에 일어날 일을 예언하고 예측하는 일에 사람들은 예외 없이 흥미를 보이고, 이 일과 관련해서 권위를 인정받은 사람이 있다면 굳이 찾아가서 대가를 지불하고라도 자신의 미래를 듣고 싶어 한다. 앞으로 일어날 일들이 현재의 내 삶과 긴밀히 연결되어 있기 때문일 것이다.

사람들은 누구나 미래를 알고 싶어 하므로, 미래를 예언하고 예측하는 일이 일상적 담화 수준이 아니라, 그래서 그 예언과 예측이, 맞으면 기분 좋고 틀려도 별로 마음 상할 것 없는 그런 수준이 아니라, 그야말로 하나의 학문으로서의 전문성을 갖추었다고 할 수 있을 정도로 체계화된 담론의 형태로 이루어진다면, 이는 크게 환영받을 만한 일이라 할 수 있겠다. 이렇게 되면 이제 그저 미래에 대한 추측이나 예언 정도가 아니라, 미래를 대상으로 한 학문적 연구와 논의가 전개될 수 있을 법도 하다. 아닌 게 아니라 적지 않은 문헌들이 오늘날 미래 담론은 하나의 학문이라 칭할 수 있을 정도로 그 전문성과 체계성을 갖추었다고 평가하고 있다. 가령 박준영·천정미(1998)는 인간의 미래에 대한 관심이 학문의 한 부분을 이룬 것은 멀리 플라톤에까지 거슬러 올라갈 수 있지만, 특히 20세기 들어서 미래에 대한 체계적인 연구의 중요성이 인식되기 시작했다고 말하고 있다(박준영·천정미, 1998: 99). 통상 하나의 학문이 성립되는 요건으로 해당 학회의 성립을 든다면 '미래학'은 1960년대 들어 성립되었다고 할 수 있을 것 같다. 1960년대 들어 세계미래학회가 창립되었고 다양한 미래문제 연구소들이 설립되었기(이홍림, 2016: 76) 때문이다.

미래 담론이 20세기 중반 이후 들어 하나의 학문으로서 성립한 데는 이 시기부터 발달한 컴퓨터 산업과 그에 따른 통계적 방법의 발달이 크게 작용했다. 소련과의 우주 개발 경쟁은 고도로 복잡한 계산을 수행하기 위한 컴퓨터 개발을 촉진했고 이와 함께 통계적인 분석법과 시뮬레이션 기법이 개발됨에 따라, 변수들 간의 복잡한 인과관계 분석을 통한 예측 능력의 향상이 가능하게 된 것이다(박준영·천정미, 1998: 99). 미래 담론이 과학으로 성립되기 위한 방법적 엄밀성을 갖추게 되었다고 말할 수 있는 부분이다. 여기에 '미래학'이라는 용어—futurology—가 널리 사용됨으로써 이제는 미래를 예측하는 일을 하나의 학문으로 간주하는 데 크게 어색함이 없게 되었다. 요컨대, 미래학은 "앞으로 발생 가능한 일들을 찾아내어 비교하고 분석하여 그중에서 가장 바람직한 대안들을 모색하려는 학문"(박준영·천정미, 1998: 101)으로서, 관련 연구자들이 빠른 속도로 확산되고 있는 학문 영역으로 간주되게 되었다.

인간 삶의 다른 영역들에서도 당연히 그러하겠지만, 교육을 연구하는 사람들 중에도 이와 같은 미래학에 관심을 보이는 사람들이 많은 것 같다. 특히 현재 이루어지고 있는 교육 활동을 미래를 위한 준비로 규정하는 논의들은 자연히 미래 담론과 연결될 가능성이 크다. 100여 년 전에 이미 듀이(John Dewey)가 "교육은 미래 삶을 위한 준비가 아니며 학교는 현재 삶을 나타내 주는 곳이 되어야 한다"(Dewey, 1897: 7)고 말했고 오늘날에도 "교육학은 현재학"(우정길, 2019b: 111)이라고 말하는 학자들이 있는 반면에, "교육은 미래를 준비하는 것"(지현아, 2017: 51)이라거나 심지어 교육이 해야 할 일은 미래사회가 요구하는 인재를 양성하는 일(조난심, 2017: 334)이라고 주장하는 학자들도 있으니 말이다. 후자에 속하는 논의들이라면 우선은 미래학자들이 앞으로 다가올 미래사회를 어떻게 기술하는가에 주목하고, 그렇게 기술된 미래사회에 대비하는 교육은 어떻게 이루어져야 하는지를 논의하는 방식으로 교육학 연구를 수행할 만하다.

근자에 들어 붐을 이루고 있는 '제4차 산업혁명' 담론은 이와 같은 연구들이 생산되는 데 한 가지 중요한 촉진제가 되었다.[1] 교육

---

1) 국내학술지 전자정보 서비스인 DBpia에서 2016년부터 4년간 발간된 문헌들을 대상으로 '제4차 산업혁명 교육'이라는 제목 키워드를 검색한 결과 총 270건이 넘는 문헌이 검색되었다. 이들 문헌 중에는 '제4차 산업혁명'에 비추어 본 교육 일반의 성격을

이 미래를 준비하거나 대비하는 일은 반드시 그 미래가 요구하는 대로 교육을 운영하는 것은 아니므로, 제4차 산업혁명 담론을 다루는 교육연구물들은 한편으로는 미래사회가 요구하는 바를 충족시키려면 교육이 어떤 형태로 이루어져야 하는지를 제시하는 일과 함께 다른 한편으로는 미래사회에서 발생할 부정적인 사태에 대응하려면 또한 교육은 무엇을 해야 하는지를 제시하는 식으로 이루어져 왔다. 예컨대, 조헌국(2017)은 제4차 산업혁명이 가져올 변화로 직업환경의 변동으로 인한 창업 중심의 생태계 구성, 소비에서 공유 중심의 경제 관념으로의 변화, 그리고 탈도시화와 분산 시스템의 추구 등과 같은 것에도 대비해야 하지만, 우리는 그것이 몰고 올 가장 큰 변화이자 위기인 인간성 상실에 특별히 주의를 기울여야 할 것을 당부한다(조헌국, 2017: 62). 지현아(2017)도 제4차 산업혁명으로 인해 발생할 가장 큰 변화를 인간성 상실로 규정하고 그것을 하나의 심각한 위기로 간주한다(지현아, 2017: 42). 여타의 연구물들에서와 같이 세계경제포럼(World Economic Forum)이 제시한 핵심 역량들을 열거하는 일과 함께 이 연구는 제4차 산업혁명과 함께 도래할 미래사회는 로봇과 인공지능의 발달로 특징지어질 것이라는 점, 그리고 그 점 때문에 이런 시대에 대비하기 위해서는 "기계로 대체할 수 없는 인간의 본성과 감성을 최대한 발현시킬 수 있도록 능력과 역량을 개발하여 기계와의 경쟁에서 살아남을 수 있게 미래 세대가 성장하도록 교육해야 한다"(지현아, 2017: 45)고 주장한다.

다룬 것들뿐만 아니라 '제4차 산업혁명'과 각종의 교과교육, 특수교육, 인성교육, 군사학, 종교 교육, 심지어 유가 사상을 다룬 것까지, 온갖 종류가 총 망라되어 있다.

인간은 환경 속에서 사는 존재이므로 환경의 영향을 받을 수밖에 없고, 그래서 그 환경이 이런저런 식으로 변화할 때 인간이 그런 변화들에 대비하는 것은 자연스러운 일이라 하겠다. 환경이 예측 가능한 형태로 변화한다면 우리 삶을 구성하는 여러 분야는 각 분야가 할 수 있는 만큼 그 변화에 대응할 수밖에 없을 것이다. 마치 추운 겨울이 올 것에 대비해서 땔감을 비축하고 두꺼운 옷과 침구를 마련하고 제설 작업을 위한 도구를 구입해 놓아야 하는 것처럼, 제4차 산업혁명으로 특징지어지는 미래사회에 대하여 사회 여러 분야들은 각기의 방식으로 그것에 대비해야 할 것이다. 교육은 인간다움을 기르는 일이므로, 그리고 그 인간다움이란 것은 시대와 사회에 따라 다르게 정의될 수 있으므로, 제4차 산업혁명으로 특징지어질 미래사회에서 삶을 살아갈 인간은 어떤 인간이어야 하고 그런 인간을 기르기 위해 어떤 과정이 필요할지를 논의하는 것은 일면 자연스럽게 보인다. 그런데 이런 류의 논의에 결코 그냥 지나칠 수 없는 문제들이 개재되어 있다는 점에 우리는 주목할 필요가 있다.

첫 번째로 지적할 점은 최근에 제기되는 대개의 미래 담론들이 그렇듯이, 교육학적 맥락에서 이루어지는 미래 담론들 또한 이른바 '기술결정론적' 관점을 취하고 있다는 비판에서 자유로울 수 없다는 점이다. 기술결정론은 역사의 방향, 사회 변화의 방향을 기술이 결정짓는다거나 또는 기술이 그런 변화의 가장 강력한 동력이라는 논점이다. 한마디로 사회 변화는 기술의 명령을 따라 진행된다는 생각이라 할 수 있다(전치형·홍성욱, 2019: 73). 그런데 '기술결정론'이라는 이 말 자체에서 추측할 수 있듯이, 이 주장에는 우리가 경계해야 할 독단적 관점이 들어 있다는 점에 유의할 필요가 있다. 산업화 시대 이후, 특히 최근으로 오면서 더더욱, 사회가 변화하는 데 기술이 미치는 영향이 가늠할 수 없을 정도로 커졌다는 점은 그 누구도 부인할 수 없을 것 같다. 그러나 좀 더 시야를 넓혀보면, 인간사회의 성격이나 의미가 오로지 그 사회에서 유행하는 기술들만으로 규정되는 것은 아니라는 점에 또한 주의해야 한다. 그 정도가 오늘날만큼 급격하지는 않았지만 기술의 발전은 어느 시대에나 있었고, 그 발전된 기술이 당대 인간들의 삶에 큰 영향을 미친 것도 사실이지만, 그러나 그렇다고 해서 한 사회 전반의 성격이 그것만으로 규정될 수는 없다.[2]

미래사회를 희망적으로 묘사하는 담론들 중에는 이와 같은 기술결정론적 관점을 취하고 있는 것들이 많다. 예컨대, '기술'과 '이상향'을 합성해서 만든 '테크노피아'나, 인터넷이 등장하고 확산되던 1990년대에 등장한 '사이버 유토피아', 또는 '하이테크 유토피아' 같은 용어는 기술이 발전하면 자연스럽게 사회도 진보한다는 기술결정론적 믿음에 근거하고 있는 것들이다. 그러나 이런 믿음은 기술 발전과 사회 변화 간의 관계를 너무 단선적으로 파악하고 있다는 지적에 우리는 주목할 필요가 있다.

---

2) 전치형·홍성욱(2019)은 기술 중심적인 미래관의 가장 영향력 있는 근거지는 커즈와일(Ray Kurzweil)이라고 말하고 있다. 특히 2005년에 출판된 그의 『The singularity is near』—우리말 번역본은 2007년 『특이점이 온다』—에서 커즈와일은 "인류가 갖가지 문제를 극복하고 다음 단계로 나아갈 방법은 기술밖에 없다"고 말한다(전치형·홍성욱, 2019: 177-178).

"기술이 발전해도 사회적 불평등이 증가하는 것처럼 사회의 어두운 면이 더 심화될 수도 있다. 인터넷이 확산되면 오히려 권력이 소수에게 집중되는 일이 가속화될 수도 있다. 인공지능은 원래 있던 편견이나 차별을 없애는 대신 더 고착시킬 수도 있다. 그런데 미래를 기술중심적으로만 생각하면 이런 복잡한 관계들에 주목하지 못할 수도 있다"(전치형·홍성욱, 2019: 89).

인간이 영위하는 삶의 영역은 문화와 예술, 학문과 종교, 정치와 경제 등등을 모두 포함하고 있고, 이들 다양한 영역들에서의 특징들이 서로 연관을 맺으면서 한 시대와 사회의 전반적인 성격을 규정한다고 보아야 한다. 기술결정론적 시각은 이와 같은 인간사회의 복잡다단한 양상을 지나치게 단순하게 보는 오류를 범하고 있다고 볼 수밖에 없다.

기술이 사회 변화의 전반을 결정하지 않는다고 보아야 할 또 하나의 이유는 기술은 그 자체로 가치를 포함하고 있지 않다는 점이다. 기술은 어디까지나 도구에 불과하다. 기술은 그 자체로 아름답거나 정의로울 수 없다. 그것은 그 누군가가, 그 어떤 사람이, 그것을 특정의 용도로 사용할 때에라야만 특정의 가치를 발휘한다. 동일한 기술이라 하더라도 좋은 목적으로 쓰일 수도 있고 그와 반대로 나쁜 목적에도 쓰일 수 있는 것 아닌가. 기술 그 자체는 가치중립적이라는 말이다.[3] 비록 그것이 특정의 용도를 발휘할 것으로

---

3) 한편, 다음 절에서 다룰 이른바 '포스트휴머니즘' 담론과 관련해서는 기술을 단지 중립적인 도구로만 간주할 수 없다는 의견이 있다. 예컨대, 박찬국(2017)은 포스트휴먼 시대의 기술은 단지 인간의 도구에 불과한 것이 아니라 인간 자체를 개조하는 성

기대된다고 하더라도, 사람들이 그것을 해당 용도로 사용하지 않는다면 그 기술은 그 사회에서 아무런 역할도 하지 않는다고 보아야 한다. 그렇다면 기술이 한 사회의 전반적인 성격을 결정하려면 반드시 그 사회에서 삶을 사는 사람들이 그 기술을 특정의 목적으로 사용하는 일이 보편적으로 이루어져야 한다는 말이 된다. 요컨대 관건은 '사람'이라는 것이다.

미래 교육 담론의 두 번째 문제는 바로 이 점, 곧 관건은 '사람'이라는 점으로부터 나온다. 다시 말하면, 한 사회의 전반적인 성격은 그 사회에서 삶을 사는 사람들이 어떤 사람들인지, 그들은 어떤 것을 가치롭게 여기고 어떤 믿음을 공유하고 있으며 어떤 기질과 기대와 욕망을 지닌 사람들인지 등을 논하지 않고는 규정될 수 없다. 그러니까 미래사회건 과거사회건, 그 사회의 특징은 그 사회 내에 어떤 사람들이 사는가에 의해 결정된다는 것이다. '사람'의 요소를 말하지 않고 단지 그 어떤 특정의 기술만을 언급하는 것으로 그 사회의 모습을 규정하는 것이 '기술결정론'이라는 오류를 초래하는 것은 이 때문이다.

그렇다고 하면, 미래사회를 이런저런 방식으로 예측해 놓고, 현재의 교육이 그런 미래사회가 요구하는 인간을 길러 내야 한다는 말은 일종의 순환론에 해당하지 않는가? '미래사회는 이러이러할

격을 갖게 된다는 점, 그리고 포스트휴먼에 대한 논의가 출현할 수 있는 배경에는 현대의 기술을 단순히 인간의 중립적인 도구라고만 말할 수 없는 사정이 존재한다는 점을 지적한다. 포스트휴먼 시대에는 그동안 기술을 사용하고 창조하는 주체라고 이해되어 온 인간마저도 기술적으로 조작 가능한 것일 뿐 아니라 제작 가능한 것으로까지 생각되기 때문이라는 것이다(박찬국, 2017: 315-316). 그러나 필자는 이 논의 속에서 기술을 더이상 중립적인 도구로 볼 수 없다는 주장의 근거를 찾을 수 없다.

것이다'는 형식으로 이루어지는 미래담론과 '그런 미래사회를 대비하기 위해서 교육은 이러이러해야 한다'는 교육 논의는 순환논법으로 연결되어 있다는 말이다. 미래사회의 모습을 기술할 때는 이미 특정의 인간 삶을 가정하고 있다. 그런데 다시 그런 인간들의 특성을 현재 교육을 통해 길러 주어야 한다고 말하고 있기 때문이다. 그것이 아니라면, 다시 말해 미래 교육 담론이 순환논법의 오류를 범하는 것이 아니라면, 단순히 특정의 인간상을 결정해 놓고 그저 현재의 교육은 그런 인간을 길러 내야 한다고 말하는 것과 크게 다를 바가 없다. 그러나 이런 식의 주장이라면 굳이 미래사회의 모습을 언급할 필요 없이 언제나 가능하다. 결국 미래 교육 담론이라는 것은 현재 교육을 특정의 방향으로 실시하자는 일반적인 교육학 논의의 한 장르가 되는 것이다. 다른 점이 있다면 교육 외부에서 교육의 방향을 제시했다는 점 정도일 것이다. 그러니까 '미래'라는 용어로 포장된 그 방향은 우리가 지금까지 숱하게 비판해 온, 외적 목적 또는 외적 가치―이 경우에는 '기술이 지배하는 사회'가 생산해 낸 적극적 또는 소극적 가치―의 실현을 위한 교육의 도구화와 다른 것이 아니라고 보아야 한다는 것이다.

3. 포스트휴머니즘: 교육학적 담론인가

기술이 미래사회의 성격을 결정한다거나 또는 적어도 미래사회가 전개되는 데 결정적인 영향을 미친다는 식의 담론을 '기술-미래 담론'이라고 부른다면, 극히 최근 들어 유행하고 있는 기술-미래 담론들 가운데 주목할 만한 것으로 '포스트휴머니즘'이 있다. 용어의 모양만으로 보았을 때는 '휴머니즘' 앞에 '포스트'라는 접두어가 붙어 있어서, '모더니즘'과 '포스트모더니즘'을 비교했을 때 둘 간에 드러나는 차이나 관계를 연상시키기도 한다. 그래서 이상욱(2015)처럼 '포스트(post)'는 영어에서 시간적으로 '이후'를 뜻하거나 개념상으로 '넘어서는'이나 '극복하는' 또는 '초월하는'이라는 의미를 가진다는 점을 참조해서, 포스트휴머니즘은 시간상으로는 휴머니즘 이후에 등장한 생각이나 이념을 가리키거나 또는 개념상으로 휴머니즘의 주장이나 생각을 극복하거나 넘어서려는 사상이나 운동을 뜻한다(이상욱, 2015: 22-23)고 볼 수 있다. 포스트휴머니즘을 다루는 논의들은 대체로 포스트휴머니즘의 의미를 그것과 휴머니즘 간의 의미상 관계에 기초해서 이런 식으로 규정하고자 하는 것 같다. 그러나 그럼에도 불구하고 포스트휴머니즘 관련 논의들, 특히 교육학 분야에서의 논의들이 최근 5년여 사이에 이루어진 것들이 대부분이라는 점을 고려하면, '포스트휴머니즘'이라는 말의 의미 자체도 그러하거니와 그것을 주제로 한 논의들이 다루는 핵심적인 주장들의 의미도 그다지 분명치 않은 것 같다. 필자가 여기서 주목하고자 하는 것은 포스트휴머니즘의 개념이나 또는 그것이 기술-미래 담론에서 차지하는 이론적 중요성 같은 것이 아니라, 포스트휴머니즘 담론이 교육을 다루는 논의들에서 어떤 의미를 지닐 수 있는지, 우리 시대 유행어의 하나인 포스트휴머니즘과 관련해서 우리 교육학자들은 어떤 시각을 취할 수 있을지 하는 것이다.

포스트휴머니즘 관련 논의들은, 앞에서 말한 바와 같이 그 논의의 역사가 충분히 무르익지 않아서도 그러하겠지만, 그 논의들에서 사용되는 핵심적인 용어들의 의미가 아직은 제대로 정착되어 있지 않다는 인상을 준다. 그러나 우리 논의의 편의를 위해 우선은 '포스트휴머니즘'과 관련된 용어들을 정리할 필요가 있을 것 같다. 필자가 보기에 가장 깔끔하고 설득력 있는 논의는 이원봉(2018)에서 취하고 있는 방식이다. 이 논문에서 저자는 '포스트휴머니즘'은 우리 시대의 유행이라고 지적하고, 그것은 우리 시대 다양한 '포스트' 담론들 중 과학기술과 관련한 논쟁의 중심에 있는 용어(이원봉, 2018: 58)라고 말한다. 저자에 따르면 '포스트휴머니즘'이라는 용어를 거슬러 올라가면 인간능력 향상(human enhancement) 논쟁과 만나게 되는데, 따라서 포스트휴머니즘과 관련된 논의들은 바로 이 인간능력 향상 기술에 대한 입장 차이에 따라 서로 구분된다. 크게 두 가지 갈래를 들 수 있는데, 그 하나는 '온건한' 포스트휴머니즘, 그리고 다른 하나는 '급진적' 포스트휴머니즘이다.

두 포스트휴머니즘은 '포스트휴먼'을 어느 정도까지 논의하는가에 따라 구분된다. '온건한' 포스트휴머니즘은 현존하는 인류가 겪고 있는 여러 가지 심리적·신체적 결함들을 제거하여 보다 '향상된' 인간을 추구한다는 점에서 '급진적' 포스트휴머니즘과 공통적이지만, 그 기술의 적용을 현재 또는 가까운 미래에 실현 가능성이 높은 기술들에 한정한다는 점에서, 그리고 결정적으로는 먼 미래에 그야말로 '인간 이후'에 도래할, 현존하는 인간을 대체할 새로운 존재에 대한 명확한 그림을 제시하지는 않는다는 점에서 급진적 포스트휴머니즘과 구분된다. 이원봉(2018)은 이 온건한 포스트휴머니즘을 보스트롬(Nick Bostrom)으로 대표되는 '트랜스휴머니즘'

과 연결시킨다.[4)]

> "보스트롬은 트랜스휴머니즘을, (1) 노화를 제거하고 인간의
> 지적·육체적·심리적 능력을 크게 향상시키기 위해 기술을 개
> 발하고 널리 적용하려는 지적·문화적 운동이며, (2) 그렇게 인
> 간의 근본적 한계를 극복하게 할 기술이 가져올 영향과 전망,
> 잠재적 위험, 그리고 그런 기술의 개발에 관한 윤리적 문제에
> 대한 연구라고 정의하고 있다"(이원봉, 2018: 61).

그러니까 보스트롬의 트랜스휴머니즘은 인간능력 향상 기술을
통해 현재의 인류가 '포스트휴먼'으로 진화하는 것을 궁극적인 목
표로 삼고 있기는 하지만, 그와 같은 궁극적 목표로서의 포스트휴
먼이 정확히 무엇인지는 분명하게 규정하지 않고 있다는 것이다.
트랜스휴머니즘은 현재의 인간이 포스트휴먼이 어떤 상태인지를
정확하게 말하는 것은 불가능하다고 본다(이원봉, 2018: 62).

그러나 모르긴 해도 트랜스휴머니즘 내부에서도 보스트롬 같은
학자와 달리 이와 같은 포스트휴먼의 상태를 좀 더 적극적으로 규
정하려는 급진적인 사람들이 있는 것 같다. 앞에서 급진적 포스트
휴머니즘으로 분류한 이 장르에서는 가까운 미래에 인간과 같은

---

4) 우정길(2019b)은 현재 학계에서 '트랜스휴머니즘'과 '포스트휴머니즘' 두 용어가 함께
   사용되고 있음을 지적하고, 전자는 휴머니즘의 과도기성을, 그리고 후자는 그러한 과
   도기가 마감된 후의 휴머니즘을 의미한다고 본다. 논문은 그럼에도 불구하고 양자는
   연속적 개념으로 파악되어야 하며, 그 점에서 포스트휴머니즘이라는 용어는 트랜스
   휴머니즘의 의미를 포괄하는 광의의 개념으로 사용할 것을 제안한다(우정길, 2019b:
   93).

자기의식을 가진 고도로 발달한 인공지능이 출현하고, 인간의 정신을 컴퓨터시스템에 업로드할 수 있게 되어 인간 육체를 완전히 폐기하고 컴퓨터시스템상에서 영원히 사는 것이 가능해질 것이라고 주장하기도 한다(이원봉, 2018: 63). 아시모프(Isaac Asimov)의 소설을 영화화하여 2004년에 개봉한 20세기폭스사의 ⟨I, Robot⟩, 또는 2014년 국내에서 개봉된 영화 ⟨트랜센던스⟩ 같은 공상과학물 같은 것에서 흔히 접할 수 있는 내용들이다. 아닌 게 아니라 이원봉(2018)은 이 급진적 포스트휴머니즘을 그것이 지향하는 포스트휴먼을 가능케 하는 기술의 실현 가능성 여부와 상관없이, 영화나 TV 드라마, 소설 등과 같은 다양한 매체를 통해 대중에게 널리 알려져 있다는 점에서 '대중적' 포스트휴머니즘이라고 지칭한다(이원봉, 2018: 65).

포스트휴머니즘이 아직은 확정된 담론이라고 하기에는 불충분할 뿐만 아니라 그 용어에서조차 매우 다양한 형태로 나타나고 있음(신승환, 2018: 93)에도 불구하고, 그것이 미래-기술 담론의 한 장르임에는 틀림이 없다. 기존의 미래-기술 담론들과의 차이점이 있다면, 그것이 주제로 삼는 기술이 최첨단의 기술이라는 점, 그리고 특히 지금까지의 기술들이 주로 인간 삶에 있어서 환경적인 것들의 개선을 추구하는 것들이었다면 포스트휴머니즘은 인간 자신을 변형—향상—시키는 기술을 말하고 있다는 점이다. 따지고 보면 이런저런 기술을 사용해서 개인의 신체나 심리를 부분적으로 개선하거나 바로잡는 일은 현재 시점에서도 흔히 찾아볼 수 있는 일들이다. 그러나 이런 것들과 달리 포스트휴머니즘이 추구하는 기술은 '인간'이라는 개념 자체를 변형시킬 만큼 근원적인 수준에서 작용하는 것이라는 점에서 우리에게 다소 색다른 관점에서의 접근을 요청한다고 하겠다. 그렇다고 할 때 이제 우리가 유의해야 할 사항은 그와 같이 근원적인 수준에서 인간을 변형—향상—시키고자 하는 미래-기술 담론이 교육학적 논의와는 어떻게 연결될 수 있을지 하는 것이다. 두 가지 정도로 그 논의의 종류를 언급할 수 있을 것같다.

그 첫째는 트랜스휴먼 또는 포스트휴먼 기술이 유행하는 시대와 사회의 성격을 분석하고 그런 다음에 그런 사회에서 이루어질 교육은 어떠해야 하는지를 예상하는 식의 논의이다. 사실 이런 류의 논의들은 앞 절에서 이미 다루었던 기술-미래 교육 논의와 근본적인 점에서는 다를 바 없는 논의들이라 하겠다. 차이점이 있다면 그 기술의 내용 면에서, 다시 말하면 'NBIC[5)]로 불리는 최첨단의 기술이 사용됨에 따라 발생하게 될 새로운 사회의 변화들에 주목하고, 그것들을 우리 교육의 여러 측면들에서 각기 어떤 방식으로 수용하고 대처해야 할 것인지를 논의하는 정도일 것이다. 예컨대, 박휴용(2019)은 여러 다양한 "포스트휴먼적 기술들은 더 이상 상상의 것들이 아니라 머지않아 인류의 의식, 사고, 감정, 그리고 지식의 영역에서의 필수조건이 될 것"(박휴용, 2019: 52)이라고 예측하고, 그러한 변화는 교육 차원에서도 세 가지 함의—각각이 적극적으로 의미하는 바가 무엇인지는 그다지 분명치 않지만—를 지닌다고 주장한다. 그 첫째는 인간만이 이성적 존재이자 사고하는 존재가 아닐 수 있다는 점, 둘째는 지식의 형태와 성격에 대한 전통적인 분

---

5) Nanotechnology, Biotechnology, Information technology and Cognitive science

류 방식은 무의미해질 것이라는 점, 그리고 셋째는 학습에 대한 심리학적·교육학적 이론들도 변화하게 될 것이라는 점이다. 또한 이 논문은 그와 같은 포스트휴먼적 지식정보 사회의 등장에 따라 포스트휴먼 학습자의 등장이 예상된다고 주장하고, 포스트휴먼적 학습자의 존재론적 성격과 함께 그것이 포스트휴먼적 학습에 미칠 영향은 무엇일지, 그리고 포스트휴먼적 학습의 주요 원리는 어떠할지, 나아가 포스트휴먼 시대를 대비하기 위한 학교교육의 방향은 어떠해야 할지, 교사의 전문성은 어떻게 규정되어야 할지 등을 분석한다(박휴용, 2019: 55-57).

포스트휴머니즘 시대, 다시 말하면 포스트휴먼적 기술이 지배하게 될 시대의 사회 모습을 이런저런 식으로 예측하고 그에 대한 교육의 대비나 대처 방안을 논의하는 담론들이 지닐 수 있는 가장 큰 문제는 바로 그러한 기술-미래에 대한 예측들이 그다지 확실한 것들이 아니라는 점에 있다. 다른 종류의 미래 담론들과 마찬가지로 포스트휴머니즘을 논하는 미래 담론, 다시 말하면 생명공학이나 생체기술 등을 활용하여 인간 능력 향상을 추구하는 기술이 지배하는 미래를 논하는 담론은 여타의 미래 담론들이 지니고 있는 이데올로기적 편견을 공유하고 있다고 보아야 한다. 미래에 대한 예측들은 모두 현재에 이루어지는 것들이고, 그래서 그것들에는 지금 우리 시대의 정치적·경제적 이해관계가 고스란히 반영되어 있다. 최첨단의 과학과 공학을 전문적으로 연구하는 학자들도 미래 기술을 정확하게 예측하는 일은 가능하지 않다고 말한다.[6] 미래는 단수

---

6) 가령 전치형·홍성욱(2019), 김소영 외(2017).

가 아니라 복수일 수 있으며, 또한 그들 복수의 미래들은 서로 경합한다. 인기 있는 미래가 있어서 현재 사람들의 관심을 받는 반면에, 인기 없는 미래가 있어서 현재 사람들의 주목을 끌지 못한다. "개인, 집단, 기업, 국가는 현실적 조건과 이해관계의 틀 안에서 미래를 상상하고 설계하고 전파한다"(전치형·홍성욱, 2019: 254). 요컨대, 미래는 그것을 예측하는 사람의 힘으로부터 결정적인 영향을 받는다는 것이다. 다가올 미래를 정확하게 예측하는 일은 가능하지 않다. 왜냐하면 현재에서 이루어지는 이들 집단과 세력들 간의 파워게임을 정확하게 예측하는 일이 가능하지 않기 때문이다. "결국 미래, 미래 예측, 미래 대비는 모두 정치적인 선택이다"(전치형·홍성욱, 2019: 255).

둘째는 포스트휴머니즘이 여러 첨단 공학과 기술을 동원해서 실현하려고 하는 인간 능력의 '향상'은 우리가 '교육'이라 칭하는 과정과는 완전히 차원을 달리하는 것이라는 점, 그리고 그 과정을 통해서 이룩한 포스트휴먼은 인간과 동일한 차원에서 다룰 수 있는 대상이 아니라는 점, 그래서 이 개념들을 교육학적 개념들로 간주할 수는 없다고 보는 논의이다. 모르긴 해도 교육철학계에서는 요 최근 몇 년 동안 우정길의 연구가 이 분야 논의를 이끌고 있는 것 같다. 우선, 우정길(2018)은 보스트롬으로 대표되는 포스트휴머니즘 '인간향상론'은 교육학적 담론과 그 논의구조면에서 유사성이 있음을 인정하고, 그러나 그럼에도 불구하고 양자 간에는 결코 서로 혼동되어서는 안 되는 차이점이 있음을 경고한다. 포스트휴머니즘도 그렇고 교육도 그렇고, 모두 인간에 관한 그 어떤 이상을 지향한다는 점에서, 그리고 둘 모두 각각의 과정이 수행되기 이전의 인간과 그 후의 인간이라는 두 가지 상이한 인간을 상정하고 있다는 점에서, 유사한 담론 형식을 갖고 있다. 그러나 그와 같은 논의구조적 유사성에도 불구하고 둘 사이에는 결정적인 차이가 한 가지 있는데, 그것은 두 기획의 최종적 목적이 완전히 다르다는 점이다. '교육'과 '향상'은 모두 인간의 개선을 추구하지만, 전자가 그 최종 목적을 인간다움의 실현에서 찾는 반면에, 후자는 인간 초월을 목적으로 한다. "교육은 현존 인간의 생물학적 조건의 변경을 고려하지 않는 전제 위에서 이루어지는 인간 본위의 활동"(우정길, 2018: 17)이며, 따라서 교육적 관심은 인간을 초월한다는 의미에서의 '향상'을 추구하는 보스트롬 등의 관심과는 차원을 달리할 정도로 들어맞지 않는다는 것이다. "향상은, 비록 그것이 주는 어감이 교육을 통한 인간의 개선과 흡사해 보인다 하여도, 교육과는 전혀 다른 목적과 성격의 개념"(우정길, 2019b: 95)이라는 점에 특히 주의해야 한다. 그래서 우정길(2019a)은 포스트휴머니즘과 교육을 연결 짓는 논의들 중에 이 두 개념—인간 교육과 인간능력 향상—을 섞어서 사용하거나 또는 그 둘을 단지 정도의 차이를 갖는 연속적인 개념으로 파악하려는 시도들은 비판적 논의와 경계의 대상이 되어야 할 것(우정길, 2019a: 44)이라는 점을 지적한다.

포스트휴머니즘 기술-미래 담론의 주요 주장들을 교육학적 담론에서의 그것들과 차별화하려는 논의들은 결국 교육은 인간다움을 추구하는 활동이라는 점을 재확인하려는 논의들이라고 볼 수 있다. '인간다움을 추구하는 일'이 바로 '휴머니즘'이 의미하는 바이므로, 교육은 결국 휴머니즘 담론을 초월하거나 극복할 수 없다. 아니 그럴 수 없는 것이 아니라, 그래서는 안 된다. 그러니까 포스트휴머니즘을 교육학적 담론의 한 갈래로 간주하려면, 다시 말하면 그것으로 인해 초래되는 다양한 시대적·공간적 변화들에 어떻게 대응할 것인가 정도의 논의가 아니라 그것이 추구하는 목적과 그 목적을 실현하는 과정―'향상'―을 우리 교육학적 논의에 적극적으로 포섭하려 한다면, '포스트휴먼'이란 존재를 인간의 한 유형으로 삼을 수 있어야 한다. 포스트휴먼―또는 '초인류'―는 인간의 한 종류인가? 포스트휴머니즘이 추구하는 것도 '인간다움'이라 할 수 있는가? 그러나 '포스트휴머니즘'이 그 용어의 형태가 보여 주는 것처럼 휴머니즘을 극복하거나 초월하는 것이라면, 그러나 그럼에도 불구하고 우리가 그 논의를 교육학적 담론 내에 포섭하려 한다면, 우리는 '교육'의 의미를 지금까지와는 완전히 다른 방식으로 규정하지 않으면 안 된다. '실천 활동'―프락씨스―로서의 교육이 아니라 이제는 '생산 활동' 또는 '기술 활동'―포이에씨스―로서의 교육을 말해야 할지 모른다. 요컨대, 포스트휴머니즘에 대한 논의는 휴머니즘에 대한 논의를 다시 요청한다고 할 수 있다.

4. 비판적 포스트휴머니즘

지금까지의 우리 논의에서 포스트휴머니즘은 극히 최근 들어 유행하는 기술-미래 담론의 한 유형으로서의 포스트휴머니즘이었다. 이 포스트휴머니즘은 첨단 기술을 통해 그 능력이 향상된 존재인 '포스트휴먼'을 추구하는 지적·문화적 운동이었고, 그 점에서 '포스트휴먼-이즘'이었다. 그런데 포스트휴머니즘 담론 중에 기술-미래를 배경으로 하기는 하지만 앞의 '포스트휴먼-이즘'처럼 포스트휴먼 그 자체의 추구를 핵심 내용으로 하는 것이 아니라, '인본주의' 또는 '인간주의'로 번역되는 '휴머니즘'의 이념과 가치를 비판적으로 다루는 것을 핵심 내용으로 하는 흐름이 있다. 앞의 것을 '포스트휴먼-이즘'이라 했다면 이 흐름은 '포스트-휴머니즘'이라고 할 수 있을 것 같다. 그러니까 '포스트-휴머니즘'은, 마치 '포스트모더니즘'이 '모더니즘'을 비판적으로 다루는 것처럼, 휴머니즘 '이후'에 등장한 사상적 흐름으로서 휴머니즘을 '극복'하거나 '초월'하고자 하는 관점이라고 할 수 있겠다. 다시, '포스트모더니즘'이 '모더니즘'을 비판적으로 다루기 위해 먼저 '모더니즘'의 의미를 규정하는 일에서 출발하는 것처럼, 포스트-휴머니즘도 휴머니즘을 비판적으로 다루기 위해서는 그 '휴머니즘'의 의미를 먼저 규정하는 일이 필요할 것이다. 포스트-휴머니즘은 휴머니즘의 어떤 점을 극복하고 초월하고자 하는가?

휴머니즘은 말 그대로 인간성 또는 인간다움을 추구하는 이념이다. 어떤 사상이나 이념이든 사람들이 주장하는 것이므로, 그렇게 주장된 사상이나 이념이 사람다움을 추구하는 이념으로서의 휴머니즘을 비판적으로 바라본다는 것은 쉽게 이해하기 힘들다. 그러므로 휴머니즘을 비판적으로 논하는 사람들은 그 인간다움을 추구하는 일의 의미를 다소 특별하게 규정하고, 그렇게 규정된 휴머니즘의 의미에 대해 비판적인 논의를 펼친다고 보아야 한다. 이상욱(2015)에 따르면, 휴머니즘의 의미들 중에 포스트휴머니즘이 극복하려는 핵심적인 주장은 인간의 본성이 존재하며 그것은 가치 있다는 생각, 나아가 그 인간 본성은 다른 모든 가치에 우선한다는 생각이다(이상욱, 2015: 23). 이 생각을 극복하려는 논의는 두 가지로 나뉘는데, 하나는 '철학적' 포스트휴머니즘으로서 인간 본성이라는 것은 고정되어 있지 않고 항상 변하는 것이라는 주장과, 다른 하나는 '문화적' 포스트휴머니즘으로서 '인간다움'의 핵심이 무엇인지는 문화적·역사적 맥락에 따라 다르게 정의되어 왔다는 점을 강조하는 주장이 있다(이상욱, 2015: 23).

박휴용(2019)은 포스트휴머니즘을 트랜스휴머니즘, 네오휴머니즘, 비판적 포스트휴머니즘이라는 세 갈래로 나누고, 그 가운데 비판적 포스트휴머니즘을 브라이도티(R. Braidotti)를 인용하여 "20세기 후반까지의 후기구조주의와 페미니즘 그리고 비판이론적 관점을 바탕으로, 휴머니즘이 유럽중심주의적 세계관에 기반하여 근대문명의 정당화를 위해 만들어진 이념임을 강조하려는 사회정치 이념"(박휴용, 2019: 50)이라고 설명한다. 다시 말하면 포스트휴머니즘은 휴머니즘이 강조하는 그 인간다움이라는 것은 사실은 매우 근대적인 개념으로서, 남성중심적이고 인종주의적이며 계급주의적인 가치를 정당화하는 도구로서 역할을 했다는 것이다(박휴용, 2019: 50). 비판적 포스트휴머니즘, 곧 브라이도티의 논의를 참조하여 포스트휴머니즘의 의미를 근대적 휴머니즘의 한계를 극복하기 위한 것으로 보는 논의는 정윤경(2019)에서도 발견된다. 여기서 근대적 휴머니즘의 한계라고 지적된 것은 그것이 전제하고 있는 '인간중심주의'를 가리키는데, 비판적 포스트휴머니즘은 이 인간중심주의가 그것이 규정하는 '인간'의 범주에 포함되지 않는 타자를 소외시키는 이념으로 작용했음을 비판하고 그것을 극복하고 대체할 바람직한 휴머니즘을 모색하는 데 초점을 두고 있다는 것이다

(정윤경, 2019: 120).

한편, 앞 절에서 논의했던 것처럼 인간능력 향상 기술을 통해 포스트휴먼으로의 진화를 추구하는 포스트휴머니즘—이 절에서의 '포스트휴먼-이즘'—을 온건한 포스트휴머니즘과 급진적 포스트휴머니즘으로 구분하고 있는 이원봉(2018)은, 이 구분을 다루는 부분과 별도로 장을 달리하여 비판적 포스트휴머니즘을 대단히 상세하게 다루고 있다. 이 논의에 따르면 비판적 포스트휴머니즘은 "과학기술을 통해 다양한 형태의 인간이 존재할 수 있게 되었다는 사실에 주목하면서, 보편적 인간성에 근거한 근대적 의미의 휴머니즘을 비판하는 사상"(이원봉, 2018: 66)을 가리킨다. 비판적 포스트휴머니즘이 비판하는 관점은 근대적 휴머니즘이 상정하고 있는 바, 인간은 보편적 존재 속성을 지니고 있다는 생각, 인간만이 지닌 '인간적 속성'이 존재한다는 생각, 그리고 그것에 따라 인간은 '비인간'과 구분되는 존재일 뿐만 아니라 다른 존재에 비해 훨씬 우월하다는 생각이다. 이 논문은 휴머니즘의 의미를 일의적으로 규정하는 것은 사실상 불가능하다는 점과 함께, 그러나 소퍼(Kate Soper)를 인용하여 포스트휴머니즘이 비판의 대상으로 삼고 있는 휴머니즘의 일반적 의미를 다음과 같이 요약한다. 곧, 휴머니즘이란, 인간성 개념, 즉 공통된 본질적 특성으로 인간이 정의되고 이해될 수 있다는 적극적 주장을 가리킨다는 것이다. 그리고 이 규정을 적어도 포스트휴머니즘이 문제시하는 계몽주의적 휴머니즘의 핵심적인 내용으로 보아서 틀림이 없을 것이라고 진단한다(이원봉, 2018: 71-3).

앞 절에서 우리는 몇 가지 다양한 양상으로 전개되어 온 포스트휴먼-이즘을 간략히 살펴보고 각각의 주장들이 교육철학 담론들에서 어떤 식으로 다루어져 왔는지를 또한 간략히 검토했었다. 논의 흐름 속에서 필자는 포스트휴먼-이즘의 다양한 주장들이 첨단 기술들을 활용해서 인간이 지닌 여러 능력들을 향상시킬 것을 목적으로 하는 한, 그 주장들은 교육학적 논의에 포섭되기 어렵다는 의견을 제시했었다. 그런데 다른 한편으로, 포스트휴머니즘이 '포스트-휴머니즘'으로서, 고대 헬라스 시대 이래 교육이라 불리는 인간 활동의 기본적인 이념이 되어 온 휴머니즘을 그 근원에서 비판하는 논의를 전개하는 것이라면, 교육철학적 논의들은 결코 그것을 피해갈 수 없을 것이라고 생각된다. 왜냐하면 휴머니즘은 교육학에 고유한 개념이고, 따라서 휴머니즘을 극복하거나 초월하고자 하는 시도는 그것 자체로 교육에 대한 우리 인간 집단의 포괄적인 전제를 뒤흔드는 시도가 될 수도 있기 때문이다. 필자는 이 장의 본문을 마무리하는 즈음에 포스트휴머니즘에서 제기하는 휴머니즘에 대한 두어 가지 비판적 논점을 참조하면서 휴머니즘이라는 이상의 성격을 재검토해 보고자 한다.

　교육학계에서는 이미 널리 알려진 바이겠지만, '휴머니즘'이라는 용어는 독일의 신인문주의 시대에 바이에른의 학교개혁가로 활동한 니트함머(Friedrich I. Niethammer)가 1808년에 출간한 자신의 저서에서 처음으로 사용한 독일어 'Humanismus'[7]의 영어 단어이다(한기철, 2016: 166). 원래 니트함머는 독일 중등학교의 교육과정을 고전을 중심으로 새롭게 편성할 것을 계획하고 그것을 '후마니

---

7) 이 점에 대해서는 다수의 문헌들(곽차섭, 1985: 182; 김창환, 2007: 42; 박준철, 1998: 3; Birus, 1994; Cooke, 2008)이 공통된 의견을 보인다.

스무스'로 지칭했다. 그러다가 이 용어는 19세기 중반에 독일의 역사학자이자 문헌학자인 포이그트(George Voigt)에 의해 르네상스 시대, 곧 14세기 이탈리아에서 발흥한 고전 연구의 부활 운동을 가리키는 말로 사용되면서 하나의 역사학적 개념으로 쓰이기 시작한다(김창환, 2007: 43). 이 말은 고대 라틴어 'humanitas'에서 유래한 것이므로, 이후 역사학자들은 기원전 1세기 로마 사상가들의 학문을 가리키는 데도 이 용어를 사용하게 된다. 이런 점들을 고려하면, '휴머니즘'의 의미를 계몽주의 시대와 연결지어 규정하는 경향은 다소 독특하다 하지 않을 수 없다.

약간 단순화시켜 말한다면, 포스트휴머니즘 학자들이 비판 대상으로 삼고 있는 휴머니즘의 특성은 두 가지로 정리될 수 있을 것 같다. 하나는 모든 인간이 보편적으로 지니고 있는 특성이 있다고 보는 관점과 또 하나는 인간을 다른 모든 존재보다 우월하게 보는, 다시 말하면 "인간중심주의적" 관점이다. 전자는 인간이라면 예외 없이 소유하고 있는 본질적 특성이 있어서 그것이 인간이라는 존재의 속성을 규정한다는 생각이고, 후자는 그런 특성을 지니고 있는 인간은 바로 그 특성 때문에 우주 만물 가운데 가장 중요한 존재로 간주되어야 한다는 생각이다. 아마도 포스트휴머니즘이 계몽주의 사조를 비판의 표적으로 삼게 된 것은 바로 이 두 가지로 휴머니즘의 특성을 규정했기 때문인 것 같다. 계몽주의에 주목하고 그것과 연결해서 휴머니즘을 규정하면 이 두 가지 속성으로 귀결되는 것이 자연스러울 것이라고 볼 수 있다. 계몽주의가 인간중심주의적 관점을 표방했는지는 그다지 분명하지 않지만, 인간의 특성을 합리성을 지닌 존재로 규정하고 그것을 토대로 일체의 구습을 타파하고자 했다는 점은 분명하기 때문이다. 그러나 필자는 이 즈음에서, 포스트휴머니즘의 휴머니즘 비판을 교육학적 맥락에서 논의하려면 휴머니즘에 대한 보다 포괄적인 의미에 주목해야 할 필요가 있다고 생각한다. 어느 한 시대의 휴머니즘이 휴머니즘의 일반적인 의미를 결정할 수는 결코 없으며, 또한 그런 시각을 유지할 경우에 휴머니즘의 원래 취지와 목적에 관한 오해를 낳을 수 있기 때문이다. 다음에서 앞의 두 가지 논점에 대해 필자는 간략하게나마 다시 비판적인 논의를 수행하고자 한다.

첫째는 보편적 인간 속성 담론에 대한 것이다. 계몽주의 사상가들이 인간의 합리적 사유 능력에 주목하고 그것을 통해 전통과 관례와 습성들을 타파하고자 했던 것은 사실이라고 해야 할 것 같다. 기실 인간의 유적(類的) 특성을 이러저러하게 규정한 사상가들은 한둘이 아니다. 특히 아리스토텔레스 같은 철학자가 이성적 사유 능력을 인간만의 특성으로 규정했다는 사실은 널리 알려진 사실이다. 그러나 인간의 유적 특성을 이러저러하게 규정하는 담론들을 '휴머니즘'이라고 칭하고 그래서 휴머니즘은 그 점 때문에 '비인간'을 차별화하게 하는 논리를 제공하는 이념이라고 비판하는 것이 타당한 논의 방식인지는 그다지 분명치 않은 것 같다.

가장 간명하게 말하자면 휴머니즘은 인간의 존엄성을 추구하는 사상이다. 그러나 김응종(1998)이 지적하고 있는 것처럼, 휴머니즘은 대단히 다양한 모습을 띤다는 점에도 우리는 주의해야 한다.

"그것을 실현시키는 방법이 다양한 만큼이나 휴머니즘의 양 상 역시 다양할 뿐 아니라 심지어는 상호 대립적이기도 하다.

예컨대, 신과의 관계 속에서만 그것을 실현시킬 수 있다고 믿을 수도 있으며, 반대로 신의 억압으로부터 인간을 해방시킴으로써 실현시킬 수 있다고 생각할 수도 있다. …… 인간의 이성을 강조하여 합리성과 자연과학의 발달에서 그것을 찾거나, 아니면 반대로 인간의 감성을 강조하면서 이성주의는 인간사회를 비인간적으로 만든다는 점을 지적할 수도 있다. …… 극단적인 경우, 휴머니즘은 인간의 자유와 존엄성의 수호자라고 여겨지기도 하는가 하면, 인간의 억압을 은폐하는 도구에 불과한 것이라고 단죄되기도 한다. 어떻게 보면 인간이 만든 사상 치고 근본적으로는 인간을 위하지 않는 것이 없는 까닭에 모든 사상은 휴머니즘이라고 말할 수도 있을 정도이다"(김응종, 1998: 95-96).

그러니까 휴머니즘이라는 것은 시대와 사회에 따라 다양한 방식으로 나타날 수 있다는 것, 인간의 존엄성을 추구하는 일은 여러 다양한 방식을 취할 수 있다는 것이다. 휴머니즘의 개념적 특성을 이런 형태로 규정하는 논의는 배용광(1974)에서도 발견할 수 있다.

"휴머니즘은 일정한 내용 또는 어떠한 체계적인 사상, 특정의 주의, 주장을 뜻한다고 하기보다 오히려, 인간해방이라는 기능, 즉 생의 한 근원적 감정 또는 마음가짐이나 태도에 관한 것이라 하겠으며, 그 때문에 휴머니즘은, 역사의 발전에 있어서 그때그때의 역사적·사회적 상황으로 규정되고, 현상으로서는 구체적으로 갖가지 모습으로 나타난다"(배용광, 1974: 178).

이 말은 결국 '인간'이라는 존재의 특성, '인간다움'의 의미가 어떻게 규정되는가에 따라, 그리고 그것에 대한 훼손이 어떤 형태로 이루어지는가에 따라 휴머니즘은 여러 다양한 양상으로 나타날 수 있다는 말이다. 한 시대나 사회의 성격을 규정하는 다른 개념들도 마찬가지이겠지만, 휴머니즘도 하나의 역사적 개념이라고 보아야 한다. 휴머니즘은 반드시 일정한 역사적 상황에서, 그 역사적 상황을 배경으로 나타난다. 그 특수한 역사적 상황에서 인간의 존엄성이 어떻게 위협받고 있고, 따라서 그것을 회복하는 일이 어떤 식으로 이루어질지는 그 시대와 사회의 특성에 따라서 결정된다고 보아야 할 것이다. 그렇다면 계몽주의적 휴머니즘—만약 그것을 휴머니즘이라 지칭할 수 있다면—도 계몽주의 시대라는 특수한 시대적 상황 속에서 요청되는 인간 존엄성 추구의 방식이었다고 보는 것이 맞다. 요컨대, 휴머니즘은 인간의 존엄성을 추구하는 사상이므로, 인간의 존엄성에 대한 위협이 존재하는 곳이라면 어디든지 휴머니즘에 대한 요청이 제기될 수 있으며, 그것이 제기되는 방식은 그러한 위협이 존재하는 시대적·사회적 특수성에 따라 다양할 수 있다. 비판적 포스트휴머니즘을 주장하는 사람들은 휴머니즘의 이런 개념적 속성을 모르고 있는가? 그것이 아니라면 휴머니즘은 여러 다양한 양상을 띨 수 있다는 점을 알고 있으면서도, 그 양상들 모두를 극복하고 초월하자는 것인가?

둘째는 휴머니즘은 '인간중심주의'라는 지적에 대한 것이다. 포스트휴머니즘은 "휴머니즘이 지지해 온 인간중심주의를 비판한다"(정윤경, 2019: 130). 인간중심주의는 말 그대로 인간을 가치의 중심에 놓는다는 말이므로, 다른 만물에 비해 인간이 가장 중요하다는 말일 것이다. 우주를 구성하는 요소들 중에 인간을 가장 중요하게 본다는 것이다. 인간을 중요하게 보는 것에 무슨 문제가 있을까마는, 이 생각은 그 이면에 다른 존재들의 가치를 배척해도 된다는 뜻으로 해석될 가능성이 있다는 점에서 주의를 요하는 생각이 될 수 있다. 그러나 필자는 근본적으로, 휴머니즘을 '인간중심주의' 사상으로 간주해야 하는지에 대해서 그다지 확신을 할 수가 없다. 휴머니즘은 모든 존재들 중에 인간을 가장 중심에 놓자는 이념인가? 그것은 '인간/비인간'의 이원론을 바탕으로 해서 '비인간'을 타자화하자는 사상인가?

교육사상을 연구하는 학자들은 기원전 5세기 중엽부터 고대 아테네에 등장한 소피스트들을 인류 최초의 '휴머니스트'로 간주한다. 가령 Guthrie(1975: 66)는 이 시기 아테네에서 주로 소피스트들에 의해 조성된 학문적 분위기를 '휴머니즘을 향한 반발(the reaction towards humanism)'이라는 말로 묘사하고 있고, Marrou(1964: 297)는 헬라스 시대 문명 전체를 지칭하는 용어로 '휴머니즘'을 쓸 것을 제안한다. 아닌 게 아니라 아테네 사회에 최초로 등장한 소피스트로 알려져 있는 프로타고라스는 "인간이 만물의 척도" 또는 "만물의 척도는 인간"이라는 말을 통해서 만물의 가치를 재는 기준은 사람이어야 한다는 점을 주장한 것으로 잘 알려져 있다. 그렇다면 프로타고라스 같은 소피스트는 인간중심주의를 주장했다고 보아야 하는가? 그렇지 않다. 프로타고라스의 이 주장은 사물이 지니는 가치는 객관성과 보편성을 띠는 것이 아니라, 그 사물을 인식하는 사람이 누군가에 따라서 상대적으로 정해진다는 점을 말하는 것이다. 사물의 가치는 그 어떤 외적 권위가 결정하고, 사람들은 그렇게 결정된 가치를 그저 수용하기만 하는 그런 식이 아니라는 것이다. 만물의 가치가 사람을 기준으로 결정된다고 해서 그 주장이 반드시 '사람만이 최고이고 다른 만물은 그것을 위해서 희생될 수 있다'는 식의 주장으로 연결되는 것은 아니다.

'비판적' 포스트휴머니즘 학자들이 주로 비판의 대상으로 삼는 휴머니즘은 계몽주의적 휴머니즘—다시, 그것을 휴머니즘이라 지칭할 수 있다면—이지만, 사실 통상 휴머니즘에 대한 논의를 할 때 가장 전형적으로 언급되는 것은 르네상스 휴머니즘이다(문경환, 1995: 170). 이 점은 앞에서 19세기 중반에 포이그트에 의해서 '후마니스무스'라는 용어가 역사학적 개념으로 처음 사용되었다는 점을 언급할 때 우리가 이미 짚어 본 점이다. 르네상스 휴머니즘은 간단히 말하면 14세기 르네상스기 이탈리아 휴머니스트들이 당시까지의 학문과 문화가 성직자들에 의해 주도되어 왔던 것에 대해 반발하고, 그 대신에 고대 헬라스와 로마의 고전문학작품을 통해 그 속에 담긴 인간성을 탐구하려고 했던 경향을 가리킨다. 이는 기원전 5세기 고대 아테네의 소피스트들과 철학자 소크라테스가 기존에 학문적 담론을 지배했던 자연철학자들의 담론에 대항해서 인간사(人間事)를 논할 것을 주장했던 것과 흡사하다. 그러니까 휴머니즘은 공통적으로—또는 본질적으로—그 어떤 임의적인 권위에 의해 인간성이 경시되거나 훼손되거나 위협받을 때 그것에 대해 저항함으로써, 훼손된 인간성을 회복하고 나아가 그것을 지켜 낼 것을 주장하는 이념이다. 그것은 인간만이 가치 있는 존재이고 다른 모든 것들보다 우월하다고 주장하는 이념이 결코 아니다.

5. 결론: 다시 휴머니즘으로

이 장에서는 요 몇 년 전부터 우리 교육학계에서도 종종 목격할 수 있는 미래 담론, 특히 기술-미래 담론과 관련해서 교육학적 담론은 어떻게 이루어져 왔는지를 간략하게 검토하고, 또한 그것과 관련해서 앞으로 우리 교육학자들은 어떤 논의 방식을 취해야 할지를 제안하는 내용들로 구성되었다. 교육학 담론이 기술-미래 담론들, 그 가운데 포스트휴머니즘에 주목하는 것은 포스트휴머니즘 논의들이 제안하는 휴머니즘 비판 때문이다. 휴머니즘은 간단히 말해 인간성 또는 인간다움을 추구하는 이념이므로, 그것 자체로 교육이 추구하는 이념이다. 그래서 포스트휴머니즘이라는 이름으로 새로 등장한 사상과 논의 흐름이 휴머니즘의 극복과 초월을 제안할 때, 교육학자들은 그것에 어떤 방식으로든 대응해야 할 책임을 느낄 수밖에 없다.

필자는 기술 담론에도 그리 해박한 지식을 갖고 있지 못하고, 더군다나 포스트휴머니즘이라는 용어에 대해서도 대단히 무지하다. 그래서 이 사조에 대한 포괄적이고 체계적인 연구를 수행해 낼 역량을 갖추고 있지 못하다. 그러나 그럼에도 불구하고 모종의 계기를 통해 이 용어를 접하면서 교육철학자의 입장에서 관련 문헌들을 분석할 기회를 갖게 되었다. 필자가 얻은 결론은 시쳇말로 그다지 개운치 않다는 것이다. 이 주제와 관련해서 보다 충분한 공부 기회를 갖지 못해서도 그러하겠지만, 포스트휴머니즘을 주장하는 저자들의 관점, 특히 휴머니즘의 한계를 언급하면서 그것을 극

복하고 초월하겠다는 이들의 관점은 필자에게 진정성 있는 학문적
담론으로 다가오지 않았다. 학술적 담론의 외양을 하고는 있으나
실지로는 시장성이라는 가치를 추구하는 기성의 의사(疑似) 학문
들의 그림자가 여기에도 짙게 묻어 있다는 인상을 지울 수 없었다.
이런 인상은 휴머니즘에 대한 그들의 비판을 읽을 때 특히 심했다.

휴머니즘은 그 시초에서부터 저항의 이념으로 출발했다. 인간
의 존엄성을 주장하는 이념이므로 그것은 인간의 존엄성이 경시되
거나 위협받거나 훼손된 곳이라면 언제든 어디서든 나타날 수 있
다. 문경환(1995)은 휴머니즘을 그 항거의 대상을 기준으로 세 가
지로 분류하는데, 첫째는 르네상스 시대의 반신본주의적 휴머니
즘, 둘째는 18~19세기의 반권위주의적 휴머니즘, 그리고 셋째는
20세기의 반과학주의적―또는 반기술주의적―휴머니즘이다. 각
각에서 휴머니즘 앞에 오는 단어들, 그러니까 신본주의, 권위주의,
과학주의(또는 기술주의)는 해당 시대에 인간의 존엄성을 위협하는
세력을 형성했고, 이런 각각의 세력에 대항해서 인간의 존엄성을
지키려는 의지가 곧 휴머니즘으로 나타났다는 것이다. 흥미로운
점은 이 논문이 20세기, 그러니까 오늘날 우리가 지향해야 할 휴머
니즘은 이 가운데 셋째 휴머니즘이라는 것, 다시 말하면 오늘날 인
간의 존엄성을 위협하는 것을 과학주의 또는 기술공학주의로 지목
하고 있다는 점이다. 포스트휴머니즘이 '포스트휴먼–이즘'과 많은
부분을 공유하고 있다고 할 때, 그렇다면 포스트휴머니즘은 휴머
니즘의 어떤 면을 비판하고 있는가? 아직 문헌상으로 증거는 찾지
못했지만, 혹시 포스트휴머니즘은 우리 시대 휴머니즘이 과학주의
와 기술공학주의를 항거의 대상으로 삼고 있다는 바로 그 점에 두

려움을 느끼고 있는 것은 아닌가?

　인간성이 위협받고 훼손되고 있을 때에 제기되는 이념이므로 휴머니즘은 그 자체로 절박함을 표현하고 있는 이념이다. 거꾸로 말하면 휴머니즘이 주장되는 시공간에는 늘 인간성이 훼손될 위험이 존재한다는 것이다. 그에 반해 포스트휴머니즘이 제시하는, 지적·신체적·심리적으로 향상된 능력을 갖춘 '포스트휴먼'의 면모를 보면 그와 같은 절박함과는 거리가 멀다. 몇 년 전에 〈아픈 만큼 사랑한다〉라는 제목의 다큐멘타리 영화가 상영된 적이 있다. 이 영화는 시한부 인생 속에서도 필리핀 의료 봉사에 30년을 헌신한 한국인 의사이자 선교사의 실제 이야기를 다룬 감동적인 작품이다. TV 시리즈로 방영된 적도 있어서 잠시 지나는 중에 보았던 한 장면이 아직도 잊히지 않는다. 필리핀 오지의 척박한 의료 현실 속에서 질병으로 고통 받는 현지인들의 모습, 그 가운데 학교 문턱을 밟아 보기도 전에 빈곤과 의약품 부족으로 결국에는 꽃을 피워 보지도 못한 채 일곱 살 나이에 목숨을 거둔 소녀에 대한 절절한 안타까움이 아직도 완전히 가시지 않는다. 어느 시대에서건 휴머니즘은 항상 실현되지 못한 이념으로 존재한다. 그것은 항상 실현을 기다리는 이념으로 존재한다. 그것은 초월되거나 극복되어야 할 이념이 결코 아니다. 포스트휴머니즘은 인간 능력 향상을 추구하는가. 포스트휴머니즘 교육 논의들은 그런 향상된 능력을 보유한 포스트휴먼들이 사는 세상을 대비하고자 하는가.

참고문헌

곽차섭(1985). 르네상스 휴머니즘의 해석에 대한 재검토. 역사학보, 108, 173-201.

김소영·김우재·김태호·남궁석·홍기빈·홍성욱(2017). 4차 산업혁명이라는 유령. (주)휴머니스트 출판그룹.

김응종(1998). 현대 휴머니즘과 인문주의 전통. 서양사론, 57, 95-121.

김창환(2007). 인본주의 교육사상. 학지사.

문경환(1995). 휴머니즘: 그 빛과 그림자. 인문과학, 73, 167-215.

박준영·천정미(1998). 미래학과 교육. 경성교육연구, 4, 97-110.

박준철(1998). 고대와 중세의 인문주의. 서양중세사연구, 3, 1-20.

박찬국(2017). 제4차 산업혁명과 함께 인간은 더 행복해질 것인가?. 현대유럽철학연구, 46, 313-348.

박휴용(2019). 포스트휴먼 시대의 학교교육의 변화와 교사전문성의 향상. 교육철학연구, 41(2), 47-80.

배용광(1974). 근대이후의 휴머니즘. 윤리연구, 2, 177-188.

신승환(2018). 포스트휴먼 시대의 인문교육. 인간연구, 37, 85-112.

우정길(2018). 보스트롬(N. Bostrom)의 인간향상론에 대한 비판적 고찰. 교육문화연구, 24(6), 5-23.

우정길(2019a). 교육(education)과 향상(enhancement)의 차이에 관하여. 교육문화연구, 25(3), 29-48.

우정길(2019b). 포스트휴머니즘과 인간 교육: 샌델(M. Sandel)의 선물론(Theory of Giftedness)을 중심으로. 교육철학연구, 41(3), 91-116.

이상욱(2015). 포스트휴먼시대의 정치사회적 쟁점. *Future Horizon, 26*, 22-25.

이원봉(2018). 포스트휴머니즘은 휴머니즘이 될 수 있는가?: 포스트휴머니즘 논쟁을 통해 본 휴머니즘의 의미와 한계. 인간연구, 37, 57-83.

이홍림(2016). 미래학이란 무엇이며 미래예측은 가능한가? 세라미스트, 19(2),

69-98.

전치형·홍성욱(2019). 미래는 오지 않는다: 과학기술은 어떻게 미래를 독점하는가. 문학과 지성사.

정윤경(2019). 포스트휴머니즘과 휴머니즘에 기반한 교육 재고. 교육철학연구, 41(3), 117-147.

조난심(2017). 제4차 산업혁명과 교육. 교육비평, 39, 330-347.

조헌국(2017). 4차 산업혁명에 따른 대학교육의 변화와 교양교육의 과제. 교양교육연구, 11(2), 53-89.

지현아(2017). 제4차 산업혁명시대의 대학 인성교육 방향 연구. 교양교육연구, 11(6), 39-61.

한기철(2016). 인문주의의 형성과 전개: 고전적 맥락을 중심으로. 도덕교육연구, 28(3), 163-196.

Birus, H. (1994). The Archeology of 'Humanism'. http://www.pum.umontreal. ca/revues/surfaces/vol4/birus.html

Boyd, W. (1921). *The History of Western Education.* 이홍우·박재문·유한구 역(2008). 윌리엄 보이드 서양교육사. 교육과학사.

Cooke, B. (2008). Happy birthday humanism. https://newhumanist.org.uk/ articles/1740/happy-birthday-humanism

Dewey, J. (1897). *My Pedagogic Creed.* E. L. Kellogg & Co.

Guthrie, W. K. C. (1975). *The Greek Philosophers: From Thales to Aristotle.* Harper & Row.

Marrou, H. I. (1964). *A History of Education in Antiquity.* Translated by George Lamb. The New American Library.

08

포스트휴머니즘의 기원에 관한 논쟁과 교육 연구*

최승현

---

* 이 글은 '최승현(2020). 포스트휴머니즘의 기원에 관한 논쟁과 교육 연구의 과제. 교육철학연구, 42(4), 277-307'을 이 책의 취지에 맞게 수정한 것임을 밝혀 둔다.

1. 서론

포스트휴머니즘에 관한 교육 연구가 한창이다. 최근에는 인간과 지적 기계의 결합이라는 단순한 이해를 넘어 '포스트휴먼이란 무엇인가'라는 철학적 질문이 제기되고 있다. 이 개념은『포스트휴먼(The Posthuman)』(2013)의 저자인 로지 브라이도티(Rosi Braidotti, 1954~현재)로부터 본격화된 것으로 알려져 있다. 그녀는 현재 페미니즘 연구로 유명한 네덜란드 유트레히트대학교 인문학부 교수로 재직 중인데, 이 경력에서 알 수 있듯 페미니즘 계열의 연구자들에 의해 포스트휴먼 개념이 대중화되었다. 이들은 대체로 '서구-백인-남성' 중심적 인간 개념에 문제를 제기하고 인간과 비인간의 날카로운 경계를 허물고자 한다. 사실 이런 인간 개념의 확장은 환경윤리 분야에서 활발히 논의되었고 정보윤리로 확장 중이다. 동물과 식물을 넘어 사멸하는 '모든' 존재가 감내해야 할 고통에 주목하자는 것이다. 브라이도티가 제기하는 포스트휴먼 개념 또한 인간이 만들어 낼 새로운 존재, 곧 인공지능을 탑재한 사이보그 같은 존재와 인간이 어떤 관계를 맺어야 하는가라는 문제의식을 담고 있다.

포스트휴머니즘에 앞서 꼭 짚어 보아야 할 것은 포스트모더니즘이다. 양자의 연관성에 관해서는 각주 14번에 기술되어 있다. 문제는 포스트모더니즘이 단일한 개념, 정확한 연대로 지정하기 어려운 사회적 흐름이라는 사실이다.[1] 이 환원 불가능한 세계에서 벌어진 변화를 단일 개념으로 포착하기는 불가능하다. 물론 이런 관점에 대한 비판도 등장하고 있다. 독일의 젊은 철학자 마르쿠스 가브리엘(Markus Gabriel)의 '신 실재론(New realism)'이 대표적이다. 다만 우리는 '새로움＝모던(modern)'이라는 말 앞에 '뒤에＝포스트(post-)'라는 말을 붙여 '포스트-모더니즘'이라고 부를 수 있다. 교육 분야 또한 1968년 파리 낭테르 대학 기숙사에서 촉발된 '68 학생운동'을 계기로 포스트모더니즘의 영향을 받기 시작했다. 등교거부, 왕따, 학교폭력과 같은 현상들이 '학교교육＝근대교육'의 기반을 흔든 것이다.

1970년대 서구 문명을 가장 먼저 흡수했던 이웃나라 일본 교육학계에도 이 바람이 불어 닥쳤다. 그리고 이 바람은 '근대교육(modern education)', 좁게는 '전후교육학(pedagogy of postwar)'으로 상징되는 일본의 진보 교육계에도 교육 연구와 실천의 관계를 새롭게 사고할 것을 요구하였다. 1945년 8월 6일과 9일, 히로시마와 나가사키에 원자폭탄이 떨어졌고 일본은 연합국에 항복하였다. (안타까운 것은 이 투하로 무고한 민간 일본인 70만 명 이상이 사망하였

---

1) 20세기 초 레몽 루셀의 현실에 전혀 존재하지 않는 것을 소설화하는 작법, 대중소비 사회의 도래 속에서 쇼핑몰을 의미 없이 배회하는 '산책자(flâneur)'의 파편적 글쓰기(발터 벤야민), 19세기 중반 성행한 인상파와 뒤샹으로 상징되는 다다이즘을 거쳐 1960년대 본격화된 미니멀리즘 미술, 1970년대 젠크스의 포스트모던 건축론으로 대표되는 현대건축, 쇤베르크에서 안톤 베베른에 이르는 표현주의 음악 외에도 다양한 분야의 포스트모던'들'이 있다.

고, 조선인도 7만 명 이상 사망했다는 사실이다.) 이로 인해 우리나라는 해방을 맞이했다. 일본에는 미군정사절단이 들어왔고 군인을 기르는 천황제 교육을 개혁할 것을 요구했다. 존 듀이 사상을 토대로 민주주의 교육을 앞세운 미군정사절단은 일본교직원노동조합(일교조)의 손을 들어 줬다. 학생운동가 출신의 교사들이 지향한 진보주의 교육을 지지해 준 것이다. 이를 기반으로 탄생한 것이 호리오 데루히사(堀尾輝久)로 상징되는 '전후교육학' 담론이다. 전후교육학은 진보주의 교육을 지향한다. 그러나 일교조가 득세했던 시간도 극히 짧았다. 1951년 미일안보조약으로 사회가 다시 보수화된 것이다. 빨갱이 색출, 이른바 '레드 퍼지(red-purge)'가 일어나고 문부성 중심의 관료지배가 확립된다. 이후 일교조와 문부성의 대립은 세계화가 거세진 1980년대까지 지속된다. 전후교육학론자들은 아동을 보호해야 할 대상으로, 국가를 그들의 자유를 침해하는 존재로 바라보았다. 사실 제3자 입장에서 보자면 일교조와 문부성의 대립은 국가 내 엘리트 간의 세력다툼이며, '국민만들기=모더니즘'을 목표로 하는 국가주의적 교육관 덕분에 지탱될 수 있었다. 이러한 이념적 구도와는 별개로 실제 일본의 교육은 '대중교육사회'로 변모해 갔다. 누구나 대학에 들어갈 수 있는 평등주의와 가난해도 공부만 잘하면 되는 능력주의가 결합하여 '대중교육사회'가 완성되었다. 그러나 1980년대 이후 본격화된 세계화와 여기에 수반된 포스트모더니즘은 '전후교육학'과는 다른 길을 요구하였다.

아이러니컬한 것은, 포스트모더니즘이 홀로코스트로 상징되는 모더니즘의 비인간적 측면에 대한 반성에서 나온 담론임에도 불구하고 세계화와 맞물려 유행했다는 사실이다. 일본의 맥락에 한정하자면 대중교육사회와 세계화 그리고 포스트모더니즘이 기묘하게 결합한 것이다. 따라서 1990년대 이후 본격적인 포스트모더니즘의 언어로 무장한 일본의 소장 교육학자들은 사회적 불평등, 환경 문제 등에 예민할 수밖에 없었다. 포스트휴머니즘은 1990년대 이후 이러한 배경 위에 제기된 담론이다. 기술중심주의와 대량살상 그리고 환경파괴에 대한 반성, 곧 '휴머니즘＝인간중심주의'에 대한 반성이라는 맥락에서 포스트휴머니즘과 포스트모더니즘은 궤를 같이한다.

이 장에서는 이러한 인식 위에서 세 가지 문제를 다루고자 한다.

첫째, 포스트휴머니즘의 철학적 원천을 둘러싼 로지 브라이도티(2013)와 키스 안셀-피어슨(Ansell-Pearson, 2017) 간의 논쟁이다. 이들은 포스트휴머니즘의 사상적 원천으로 지목된 프랑스의 철학자 질 들뢰즈(Gilles Deleuze, 1925~1995)에 대한 해석을 둘러싸고 상반된 입장을 전개한다. 브라이도티(2013)는 들뢰즈의 스피노자 해석을 기반으로 인간과 인간 아님의 경계를 허물며 포스트휴머니즘을 확립하고자 한 반면, 안셀-피어슨(2017)은 이런 접근이 들뢰즈를 부당하게 포스트휴머니즘의 원천으로 끌어들인 것이라고 반발한다. 전문적인 지식을 원하지 않는 독자들은 이 부분을 건너뛰어도 좋다.

둘째, 정보사회에서 분산된 주체성의 문제이다. 사실 포스트휴머니즘이 제기된 배경에는 인공지능의 발전이 큰 역할을 했다. 인공지능은 인간의 뇌처럼 단일한 중심이 없는 대신 네트워크상에서 작동하기 때문에 행위 주체가 누구인지 불분명하다. 인공지능을 사용하는 로봇은 감정노동을 수행하면서 사회화되어 가고 있다. 예컨대, 페퍼(Pepper)와 같은 로봇은 각종 센서를 통해 인간의 심리상태를 측정하고 이를 네트워크의 클라우드에 업로드한다. 인간이 손으로 작성한 설문지와 달리 업로드된 정보는 정확한 마케팅 자료가 된다. 심박수, 동공의 확장, 제스처와 같은 정보를 무의식적으로 수집한 것이기 때문이다. 인공지능을 기반으로 한 네트워크 미디어ー유튜브, SNS, 인스타그램 등 쌍방향 미디어ー사회에서 인간은 쓸모 유무에 따라 '인격(person)' 혹은 '고립된 개인(individual)'으로 나뉜다. 오늘날 앞서 본 포스트휴머니즘에 대한 개념적 접근이 실제 인공지능을 통한 기기들ー구글글래스, 애플워치, 로봇, 드론 등ー로 구체화되고 있다. 따라서 우리는 이 지점에서 자연스럽게 앞으로의 정보윤리의 방향을 물을 수 있을 것이며 최근 필자의 관심사이기도 하다.

셋째, 규범의 학문인 교육학이 포스트모더니즘의 수용을 계기로 어떻게 변했는가를 살피고 이로부터 얻을 수 있는 교육 연구 과제를 도출한다. 포스트휴머니즘에 관한 교육 연구는 이제 막 출발점에 서 있다. 따라서 이것과 시대적으로 바로 앞서 있고 유사성이 많은 포스트모더니즘에 대한 교육학의 실제 수용과정을 살펴본다면 도움이 될 것이다. 교육학에서 규범이란 칸트의 논의를 좇아 자기입법자로서의 인간을 말한다. 이성을 갖춘 성인만이 스스로 법칙을 세우고 실천할 수 있다. 이러한 성인이 목적과 의도를 가지고 인간의 행위를 바꾼다는 것이 전통적인 교육 관념이다. 그러나 앞서 제기한 정보사회에서는 이러한 주체성이 위협받는다. 이 글에서 전통적 교육관이 무너지고 새로운 교육관이 도래할 것이라는 식의 예견은 할 수 없다. 대신 이웃나라 일본 교육학계의 포스트모더니즘에 대한 수용 과정을 통해 여러 가지 시사점을 얻을 수 있다. 이들이 개념 정립의 난점을 어떻게 돌파하는지, 포스트모더니즘의 도래 이후 교육학에서 주목하기 시작한 연구들이 무엇인지 등을 살펴봄으로써 앞으로 활성화될 포스트휴머니즘 교육 연구의 과제를 생각해 볼 수 있다. 그러면 먼저 포스트휴머니즘 개념을 둘러싼 논쟁을 살펴보자.

2. 포스트휴머니즘 개념을 둘러싼 논쟁

먼저, 포스트휴머니즘의 기원을 둘러싼 논쟁을 살펴보자. 이 논쟁은 들뢰즈에 대한 해석을 둘러싸고 벌어지고 있다. 먼저 들뢰즈의 스피노자 해석에 기반한 포스트휴머니즘 개념에 대한 긍정적 입장을 보자. 브라이도티(2012)에 따르면 여성, 동물, 식물, 유전자 및 세포의 발생적 힘을 수탈하여 생명을 관리하는 현대의 '생명 정치적' 자본주의는 물질에 대한 새로운 이해를 요청한다. 현대 자본주의는 인간과 그에 대한 의인화 간의 비연속성을 연속적인 것으로 바꾸어 놓는다. 오늘날 우리는 기술에 대한 극단적 공포와 그것이 우리를 구원하리라는 극단 사이에서 혼돈을 겪고 있다. 이처럼 조울증에 가까운 혼돈은 대중문화 속에서 거대한 혼종성과 '괴물성'이라는 요소를 동반한 채 드러나고 있다. 괴물성은 '대문자' 인간을 중심으로 이루어져 온 위계, 예컨대 성, 인종, 인간 대 동물, 유기체/비유기체/기술적인 것 등이 작동하지 않는다는 시각을 은유적으로 표현한 말이다. 그녀가 보기에 이제 과학과 정치의 장에서 비인간적인 행위 주체로서의 '생명 자체'가 논의의 중심에 서기 시작했다. 인류학적 엑소더스 혹은 브라이언 마수미(Brian Massumi)가 말한 '이전-인간(Ex-Man)', 그리고 "분류학적 유형의 하나로서 브랜드에 불과한 대문자 인간"과 같은 해러웨이의 선언(2016)이래, 우리는 물질과 상징, 구체성과 담론, 선과 힘의 횡단을 통해 비인간적이고 탈인격적인 생명의 상호 의존성에 가치를 두는 '조에 포스트휴먼 정치학(*zoe*-posthuman politics)'을 요청받기 시작했다 (Braidotti, 2012: 170-171 참고 및 재인용, 강조는 저자).[2] 여기서 '상호 의존성'이란 모든 생명체가 상호 연결되어 있다는 생태적 시각을, '조에-'란 아리스토텔레스의 용어로서 인간중심주의를 넘어 생명의 보편적 생명력이 지닌 잠재성을 긍정한다는 의미를 담고 있다.

> "인류(Mankind)에게 적합한 연구가 '인간(Man)'이었고 인문학, 즉 휴머니티즈에 적합한 연구가 휴먼(the human)이었다면, 같은 논리로 포스트휴먼 조건에 적합한 연구는 포스트휴먼(the post-human) 바로 그것이라는 주장이다. 이러한 새로운 인지

---

2) 아리스토텔레스는 인간과 동물의 결정적 차이를 정치적 활동에서 찾아 왔으며 이는 서구 정치철학의 원형으로 대접받아 왔다. "우리는 정치학의 목적을 최고의 좋음으로 규정했는데, 정치학은 시민들을 특정 종류의 성품을 가진 좋은 시민으로, 고귀한 일들의 실천자로 만드는 데 대부분의 노력을 경주하고 있기 때문이다. 그러므로 우리가 소나 말, 그 밖의 다른 동물들 중 어느 것도 행복하다고 말하지 않는 것은 당연한 일이다. 이런 동물들 중 어느 것도 그러한 활동에 참여할 수 없으니까"(Aristotle, 1894: 1099-1100/이창우 외, 2006: 37). 브라이도티는 이러한 시각을 인간중심주의적인 것으로 보고 보편적 생명력을 담지한 '조에'라는 말을 통해 포스트휴머니즘을 제창한다.

주체는 휴먼과 휴먼-아님, 지구 행성과 우주, 주어진 것과 제작
된 것의 복잡한 배치이며, 그것은 우리의 사유 방식을 한꺼번에
재조정하라고 요구한다"(Braidotti, 2013/이경란, 2015: 205).

브라이도티는 "보편주의, 단일한 주체, 합리성의 우선적 중요성
과 더불어 세속성은 휴머니즘의 핵심 교리(Braidotti, 2013/이경란,
2015: 46)"라고 말한다. 특히, 유럽의 세속주의 전통은 신앙을 포함
한 감정적인 영역에 해당하는 종교와 공적 영역에 해당하는 시민
권의 분화를 촉진해 왔다. "유일신 종교들이 뿌리 깊은 성차별주의
로 사제직과 신성한 기능의 수행에서 여성을 배제해야 한다는 믿
음을 공유했음을 고려한다면(Braidotti, 2013/이경란, 2015: 49)" 휴
머니즘은 의심스럽기 짝이 없는 특권의 원천이라는 것이다. "보편
적 '인간'은 사실 암묵적으로 남성이고 백인이며 도시화되어 있고
표준 언어를 사용하며, 재생산 단위로서 이성애적이고, 승인된 정
치 조직의 완전한 시민으로 가정되어 있다"(Braidotti, 2013/이경란,
2015: 87). 바로 이런 맥락의 '반(反)휴머니즘'적 문제의식이 그녀의
포스트휴먼 논의의 배경에 자리 잡고 있다. 그리고 이를 주장하기
위한 논거로서 들뢰즈가 해석한 스피노자의 일원론을 제시한다.
"스피노자의 유산은 매우 적극적인 일원론 개념이며, 현대 프랑스
철학자들은 이를 통해 물질이 생기 있고 자기조직적이라고 정의함
으로써 '생기론적 유물론(vitalist materialism)'이라는 놀랄 만한 조합
을 만들어 냈다"(Braidotti, 2013/이경란, 2015: 77).[3]

---

3) 브라이도티의 논의를 바탕으로 휴머니즘의 부정적 면모를 지지하는 입장으로는 김
   분선(2017)을 참고할 것. 반대로 브라이도티 등에 대한 비판은 물질성에 관한 논의

그렇다면 브라이도티(2013)가 이해한 스피노자의 일원론과 '생기론적 유물론'이란 무엇일까? 이 두 개념을 둘러싸고 각각 안셀-피어슨(2017), 나일 등(2019)과의 논쟁이 형성된다. 우리는 이 두 개의 논쟁 중 안셀-피어슨(2017)과의 논쟁을 살펴보기로 한다. 그와의 논쟁은 인간의 규범성을 직접 묻고 있기 때문이다. 이를 위해 문제의 원천인 스피노자의『에티카』를 살펴보자. 여기서 우리가 확인하고자 하는 것은 과연 들뢰즈가 인간의 규범성을 부정하는가라는 점이다. 우선 스피노자가『에티카』에서 연역적인 방식으로 신의 본질과 인간의 자유를 논했다는 사실은 잘 알려져 있다. 그는 실체와 속성 그리고 양태에 대해 가장 간단하고 상식적인 정의(정의 3)에서 이 논의를 시작한다.

"3. 나는 **실체**란 자신 안에 있으며 자신에 의하여 생각되는
것이라고 이해한다. 즉, 실체는 그것의 개념을 형성하기 위하여
다른 것의 개념을 필요로 하지 않는 것이다. 4. 나는 **속성**이란
지성이 실체에 관하여 실체의 본질을 구성하고 있다고 지각하

인 '신물질주의'에 관해서도 제기되고 있다. 최근 나일 등(Nail et al., 2019: 112)은 브라이도티 등이 취하는 '생기론적 신물질주의'가 "어떤 본질주의도 배척하면서, 비유기적 물질 위에 투사된 형이상학적 생명 개념[힘-필자 삽입]을 슬그머니 도입한다."는 점에서 물질의 태생적 능동성을 설명하는 데에 실패하고 있다고 주장한다. 이처럼 들뢰즈의 스피노자 독해에 기반한 '생기론적 신물질주의'로 명명된 속성을 띤 포스트휴먼 개념은 열띤 철학적 논쟁의 대상이 되고 있다. 새로운 주체성의 모색과 관련하여 포스트휴머니즘 담론에서 주목하고 있는 것은 '신물질주의'이다. 한편, 안셀-피어슨(1997)은 자신의 초기 작품에서 생물학과 기술론의 결합이 낳는 우려를 표명한 바 있으며, 여기에 제기된 나일 등의 견해를 형성하는 데에 일조한 것으로 평가받고 있다.

는 것으로 이해한다. 5. 나는 **양태**(樣態)를 실체의 변용(變容)으로, 또는 다른 것 안에 있으면서 다른 것에 의하여 생각되는 것으로 이해한다. 6. 나는 신을 절대적으로 무한한 존재, 즉 모든 것이 각각 영원하고 무한한 본질을 표현하는 무한한 속성으로 이루어진 실체로 이해한다"(Spinoza, 1977: 제1부 정의 3-6/강영계, 2007: 19-20, 강조는 저자).

스피노자에게 실체, 즉 있는 것은 외부 원인 없이 스스로 존재하는 것이다. 이 정의는 실체 간의 수적 구별, 다시 말해 실체 1, 실체 2······와 같은 구별이 불가능함을 말해 준다. 왜냐하면, 스스로 존재하는 실체가 다른 실체와 구별되려면 그것은 반드시 외부 요인을 끌어들여야만 하기 때문이다. 예를 들어, 하느님과 부처님을 다른 실체로 보고 구분하고자 한다면 우리는 이 존재들의 외모, 음성, 명칭 등이 다르다는 것을 인지하지 않고서는 양자를 구분할 수 없기 때문이다. 스피노자에게 절대자와 같은 존재, 이른바 신(神)은 자기 원인적 존재로서 무한하다고밖에 할 수 없다. 이런 이유로 "모든 실체는 필연적으로 무한하다"(Spinoza, 1977: 제1부 정리 8/강영계, 2007: 25).[4] 결국 신은 무한 실체이다. 들뢰즈(1969) 또한 실체

---

4) "정리 8: 모든 실체는 필연적으로 무한하다. 증명: 동일한 속성을 가지는 실체는 오직 하나밖에 존재하지 않으며 (정리 5에 의하여) 또한 그것의 본성에는 존재가 속한다(정리 7에 의하여). 따라서 실체는 본성상 유한하게 혹은 무한하게 존재한다. 그러나 유한하게 존재할 수는 없다. 왜냐하면, 유한하게 존재하면 실체는 동일한 본성을 소유한 다른 실체에 의하여 제한되지 않으면 안 되고(정의 2에 의하여), 이 다른 실체도 마찬가지로 필연적으로 존재하지 않으면 안 되기 때문이다(정리 7에 의하여)"(Spinoza, 1977: 제1부 정리 8/강영계, 2007: 25).

를 동일한 방식으로 이해한다.

"1) 수적 구별은 그것이 준거하는 외부 원인을 요청한다. 2) 그런데 외부 원인을 실체에 적용하는 것은 불가능한데, 왜냐하면 인과성 원리를 그렇게 사용하는 것은 모순이기 때문이다. 3) 따라서 둘 또는 다수의 실체들은 수적으로 구별될 수 없고, 동일한 속성의 두 실체는 없다"(Deleuze, 1969/현영종·권순모, 2019: 31).

스피노자가 보기에, 자연은 무한한 실체로서 연장과 사유라는 속성으로 표현되는 동시에 개별자로서 이 속성들을 표현하는 유일한 실체이다. 자연 안에는 공간을 차지하는 사물들 및 사람과 같은 생명체가 있고 이들에게는 질서가 있다. 그리고 우리는 이 사물들과 생명체에 대한 관념의 질서를 가지고 있다. 이렇듯 자연에는 사물들의 질서가 담겨 있는 '연장(延長)'이라는 형식과 관념들의 질서가 담겨 있는 '사유'라는 형식이 존재한다. 여기서 연장과 사유가 바로 속성으로서, 실체의 본질을 구성하며 우리가 지각할 수 있는 것이다. 따라서 자연에서 나온 개별자들은 모두 연장과 사유라는 형식을 통해서만 자신을 표현할 수 있는데, 이때 개별자는 바로 양태에 해당한다. 양태는 다른 것 안에 있는 것, 즉 실체 안에 있는 것으로 실체의 변용이다. 결국 스피노자에게 "상상력이 묘사하는 무한자의 다양한 모습들, 즉 지혜로운 신, 권세를 지닌 신 등등은 모두 스피노자에서 속성이 아니라 일종의 부적합 관념으로서 '고유성(propria)'으로 분류된다"(서동욱, 2017: 200). 스피노자의 관점에서 인격성을 띤 신은 무한한 존재인 신과 상충된다.

박기순(2020)은 스피노자가 신을 역량(potentia) 자체로 규정한 다는 점에서 그의 자연 개념이 반(反)목적론적이라고 말한다. 스피 노자에 따르면 자연은 초월적인 신의 섭리나 목적에 따라 존재하 지 않는다. 즉, "신의 능력은 신의 본질 자체이다"(Spinoza, 1977: 제 1부 정리 34/강영계, 2007: 66). 신은 곧 자연이다.[5] 그리고 이 '신= 자연' 안에 존재하는 사물들은 오로지 인과성을 따라 존재하고 살 아가며 자신의 역량을 최대한 산출하고자 한다. 이 점에서 "존재하 는 모든 것은 만물의 원인인 신의 능력을 특정한 방식으로 표현한 다"(Spinoza, 1977: 제1부 정리 36 증명/강영계, 2007: 67).

스피노자는 이렇게 신의 능력을 특정한 방식으로 표현하려는 노 력을 '자기보존 노력=코나투스(conatus)'라고 부른다. 또, 특별히 인간의 경우에는 욕망(cupiditas)이라고 부른다.[6] '신=자연'은 무한 하고 완전하기에 자신의 역량을 표현하는 데에 아무런 오류를 범

---

5) "1662년 4월 헨리 올덴부르크에게 보낸 편지에서 볼 수 있듯이 스피노자는 '제가 아 는 모든 이들은 신과 자연을 분리했지만, 저는 신과 자연을 분리하지 않습니다'라 고 말한다(여섯 번째 편지). 『에티카』 완성이 거의 임박했을 때, 스피노자는 '우리 가 신, 즉 자연이라고 부르는 영원하고 무한한 존재'라는 악명 높은 구절을 사용했을 것이다(제4부 서문). Deus, sive Natura[신, 즉 자연]라는 표현에서 sive는 '신, 즉 자 연' 또는 '신 또는—동일한 것인—자연'처럼 동일함을 나타내는 '즉/또는'임이 분명하 다"(Nadler, 2006/이혁주, 2013: 144).

6) "이 노력(conatus)이 정신에만 관계될 때에는 의지라고 일컬어지지만, 그것이 정신 과 신체에 동시에 관계될 때에는 충동(appetitus)이라고 일컬어진다. 그러므로 충동 은 자신의 유지에 유용한 것에서 생겨나 인간으로 하여금 그것을 행하도록 하는 인 간의 본질 자체에 지나지 않는다. 다음으로 충동과 욕망의 차이는, 욕망은 자신의 충 동을 의식하는 한 주로 인간에게 관계된다는 것뿐이다. 따라서 욕망이란 의식을 동 반하는 충동으로 정의될 수 있다"(Spinoza, 1977: 제3부 정리 9 주석/강영계, 2007: 164, 강조는 저자).

할 일이 없지만, 각 사물과 생명체는 이 욕구를 왜곡된 방향으로 표현할 수 있다. "따라서 자신의 역량의 온전한 발현은 자연의 법칙들을 이해하고 그것에 따라 행위 하는 것을 통해 가능하다. 자연에 부합하는 한에서 역량은 적합한 방식으로 표현될 수 있기 때문이다"(박기순, 2020: 150). 우리는 앞서 스피노자에게 무한한 자연이 연장과 사유라는 형식으로 표현된다는 것을 보았다. 인간 또한 이 원칙에 종속된다. 그의 신체가 자연의 일부로서 연장으로 표현되는 것과 마찬가지로 그의 정신도 자연의 일부인 것이다. 정리하자면, 신은 초월적 존재가 아니며 자연 그 자체로서 인간은 그 신의 한 양태를 표현한 것이라고 할 수 있다. 브라이도티 등은 바로 이 시각을 전거로 삼아 포스트휴머니즘론을 펼친다. 그렇다면 이런 입장은 어떤 윤리적 함의를 가질까? 스피노자는 『에티카』의 초고 완성을 앞두고 1665년 11월 올덴부르크에게 보낸 편지에서 다음과 같이 말한다. "인간 신체는 자연의 일부입니다. 인간 정신에 대해 말씀드리자면 저는 그 역시 자연의 일부라고 주장합니다"(Nadler, 2006/이혁주, 2013: 260). 결국, 스피노자에게 자연에 부합하는 삶이란 내가 그 질서를 승인하지 않는다고 하더라도 억지로 행동하는 이원론이 아니라, 나의 행위가 곧 내 생각의 반영임을 깨닫고 살아간다는 의미를 담고 있다.

정신과 육체를 분리하지 않은 일원론자이며 모든 형태의 초월성을 거부하는 스피노자 상(像). 브라이도티(2013)와 안셀-피어슨(2017)은 이러한 해석에 이견이 없다. 하지만 양자가 갈라지는 지점은 인간의 규범성에 관련해서이다. 앞서 본 바와 같이 브라이도티는 일원론적 스피노자 상(像)을 바탕으로 '서구-백인-남성'

의 특권을 해체하고자 한다. 그리고 여기에 동원되는 논리가 자연주의자적 들뢰즈의 면모이다. 들뢰즈에게 자연주의란 인간과 여타 종(種) 간의 근본적 위계성을 거부하는 태도를 가리킨다(Ansell-Pearson, 1997/최승현, 2019 참조). 문제는 브라이도티에 반대하는 안셀-피어슨(2017) 또한 이 상(像)에 동의하지만 인간이 여타 동물과 구별되는 능력을 가진다는 점에서는 의견을 달리한다는 점이다. 안셀-피어슨(2017)의 주장을 들어 보자.

"우리는 어떤 점에서 인간적 동물이 윤리적으로 구별된다고 볼 수 있을까? 들뢰즈의 초기 짧은 단편인 「본능과 제도」는 이에 관한 그의 입장을 보여 준다. 그는 유기체의 '만족의 과정'에 대한 인식에서 본능과 제도가 둘 다 작용한다는 관점을 피력하면서도 인간 주체의 경우 여타 동물과 핵심적 차이가 있다고 말한다. 유기체는 외부 자극에 본능적으로 반응하여 "자신의 경향과 필요를 만족시킬 외부 세계의 요소를 추출한다." 그러나 인간적 동물이라는 "주체는 자신의 경향과 외부 환경 간의 원초적 세계를 제도화하여 인공적 수단들을 동원하여 만족감을 높여 나간다"(Deleuze, 2004: 19). 나아가 그는 "인간은 본능에 따라 사는 것이 아니라 제도를 건설하는 존재이다. 또 그는 특정 종(種)을 대량 살상하는 존재이다"(Deleuze, 2004: 21)라고 쓴다. 요컨대, 인간이란 **발명적**(inventive) 종으로서 그의 필요와 욕망을 만족시키기 위해 제도를 건설하고 규범을 창조한다. 결국 하나의 '종'으로서의 우리는 삶을 위해 주어진 것 그대로 단순하게 본능의 질서를 받아들이는 것이 아니라 만족의 수단을 가짐

으로써 윤리적이고 정치적으로 구별된다. 들뢰즈는 항상 윤리
적이고 사회적인 것이 매우 능동적(positive)이라고 주장한다. 이
글에서는 또 "…… 만일 인간의 경향이 제도에 의해 만족되는
것이 사실이라면 역으로 그 제도는 경향에 의해 설명될 수 없
다. 동일한 성적 요구가 결코 결혼이라고 하는 복잡한 가능성의
형태를 잘 설명할 수 없을 것처럼 말이다"(Ansell-Pearson, 2017:
94, 강조는 저자).

이처럼 안셀-피어슨(2017)은 들뢰즈가 인간과 동물이 윤리적으
로 구별된다고 보았다고 말한다. 자신의 만족을 위해 외부 세계로
부터 받은 자극의 핵심을 추상화할 수 있는 존재가 바로 인간이다.
문제는 이 능력의 양가성이다. 한편으로 인간은 제도를 만들어 타
인을 학살하는가 하면, 다른 한편으로 사회 속에서 원초적 욕망을
다양하게 변형하여 타인을 돕기도 한다. 안셀-피어슨(2017)은 이
런 인간의 특수성을 간과하는 브라이도티 등의 논의에 대해 우려
를 표명한다. "정작 내가 우려하는 바는 들뢰즈의 스피노자주의가
상이한 사유의 가능성을 허용함으로써, 결국 일정 부분의 무시라
는 대가를 치르고 반(反)휴머니스트와 포스트휴머니스트의 초청에
적합한 논의로 변질되었다는 것이다"(Ansell-Pearson, 2017: 88). 물
론 안셀-피어슨의 이러한 인식 또한 브라이도티의 논의를 단순화
했다는 비판으로부터 자유롭지는 못할 것이다.

논의를 정리해 보자. 브라이도티는 들뢰즈의 스피노자 해석을
토대로 생기론적 유물론 혹은 생기론적 신물질주의를 자신의 이론
적 토대로 삼는다. 그러나 이에 대해서는 두 가지 방향에서 비판이

제기된다. 우선 안셀-피어슨은 그녀의 스피노자 해석이 단선적이라고 지적한다. 들뢰즈의 초기 작품을 보면 인간의 발명 능력을 중시한다는 것이다. 즉, 인간이 여타 동물과 다른 규모의 사회와 제도를 만들 능력을 가진다는 것은 특정한 규범성을 내장하지 않고서는 불가능하다. 비록 들뢰즈가 가타리와의 후기 작업에서 '되기(devenir)'론을 통해 인간과 비인간의 경계를 새롭게 사유하였으나 이것이 전부가 아니라는 것이 안셀-피어슨(2017)의 주장이다. 필자는 다음 절에서 이러한 논쟁이 발생하게 되는 사회적·철학적 배경을 살펴보고 인간의 규범성을 어떻게 바라보아야 할지를 생각해 보고자 한다. 그래야만 한쪽의 주장을 편협하게 수용하거나 배척하지 않을 수 있을 것이기 때문이다.

3. 인간 개념과 사회 구조의 변화

브라이도티(2012, 2013)와 안셀-피어슨(2017) 간의 논쟁은 본질적으로 한쪽의 손을 들어주기 어려운 문제이다. 윌리엄스(Williams, 2019)는 브라이도티의 『포스트휴먼(The Posthuman)』에 대한 독해를 통해 양자를 생산적으로 독해할 수 있는 길을 열어 준다. 먼저 윌리엄스가 보기에 브라이도티가 제기하는 윤리적 행위자는 "인간과 기계 양자 모두인 포스트휴먼 지능"(Williams, 2019: 110)이다.

"브라이도티(2013)의 『포스트휴먼』은 우리를 인간이 더 이상 안전한 지시대상이 될 수 없는 지점, 곧 인간적 가치뿐 아니라 동물과 식물 그리고 세계에 대해 자행한 인간의 비도덕적이며 반윤리적인 폭력의 지점으로 초대하기 때문이다. 이제 더 이상 그에 대한 윤리적 응답은 다양한 종류의 인간중심주의적 향상과 확장을 주장하는 것에 기댈 수 없다. 이와는 정확히 반대로, 인간은 산적한 윤리적 문제들과 더불어 융합되고 변형되어야 한다. 이는 인간적인 중핵과 관리가 발전과 미래에 관련된 새로운 실존적 형식과 서사를 담아내기에는 철 지난 것임을 시사한다"(Williams, 2019: 108).

윌리엄스가 보기에 인공지능의 전면화에 따른 주체성과 사회구조의 변화는 인간향상론 같은 인간중심주의적 논의로 해소될 수 없으며, 이는 곧바로 교육학적인 주제와도 연관된다.[7] 하지만 인간에 대한 규정은 시간의 본성으로 인해 간단치 않다. "우리가 마주할 미래가 인간성의 확장으로도, 때로는 그에 대한 위협으로도 다가올 수 있다는 점에서 가치나 그 질에 있어서 반드시 비인간적인 것(inhumane)일 수만은 없기 때문이다"(Williams, 2019: 106). 따라서 휴머니즘에서 포스트휴머니즘으로의 이동은 인간중심주의냐 아니냐와 같이 단선적으로 파악될 수 없다. "이보다는 차라리 인간 행위자와 그 청구인(claimant)을 넘어 보다 광범위하게 변형되

---

7) "보스트롬뿐 아니라 트랜스휴머니스트·포스트휴머니스트들이 묘사하는 포스트휴먼 상(像)은 늘 비교급으로 표현된다. 물론 비교 대상은 현존 인간이다. 교육이 오늘의 인간을 비교 대상으로 놓고 이보다 더 나은 내일의 인간을 지향하는 활동이라면, 향상은 현재의 인간종을 비교 대상으로 놓고, 이보다 더 우월한 새로운 인간종을 동경하는 일체의 추구이다"(우정길, 2019b: 220-221).

고 분배된 형식을 띤 윤리적 가치가 요청된다"(Williams, 2019: 107, 강조는 필자). 이 새로운 윤리적 가치를 위한 출발점은 무엇일까? 윌리엄스(2019)는 이에 앞서 이를 수행할 인간에 대한 정의를 먼저 내린다. "인간은 시간의 과정이 필연적으로 만들어 내는 프리(pre-)휴먼과 포스트휴먼이라는 다중적 과정에 의해 만들어진다"(Williams, 2019: 117, 강조는 저자). 이처럼 윌리엄스 또한 안셀-피어슨(2017)이 강조한 '자연주의자이자 물질주의자로서 들뢰즈가 보여 준 복잡성과 그 진화'에 주의를 기울인다. 인간 개념은 시간에 따라 변해 온 것, 변해 갈 것으로서 인간 이전과 인간 이후에 관한 관념이 중층적으로 작동하는 잠정적 개념이라는 것이다.

　그렇다면 여기서 말하는 '중층성'이란 무엇일까? 이를 사회적 측면(하대청, 2019)과 철학적 측면(大黑岳彦, 2016)으로 나누어 보고자 한다. 먼저 사회적 측면에서 하대청(2019)은 인공지능에 기반한 로봇과 같은 비인간적 존재들이 규칙이나 논리로 예측하기 어려운 현실을 경험을 통해 학습하고 적응해 나가도록 개발되고 있으며, 이는 도덕법칙을 정립하는 인간의 자율성과 다른 의미에서 파악된 자율성이라고 말한다. 즉, 인공지능의 행위능력을 개인의 한정된 속성이 아니라 경험적으로 분석 가능한 대상으로 쪼개어 파악하는 것이다. 현실적으로 인간과 동일한 의미의 자율성을 갖춘 인공지능을 개발하기 어렵다는 점을 고려하면 이는 자연스러운 선택지라고 하겠다. 문제는 이러한 인공지능의 특성이 인간의 노동을 더 많이 요구한다는 사실이다. 예를 들어, 딥러닝과 같은 기계학습은 학습 데이터가 부족할 경우 아무런 능력을 발휘하지 못하며, 이는 음성 인식, 영상 인식, 자율주행차 등의 모든 분야에서도 마찬가지이다. 또, 이런 데이터에는 데이터 내용을 설명하는 레이블링이 필요하다. 레이블링된 데이터를 학습하고 난 뒤에도 반복적인 피드백과 튜닝 작업이 필요하다. 특히, 무인 공격 드론 같은 '자율적 무기'의 사용은 최종 판단에 있어서 인간의 깊은 개입을 요구한다.

> "인공지능은 자율적이라고 말하기에는 너무나 많은 연결 과정을 거치고 있다. 인공지능은 다양한 종류와 규모의 물질적 장치, 여러 지식과 기술을 가진 인력, 이런 인력들을 효과적으로 운영하는 조직과 규칙들 등에 연결되어 있다. 최근의 인프라스트럭처 연구가 보여 주듯이, 인공지능이 의존하는 인터넷 네트워크는 데이터 센터, 해저 케이블, 프로토콜, 디지털 압축 기술 등에 기대고 있다. 또한 이런 인프라스트럭처 곁에는 이를 유지 관리하는 전기기사, 모니터링하는 노동자가 정보와 데이터가 안정적으로 흐르도록 일하고 있다. 이런 의미에서 인공지능은 인간과 비인간이 뒤얽혀 있는 복잡한 배치 속에 있다"(하대청, 2019: 127).

이처럼 사회적 측면에서 파악된 인간의 중층성은 비인간적 존재와의 뒤얽힘 속에 형성되고 있음에도 불구하고 로봇을 돌보는 인간의 노동이 적절하게 인정받지 못하고 있다는 사실이다. 최근에 성장하는 이른바 '조수기술(assistant technology)'은 기계와 인간의 돌봄노동의 가치를 차별하는 대표적 사례이다. 거대 기술기업의 이익에 부합하는 기계의 돌봄노동은 대중들의 찬사를 받는 반면 이를 떠받치는 인간의 노동은 무대 뒤로 숨겨진다.[8] 인간의 돌봄노동에 대한 무관심에 비해 기계의 서툰 돌봄노동에 대한 찬사는 단지 기계의 놀라운 능력 때문만이 아니다. 이로부터 이익을 얻는 이들이 인간의 돌봄노동 없이도 인공지능이 자율적으로 움직이는 것처럼 포장하기 때문이다. 이는 마치 가사노동과 돌봄노동을 저평가해 온 젠더화된 사회구조 및 노동에 대한 인식과 닮아 있다.

한편 미디어 철학을 연구하는 다이고쿠 다케히코(大黑岳彦, 2016)의 논의는 중층성의 철학적 함의를 파악할 수 있게 해 준다. 2015년 휴머노이드 '페퍼(Pepper)'의 제품 발표회장에서 공개된 동영상에는 실의에 찬 여성이 집에 들어서자 페퍼가 '까꿍' 하며 손으로 얼굴을 가렸다가 펴는 장면이 나온다. 이를 본 여성이 울음을 그치는 모습은 이 로봇이 감정적 의사소통에 특화된 제품임을 알려준다. 페퍼는 대상의 감압과 진동을 감지하는 마이크로폰, 카메라 등의 센서를 통해 인간의 감정 데이터를 수집한다. 페퍼는 두 발로 걷고, 시선과 자세를 가다듬으면서 외부 디스플레이와 같은 채널을 통해 감정을 표현한다. 페퍼가 이전 세대의 로봇과 크게 다른 점은 이를 원격조종하는 것이 인간이 아닌 인공지능이라는 점이다. 이 인공지능은 클라우드상에 존재하기 때문에 다른 모든 로봇과도 연결된다. 즉, 이전 로봇들이 인간과 인간 간의 소통에 따른 인터페이스 형태였다면 페퍼는 인공지능과 인간 간의 소통에 따른 인터페이스이다. 물론 이런 차이점에도 불구하고 페퍼는 이전 세대인 브룩스형 로봇의 계보에 있다고 하겠다. 브룩스

---

8) 대표적으로는 아마존의 알렉사(Alexa), 애플의 시리(Siri), 네이버의 프렌즈(Friends), KT의 기가지니(Giga Genie) 등의 돌봄노동 서비스 제품이 있다.

형 로봇이란 알고리듬을 부여하지 않아도 자율적으로 여섯 개 이상의 다리를 조화롭게 맞춰 걸을 수 있는 성능을 갖춘 로봇을 말한다. 브룩스형 로봇과 페퍼는 자가학습을 한다는 점에서 공통된다. 그러면서도 페퍼는 인간의 지능작동 방식과는 다른 탈인간화된 지능, 곧 빅데이터에 특화된 지능을 지니고 있다는 점에서 두드러진다.

페퍼는 휴대전화를 로봇의 일종으로 보는 관점, 즉 구글 글래스나 애플 워치의 발전 선상에서 개발되었다. 이 단말기들은 시계와 같이 인간이 의식 가능한 정보를 제공함과 동시에 그 존재를 의식할 수 없는 빅데이터 수집이라는 이면의 기능을 동시에 가지고 있다. 이 이면의 기능이 제품의 시장성에 관여한다. 예를 들어, 구글 글래스는 시선에 관한 데이터를, 애플 워치는 신체 데이터를, 트위터는 특정한 시간과 위치가 표시된(tag) 개인적이고 단편적인 사건 데이터를 빅데이터로 수집하여 클라우드상의 인공지능을 통해 이들을 해석해 낸다. 여기서 주목할 것은 이렇게 수집된 빅데이터가 본질적으로 익명적·비인칭적인 것이지만 앙케이트와는 달리 무의식의 발로나 표명에 있어서 거짓말을 하지 않는다는 사실이다. 때문에, 이는 정확하고 엄밀한 마케팅 재료가 된다. 페퍼가 인간과의 상호작용을 통해 얻어 낸 시시각각의 감정에 관한 빅데이터도 마찬가지 작용을 한다. 수집된 빅데이터는 다시 사용자에게 피드백된다. 이 일련의 과정에서 벌어지는 인공지능과 인간 간의 의사소통은 의식되지 않는다. 페퍼로 상징되는, 인터넷 등장 이전의 로봇과 이후의 로봇은 이 점에서 크게 나뉘기 때문이다. 사실 페퍼는 사물인터넷의 한 종류라는 점에서 거기에 엄청난 계략이 있다고 볼 필요는 없다. 인터페이스의 외관이 냉장고일 수도 있고 자동차일 수도 있는 것이다.

문제는 이러한 변화가 기술적 수준을 포함해 사회적 수준에서 어떤 구조를 낳느냐에 있다. 인터넷 탄생 이전의 세계는 매스미디어로 상징되는 위계적·권위적 사회 구조를 바탕으로 전문가를 통해 한 점으로 정보를 집중시켜 사회관계를 유지했다. 그러나 인터넷의 보급이 본격화되면서 연결주의와 로보틱스에서의 '포섭'이 안착하여 위계적 구조가 병렬적이고 분산적인 네트워크 구조로 변화하였다.[9] 인터넷을 이용한 인공지능은 비인칭적 연산을 지속적으로 연결하는 의사소통 방식을 추구함으로써 '재귀적=자기지시적인' 사회과정의 반복을 불러와 역동적 재생산이 가능한 사회체계를 일구어 낸다.

현재의 정보사회란 인공지능에 의해 확률론적이고 비결정론적으로 제어되는 의사소통의 자기언급적 체계라고 할 수 있다. 여기서 주의할 것은 인공지능이나 로봇은 사회를 구성하는 요소가 아니라 연속적 의사소통을 실현하는 하나의 환경에 불과하다는 점이다. 사회의 단위요소는 어디까지나 비인칭적 의사소통 그 자체이다. 이는 무슨 말인가? 정보사회에서 인공지능은 '중추=두뇌'가 아니다. 정보사회의 본질은 중추의 부재, 곧 네트워크의 노드

---

9) 포섭구조(subsumption architecture)란 로봇에게 기본적인 동작을 제어해 주고 높은 수준의 행동은 대상과 상호작용을 하며 행동하도록 하는 방식을 말한다. 복잡한 행동을 하도록 일일이 지시하는 것이 아니라 로봇 스스로 환경과의 상호작용 속에서 복잡한 행동 패턴을 하도록 이끄는 방식을 일컫는다(네이버 사전에서 2020. 9. 27. 발췌). 한편 브룩스형 로봇 등의 발달에 따른 넓은 의미의 기술교육과 주체성을 논한 연구로는 최승현(2014)을 참고할 것.

(node: 통신망의 분기점 혹은 단말장치의 접속점)가 중추와 같은 역할을 한다.

이는 지능의 문제뿐 아니라 주체성의 문제를 제기한다. 즉, 인간도, 인공지능도, 로봇도 자기언급적 사회 재생산의 구체적인 한 계기일 뿐 오히려 진정한 주체라고 말할 수 있는 것은 정보사회 자체인 것이다. 이 사회에서는 지능, 주체성, 자율성 모두 사회 전체에 확산되고 분산된 형태로 존재하기 때문이다. 연결주의의 용어를 빌리자면 이는 신경망(뉴럴 네트워크)과 사회망(소셜 네트워크) 어디에나 있는 것으로서, 인간과 인공지능 그리고 로봇을 개체 수준에서 바라보지 않는다는 시각을 전제하고 있다. 이들을 개체 내 수준에서 닫힌 순수 지능으로 보고 '인간 대 인공지능'과 같은 단순 구도를 설정한다면 결국 인간과 인공지능 중 어느 쪽이 앞서는가와 같은 특이점 논쟁 등에 빠져들 수밖에 없다. 주체성이 분산된 형태로 존재하는 정보사회야말로 '포스트휴먼'이 가리키는 대상이다(大黑岳彦, 2016: 215-225 참조).[10]

'분산된 주체성'은 SNS에서도 볼 수 있다. 다이고쿠는 앞서 소개

---

10) 다이고쿠(2016)의 이런 인식은 구조주의 언어학과 상통하며, 이는 포스트휴머니즘 교육 연구의 밑거름이 될 만하다. 포스트모던 해석학의 대가 카푸토(Caputo, 2018)의 언급을 참고할 만하다. "구조주의에는 깔끔하게 정돈된(이항) 과학적 구분이 있다. 언어적 형식들은 보편적이고, 필수적이며, 무시제적(공시적)이다. 실제 발언(사건)은 특수하고, 우연적이며, 시제적(통시적)이다. 이런 설명에서 의미는 규칙 지배적인 방식으로 기표를 배치해서 나타난 효과이다. 이 차이를 일으키는 놀이는 '어느 누구'가 아니다. 그것은 신도 아니고, 존재도 아니고, 세계정신도 아니고, 내적 자아도 아니다. 그것은 차이를 일으키는 효과를 생산함으로써 의미를 만드는 기계, 의미 제작 기술, 약간 글쓰기 기계와 같은, 비인칭적인 형식적 체계이다.(이 기술적인 점에 유의하라, 우리가 '정보 시대'로 나아갈 때 그것은 중요해질 것이다.)"(Caputo, 2018/이윤일, 2019: 155, 강조는 저자).

한 인공지능 외에도 빅데이터와 SNS에 대해서도 논한다. 그에 따르면 SNS의 세 가지 큰 특징은 익명성, 대화 당사자들 간의 대등성 그리고 의사결정의 지연 혹은 부재에 있다. SNS 공간은 익명을 전제로 하기에 대화 참여자들 간에 위계가 있을 수 없다. 그리고 사람과 사람이 만나 직접 의사소통을 하는 것이 아니기에 '중얼댐'만 존재할 뿐 의사결정을 내릴 수 없다. 즉, 기존의 사회가 인격을 가진 사람과 사람이 만나 의사소통을 하는 곳이었다면 네트워크 미디어상의 의사소통이란 인격적 만남이 뒤로 물러나고 의사소통 자체가 전면화되어 그 연쇄만 존재하는 공간이다. 여기에는 플랫폼은 있을지언정 이를 중앙에서 통제하는 주체는 존재할 수 없다. 인터넷을 기반으로 한 네트워크 미디어를 사용하는 빅데이터, SNS, 인공지능 모두 이 원리를 공유한다(大黑岳彦, 2016: 113-123 참조).

이를 앞서 본 윌리엄스(2019)의 논의와 연결해 보자. 그는 호모사피엔스를 기준으로 그 이전, 현재, 미래가 중첩되어 '생성하는' 존재로서 인간을 규정한다. 예컨대, 마셜 매클루언(McLuhan, 2003)은 인류가 '음성 미디어-활자 미디어(구텐베르크 은하계)-매스미디어' 순으로 진화해 왔다고 주장한다. 여기서 과거와 현재를 날카롭게 구분하는 것은 불가능하다. 인류는 구전 문화 속에서 오랫동안 살아왔고(음성 미디어), 활자와 책을 통해 지식을 폭발적으로 늘려 왔으며, 텔레비전이나 라디오 같은 매스미디어를 통해 비슷한 생각을 공유하는 군중을 만들어 왔기 때문이다. 다이고쿠는 여기에 네트워크 미디어를 덧붙인다. 이는 현재 벌어지는 일이면서도 우리에게 다가올 미래이기도 하다. 인간은 이러한 중첩된 의사소통 환경 위에서 변해 가고 있다. 이 글의 범위를 넘어서지만 이러한 인간의 중층적 변화는 생물학적 차원에서도 논할 수 있을 것이다. 뒤에 설명하겠지만 이는 자기입법자로서의 전형적인 인간에 대한 이해와는 다르다는 점에서 주목할 만하다.

　정보가 문서가 아닌 디지털로 존재한다는 점, 네트워크나 웹과 같은 형태로 정보의 분배와 교환이 이루어진다는 점, 나아가 지식 경영이나 지식노동자 등과 같이 정보를 기반으로 한 사회 재생산 방식의 도래는 확실히 인간중심적인 정보처리 이후의 어떤 관념과 사회론이 우리에게 요청되고 있음을 시사한다. 거대한 환경 변화, 즉 물질성을 띤 정보, 그리고 이 정보 교환 방식의 변화를 기반으로 물질에 대한 사고와 현실에서의 물물교환이 바뀌어 나가고 있는 것이다. 이런 논의 위에서 물질도 행위자가 될 수 있다는 파격적인 의견도 제출되고 있다. 예를 들어, 브뤼노 라투르(Bruno Latour, 1999)는 '행위자네트워크 이론(Actor-Network Theory: ANT)'에서 하이브리드 행위자론을 제기한다. 총을 가진 인간이 벌인 행위에서 그 주체는 누구인가? 총은 그것을 소지한 사람으로 하여금 어떤 행동을 유발하거나 행동에 영향을 끼칠 수 있다는 점에서 행위자로 간주될 수 있다. 비인간인 사물도 나름대로 행위를 유발하고 초래한다는 이 입장은 역설적이게도 인간중심주의를 과도하게 의식하고 있다. 라투르 자신은 이를 의식한 나머지 행위자가 아닌 '행위소(actant)'라고 지칭하면서 일종의 기술적 개념(technical term)으로 한정하기도 하였다.

　반대로 인간만이 행위자라는 관점은 철학적 순환론에 빠질 수밖에 없다. 인간만이 자신의 행위에 대해 이성적 목적이나 마음 혹은 의식 그리고 의도를 가진다는 설명은 그것을 전제로 하지 않을 수 없기 때문이다. 인간의 행위가 언제나 합리적 동기 하에 벌어지며 그것을 명확하게 서술할 수 있고 의도와 목적에 맞는 수단을 취할 수 있다는 관점은 의식과 이성의 역할을 과도하게 평가한 측면이 있다. 진화의 역사는 인간이 이렇게 살 수 있게 된 기간이 극히 일부임을 보여주기 때문이다(김진석, 2019 참조). 진화의 역사는 우리가 고차원적 사고를 위해 의식만이 아니라 몸도 적극적으로 활용해 왔음을 증명해 주고 있다.[11] 인지 시스템 내부에서 의식되는 것과 그렇지 않은 영역들이 공존하는 가운데에 오늘날의 인간에 이르렀다고 보는 것이 적절할 것이다.

　이러한 사회적·철학적 중층성은 앞서 논쟁과 어떤 연관을 지닐까? 앞서 우리가 본 논쟁은 들뢰즈의 스피노자 해석을 바탕으로 한 브라이도티 등의 포스트휴머니즘과 들뢰즈의 초기 논고를 바탕으로 한 안셀-피어슨의 들뢰즈'에 대한' 해석의 문제였다. 그가 과연 포스트휴머니즘의 원천이 될 수 있는가, 아닌가는 근본적으로 어느 쪽의 손을 들어주기 어려운 논쟁적 지평 위에 서 있다. 다만 이를 통해 확인할 수 있는 것은 포스트휴머니즘이 규범성과 관련하여 불완전한 동시에 변형 가능한 지평 위에 서 있다는 것이다. 포스트휴머니즘은 동전의 양면과도 같다. 우리는 이 논쟁을 통해 최근 인공지능 개발을 비롯한 산업계의 요구와 상반되는 교육적 언

---

11) 대표적인 것이 감정이다. "감정은 자동적인 과정이다. 당신이 머릿속에서 하나부터 열까지 세기를 선택할 수 있는 것처럼 어떤 감정의 경험을 선택할 수는 없다. 기껏해야 어떤 감정을 촉발할 가능성이 높은 행동을 선택할 수 있을 뿐이다. …… 자동적 과정인 감정은 행동의 '효율성'을 달성하기 위한 장치이다. 카메라의 자동설정과 마찬가지로 감정은 상황에 일반적으로 적응하는 행동을 산출하며, 이때 무엇을 할지 의식적으로 생각할 필요가 없다"(Greene, 2013/최호영, 2017: 208).

어를 모색할 수도, 반대로 포스트휴머니즘을 교육적 함의를 가진 것으로 보고 그대로 응용할 수도 있다.

한편 이러한 배경 위에서 유아교육 연구자인 셀러스(Sellers, 2013)와 머리스(Murris, 2016)는 앞서 살펴본 브라이도티의 포스트휴머니즘을 계승하고 있다. 셀러스는 다음과 같이 말한다. "사유방식으로서의 리좀은 모든 차원에서 동시다발적으로 확장되고 열려 있는 경로 혹은 궤도로 나아가는데, 이 통로와 통로가 만나는 지점에서 형성되는 고리(nodes)를 통해 서로 연결된다"(Sellers, 2013/손유진 외, 2018: 25). 한 지점과 다른 지점이 만나는 고리가 확장되면 될수록 더 많은 연결점이 생긴다는 이미지는 네트워크에 대한 은유라고 할 수 있다. 이 은유에 대한 표상인 '리좀' 개념은 들뢰즈와 가타리(1987)가 제창한 것으로 이를 반영하여 교육과정에 대한 위계적 시각을 벗어나고자 한다. 그녀는 한 아이가 특정한 놀잇감과 만나는 경험이야말로 "리좀적 순간"(Sellers, 2013/손유진 외, 2018: 33)이라고 부르면서 이로부터 교육적 자원을 길어 올리고자 한다. 유아 놀이는 교사가 아닌 어린이가 주도하는 모습을 이해하기에 좋은 영역이다. 놀이를 비목적론적인 견지에서 파악함으로써 "어린이의 충만한 힘이 담겨 있는 활동"(Sellers, 2013/손유진 외, 2018: 35)을 발견하고 이를 교육과정 구성에 반영할 수 있다. 이러한 아이디어의 배경이 들뢰즈와 가타리의 '리좀' 및 바라드의 '회절' 개념이다. 셀러스(2013)가 교육과정 재구성에 관심을 가졌다면 머리스(Murris, 2016)는 아이의 주체성에 관심을 가진다. 『포스트휴먼 아이(The Posthuman Child)』에서 그녀는 다음과 같이 말한다.

"근대의 이원론적 철학에 지대한 영향을 끼친 데카르트의 대안으로 들뢰즈와 가타리를 포함하는 많은 포스트휴머니스트들에게 영감을 준 것은 17세기 네덜란드의 철학자 바뤼흐 스피노자(1632-1677)의 일원론이다. 몸과 마음이 완전히 다른 실체라고 주장한 데카르트와 달리 스피노자는 그것들이 하나요, 동일한 것이라고 본다. 제인 베넷과 같은 관계론적 물질주의자(relational materialist)들은 스피노자에게 인간**과**(and) 비인간 모두에게 몸은 현전하는 힘인 '특유의 생기' 내지 '자기보존'력을 지닌다. 그녀는 스피노자를 인용하면서 "모든 것[사물]이 고유의 힘을 가진다는 점에서 자신을 보존하기 위한 투쟁[자기보존]을 벌인다."고 말한다. 이런 의미에서 (인간의 몸을 포함한) 모든 것은 동일하기 때문에 존재론적으로 **연속성**(continuum)을 형성하며 다른 종(kind)류의 것이 아니다. 비록 (데카르트와 같은 합리주의자처럼) 스피노자에게 인간은 이성의 지도를 따라 살아가는 존재이지만 **모든**(all) 것은 생기를 지니고 "존재하기 시작한 시점부터 동일한 힘을 가지고" 살아갈 수 있다. 스피노자에게는 길에 떨어진 돌조차 그 움직임을 이어간다. 포스트휴머니즘에 끼친 스피노자의 핵심 아이디어는 인간의 몸뿐 아니라 그들의 마음까지도 자연의 **일부**(part)로서 이는 (문화를 통한) 통제나 명령권 아래에 놓이지 않는다"(Murris, 2016: 92, 강조는 저자).

머리스(2016)는 인간의 몸과 여타 존재를 관계론적 연속성 위에서 사고한다. 그녀는 모든 것이 자연의 일부라는 스피노자와 포스트휴머니스트들의 주장을 따라 아이의 주체성을 새롭게 파악하고자 한다. 그녀는 발달론적 시각에서 파악된 아이를 소문자 'i'(혹은 child-as-i)로, 인권을 가진 혹은 퀴어적 의미를 부여받은 아이를 대문자 'I'로, 그리고 문화, 인종 그리고 젠더와 같은 사회적 이슈의 대상, 곧 사회적 구성물로서의 아이를 소문자 'ii'로 구분한다. 그녀는 이 논의를 바탕으로 페미니스트이자 물리학자인 바라드 (Barad, 2007)의 '회절' 개념에 기반한 포스트휴먼 아이를 회색빛의 'iii'로 규정할 것을 제안한다. "포스트휴머니즘은 아이에 대한 직접적 '접근'이라는 가정과 단절한다. 즉, 아이는 현전(present)하는 것이 아니라 오로지 재현될(re-presented) 뿐이다"(Murris, 2016: 87, 강조는 저자).

1980년대 이후 본격적으로 등장한 후기 구조주의자와 탈식민론자들은 서구 형이상학이 젠더, 인종, 계급 및 여타의 것들(et cetera) 간의 경계를 강화하는 방식으로 인간을 규정해 왔음을 폭로한다. 문제는 이 여타의 것들에 동물, 죽어 있는 것 그리고 아이가 포함되어 있다는 사실이다. 이들은 '아이'라는 기호가 물질이자 의미라는 점을 강조하기 위해 '물질담론적(materialdiscursive)' 혹은 '물질기호론적(materialsemiotic)'이라는 신조어를 쓴다. 머리스는 여기에 몸/정신, 어른/아이, 남성/여성과 같은 이분법에 대한 거부를 담아 "비인간적이고, 물질담론적으로 생성하는 회색빛의 iii"(Murris, 2016: 91)라는 의미의, "몸마음물질(bodymindmatter)"(Murris, 2016: 91)의 담지자로서의 회색빛의 'iii(포스트휴먼 아이)'라는 신조어를 도입한다. 그리고 이를 동화작가인 앤서니 브라운(Anthony Browne)의 여러 작품 속에서 드러내고자 한다. 이처럼 여러 교육 연구자들은 포스트휴머니스트틀의 논의를 이어받아 교육과정, 교육적 주체와 같은 주제들을 새롭게 사유하기 시작했다. 그렇다면 이 일련의 논쟁과 계승을 통해 우리는 교육 연구에 관한 어떤 시사점을 얻을 수 있을까? 다음으로는 일본 교육학계의 포스트모더니즘 논의를 통해 이 물음에 대한 실마리를 얻고자 한다.

4. 포스트휴머니즘 교육 연구의 과제

사실 포스트휴머니즘 논쟁에 앞서 등장한 것은 포스트모더니즘 논쟁이었다. 일찍이 버뷸러스(Burbules, 2009)는 『옥스퍼드 교육철학 핸드북(The Oxford Handbook of Philosophy of Education)』에서 포스트모더니즘이 전혀 다른 이론적 입장을 묶어 낸 '우산과도 같은' 용어라고 비판한 바 있다(Burbules, 2009: 525 참조). 포스트모더니즘은 태생부터 비판에 노출되지 않을 수 없었다. 일본 교육학계는 포스트모더니즘을 수용할 것인가를 두고 대립하였다. 게시 아키라(下司 晶, 2016/최승현, 2020)는 『포스트모던 교육사상(教育思想のポストモダン: 戦後教育学を超え)』에서 몇 가지 시사점을 도출한다. 연구자는 그가 포스트모더니즘에 대해 제기한 여러 사항들을 포스트휴머니즘 개념의 정립에 관한 문제, 포스트휴머니즘의 규범성에 관한 문제, 포스트휴머니즘이 남길 유산에 관한 문제로 재구성하였다.

첫째, 포스트휴머니즘 개념의 정립에 관한 문제이다. 게시(2016)에 따르면 1990년 교육사회학을 전공하는 후지타 히데노리(藤田英典)가 『신교육학대사전(新教育學大事典)』에서 포스트모더니즘을 정

의하고, 2000년 교육철학을 전공하는 다나카 사토시(田中智志)가
『교육사상사전(敎育思想事典)』에서 포스트모던을 정의하면서 논의
는 활기를 띤다.[12][13] 게시(2016)는 이 논의를 통해 교육 연구에서
포스트모더니즘과 포스트모더니티를 구분할 것을 제안한다.

> "포스트모더니즘(postmodernism) = 포스트모던 사상
> (postmodern ideas, postmodern thoughts)/
>
> 포스트모더니티(postmodernity) = 포스트모던 상황
> (postmodern situation)"(下司, 2016: 10/최승현, 2020: 9).

여기서 포스트모던 상황은 존재론적인 측면을, 포스트모던 사

---

12) "근대의 의미를 묻고, 그 편성원리 · 지적태도로서의 근대주의의 정당성을 의심하
고, 근대사회와 근대주의를 탈구축하고자 하는 이상적 · 인식론적 입장을 말한다.
1960년대 이후 문예비평 · 문명비판 · 현대사회론 · 과학론 · 철학 등의 여러 영
역에서 융성하였다(후지타, 1990: 276). 이에 비해 다나카는 포스트모던을 다음과
같이 특징 짓는다. 포스트모던의 특징은 ① 자율성(주체성)보다 풍요로운 차이를
찬미하는 태도, ② 표상보다 아이러니나 모방과 혼성(해학 내지 패러디)을 긍정하
는 것, ③ 속류 허무주의에 빠지지 않으면서도 진보주의적인 '진보', 유토피아적인
'꿈'을 포기하는 것, ④ 자의성 · 우발성 · 비연속성을 승인하는 것(기초를 부정하
고 탈구축화를 긍정)이다"(다나카, 2000: 646: 下司, 2016: 5/최승현, 2020: 4).
13) 양자는 최초에 각각 포스트모던에 대한 교육학적 수용(후지타)과 거부(다나카)의 길
을 대표하였지만, 결국 포스트모던을 통한 교육학의 재구축이라는 수용의 길로 함
께 접어든다. 우선 후지타는 젠크스가 『포스트모더니즘의 건축언어(The Language
of Post-Modern Architecture)』(1977)에서 묘사한 건축의 두 유형을 교육에 채용한
다. 근대건축은 직선과 기능성, 효율성을 지향하는 반면 현대건축은 곡선과 비효율
성, 자유와 유희를 지향한다는 점을 활용하여 전자를 근대교육에, 후자를 근대교육
을 넘어서고자 하는 새로운 움직임에 대응시킨다. 새로운 움직임은 자유학교, 열린
학교, 열린교육, 대안학교와 같은 일련의 교육개혁 운동으로 표현된다. 반면, 다나
카는 거대서사의 해체를 전제로 삼는 포스트모더니즘이 사회와 개인, 어른과 아이
의 대립을 매개로 인간해방과 역사의 발전을 추구하는 근대교육학과는 전혀 양립할
수 없다고 주장한다. 다나카는 학문적인 장에 논의의 대상을 국한하였다.

상은 인식론적인 측면을 가리킨다. 즉, "포스트모던 상황(존재론)의 특징인 '거대서사'의 상실이란 교육에서 말하자면 학교를 '좋은 것'이자 자명한 것으로 보는 것에 대한 비판"(下司, 2016: 10/최승현, 2020: 11)이다. 근대교육에서 학교는 당연하게 가야할 곳이었다. 그러나 학교교육을 통한 국가 발전이라는 '거대서사'가 무너진 지금, 이는 비판의 대상으로 전락하고 말았다. 포스트모던 사상(인식론)이란 "근대적인 계몽과 진보 관념에 이의를 제기하고, 제도로서의 교육을 통해 근대주의적인 모든 가치와 기능을 밝혀 지적으로 상대화하고자 하는 입장"(下司, 2016: 10/최승현, 2020: 11)인 것이다. 학교폭력, 왕따, 등교 거부와 같은 포스트모던한 상황의 도래는 이를 사상으로 수용하도록 하는 계기를 마련해 주었다.

우리는 게시가 제안한 인식 틀을 포스트휴머니즘 교육 연구에도 적용해 볼 수 있을 것이다. 왜냐하면, 그가 당대의 논의를 종합하여 이른바 포스트모던 교육학이라는 이름을 붙인 담론은 프랑스의 후기구조주의를 바탕에 두고 있기 때문이다. 포스트휴머니즘 또한 프랑스 후기구조주의의 중심인물인 들뢰즈와 가타리의 논의를 이어받고 있다.[14] 그렇다면 앞서와 같이 포스트휴머니즘 상황

---

14) 이 글과 관련하여 포스트모더니즘과 포스트휴머니즘의 공통점으로 우선 생각해 볼 수 있는 전거는 바로 앞서 본 들뢰즈의 스피노자 해석이다. 스피노자가 '실체→속성→양태' 순의 연역적 사고를 통해 '신=자연'을 도출했다면, 들뢰즈는 반대 방향을 취해 개별자인 양태의 핵심 요소인 신체의 윤리적 함의를 사고한다. 물론, 이는 이 글의 범위를 넘어서는 문제이다. 다만 앞서 논의와 관련하여 게시(2016)의 지적처럼 일본교육학에서도 포스트모더니즘을 수용하여 도입된 연구 경향 중 하나가 그간 이성에 비해 열등한 것으로 취급되어 온 신체론이라는 점과 포스트휴머니즘의 주요 논의 대상이 인간의 몸(트랜스휴머니즘)이라는 점은 커다란 공통점의 하나로 볼 수 있다.

(존재론)과 포스트휴머니즘 사상(인식론)을 분리할 수 있을 것이다. '포스트휴머니즘(post-humanism)=포스트휴먼 사상(post-human ideas, post-human thoughts)/포스트휴머니티(post-humanity)=포스트휴먼 상황(post-human situation).' 물론 이 구분은 시작에 불과하다. 하지만 지금까지의 논의를 고려한다면 존재론과 관련해서는 분산된 주체성에 입각한 '인간-비인간 복합체'로서의 아동 상(像)이라는 존재론을 생각해 볼 수 있고, 인식론과 관련해서는 근대적 계몽과 진보 관념에 대한 상대화라는 포스트모더니즘의 입장을 계승할 수 있다. 물론, 이러한 입장을 정당화하기 위해서는 우선 포스트모더니즘과 포스트휴머니즘 간의 유사성을 확인할 필요가 요청되나, 이는 별도의 논의를 요청하므로 여기에서는 게시(2016)의 상황과 인식의 분리라는 실제 연구 사례를 좇기로 한다.

둘째, 포스트휴머니즘의 규범성에 관한 문제이다. 이는 인공지능을 탑재한 제품의 상업화에 따른 구체적 지침의 마련과 같은 현실적인 문제와도 깊은 연관을 맺는다. 하지만 이는 우리의 논의를 벗어나므로 간단하게 언급하자면, '인공지능 사용 제품 및 서비스 영향평가'의 경우 이미 시행되고 있는 기술영향평가 및 환경영향평가를 참고하여 제시될 필요가 있다(박충식·손화철·하대청, 2019).[15] 이와 별도로 포스트휴머니즘은 과연 규범성을 지녔는가

---

15) 박충식·손화철·하대청(2019)에 따르면 인공지능 영향평가의 평가 요소로는 크게 다섯 가지 영역이 있고 각각의 하위 내용이 있다. 먼저 정의(justice) 영역에서는 편향성, 편익의 공정한 분배, 위험의 공정한 배분, 여론 왜곡 가능성이라는 세부 항목이, 자율성과 사생활 보호 영역에서는 개인정보의 자율권 보호, 민감정보의 수집, 데이터 관리, 잊힐 권리라는 세부 항목이 있다. 다음으로 건강과 안전 영역에서는 사용자의 정신건강, 보상 및 치료 정책, 위험의 예방과 대응이라는 세부 항목이, 정

에 관한 논쟁을 이미 살펴본 바 있다. 브라이도티(2012; 2013)가 들뢰즈의 스피노자 해석을 근거로 인간과 여타 존재 간의 경계를 허물고자 한 반면 안셀-피어슨(2017)은 이에 반대하여 특권적 존재로서의 '서구-남성-백인'으로 표상되는 인간상을 반대하는 의미에서 들뢰즈의 자연주의를 수용하였다. 대신 인간은 외부 환경에 대한 단순한 반응을 넘어 사회와 제도를 발명하는 규범성을 지닌 존재이다. 우리는 이를 종합하여 프리휴먼과 포스트휴먼 사이에서 생성하는 존재로서의 '중층적' 인간상을 들뢰즈라는 원천으로부터 끌어낸 바 있다.

이를 배경으로 다시 게시(2016)의 논의로 돌아가 보자. 결론부터 말하자면 일본 교육학계에서 포스트모던에 입각한 교육 연구들은 적극적으로 규범성을 반영해 왔다. 예를 들어, 구조주의 담론을 "1980년대 후반 이후 교육 현실을 분석하는 방법론으로 적극 수용(下司, 2016: 71/최승현, 2020: 58)"해 왔으며, 그 대표적인 사례가 푸코에 대한 연구들이다. 다만 푸코를 비롯한 비트겐슈타인 등의 도입은 젊은 연구자들이 주도하였기에 기존 학계의 논의를 존중하는 가운데 조심스럽게 도입되었다. 게시(2016)는 방법론뿐 아니라 그 기본적인 문제의식에 있어서도 지식의 전환을 기점으로 교육과 학교의 역할을 물었으며, '포스트모던'적 시각에서 왕따, 학교폭력, 등교 거부 등의 주제를 분석해 왔다는 점에서 규범에 대한 관심을 놓지 않았다고 평가한다.

당한 절차 영역에서는 노동자의 권리, 검증 절차, 시민 참여라는 세부 항목이, 마지막으로 환경 영역에서는 개발과 제조 과정에서의 환경폐기물 관리, 폐기와 재활용 과정에서의 환경폐기물 관리라는 세부 항목이 제시되고 있다(박충식·손화철·하대청, 2019: 224-228 참조).

한편, 1980년대 중반까지만 해도 포스트모더니즘이 근대교육학 비판에는 뛰어나지만 새로운 교육적 구상이나 규범을 만들어 내지 못한다는 점에서 새로운 교육적 상을 창출하기에는 적합하지 않다고 보았다. "교육의 차이화에 입각한 해체로 귀결되든가, '폭로와 고발'이라는 자가당착에서 시작해서 끝나는 경향을 보였던 것(下司, 2016: 10/최승현, 2020: 49)"이라는 비판이나, "현대 교육학자가 포스트모던의 충격 속에서 '교육의 목적'에 대해 말하길"(下司, 2016: 46/최승현, 2020: 36) 두려워하게 되어 결국 교육이 정치로 회귀해 버렸다는 진단 등이 그것이다. 그러나 이런 부정적인 평가를 불식시키고자 학계의 기존 논의를 존중하는 가운데 날카로운 문제제기 또한 이루어졌다.

게시(2016)는 이러한 일련의 흐름이 교육철학 및 교육사상 연구의 정밀도를 높여 주었다고 평가한다. 비록 포스트모더니즘은 교육철학의 문법을 흔들 정도의 충격은 아니었지만 기존의 논의와 접목 가능한 방식의 독해와 테제를 들고나와 수용되었다는 것이다. 결국 "포스트모더니즘은 교육철학에 규율로서 심화되었다고 말할 수 있다"(下司, 2016: 72/최승현, 2020: 59). 테제나 독해방식의 새로움을 통한 접근은 해외 연구 동향에 민감하게 반응한 결과라고도 볼 수 있다. 단순한 지식수입상을 넘어 자신이 속한 사회의 맥락과 환경에 맞게 이를 변형하고, 갱신하고자 한 시도로서 이 맥락에서는 '전후교육학'이 그 대상이다. 그는 이를 "수행(performative)에서 진술(constative)로"(下司, 2016: 66/최승현, 2020: 54)의 이행이라고 표현한다. 즉, 1980년대 초기 학교 비판론이 대안교육 실천과 같은 수행과 더불어 시작되었다면, 1990년대 중반 이후 포스트모더니즘의 수용은 테제로 분해된 채 학문적 성격을 강하게 띤 진술과 더불어 도입되었다는 것이다. 추가적인 논의가 필요하겠으나, 이 설명은 한국의 교육철학계에도 시사하는 바가 크다고 하겠다. 한국에서 1990년대에 유행했던 이른바 인간주의 교육학이나 해석학적 교육학과 같은 일련의 흐름 속에는 현장 교사 및 현장 활동가들과의 연대가 중요한 요소로 작용하였다. 반면 오늘날 교육철학 연구는 학계 안에서 이루어지는 경향이 짙다고 할 수 있다.

  포스트모던 교육론의 수용이 일본 특유의 '전후(戰後)교육학'이라는 맥락 위에서 형성된 것임을 고려한다면 우리 또한 한국 현대교육에 대한 개념화 위에서 포스트모던 교육론의 규범성을 논할 때라야 실질적인 논의가 가능할 것이다. 물론 한국 현대교육의 개념화는 그 자체로 거대한 과제가 아닐 수 없다.[16] 그러나 이에 앞

---

16) 게시(2016)는 한국어판 저자 서문에서 '전후교육학'의 특징을 다음과 같이 설명한다. "진보적 지식인이나 일부 교육학자는 전후에 도입된 민주화의 움직임이 전전 초국가주의로 회귀할 것을 염려하며 국가정책을 강하게 비판하는 일을 사명으로 삼았습니다. '전후교육학(postwar pedagogy)'은 이와 같은 상황에서 나왔습니다. 이 말에는 '역코스'에 저항하여 전후 직후의 민주적 교육의 방식으로 돌아가 그 방향성을 계승해야 한다는 사고가 들어 있습니다. 전후교육학은 혁신 층이나 진보적인 문화인들의 지지를 받았습니다. 1955년 이후, 일본의 정치체제는 제1여당인 자유민주당과 제1야당인 사회당이 대립하는 체제가 오랫동안 지속되어 왔습니다. 이 정치적 대립 도식은 '55년 체제'로 불립니다. 자민당은 '개헌·보수·안보유지'를, 사회당은 '호헌·혁신·반안보'라는 입장을 취했습니다. 진보적 문화인이나 전후교육학은 좌파·혁신파의 입장에서 대미추종·국가주의적 정책을 취한 자민당을 비판하고, 국민을 우선으로 생각하며, 평화를 지향해야 한다고 주장하였습니다. 55년 체제는 교육학에서는 국가를 체현한 문부성과 국민을 대표하는 전후교육학의 대립, 톱다운(top-down) 방식으로 교육정책을 실현하고자 하는 문부성과 학교현장으로부터의 보텀업(bottom-up) 방식을 지향하는 일본교직원조합(일교조)의 대립이라는 도식으로 표현되었습니다(下司, 2016: iv/최승현, 2020/iv)." 한편, 한국 현대교육의 개념화에 관한 연구로는 오성철(2003), 이길상(2017) 등을 참고할 것.

서 검토해야 할 것은 브라이도티 등이 제기한 포스트휴머니즘 개념이, 페미니즘적 입장에서 인간의 평등을 주장하기 위해 그간 받아들여 온 인간과 여타 종의 차이를 무화(無化)하는 역설적 논리를 취하고 있다는 사실이다. 즉, 그들은 휴먼과 포스트휴먼의 경계가 존재하지 않는다는 주장을 통해 휴먼 고유의 규범이란 '서구-백인-남성'에 대한 특권일 뿐이라는 결론에 이른다.

백종현(2019)은 인공의 의미에 대한 고찰을 통해 논리법칙과 도덕법칙은 역사와 무관하게 인간에 내재한 고유의 것임을 논증한다. 최초 인간의 손에 의해 도구로 제작된 인공지능이 진보를 거듭한 끝에 인간과 전혀 다른 형태를 띤, 동시에 인간의 제반 능력을 압도하는 기계지능이 생길 수 있다. 이러한 국면에 이르면 기계지능의 윤리라는 것이 존재한다 해도, 그것은 인간이 가르쳐 준 것이 아닌 기계지능 스스로가 수립한 윤리일 것이다. 인간보다 탁월한 어떤 존재자가 인간의 윤리에 종속될 리 없기 때문이다. 따라서 기계지능이 자신의 윤리와 법률을 세운다면 그것의 윤리 또한 자율적이라고 할 수 있다. 결국 이 자율적 존재자는 더 이상 '인공적인' 존재가 아니다. 바꿔 말해, "기계지능이 '인공적'인 한에서는 결코 '자율적'일 수 없고, 따라서 '도덕 주체'일 수 없으며, '인격'일 수 없다"(백종현, 2019: 48). "이성적 동물인 인간이 논리와 윤리의 이치(ratio)를 가지고, 이에 근거(ratio)하여 사고와 행동 규범을 가지듯"(백종현, 2019: 45) 기계지능 또한 완전한 자율성을 갖추는 국면에 이르면 인간과 구별되는 독자적 사고와 행동 규범을 가진다는 점에서 더 이상 '인공적' 존재라고 부를 수 없다. 마찬가지 논리로 우리 인류가 긴 시간 부단한 노력을 통해 윤리와 도덕을 진보·발전시켜 왔다고 해서 '타인의 행복을 증진하기 위해 노력하라'라는 도덕적 명령 자체를 바꿀 수는 없다.

> "윤리 도덕의 원칙은 논리 규칙과 마찬가지로 동서고금에서 불변이다. 특정 종교가 인간 행동에 영향력을 갖든 말든, 인간의 심리를 탐구하는 새로운 방법이 사용되든 말든, 문화 유행이 바뀌든 말든, 현존하는 인간이 '인간'으로서 존속하는 한, 논리법칙과 함께 윤리법칙은 변할 수 없다. 논리법칙과 함께 윤리법칙은 인간의 본질속성(attributum)이다. 따라서 논리법칙이나 윤리법칙이 변화한다는 그것은 '인간'이 변질된 것을 의미하며, 만약 그것들이 그 법칙성을 상실한다면 현생 인류가 가진 진위 선악의 개념이 소멸했다고 보아야 할 것이다"(백종현, 2019: 44).

자연세계가 '~하다/~이다(Sein)'라는 명제를 따르는 세계라면, 윤리세계는 '~해야만 한다/~해서는 안 된다(Sollen)'라는 지시 명령을 따르는 세계이다. 다시 말해, "여기서 우리는 '저절로 그러한 바' 곧 자연(自然, physis)과, 사람이 '세워놓은 것' 곧 정립(定立, thesis)을 구별한다"(백종현, 2019: 39). 자연의 원리로 환원되지 않는 논리 법칙과 윤리 법칙은 우리가 임의로 폐기할 수 없다는 것이다. 이러한 논의에 입각해 그가 이른 결론은 진보한 인간 사회이다. 그러려면 인간 개개인은 자신의 교화에 매진하는 한편 사회 전체는 인간 교육에 힘을 쏟아야 한다. 또, 사람들이 동등하게 화합할 수 있는 제도적 장을 끊임없이 구축하고 강화해 나가야 한다. 이상의 주장은 안셀-피어슨(2017)의 생각과 일치한다. 즉, "인간이

란 발명적(inventive) 종으로서 그의 필요와 욕망을 만족시키기 위
해 제도를 건설하고 규범을 창조한다. 결국 하나의 '종'으로서의 우
리는 삶을 위해 주어진 것 그대로 단순하게 본능의 질서를 받아들
이는 것이 아니라 만족의 수단을 가짐으로써 윤리적이고 정치적으
로 구별된다"(Ansell-Pearson, 2017: 94, 강조는 저자).

이를 교육학적 맥락에서 이해해 보자. 근대교육학은 비록 '국민
만들기'와 같이 위에서 아래로의 강압에 의한 규율형 인간을 양산
해내긴 했지만 적어도 신분제 사회에서 능력주의 사회로의 전환
을 일구는 강력한 기제였다. 여기에는 인간 이성에 대한 신뢰와 사
회 진보에 대한 염원이 수반된 바, 칸트가 설파한 것처럼 교육이야
말로 구습을 대신하여 새로운 사회를 만드는 유일한 기제였던 것
이다(Kant, 1803/백종현, 2018). 이를 넘어서고자 한 포스트모던 교
육학 또한 이성중심주의를 비판한 것이지 인간의 이성 자체를 내
다 버리자고 주장한 것은 아니다. 1960년대 이후 서구 선진사회를
중심으로 불어닥친 이른바 '탈학교' 움직임은 근대교육적 요소에
서 부정적인 것을 배척하고 더 나은 인간 사회의 건설을 위한 도구
로 교육과 교육학이 작동해야 한다는 믿음을 반영한 것이었다. 이
러한 인간 이성에 대한 신뢰는 포스트휴머니즘 교육학이라고 해서
다를 수 없다. "교육은 인간의, 인간을 위한 기획이자 활동이지, 미
래의 어떤 가상적 혼종을 위한 준비 활동이 아니기 때문이다"(우정
길, 2019b: 272-273).

셋째, 만일 이것이 안정적 담론으로 성립한다면 '포스트휴머니
즘 교육학'이 남길 유산에 관한 문제이다. 다시 게시(2016)의 논의
를 들춰 보자. 우선, 포스트모더니즘의 가장 큰 유산은 교육의 본

질이 존재한다는 발상을 막을 수단을 제공했다는 것이다. 포스트 모더니즘은 교육의 본질을 잘 파악한 개념을 실천가들이 잘 활용하면 된다는 식의 생각이나 모든 사람이 동의할 수 있는 교육개념이 있다는 발상 자체를 무너뜨렸다. 또 하나의 유산은 이른바 언어론적 전회로서 이는 언어가 세계를 표상하는 것을 넘어 그것을 재구성한다는 관점을 취한다. 예를 들어, 수업 시간에 쓰이는 언어는 더이상 투명한 언어가 아니다. 발신자인 교사와 수신자인 학생 간의 어긋남이 존재한다. 노리바 신이치(野平慎二)에 따르면 언어론적 전회에 입각한 연구 동향은 크게 다섯 가지로 나눌 수 있다. 타자성과 윤리, 정체성론, 교양론, 신체론, 문체론이 그것들이다. 먼저 타자성은 그간 주목받지 못한 광인, 어린이 등 소수자에 대한 관심을, 정체성론은 민족, 여성 등의 특정 정체성을 띤 사람들의 권리를, 신체론은 정신에 비해 격하되어온 몸에 대한 관심을, 문체론은 글쓰기 스타일의 변화, 즉 논문 투의 글쓰기에서 글쓰는 이 자신의 개성을 반영하는 태도를 가리킨다. 여기서 특히 주목할 것은 '교양론'으로서 전통적으로 교육이 '교양=도야(Bildung)'를 포섭하는 관계였다면 전회 이후에는 이 주종관계가 역전된다. 이는 "교육을 생성으로 바꾸고 교육학을 교육인간학의 방향으로 유도하는 움직임"(下司, 2016: 77/최승현, 2020: 67)과 관계 깊다. 즉, 1990년대에 이르면 미시적인 수준에서 형성, 생성 등에 입각한 새로운 언어의 모색이 교육인간학 담론에서 융성하면서 본질주의적 교육철학을 대체하는 흐름을 보여 준다는 것이다. 도야가 교육을 포섭하는 관계 속에서는 생성이 본질에 우선할 수밖에 없을 것이다. 도야는 개인의 내면적이고 실존적인 결단과 깊게 결부되어 있기 때문이다.

마지막 유산은 미시적인 정치적 실천에 대한 주목이다. 바로 연구자의 삶의 맥락에서 제기되는 문제가 교육철학 연구에서 전면화되기 시작했다. 노리바는 이를 "민주주의나 공공성과 같은 사회철학적 주제와의 대면"(下司, 2016: 78/최승현, 2020: 64에서 재인용)이라고 표현한다. 기존의 교육철학이 정치나 경제의 지배로부터 교육적 논리를 지킨다는 관점에서 수행되었다면 이제는 이것들을 전제로 학교교육에서의 공공성을 묻는 것에 관심을 가지기 시작했다는 것이다. 미시적인 수준에서의 도야에 대한 물음과 거시적인 수준에서의 공공성에 대한 물음이다. 게시(2016)는 포스트모던 교육철학이 "반성성, 당사자성, …… 이질적인 타자 간의 대화 가능성"(下司, 2016: 79/최승현, 2020: 65-66)이라는 유산을 남겨 주었으며, 포스트모더니스트가 아니라 해도 이를 육화(肉化)하게 되었다고 말한다. "만일 포스트모더니즘이 없었다면 교육철학은 아직도 초역사적인 본질에 입각해 현실을 단죄하는 권위적인 밀교(秘敎) 집단에 머물러 있었을 것이다"(下司, 2016: 80/최승현, 2020: 66). 교육철학이 이른바 '유아적인 전능감'을 빼앗기고 얻은 것은 바로 "영원불변의 이데아가 아니라 현실의 한복판에서 태어난"(下司, 2016: 81/최승현, 2020: 66) 방법과 문제이다.

특히, 공공성과 관련하여 최근 우리 사회에 제기되고 있는 문제들은 교육과 불평등의 관계를 엄중하게 묻고 있으며 이는 최근 인공지능 기술의 발전과 '코로나19'와 같은 전염병의 창궐을 계기로 본격적으로 제기되고 있다. 불평등 문제는 국내외적 시각 및 과거와 현재가 얽혀 있는 복잡한 사안이다. 이에 관해 최근 386세대가 너무 오래, 너무 많이 좋은 일자리를 차지하고 있다는 논의가 있었는가 하면(이철승, 2019 참조), 이른바 '인(in)서울 7대 대학' 및 교대를 비롯한 주요 국공립대 그리고 의학 계열 출신의 젊은이들이 여타 출신 젊은이들에 비해 입직 후 최초의 격차를 어떻게 벌려 나가는가를 실증적으로 보여 준 연구도 있었다(조귀동, 2020 참조). 사실 이런 시각이 촉발된 것은 상위 1%가 아닌 상위 20%의 '사다리 걷어차기' 행위를 파헤친 '20대 80론' 덕분이다(Reeves, 2017 참조). 상위 20%에 속하는 서구 선진사회 일반의 부모들은 그렇지 않은 부모들에 비해 독재적이지도, 방임적이지도 않은 중간 정도의 '권위형 양육'을 펼친다는 점에서 공통적이라는 것이다(Doepke & Zilibotti, 2019/김승진, 2020 참조). 이런 현상 속에서 '정의와 공정'에 관한 물음이 새삼스럽게 제기되고 있으며 포스트휴머니즘 교육 연구의 주요 테마가 될 것으로 예상해 볼 수 있다.

오늘날 포스트모던적 시각을 견지하는 연구자들은 자아의 형성과 사회적 공공성의 관계에 민감하다. 불평등의 목록은 끝없이 만들 수 있다. 외국인, 비정규 노동자, 여자, 어린이, 장애인, 군인, 동성애자……. 이는 바로 대문자 인간이라는 기존의 범주로는 감당할 수 없는 모종의 인식을 요청하는 것으로 보인다. 따라서 포스트휴머니즘 교육 연구는 이렇게 포스트모던 교육학이 남긴 유산을 계승·발전시켜 나갈 필요가 있다. 이상 포스트휴머니즘 교육 연구의 과제와 관련하여 개념 도입, 규범성, 유산을 중심으로 나가야 할 방향을 살펴보았다.

5. 결론

지금까지 우리는 포스트휴머니즘의 기원을 둘러싼 논쟁과 그것이 교육 연구에 주는 시사점을 생각해 보았다. 포스트휴머니즘의 기원은 들뢰즈에 대한 해석을 둘러싸고 벌어지고 있다. 먼저 이를 옹호하는 입장은 브라이도티(2012; 2013) 등을 비롯한 일군의 페미니즘 진영의 학자들로서 들뢰즈의 스피노자 해석을 기반으로 하고 있다. 반면 안셀-피어슨(2017)은 이들이 들뢰즈를 부당하게 포스트휴머니스트로 둔갑시켰다고 주장한다. 그에 따르면 들뢰즈의 초기 작품들에서 동식물과 변별되는 인간의 특성을 볼 수 있다는 것이다. 전자가 들뢰즈의 스피노자 해석에, 후자가 들뢰즈의 초기 작품들에 주목하여 각기 다른 주장을 펼침에 따라 내놓는 것은 인간과 인간 아님의 경계에 대한 질문이다. 우리는 이 주장들 각각을 살펴보고 양자를 화해시키고자 하는 제임스 윌리엄스(2019)의 논의 또한 살펴보았다. 그에 따르면 인간은 프리휴먼과 포스트휴먼 사이에서 생성하는 중층적 존재이다. 진화의 과정을 거쳐 온 인간이라는 존재는 영장류와 인류 그리고 포스트휴먼으로서의 모습을 중층적으로 가지고 있다. 이 중층적 인간이 마주한 사회가 정보사회이다. 정보사회의 주체는 하나의 두뇌 안에 있는 것이 아니라 정보 공간에 편재되어 있으며, 사회적으로는 인간 노동과 비인간 노동의 얽힘이라는 양상을 띠고 있다.

하나의 관념, 나아가 하나의 제도를 발명하기 위한 전제 조건은 그것을 위한 개념의 정립일 것이다. 포스트휴머니즘 또한 급변하는 사회 환경을 이해하고 설명하기 위한 철학적 노력의 일환으로서 이에 관한 교육 연구 또한 새롭게 제기되는 화두들을 막 붙들기 시작했다. 들뢰즈는 초기 연구에서 인간의 발명 능력에 주목한다. 반면 그는 스피노자에 대한 해석에서 인간과 비인간 간의 존재론적 평등, 곧 양자 간의 위계성을 무너뜨리는 논의를 전개하기도 하였다.

안셀-피어슨과 브라이도티를 비롯한 포스트휴머니스트들은 인간성을 논하는 지점에서 공명하면서도 대립한다. 양자의 논쟁은 개념 형성의 복잡성을 여실히 드러내고 있다. 들뢰즈에 따르면 포스트휴먼은 시간의 비등가성에 입각해 파악되는 진화론적인 존재이다. 이 점에서 모더니즘이 하나의 운동으로 해석되었듯, 포스트휴머니즘 또한 인간 개념의 중층성으로 인해 단일 개념으로 수렴되기 어려울 것이라는 예상을 불러일으킨다. 예를 들어, 교육 연구에서 아이는 우리 눈앞에서 볼 수 있는 '현전'하는 존재가 아니라 새로운 기술 문명의 도래 앞에서 누군가 혹은 어떤 체계에 의해 '재현된' 존재이다. 따라서 앞으로 우리는 규범성과 주체성 그리고 물질성과 같은 주제를 출발점으로 삼아 교육 연구의 지평을 확대해 나갈 수 있을 것이다.

우리는 이 장에서 세 가지 시사점을 도출하였다. 첫째, 개념 정립의 문제에 있어서 포스트휴먼 상황(존재론)과 포스트휴머니즘(인식론)을 구별할 필요가 있다. 인공지능의 비약적 발전과 같은 포스트휴먼 상황을 어떤 교육적 개념으로 포착할 것인가는 앞으로 우리에게 주어진 커다란 과제가 아닐 수 없다. 개념 정립의 문제는 두 번째 문제인 규범성의 확보와도 깊은 관련을 맺는다. 인간과 비인간의 경계에 대한 질문이 격화되고 있는 오늘날 자기 입법적 존재로서의 인간과 이 인간으로부터 완전히 독립된 존재의 탄생에 대한 두려움이 존재한다. 현재로서는 인간을 중심으로 더 나은 사회를 건설한다는 희망 아래 인공지능을 설계하고 제어하는 사회적 합의가 요청되며 이를 잘 가르치고 배울 교육적인 체제의 건설이 우선시된다고 하겠다. 마지막으로, 포스트휴머니즘이 남길 유산을 앞질러 고민해 볼 수 있다. 기술의 비약적 발전과 감염병의 창궐 같은 현상을 통해 보듯 사회적 불평등은 심화되어 가고 있다. 우리는 포스트모던 교육론이 남긴 교육적 공공성의 재구축이라는 과제를 포스트휴머니즘 교육 연구에 반영해야 할 것이다.

독자들 중에는 이 장의 내용이 존재론과 인식론을 날카롭게 구분하길 거부하는 포스트휴먼 기획에서 시작했지만 결국 양자를 구분하는 근대철학적 방식으로 회귀해 버린 것이 아니냐는 의문을 제기할 수 있다. 이 의문은 일견 타당하다. 다만, 필자가 강조하고 싶은 것은 규범의 학문인 교육학이 포스트휴머니즘이라는 인문학의 성과를 그대로 수용하기에는 특정한 필터를 거칠 수밖에 없다는 점, 그만큼 급진적인 담론을 받아들이기에는 조심스럽다는 사실이다. 이 글에서 그 필터는 포스트모더니즘이었다. 정확히 말해 일본 교육학계에서의 포스트모더니즘에 대한 '실제' 수용 방식이었다. 물론 포스트모더니즘이 그 대상이 될 수 있는가라는 물음 또한 여전히 열려 있으며 얼마든지 다른 담론을 검증해 볼 수 있다. 따라서 필자가 존재론과 인식론을 구분하자고 요청한 것은 어디까지나 향후 연구를 위한 전략적 선택이며 향후 연구 과제라고 하지 않을 수 없다. 중요한 것은 이 연구의 중심에 개념을 둘러싼 논쟁이 존재하며 이를 적극적으로 받아들일수록 풍요로운 성과를 거둘 수 있다는 사실일 것이다.

 참고문헌

김분선(2017). 포스트휴먼 시대, 인간 지위에 대한 고찰. 환경철학, 23, 37-61.

김진석(2019). 강한 인공지능과 인간: 인간강화와 인간잉여의 패러독스. 글항아리.

박기순(2020). 스피노자와 스토아 전통: 감정 이론을 중심으로. 인간연구, 40, 137-164.

박충식·손화철·하대청(2019). 인공지능 사용 제품 및 서비스 영향평가. 포스트휴먼 사회와 새로운 규범(pp. 219-235). 아카넷.

백종현(2019). 포스트휴먼 사회의 도래와 휴머니즘. 포스트휴먼 사회와 새로운 규범(pp. 27-60). 아카넷.

서동욱(2017). 일의성의 존재론. 서동욱, 진태원 편. 스피노자의 귀환: 현대철학과 함께 돌아온 사유의 혁명가(pp. 184-213). 민음사.

오성철(2003). 박정희의 국가주의 교육론과 경제성장. 역사문제연구, 11, 53-80.

우정길(2019a). 포스트휴머니즘과 인간 교육: 센델(M. Sendel)의 선물론(Theory of Giftedness)을 중심으로. 교육철학연구, 41(3), 91-116.

우정길(2019b). 포스트휴머니즘과 인간의 교육. 박영스토리.

이길상(2017). 서구 교육이론의 한국적 수용 양상: 해방 이후 진보주의 교육사상을 중심으로. 한국교육사학, 39(3), 79-104.

이정우(2008). 천 하나의 고원: 소수자 윤리학을 위하여. 돌베개.

이철승(2019). 불평등의 세대: 누가 한국 사회를 불평등하게 만들었는가. 문학과지성사.

조귀동(2020). 세습 중산층 사회: 90년대생이 경험하는 불평등은 어떻게 다른가. 생각의힘.

최승현(2014). AI 심신론의 기술교육적 시사점: 니시카와와 시몽동의 논의를 중심으로. 교육철학연구, 36(4), 219-239.

하대청(2019). 자율적 인공지능에서 휠체어 탄 인공지능으로. 포스트휴먼 사회와 새로운 규범(pp. 116-146). 아카넷.

홍성욱(2019). 포스트휴먼 오디세이: 휴머니즘에서 포스트휴머니즘까지. 휴머니스트.

下司 晶(2016). 教育思想のポストモダン:戰後教育学を超え. 최승현 역(2020). 포스트모던 교육사상: 일본교육학은 포스트모던을 어떻게 수용했는가. 박영스토리.

大黒岳彦(2016). 情報社會の哲学: グークル·ビッデータ·人工知能. 최승현 역(2021). 정보사회의 철학: 구글·빅데이터·SNS·인공지능. 박영스토리.

Ansell-Pearson, K. (1997). *Viroid Life: Perspectives on Nietzsche and the Transhuman Condition*. 최승현 역(2019). 바이로이드적 생명: 니체와 탈인간의 조건. 그린비.

Ansell-Pearson, K. (2017). Deleuze and New Materialism: Naturalism, Norms, and Ethics. In S. Ellenzweig & J. H. Zammito (Eds.), *The New Politics of Materialism: History, Philosophy, Science* (pp. 88-109). Routledge.

Aristotle. (1894). *Ethica Nicomachea*. 이창우·김재홍·강상진 역(2006). 니코마코스 윤리학. 이제이북스.

Barad, K. (2007). *Meeting the Universe Halfway: Quantum Physics and the Entanglement of Matter and Meaning*. Duke University Press.

Bignall, S., & Braidotti, R. (2019). Posthuman Systems. In S. Bignall & R. Braidotti (Eds.), *Posthuman Ecologies: Complexity and Process after Deleuze* (pp. 1-16). Rowman & Littlefield.

Braidotti, R. (2012). Afterward: complexity, materialism, difference. *Angelaki: Journal of the Theoretical Humanities, 17*(2), 169-176.

Braidotti, R. (2013). *The Posthuman*. 이경란 역(2015). 포스트휴먼. 아카넷.

Burbules, N. (2009). Postmodernism. In H. Siegel (Ed.), *The Oxford Handbook of Philosophy of Education* (pp. 525-527). London: Oxford University Press.

Caputo, J. D. (2018). *Hermeneutics: Facts and Interpretation in the Age of Information.* 이윤일 역(2020). 포스트모던 해석학: 정보 시대에서의 사실과 해석. 도서출판b.

Deleuze, G. (1969). *Spinoza et la problème de l'expression.* 현영종·권순모 역(2019). 스피노자와 표현 문제. 그린비.

Deleuze, G. (2004). Instincts and Institutions. In D. Lapoujade (Ed.), (trans. M. Taormina) *Desert Islands and Other Texts: 1953-1974* (pp. 19-21). Semiotext(s).

Doepke, M., & Zilibotti, F. (2019). *Love, Money & Parenting: How Economics Explains the Way We Raise Our Kids.* 김승진 역(2020). 기울어진 교육: 부모의 합리적 선택은 어떻게 불평등을 심화시키는가?. 메디치.

Greene, J. (2013). *Moral Tribes: Emotion, Reason and the Gap Between Us and Them.* 최호영 역(2017). 옳고 그름: 분열과 갈등의 시대, 왜 다시 도덕인가. 시공사.

Kant, I. (1803). *Uber Padagogik.* 백종현 역주(2018). 교육학. 아카넷.

Latour, B. (1999). *Pandora's Hope: Essays on the Reality Science Studies.* 장하원·홍성욱 역(2018). 판도라의 희망: 과학기술학의 참모습에 관한 에세이. 휴머니스트.

McLuhan, H. M. (2003). *Undrstanding Media: The Extensions of Man* (critical ed.). 김상호 역(2011). 미디어의 이해: 인간의 확장. 커뮤니케이션북스.

Murris, K. (2016). *The Posthuman Child: Educational transformation through philosophy with picturebooks.* Routledge.

Nadler, S. (2006). *Spinoza's Ethics: An Introduction.* 이혁주 역(2013). 에티카를 읽는다. 그린비.

Nail, T., Hanan, J. S., & Gamble, C. (2019). What is New Materialism?, *Angelaki: Journal of the Theoretical Humanities, 24*(6), 111-134.

Reeves, R. V. (2017). *Dream Hoarders: How the American Upper Middle Class.* 김승진 역(2019). 20 VS 80의 사회: 상위 20퍼센트는 어떻게 불평등을 유지하는가. 민음사.

Sellers, M. (2013). *Young Children Becoming Curriculum: Deleuze, Te Whariki and Curricular Understandings.* 손유진 외 역(2018). 어린이의 교육과정 되기: 들뢰즈, 테 파리키와 교육과정에 대한 이해. 창지사.

Spinoza, B. (1977). *Die Ethik(Lateinisch und Deutsch).* 강영계 역(2007). 에티카. 서광사.

Tuin, I., & Dolphijn, R. (2010). The Transversality of New Materialism. *Women: A Cultural Review, 21*(2), 153-171.

Williams, J. (2019). Time and Posthuman: Rosi Braidotti and A. W. Moore on the Posthuman and Anthropocentrism after Deleuze's Philosophy of Time. In S. Bignall & R. Braidotti (Eds.), *Posthuman Ecologies: Complexity and Process after Deleuze* (pp. 105-122). Rowman & Littlefield.

찾아보기

인명

ㄱ

게시 아키라 358, 359, 362

김성일 233

김용섭 167, 171, 184

김응준 229

김정환 239, 248, 249, 250, 251

김종갑 227

김호연 262

김환석 117

ㄷ

다이고쿠 다케히코 348, 352

ㅂ

박은주 33, 34, 43, 44, 276

박휴용 29, 30, 31

박희주 280

백종현 228

ㅅ

손화철 162, 164

신상규 227, 257, 261, 272

신승환 26, 248

신채기 13

ㅇ

오성철 364

오인탁 237

우정길 29, 32, 37, 40, 41, 42, 48,
227, 233, 234, 236, 248, 253,

내용

편저자 소개

우정길(禹貞吉, Jeong-Gil Woo) ─────────────────
독일 Justus-Liebig-Univ. Giessen(Dr. Phil.)
현 경희대학교 교육대학원 교수

⟨주요 저서 및 역서⟩

Lehren und Lernen mit Bildern(공저, Schneider Hohengehren, 2008), 비
판적 실천을 위한 교육학(공저, 살림터, 2019), 포스트휴머니즘과 인간의
교육(박영스토리, 2019), Confucian Perspectives on Learning and Self-
Transformation(공저, Springer, 2019), 일제강점기, 저항과 계몽의 교육사상
가들(공저, 박영스토리, 2020), 한나 아렌트와 교육의 지평(공저, 박영스토리,
2020), 교육 강연집(역, 지만지, 2010)

⟨주요 논문⟩

'Inclusion' in Martin Buber's Dialogue Pedagogy(2012), Hannah Arendt의 '탄
생성'의 교육학적 의미(2013), Teaching the unknowable Other: Humanism
of the Other by E. Lévinas and pedagogy of responsivity(2013), Niklas
Luhmann의 체계이론과 교육적 관계에 대한 소고(2015), Revisiting *Orbis
Sensualium Pictus*: An iconographical reading in light of the pampaedia of
J. A. Comenius(2015), Beyond the teacher: Three perspectives on school
classroom(공동, 2016), Revisiting the *Analects* for a modern reading of the
confucian dialogical spirit in education(2019) 외 다수

저자 소개

박은주(朴銀珠, Eun-Ju Park) —————————————————
서울대학교 교육학박사
현 이화여자대학교 이화인문과학원 연구교수

〈주요 저서〉
교육의 본질을 찾아서(공저, 교육과학사, 2020), 한나 아렌트와 교육의 지평
(공저, 박영스토리, 2020), 학습자 주도성, 미래교육의 거대한 착각: 교사없는
학습은 가능한가?(공저, 학이시습, 2021), 한나 아렌트, 교육의 위기를 말하다:
학습중심의 시대, 가르침의 의미는 무엇인가?(빈빈책방, 2021)

〈주요 논문〉
교사정체성에 관한 철학적 접근: 존재론적 정체성의 시론적 탐색(2018), 학습
자와 교과의 관련방식에 관한 듀이와 아렌트의 관점 비교(2018), 아렌트(H.
Arendt), 예루살렘의 아이히만에 드러난 사유와 도덕의 관련성의 교육적 의미
(2020), Mediating process for human agency in science education: For man's
new relation to nature in Latour's ontology of politics(공동, 2021) 외 다수

이은경(李銀京, Eun-Kyoung Lee) —————————————————
독일 Eberhard-Karls-Universität Tübingen(Dr. rer. soc.)
현 배재대학교 대학교육혁신원 조교수

〈주요 저서 및 역서〉
나랑 같이 놀 사람, 여기 붙어라: 인간과 기계의 공생을 위한 교육(길밖의 길,
2016), 기후 위기, 한국교회에 묻는다: 지구온난화 1.5℃ 특별보고서와 한국교
회의 성찰(공저, 동연, 2019), 철학, 중독을 이야기하다: 철학이 중독에게 건네

는 11개의 제안(공저, 세창출판사, 2020), 코로나 팬데믹과 기후위기 시대, 생물다양성에 주목하다(공저, 대장간, 2020), 영성심리학: 영성에 관한 간학문적 대화(역, 동연, 2013)

〈주요 논문〉

폭력 극복을 위한 생물학적, 평화교육적 단초: 디퓨징과 서클 프로세스(2015), 종교교육의 텍스트로서 죽음 동화와 죽음의 의미(2017), 디지털 데이터 사회의 포스트휴먼을 위한 교육(2018), 기호자본주의 시대 사회적 질병으로서의 정신질환에 대한 분석과 이야기를 통한 사회적 치료의 가능성 고찰: '해석자들의 공동체'를 중심으로(2020), 포스트휴먼 기호자본주의 시대의 '인간'의 의미에 대한 고찰: 경쟁이 아닌 상호의존적 협력의 존재(2020) 외 다수

정윤경(鄭倫炅, Yun-Kyoung Chung) ─────────────
고려대학교 교육학박사
현 전주교육대학교 초등교육과 교수

〈주요 저서〉

발도르프 교육학(학지사, 2004), 교사를 위한 교육철학(교육과학사, 2010), 대안적 교사교육 탐색(학지사, 2016), 미래세대를 위한 인성교육(공저, 학지사, 2018), 한국 교사교육: 성찰과 미래 방향(공저, 학지사, 2019), 주제 중심의 시민교육 방법 탐색(공저, 푸른길, 2021)

〈주요 논문〉

한국 교사교육 철학 연구 동향(2014), 아마티야 센(Amartya Sen)의 잠재가능성 접근(capability approach)과 교육(2015), '자유학기제'의 개혁적 의미와 과제(2016), 한국 발도르프학교 졸업생의 진로탐색과정에 대한 내러티브 탐구(2016), 교사의 인성과 교양적 교사교육(2017), 포스트휴머니즘과 휴머니즘에 기반한 교육 재고(2019), 레지오와 발도르프 유아교육 비교: 교육혁신을 위한 시사점을 중심으로(2020) 외 다수

최승현(崔承賢, Seung-Hyun Choi) ────────────────
고려대학교 교육학박사
현 충북대학교 교육학과 교수

〈주요 저서 및 역서〉
근대한국 교육 개념의 변용: 교육개념사 1(공저, 2020), 미래학교를 위한 놀이
와 교육 1(공저, 교육과학사, 2020), 포스트모던 교육사상: 일본교육학은 포스
트모던을 어떻게 수용했는가(역, 박영스토리, 2020), 물질과의 새로운 만남:
관계와 연결로서의 유아시기 교육 재료 탐구(공역, 살림터, 2021), 정보사회의
철학: 구글, 빅데이터, 인공지능(역, 박영스토리, 2021)

〈주요 논문〉
역사적 담론으로서의 인성교육론(2015), 들뢰즈의 파이데이아(2016), 벤야민
의 역사철학이 교육사에서 인문주의 서술에 주는 시사점(2017), 들뢰즈의 시
간론과 죽음교육의 의미(2019), 데리다의 정의론과 정보윤리교육의 (불)가능
성(2021) 외 다수

추병완(秋秉完, Beong-Wan Chu) ────────────────
미국 The University of Georgia(Ph.D.)
현 춘천교육대학교 윤리교육과 교수

〈주요 저서 및 역서〉
도덕교육 탐구(한국문화사, 2017), 회복탄력성(하우, 2017), 긍정 도덕교육론
(한국문화사, 2019), 디지털 시민성 핸드북(공저, 한국문화사, 2019), 신경윤리
학과 신경도덕교육(한국문화사, 2019), 건설적 논쟁 수업을 통한 시민교육(공
저, 한국문화사, 2020), 시민성 이론과 시민교육(공저, 하우, 2020), 옴니버스
시민교육(공저, 하우, 2021), 신경과학과 교육(공역, 하우, 2018), 4차 산업혁
명 시대의 혁신 교수법: 건설적 논쟁의 이론과 실제(역, 하우, 2019), 긍정심리
학의 강점과 약점(역, 하우, 2019), 평화교육(공역, 하우, 2019), 시민 공화주의

와 시민교육(역, 하우, 2020), 행동 윤리학(역, 하우, 2021) 외 다수

〈주요 논문〉

긍정교육의 성공 요인 분석(2019), 도덕교육에서 직관과 추론의 관계 분석: 하이트와 나바이즈를 중심으로(2020), 도덕 이탈의 도덕교육적 함의(2020), 도덕 정당화의 심리 기제 분석(2020) 외 다수

한기철(韓基哲, Gi-Cheol Han) —————————————————

미국 University of Illinois at Urbana-Champaign(Ph.D.)

현 경인교육대학교 교육학과 교수

〈주요 저서 및 역서〉

하버마스와 교육(학지사, 2008), 교육철학 및 교육사(공저, 교육과학사, 2016), 지식의 성격과 교육: 교육철학연구 시리즈 01(공저, 교육과학사, 2019), 교육의 본질을 찾아서: 교육철학연구 시리즈 02(공저, 교육과학사, 2020), 다문화시대, 대화와 소통의 교육철학(공역, 학지사, 2010), 이소크라테스: 소피스트들에 대하여, 안티도시스, 니코클레스에게(역, 한국문화사, 2016)

〈주요 논문〉

철학의 본래 의미와 교육철학의 성격(2013), 하버마스의 사회이론과 교육: 교육적 의사소통의 기준으로서의 의사소통적 합리성 분석(2014), 인문주의의 형성과 전개: 고전적 맥락을 중심으로(2016), 자유교과의 형성과 전개: 고중세적 맥락에서(2017), 두 가지 지식과 두 가지 교육: 플라톤과 이소크라테스(2018), 공화주의 교육론을 위하여(2019) 외 다수

한국교육철학학회 총서

포스트휴머니즘과 교육학
Posthumanism and Education

2021년 11월 1일 1판 1쇄 인쇄
2021년 11월 10일 1판 1쇄 발행

지은이 • 우정길 · 박은주 · 이은경 · 정윤경 · 최승현 · 추병완 · 한기철
펴낸이 • 김진환
펴낸곳 • (주) **학지사**

04031 서울특별시 마포구 양화로 15길 20 마인드월드빌딩
대표전화 • 02)330-5114   팩스 • 02)324-2345
등록번호 • 제313-2006-000265호

홈페이지 • http://www.hakjisa.co.kr
페이스북 • https://www.facebook.com/hakjisabook

ISBN 978-89-997-2537-1 93370

정가 17,000원

출판 · 교육 · 미디어기업 **학지사**

간호보건의학출판 **학지사메디컬** www.hakjisamd.co.kr
심리검사연구소 **인싸이트** www.inpsyt.co.kr
학술논문서비스 **뉴논문** www.newnonmun.com
교육연수원 **카운피아** www.counpia.com